満洲航空

空のシルクロードの夢を追った永淵三郎

杉山徳太郎

論創社

まえがき

昭和九年（一九三四）から、欧亜（日本と独逸）を航空機で連絡しようとする、遠大な計画があった。企画したのは、満洲航空㈱の永淵三郎と、ルフトハンザ社のガブレンツ男爵であり、昭和一一（一九三六）年一一月一九日、ベルリンで両社による「日満独航空協定」が締結された。「日独防共協定」が締結された二四日後のことである。この航空協定によって、日独両国は、計画の実施につき進んでいくことになる。

それ以前から、すでに独逸には素早い動きがあった。それは、西域探検家スヴェン・ヘディン博士らによる情報の収集であり、ルフトハンザ社系の航空会社「欧亜航空公司」の中国上海での設立、就航であった。

満洲航空は、関東軍の「西北施策要項」に基づいて、内蒙古のアラシャンの定遠営と、オチナに中継飛行場を造っていく。当初の計画では、甘粛省・安西と新疆省・和闐、そこからパミール高原、ワハーン回廊を飛破して、ルフトハンザ社との交代地点・アフガニスタンのカーブルまで到達するというものであったが、安西は東干の馬氏軍閥の支配地であった。関東軍は、馬氏軍閥対策に腐心することになる。

このシルクロード・ルートが「綏遠事変」以降不可能となると、南回り（インド経由）ルートを採らざるをえなかった。

ところで、永淵満洲航空運航部長と、ルフトハンザ社の技術重役・ガブレンツ男爵とが、いつ、どこで会い、

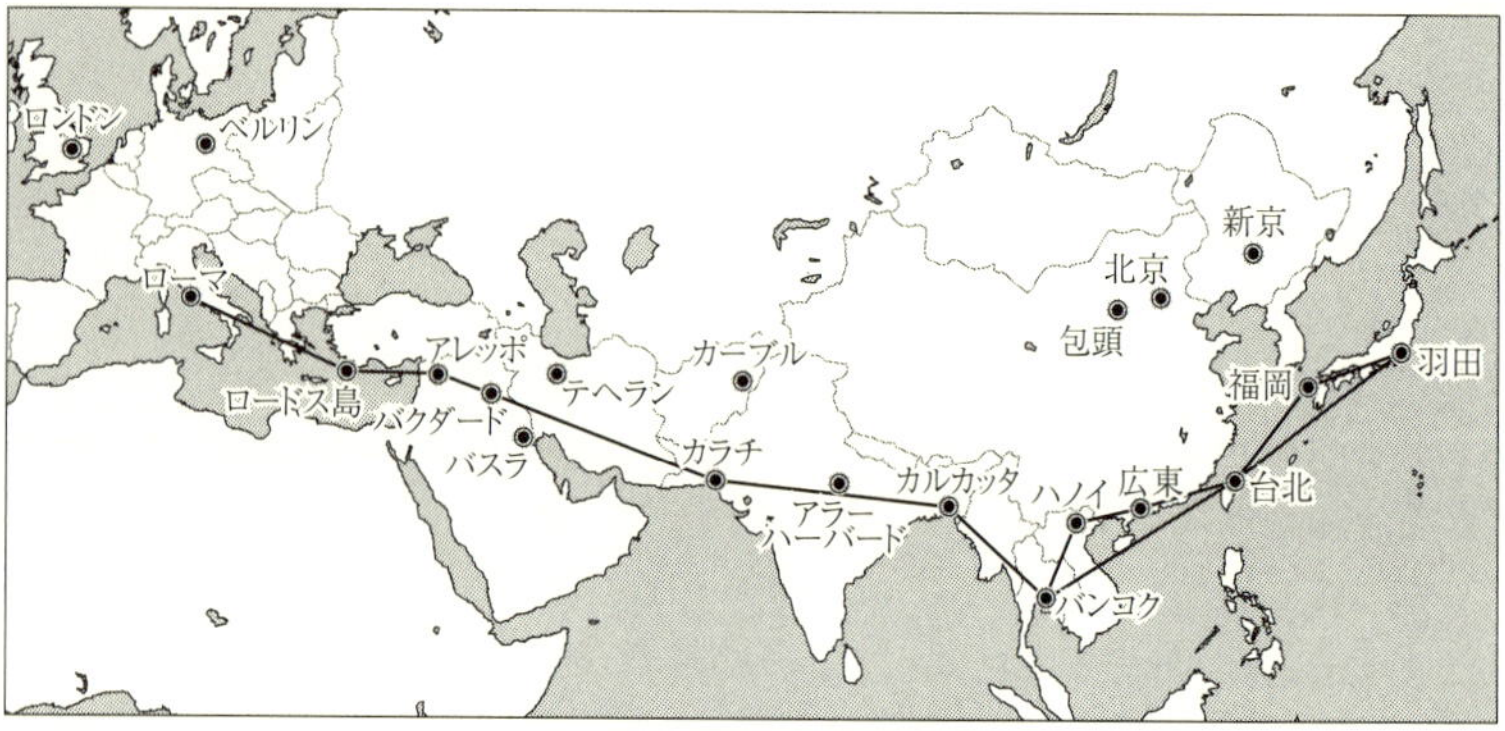

図１：昭和14年、大日本航空によって展開された親善飛行（「乃木号」：シャム（現タイ）１月、イラン４月、イタリア12月訪問）

また本「欧亜連絡航空計画」の案をどちら側が提案したかという記録は見つかっていない。

昭和九年（一九三四）九月六日（木）、ガブレンツは自ら操縦桿を握って、ユンカースJU五二型機を欧亜航空公司に納入するために、ベルリンから南回りルートで上海・龍華飛行場に到着した。

同月二八日（金）、中国財政部、交通部、航空委員会とユンカース社との間に、中独合弁の航空機・エンジン製造廠公司設立に関する契約が調印された。

当時、永淵三郎は、前年、満洲航空工廠長を退任し、運航部長に就任していて、比較的自由に行動ができる立場にあった。したがって、この九月に永淵運航部長はガブレンツ男爵と上海で初めて会い、この航空計画を話し合ったのではないだろうか。

永淵三郎首班の満洲航空特航部は、「日満独航空協定」により、日本国法人・国際航空㈱が設立されると、特航部の全員は新会社に移席した。その後、国際航空㈱は日本航空輸送㈱と合併し、大日本航空㈱という巨大航空会社が誕生することになる。

大日本航空の「大和号」によるシャム国、タイ国親善飛行、「そよかぜ号」によるイラン国への〝天皇の贈り物〟の空輸、「大和号」

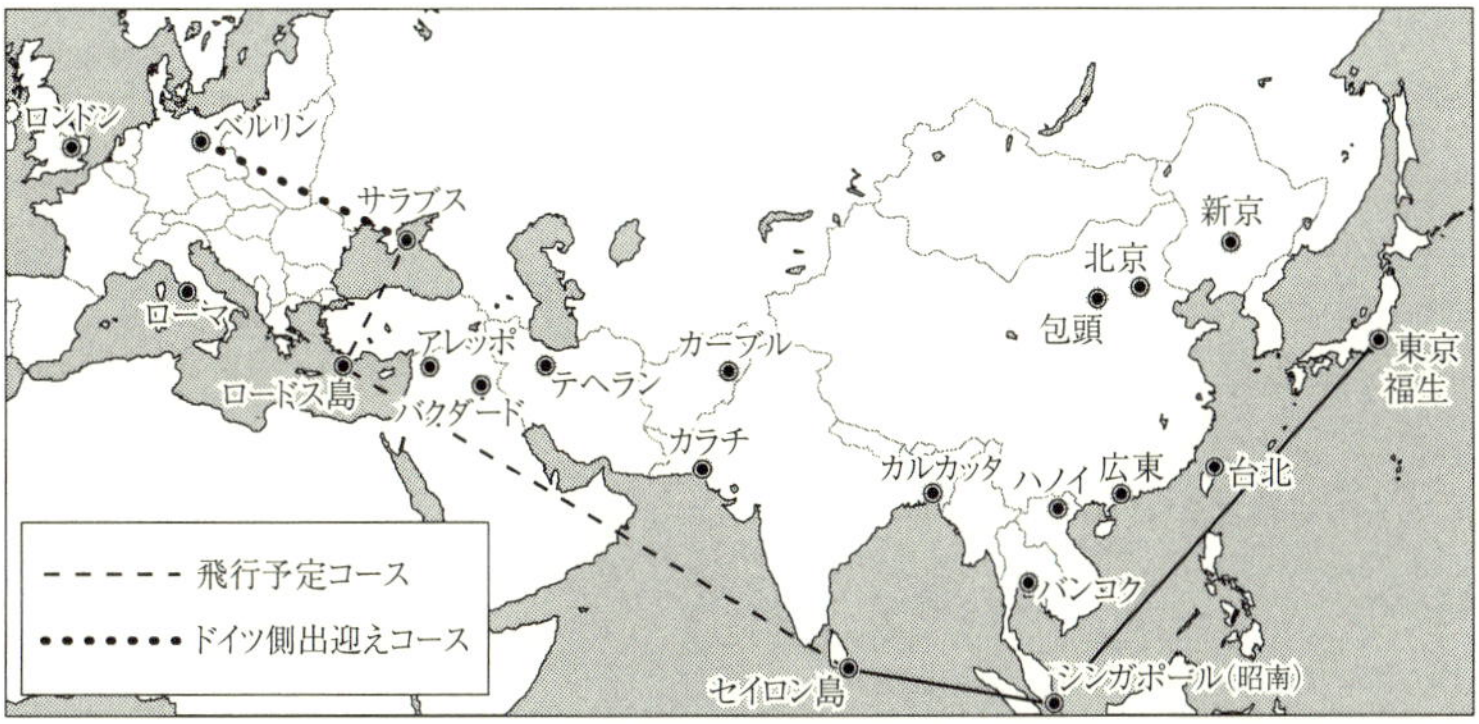

図2：昭和18（1943）年7月、福生飛行場からベルリンに向かったA-26は、シンガポールの昭南を飛び立ったまま、消息を絶った。

によるイタリア親善訪問飛行などが実施され、一歩一歩とベルリンをめざして近づいていくが、日中戦争の激化に伴って、〝永淵構想〟――欧亜連絡航空計画――の夢は次第に凋んでいく。昭和一六年七月、日本軍による南部仏印進駐により、南方航空輸送部（司政長官・永淵三郎）が設立されるに及び、その夢はさらに凋んだ。

それでも陸軍は、その夢を忘れることなく、東京帝国大学航空研究所が開発した長距離機・A-26二号機に最後の夢を託した。昭和一八（一九四三）年六月三〇日、A-26は福生飛行場を飛び立ち、南方総軍の本拠地・昭南（シンガポール）へ向かった。そこでしばらく翼を休め、七月七日、ベルリン・テンペルホーフ飛行場へ向かい飛び立っていったが、インド洋上で忽然とその姿を消した。

その後は、潜水艦による訪独方法しかなかったが、到着数、帰還数も極端に少なくなり、それもやがて途絶えた。

民間航空界の巨星・永淵三郎は、日本人の誰もが軍部によって〝操り人形〟のように操られていた当時、むしろ軍部、政界、財閥を動かして、〝永淵構想〟の実現に向かって邁進していった。

満洲航空特航部、国際航空、大日本航空国際課の面々、内蒙古で飛行場を建設していた満洲航空社員と特務機関員、さらに駱駝でガソリンを運搬していた満洲航空社員の面々は、「日の丸機」を一日も早く、ベルリンで飛翔させたいと願って、それぞれの立場で黙々と汗と血を流した。

ドイツの敗戦、さらに日本の敗戦によって、この〝永淵構想〟は挫折したが、戦後の日本の民間航空業界で、永淵の多くの部下たちが活躍することになる。そして、今日の民間航空業界繁栄の一翼を担うことになった。

『満航社歌』（一番）

明日の空路は　崑崙越えて
繋ぐアジアと　ヨーロッパ
希望はばたく　翼のもとに
平和のひかり　ふりまこう
知れよ　われらのたたかいを
ここにあり　ここに満航健児
ああ　大空に　生きるもの

本書は、第二次大戦の拭いきれない悲惨とおぞましさの陰で、大空にロマンを追い求めた若い男たちの冒険譚である。

目次

目次

【凡例】

一、本文中の敬称は、一部を除き省略しました。

一、人物の肩書きは、当時のものとしました。

一、外国の国名、地名はその当時の呼称に合わせました。

一、「支那」は原則として「中国」としたが、当時の固有名詞や、会話中の表現はそのまま「支那」と表現しました。

一、「カーブル」は、一般的に「カブール」と表記されていますが、ここでは、学界で広く慣用されている「カーブル」を使用しました。

一、「オチナ」（額済納）は、学界では「エジナ」の呼称で定着していますが、当時、満洲航空で一般的に使用されていた「オチナ」の呼称を、ここでは採用しました。

一、「ホータン」（和田）は、学界では「ホタン」と呼ばれていますが、ここでは一般に使用されている「ホータン」を採用しました。

一、なお、実際に使用されている会話や文字をできるだけ採用したため、差別用語も混入することになりました。ご理解下さい。

満洲航空
空のシルクロードの夢を追った永淵三郎

序章　ベルリンでの円卓会議

「東京とベルリンとの間の真中はどこだ?」

短軀で角張った顔の大島浩少将は、隣席の谷口春治砲兵中佐に訊ねた。

「そうですね。ベルリンを東経十四度として、東京を百四十度とすると……」

肩巾の広いがっちりとした谷口中佐は、コンパスを右手に握りながら計算を始めた。

「東経七十七度です」

谷口中佐は素早く顔を上げて、出席者全員の顔を見廻した。通訳官が直ちに、ドイツ語に通訳した。


時は、昭和一一年（一九三六）一〇月の某日。ベルリン市内の中心に位置するブランデンブルク門、パリ広場、ポツダム駅の西側、ノウレンドルフ地区の日本大使館陸軍駐在武官府でのことである。

一九三六年当時、ベルリンの日本大使館事務所と陸軍武官府とは、共にノーレンドルフプラッツに位置し、徒歩で五分ほどの距離であった。この陸軍武官府の建物は三階建で、元はユダヤ人の画家の所有であったが、ナチがユダヤ人の迫害を始めると、すぐ売りに出された。これを大島少将が購入して、陸軍武官府として使用した。

地下は車庫で、一階は事務所、二階は公邸、三階はメイドが使用した。一階には無類の酒好きの大島少将のために、大きなバーが設けられ、ドイツ軍やナチス党員を接待し、〝武官外交〟に励んでいた。

ベルリンで、新年早々から開催されていたこの会議は、「日満独航空協定」の締結を目的とするもので、奉天から乗り込んできた満洲航空（株）運航部長・永淵三郎と、ルフトハンザ社技術重役・カール・アウグスト・フォン・ガブレンツ（男爵）が中心だった。

日本側の出席者は、参謀肩章を付けたドイツ贔屓（ひいき）の駐ドイツ大使館付陸軍武官・大島浩少将、陸軍省軍務局の谷口春治砲兵中佐（陸士26期陸大第35期）、片倉衷歩兵少佐（陸士31期陸大第40期）、関東軍航空課長・今西六郎航空兵中佐（陸士27期陸大第36期）、関東軍の原田貞憲航空兵少佐（陸士31期陸大第42期）、そしてこの遠大な航空計画を一人画策した満洲航空の名プロデューサー・永淵三郎であり、ドイツ側は、フイッシュ民間航空局長官、ルフトハンザ社のウロンスキー社長、ゲォルク・フォン・ウインターフェルト（男爵）企画部長、そして、技術重役・ガブレンツ男爵である。

片倉衷歩兵少佐は、昭和三年、陸大卒業後、支那課への配属を望んでいたが、歩兵第二七連隊中隊長として赴任（大尉）。昭和五年八月、関東軍参謀附となり、満洲へ渡る。翌年一〇月、関東軍参謀。昭和七年八月から日本に戻り、第一二師団参謀。翌年八月、参謀本部第二部第四課第四班。翌昭和九年八月、少佐に昇進。一二月、軍務局附（兼・対満事務局事務官）、昭和一一年二月二六日、「二・二六事件」で反乱軍に頭部を拳銃で撃たれて負傷。同年八月、軍務局軍務課員（満洲班長）。昭和一二年三月、関東軍参謀・第四課課長（政務）。昭和一三年三月、歩兵中佐。昭和一四年まで満洲に駐在。したがって「日満独航空協定」が締結された時点では、すでに日本側の中心人物の一人で、関東軍参謀・四課長になってからは、〝永淵構想〟を積極的に推し進めていった。片倉は、かつて「満洲王」と称されたこともあった。

今西六郎中佐（陸士27期陸大第36期）は、昭和一一年八月一日附で、関東軍交通監督官に就任する。今西中佐は、満洲航空を直接、監督・指導する立場にあった。

原田貞憲航空兵少佐（陸士31期陸大第42期）は、片倉衷とは陸軍士官学校では同期だったが、陸軍大学校では二年後輩である。昭和一〇年一〇月、関東軍参謀に就任。翌々年、一二月一一日、中佐となる。


ガブレンツ男爵は席を立ち、円卓の内側の地図の前に進み、この遠大な欧亜連絡航空計画のルートを説明し始めた。

白い細長い棒で、ベルリンのテンペルホーフ飛行場から、東京の羽田飛行場までの一三、〇〇〇キロ間の飛行場――ロードス島、ダマスカス、バクダット、テヘラン、カーブルまでを指した。そこまでは誰もが知ってるが、皆の視線は男爵が次に指す棒先に集まった。

そこはアフガニスタンの東端に細長く伸びているワハーン回廊であるが、中国、新疆省のパミール高原にかろうじて接している。男爵は、このワハーン・パミールルートを詳細に説明すると、皆を見まわした。一体、誰がこのルートに眼をつけたのであろうかと驚く。このルートを飛行することは、英領インドとソ連の通過許可を取る必要がないからである。

皆の眼の焦点は、広い会議室の足元の床に敷かれている、白い帆布に描かれた欧州から中国までの巨大な地図の西端・パミール高原の上に集まった。この時、満洲航空とルフトハンザ社の航空計画の分担の境界線は、パミール高原と決定された。

「パミールの試験飛行は、来年、ルフトハンザ社でやる。俺が自分でやるよ」

ガブレンツ男爵は永淵に囁(ささや)いた。

「我々も内蒙古に、新疆省(しんきょうしょう)に飛行場を造っていく」

永淵も小声で、しかも力強くそれに答えた。さらに、愛敬のある顔付きのガブレンツ男爵は、永淵に言った。

「ヒンズークシュ山脈のアンジュマン峠の気象観測所は、我社で早急に造る。君の会社の乗務員の訓練はすべてベルリンでやるから、ケチケチせずに、なるべく多くの者を寄越したまえ」

永淵が、苦み走った顔付きで、がっちりしたウロンスキー社長と話すために、床に敷いてある大地図を勢いよく踏んで向こう側の席に移ると、痩身で白い睫毛(まつげ)のウインターフェルト企画部長は、「君はさかんに新疆省(しんきょうしょう)を踏むね」と、苦笑した。

＊序章の記述は、ガブレンツ著『Ｄ・ＡＮＯＹ　パミールを征服す』の翻訳者・永淵三郎の「序」を参考にした。

第一章　満洲とドイツの紺碧の空

一　永淵三郎、シベリア横断鉄道でベルリンへ向かう

1　ハルビンでビザを待つ

昭和一〇年（一九三五）一二月一五日（日）、満洲航空・永淵三郎運航部長は、奉天駅一三時五〇分発の「超特急あじあ号」の一等車に乗車した。途中、四平街、新京に停車した「あじあ号」は、時速八二・五キロで走り、ハルビンに二一時三〇分に到着した。さらにベルリンに向かうため、常宿「北満ホテル」でビザの発給を待つことになった。

ハルビンのソ連総領事館はどういう理由によるのか、ビザをなかなか出さない。三年前ハルビン駐在・ソ連極東石油代表ウォストリコフと満洲航空を代表した永淵とは、ソ連石油売買に関する交渉をしていたから、ソ連側にはすでに永淵がどういう人物かは判明しているはずである。ベルリン行きの目的に疑いを

写真 1-1：ハルビン・キタイスカヤ街。中央正面の円塔のある建物は松浦洋行。

持たれたのが、その理由であろうか。

松花江(しょうかこう)河畔の南に拡がる、ロシアの残影が色濃く残る街——ハルビンは、帝政ロシアが、一八九八年から建設した都市である。その時の人口は五〇万人で、ロシア人は四万人、日本人は一万五千人ほどが居住していた。

街は八区画から成り立ち、新市街（ノヴィゴロド——鉄道施設、官庁、各国大使館等の地域）、埠頭区（プリスタン——国際商業都市）、新安埠（ナハロフカ——ロシア革命後に形成された白系ロシア人のスラム街）、傅家甸（フージャーデン、道外(タオワイ)ともいい山東省出身の中国人が創った商業街）、旧哈爾浜（スタールイ・ハルビン、香坊とも呼ばれ、ロシア人最初の入植地）などが主要な地区であった。

街の中央を南北に松花江(しょうかこう)（スンガリーとも呼ばれる）にまで伸びるキタイスカヤ街（現在の中央大街）には、ハルビンで一番の格式を誉るモデルン・ホテル、秋林（チューリン）百貨店、「ハルビンの三越」と呼ばれていた、丸い尖塔を頂いた五階建の松浦洋行などのアール・ヌーボー様式の建物が建ち並んでいる。

キタイスカヤ街の両側には、ロシア文字の金看板を掲げた商店が並び、石畳の歩道をそぞろ散策するロシア娘たち。街頭でブリキ製のバケツに入れた花束を売る、スカーフを被ったロシア婦人たち。奉天では目にすることのない珍しい光景がそこにあった。

永淵は、数年前に、作家の林芙美子も泊まった「北満ホテル」に旅装を解いていた。ここには日本人の女中がいて、何かと便利だったからだ。

満洲航空ハルビン管区長・樋口正治の尽力にもかかわらず、永淵がハリビンに到着して二週間近く経過しても、ビザが発給される気配はなかった。永淵は、毎日暇をつぶすのに困っていた。

モストワヤ（石頭道街）、ウチヤストコヤ（地段街）、トルゴウワヤ（買売街）の一帯には、日本人経営の商店、料理店が並んでいた。「武蔵野」、「矢倉」、「玉迺家」、「酔月」など十数軒の料亭もあった。永淵は、天麩羅が好物だったから、これらの料亭に足繁く通っていたにちがいない。

夜宵が迫ると、プリスタン（埠頭区）の横道は、ネオンが点滅して、街の表情が一変する。酒場、飲食店からは、ロシア語の黄色い嬌声も聞こえてくる。

「ファンタージィア」、モデルン・ホテルの地下にある「ヤール」などのカバレー（キャバレー）、「フロリダ」、「セントラル」、「明星会館」などのダンスホールには、若いロシア娘たちの踊り子の姿が多く認められた。彼女らの多くは、ロシア革命で祖国を追われて、ハルビンに家族と共に逃れてきた。

街の西端、低湿地のスラム街「ナハロフカ」から、夕方になると、ロシア娘たちは堤を乗り越えて、プリスタン（埠頭区）を目指す。

査証の発給の目鼻のついたある晩、永淵は、美味い支那料理が食べたくなって、評判の「厚徳館」のある支那人街の「傅家甸（フージャーデン）」へ足を向けた。貨物取扱所、穀物倉庫、製粉工場が建ち並び、人影のない薄暗い「八区」の向こう側は、ひときわ明るい活気ある区画である。

その一部に、魔窟「大觀園」がある。富錦街、呉興街、長春街、定興街に囲まれた二階建の連なった商店の内側が、「大觀園」である。

永淵は、奉天でもその噂は聞いていたが、怖いもの見たさについ正面入口から中を覗いてみた。そこには、遊廓、木賃宿、市公認の阿片吸煙所「ハルビン市第三十四管煙所」、さらに軽飲食店、八卦（占）、薬店、接骨などの小店が混在している。二階の木賃宿に登る幾つかの階段の前には、一四歳から六〇歳代までの病魔に冒されたモヒ中毒の淫賣婦が立ち並び、彼女らは、昼間から客の袂（そで）を引いている。木賃宿には、モヒ（モルヒネ）密売人が常住している。時には、身ぐるみを剥がされた死体が、広場に横たわっているという、筆舌に尽くし難いこの世の地獄が見られた。

今まで、嗅いだことがないその異臭に鼻をそむけ、永淵は、急いでその場を離れた。

その先で、煉瓦塀を背に、黒い布地を掛けた小机の後に座る支那人の八卦屋（易者）に呼び止められた。その人物は、耳まで覆う長い毛皮の帽子を被り、黒縁の丸眼鏡を掛け、山羊ヒゲを生やし、黒い支那服で全身包み、頬骨が目立つ、痩せた中年男であった。永淵は、暇つぶしの意味もあって、その招きに応じた。

その易者は、まず算木（さんぎ）で占した。その答は、「往遠則凶、在近則吉」と出た。筮竹（ぜいちく）の占は、「これからは、あなたの生涯の運命を賭けることになる」との判断を告げた。その時点では、永淵はそれほどこの占を深く受け止めていなかったが、結果的にこの易が将来の行動と一致したと、戦後に回想している。

申請してから五週間後、やっと待ちに待ったビザが発給された。

2　シベリア鉄道に乗車

昭和一一年二月二日（日曜日）、永淵運航部長は、社用の英国製小型連絡機、デハビランド・プスモス機で、ハルビン飛行場を飛び立ち、チチハルで給油、小休憩の後、国境の町・満洲里へ向かった。巡航速度一七〇キロ、低空を飛行する機窓からは、まだらに積もる雪に覆われたホロンバイル平原と、白雪を抱いた大興安嶺の山並みが望まれた。

昭和六年の調査では、当時の満洲里の人口は、一万六、二五五人。ロシア人が多く、支那人がそれに次ぎ、日本人は一五一人、朝鮮人が五九人居住していた。

そこには、日本領事館、満鉄の電話局、小学校、満洲国臚濱縣公署、東省鉄路護路軍、哈満司令部等が設けられていた。

冬の満洲里の気温は、零下四五度まで下がる日も幾日か続くこともあるが、暖かい日でも、零下二五度ほどである。

永淵運航部長は、プーシキンスカヤ街の「ニキチーン・ホテル」に草鞋を脱いだ。このホテルは、二階建のロシア建築様式で建てられ、上部は半円型の窓が連なっている。室数は二六室、料金は二円五〇銭以上だった。他に、日本人経営の「大正旅館」があった。

女主人のマリア・ニキーチナは、ロマノフ王朝最後の皇帝・ニコライ二世一家が処刑されたエカチェリンブルグ生まれ。シベリア鉄道の路線が、満洲里まで伸長完成した一九〇三年に、夫と共に当地にやって来て、夫妻で頑張って働き、やっとホテルを経営するに至った。ところが、昭和四年、ソ支紛争の折に、夫は赤軍の兵士によって殺害されたが、妻マリア・ニキーチナは、今日までこのホテルを護り続けている。幸いにも、ホテルは、シベリア鉄道と東清鉄道の乗降客によって賑わっていた。彼女は、愛する夫を殺した赤軍を心から憎むが、生まれ故郷のロシアの大地は、心から愛した。

その晩、永淵は、満洲航空満洲里出張所長・渡辺末義と、大関夏文、梅本勝一両社員に案内されて、満洲里では一軒しかない、日本人経営の料理店「一楽」で、ささやかな夕食を共にした。

二月三日、月曜日。東支鉄道の終着駅で、シベリア鉄道の始発駅である満洲里の駅舎は二階建。線路が一〇本近く並列して敷かれ、無蓋貨車、有蓋貨車が列をなして停車している。

ソ連とポーランドとの国境のネゴレロエ駅発の列車が日曜日に、モスクワ発が木曜日に到着した。毎日、午後十一時過ぎに、ハルビンから到着した列車は、翌日の午後一時に、ふたたびハルビンに向かって発車していった。駅のプラット・ホームには、木製の十字架型の表示板が建っている。横はロシア文字で、縦は漢字で「満洲里」と書かれている。

満洲里とソ連側の国境の駅・アトポールとの間に敷設された広軌（五フィート、一、五二〇ミリ）のレールの連絡鉄道に乗客は乗り換えた。この間の乗車時間は十五分ほどである。途中のマツエフスカヤ駅に停まり、旅券の検査がある。アトポール駅で、全員シベリア鉄道に乗り込んだ。

永淵は、車掌の案内で一等車のコンパートメントに導かれた。隣室にはすでに二人の日本人が乗車して

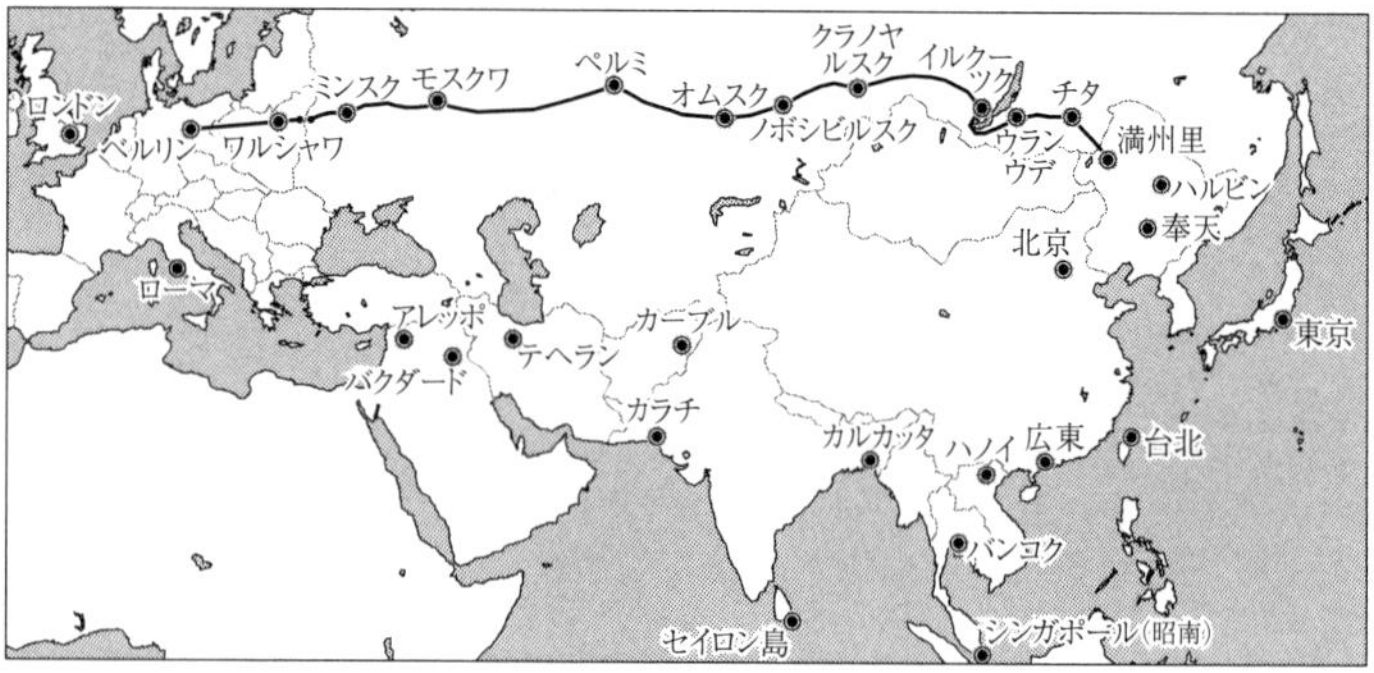

図 1-1：永淵三郎、シベリア鉄道でベルリンへ（昭和 11 年〔1936〕）

いた。当時、横浜正金銀行のロンドン支店長であった加納久朗と、海軍航空本部の和田操大尉だった。加納久朗子爵は、上総一宮藩（二万三千石）の藩主の直系で、後に取締役となる。戦後、国際商業会議（ICC）副会長、国際文化振興会会長、日本住宅公団初代総裁、千葉県知事を務めた。和田操大尉は、当時、海軍航空本部長だった山本五十六少将のもとで、技術部の主席部員を務めていた。その後、最後の航空本部長（中将）まで登りつめた。和田大尉の訪独の目的は、飛行機の設計、デザインの研究と、外国優秀機の調査だった。

シベリア横断の国際列車は、Cy（エスウ）型蒸気機関車に力強く牽引されて、午後三時四七分、アトポール駅を発車していった。シベリア鉄道の列車は、出発予告として鐘が二つ鳴り、鐘が一つ鳴ると同時に列車はホームを離れていく。

乗客はロシア人がほとんどで、一等車、二等車には、ロシア人に混じって西欧人の外交官、ドイツ人等の商社員の姿が眼についた。

一等車のコンパートメントに席をえた永淵は、しばらくして隣室を訪れた。三人は互いに自己紹介をした。

永淵は、初対面の加納支店長に問われた。

「貴方はドイツへ何の用で行くのですか」

「……うん、……まあ、たらふく豆でも食って来いという、鳩旅行ですかな」

と、旅行目的の真意を言う訳にもいかず、永淵は質問をはぐらかした。

和田大尉も永淵の、さらに満洲航空の目的を計り兼ねていた。それぞれ三人の立場は異なっていたのだ。


シベリア鉄道の建設は、一八九一年から始まった。同年の二月、アレキサンドル三世はこの鉄道の敷設を許可し、三月、ロマノフ皇太子（後のニコライ二世）の名で建設が布告された。五月、ウラジオストックで起工式に出席したロマノフ皇太子は、その後、日本を訪問し、滋賀県大津で、警備の巡査・津田三蔵に斬りつけられるという「大津事件」（一八九一（明治二四）年五月）に遭遇している。

さらに、一九一七年（大正六）一〇月に勃発した〝十月革命〟後、皇帝一家は、一年四か月の間に三度も幽閉場所を移されて、一九一八年にエカチェリンブルグで、全員処刑された。

当時の帝政ロシアに対する政治犯が、主にこの建設作業に従事させられていた。それも夏は酷暑、冬は酷寒の悪条件下で、作業が続けられた。

シベリア鉄道が実質的に東端のイルクーツクまで全通したのは、東清鉄道経由（満洲を横断する短絡路）で、一九〇三年であった。バイカル湖区間だけ列車を連絡船に載せて結んだのは、一八九八年から一九〇四年の間であり、バイカル湖南岸線が開通したのは一九〇四年で、なんとか日露戦争に間に合っている。現行ルートのシベリア鉄道（中国側を通らずソ連領だけで）の全通は一九一六年であった。

明治期の前期に、シベリアを横断した日本人がいた。

それは、旧幕臣で海軍奉行を務めた榎本釜次郎（武揚）である。榎本を総裁と戴き、箱館の五稜郭を本拠とした「蝦夷共和国」は、箱館戦争で敗れた。捕えられて東京へ護送された榎本らは、丸の内にある兵部省糾問司の附属仮監獄に収監された。

三年余後の明治五年一月六日に、特赦で出獄した。これは開拓使・黒田清隆が、彼の才能を惜しんだからである。

明治七年三月一〇日、榎本武揚海軍中将は、ロシア駐箚の特命全権公使として横浜を出港し、六月一〇日、ペテルブルグに着任した。

「千島・樺太交換条約」締結後の明治十一年（一八七八）七月二六日、榎本は、二人の留学生（大岡金太郎、寺見機一）を伴って、シベリア横断ルートで帰国の途に着いた。ペテルブルグから汽車でモスクワ、さらに当時の鉄路の終着駅・ニジニ・ノヴゴロドに到着し、その先はヴォルガ河を汽船で下り、カザン、さらに汽船でペルミへ。そこからタランタス（二人乗り馬車）でチュメニ、トムスク、クラスノヤルスク、イルクーツクへと達し、そこからはバイカル湖を船で渡る。バヤルスカヤ、チタ、ネルチンスク、スレチェンスクへは馬車で走る。さらに、汽船で黒龍江を下り、ハバロフスク、ウラジオストックと調査旅行を続け、ウラジオストックから箱根丸で小樽港、函館港を経て横浜港に着いたのは、約四か月後の一八七八（明治一一年）一一月二一日のことであった。

さらに榎本武揚一行が、シベリア横断した一四年後の明治二五年に、単独騎馬行でシベリア横断を敢行した日本軍人がいた。信州・松本出身の福島安正少佐（帰国途中に中佐に昇進、後に陸軍大将で予備役）である。福島中佐は、明治二〇年から、ドイツ公使館付陸軍駐在武官として赴任していたが、帰国に際してその交通手段とそのルートを、騎馬によるシベリア横断行を選択した。

二月一一日（紀元節）にベルリンを出発。ポーランドからロシア帝国に入り、当時の首都・ペテルスブルグ、モスコー、カザン、ペルム、ウラル山脈を越え、エカテリンブルグ、シユメン、オムスクからシベリア街道と別れ、南に折れてセミパラチンスク街道を進み、セミパラチンスク、アルタイ山脈を越え、清帝国領の蒙古に入り、コプト、クーロン（現・ウランバートル）を抜けて北上し、再度、ロシア領に入り、バイカル湖畔のイルクーツク、チタ、ネルチンスを通り、清国との国境に沿って進み、ブラゴエシチエンスクからふたたび清帝国の満洲に入国し、愛琿（アイグン）、斉斉哈爾（チチハル）、吉林（キツリン）を経て、再々度ロシアに入国した。最終目的地のウラジオストックに到達したのは、明治二六年六月一二日のことであった。

この大旅行の全行程は約一万五〇〇〇キロ、日数は四八八日。途中で案内人、通訳を雇い、軍人による護衛があったものの、ほぼ辛苦な単独行であった。猛暑、厳寒に堪え、数回負傷し、さらに幾度か被病した。愛馬の「凱旋」、「あるたい」、「興安」、「うすりい」を乗り換えた。

ウラジオストックからは「東京丸」で朝鮮の元山を経由し、釜山（ふざん）で「玄海丸」に乗り換えて二一日に長崎着。鉄道で下関、神戸を経て二五日、新橋駅に到着した。駅頭では一般民衆を含む大歓迎陣の出迎えがあった。

福島中佐は、旅装を解かぬまま直ちに参内し、明治天皇に報告した。その後、上野不忍池畔の歓迎会に臨んだ。

シベリア鉄道が完通するまでのシベリア横断旅行が、如何に辛苦な旅を続けなければならなかったことが判るだろう。

シベリア鉄道は、波状に続く白雪で化粧された平原を、ひたすら走り続ける。

途中、小さな駅で臨時停車した。水、石炭、食糧を補給するためである。停車場には、近郊の農民達が果物、ゆで玉子、パン、牛乳、鶏の蒸し焼きなどを売りに集まってくる。主に彼らは、三等車の乗客が目当てである。

シベリア鉄道は、雪の白樺林と、雪の草原を走り続ける。何時間も何時間も同じ単調な風景が続く。

シベリア鉄道の列車は、オリエント急行で使用されていたベルギーの旧萬國寝台会社の車輌ワゴン・リイ・カー。軟床車、硬床車、食堂車、荷物郵便車によって構成されている。

ワゴン・リイ・カーは、コンパートメント方式で、二人室と四人室とがあり、共に一等寝台車である。

軟床車のコンパートメントは四人室の二等寝台車、硬床車のコンパートメントは四人室で二等寝台車、硬床車は板張りの三等車である。

一等車のコンパートメントは、一列車に八室が設けられている。その構造は、二畳ほどの広さに、下段の寝台の上には、上段ベットが設けられている。車窓には厚地の窓掛と、レースのカフェ・カーテンが吊られ、窓際の小型のテーブルの下の床には、スチームの暖房器が設置されている。洗面所は二部屋に一つ設けられ、進行方向の右側に通路が伸び、床には敷物（ランナー）が敷かれている。その通路の窓下の腰壁に折り畳み椅子が取り付けられていて、その椅子を押し倒してそこに座ると、車窓から外の風景を楽しむことができる。

ソ連の鉄道レールがゲージ（GAGE――レールの幅）に広軌を使用しているため、他のヨーロッパの国々の車輌よりも余裕があるので乗り心地は快適である。

ゲージは、世界的に見ると広軌（一、六六八ミリ、一、五二〇ミリなど）、標準軌（一、四三五ミリ）、狭軌（一、〇六七ミリ、一、〇〇〇ミリ、九一四ミリ、七六二ミリなど）とがあり、欧米の各国は標準軌を採用し、日本の新幹線は標準軌を、在来線は狭軌を使用してきた。

一輌繋がれた食堂車は、通路が中央に伸び、その両側には四人掛のテーブルが、四卓ずつ並んでいる。白いダマスク織りの卓子掛（テーブルクロス）の上には、硝子（ガラス）製のコンポートがあり果物が盛られている。すでに、各席にはグラス、ナイフ、フォーク、ナフキンがセットされている。

食堂車の両端の壁に嵌め込まれた鏡が、食堂車の狭さを押し拡げている。

厨房（ちゅうぼう）では、白衣姿のコックが二人、調理で大童（おおわらわ）である。コークスの火が勇ましく、赤い焔を覗かせている。

ロシア料理もあるが、メニューは豊富である。

ある日のメニューを紹介すると、――

◎昼食（昼食がメイン）

塩漬鮭、ビーフ、きゅうり、レタス（マヨネーズ付）、パン二種（バター付）、缶詰牛肉添ライス、メロン、アイスクリーム、コーヒー、ティ

◎夕食
鮭のステーキ、ソフトサラミ、マッシュポテト、パン（バター付）、オレンジ、コーヒー、ティ
◎朝食
コーン・フレーク、パン（バター付）、目玉焼二個、ソーセイジ、バナナ、コーヒー、ティ
〔この代金は、毎食三ルーブルであった〕

各国の通貨と日本円との交換率（レート）は、一ルーブル＝一円弱、一ドル＝二円強、一二・五フラン＝一円であったが、ルーブルと日本円との公定レートは、実勢の約五倍もあり、不当なものであった。

ところで、昭和一〇年（一九三五）当時の一円は、現在、どれ位になっているか、このシベリア鉄道を使った移動にどれくらいの費用がかかったかを調べてみよう。そこで、次ぎの二冊で物価の変遷を当たった。

○『値段史年表』明治、大正、昭和（週刊朝日編）昭和六三年
○ 明治／大正／昭和『物価の文化史事典』（森永卓郎編）平成二〇年・展望社

これらから、約二千倍前後に変遷していると考えられる。

最近まで、東京都千代田区須田町にあった交通博物館の図書館で、「シベリア鉄道」の資料を探していると、ジャパン・ツーリスト・ビュロー（現・ＪＴＢ）が、昭和一〇年一一月に発行した『時刻表』と、数冊の写真帳が出てきた。

この時刻表は、まさに、永淵がシベリア鉄道に乗車した三か月前のものである。写真帳には、一九〇〇年の「パリ万博」に出品された、ベルギーの国際寝台会社のワゴン・リー・カーの食堂車と、サロン・カー

の白黒写真が掲載されている。それは、「オリエント急行」と同様に、貴族、大富豪が乗車したであろう、豪華な装飾が施された列車である。

その時刻表に、「欧亜連絡旅客運賃—西比利亜（シベリア）経由」が載っている。それによると、東京—ベルリンは、一等五六〇円、二等四四五円、三等二七〇円とある。帝大出の初任給が六、七〇円の頃である。

3　単調な車中での日々

翌日のまだ夜の帷（とばり）に包まれている午前三時、最初の停車駅、人口八万人の知多（チタ）に着いた。一九二〇年、緩衝国として極東共和国が建設された当時の首都であり、毛皮、木材、その他農産物の集散地で、さらに、極東の金融の中心であった。

街は闇に包まれていた。

春から秋までのシベリア草原には牛馬が群をなしているが、さすがに冬のこの時期には、その姿はない。やがて、針葉樹や白樺林を抜けると、遠くに望まれる小さな凍った湖面が陽光に光り輝き、雪で隠れた白面の畑がどこまでも続く。

チタから約一三時間で、ヴェルフネウジンスク駅を通過した。市街地はセレンガ河の右岸に形成されていて、「ブリヤート・モンゴル自治社会主義ソヴィエト共和国」の首都である。人口二万人、蒙古系のブリヤート人が大部分を占めている。牧畜、農業が盛んで、小麦、毛皮の産出額が多く、外蒙古の庫倫（クーロン）に至る要衝の地である。

列車はセレンガ河の鉄橋を渡河する。農家の建物が点在し、牧場、畑、森が続く。

スリュージャンカ駅を過ぎると、「シベリアの至宝」と称されるバイカル湖が現れた。面積は三一、五〇〇平方キロ、琵琶湖の約四六倍もある広大な湖である。最深部は一、七四一メートル、平均七四〇メートル、湖の形状は、太い弓を二本重ねたように、北から南へ伸びている。

スリュージャンカよりバイカル駅までの九〇キロの間、シベリア鉄道は、氷結した湖面に添って四六ものトンネルを潜り抜ける。やがて、車窓から湖面の姿が消えると、以前の単調な風景に戻った。

二月五日、水曜日、午前三時過ぎに、かつてシベリア総督の駐在地であった、人口一〇万人近くの大都会・イルクーツクに到着した。永淵は熟眠していたので、気付かなかった。

鉄路の旅はなおも続く。

やがて永淵ら三人の話題も尽きてきた。朝の挨拶と共に食堂車に向かい、話題はその日の天気のこと、食事のこと、車窓からの風景のことに限られてきた。永淵は、コンパートメントの寝台に身を横たえ、旅行鞄の中から芭蕉の『奥の細道』を取り出して、それを読み耽る時間が次第に長くなっていった。

イルクーツクを発車した二六時間後の深夜、列車はエニセイ河の鉄橋を渡河し、人口一〇万の大都会・クラスノヤールスク駅に停車した。当地は毛皮、木材、穀物、畜産品（主に豚毛）の集散地で、木材は西洋へ輸出されている。

二月六日、木曜日、午後一〇時過ぎ、シベリアにおける政治、経済の中心地で、〝シベリアのシカゴ（市加古）〟といわれていた、オビ川沿いの人口二〇万人の大都会・ノボシビルスク（革命前にはニコライスク）に到着した。建設中の工場群が見られ、活気がある街である。

二月七日、金曜日。昼過ぎに、人口十数万人、西シベリアの商業の中心地・オムスクに達した。街の周囲は遊牧地、畑が拡がる。ここで、満洲里からモスクワまでの、やっと半分の距離を走破したにすぎない。

二月八日、土曜日。夜が明ける頃、革命前にはエカチェリンブルク、その当時はスウェルドロフスクと改名した大都会に到着した。この地で、ニコライ二世一家が、悲惨な最後を遂げた。

やがて列車はウラル山脈を越えた。その先からは、〝ヨーロッパ・ロシア世界〟が現われてきた。果樹園、畑、穀物のサイロが続く。

丘陵地帯、針葉樹、広葉樹の交じった大森林を次々と抜け、正午近く、ロシア正教の玉葱（たまねぎ）型の屋根を載せた教会が数多く望まれる、ペルミの街で列車は臨時停車した。この町は、蒸気船や大筏（いかだ）が浮かぶ、ヴォルガ河支流のコマ川脇に位置する商業の中心地である。

満洲里を出発した六日後の二月九日、日曜日。列車はブイの駅に停車した。列車は刻々モスクワに近づいている。

夕刻、ヴォルガ河の鉄橋を渡り、モスクワ北方の町外れを通過。やがて市街地に入っていった。工場が建ち並び、ヨーロッパの工業地帯と寸尺も違わない風景がそこに在った。

午後八時三〇分、列車は雪のシベリア平原を走り続けて、やっとモスクワ・ヤロスラウスキー駅に到着した。

屋根のない、照明の乏しいプラット・ホームには、出迎えの人々、番号入りの白い前掛けをかけた手荷物運搬人（赤帽）が、列車の停止を待っている。

永淵運航部長、加納支店長、和田大尉ら全員が下車した。そこは、シベリア鉄道の終着駅だからである。

4　国境のネゴレロエ駅での出来事

モスクワ以西の欧亜連絡鉄路は、リガ経由、ワルソー経由、さらに遠回りのヘルシングフォルス経由の三ルートがあるが、当時はワルソー経由が距離的に一番近いので、このルートが一般的であった。

永淵ら一行は、市内のアレサンドルスキー駅に移動した。二時間後に列車は西へ向かって発車して行った。翌一〇日午後一時、国境の駅・ネゴレロエで、列車は停車した。有刺鉄線の向こう側はポーランドである。直ちに、ソ連の国境警備兵とゲ・ペ・ウ（秘密警察）が、列車へ乗り込んできた。ソ連からヨーロッパへの、亡命者の発見がその目的である。

永淵らの一等車のコンパートメントにも、車掌と外套姿の者、さらに銃を背負った数人の兵士が、突然、ドアーをノックして入ってきて、旅券とビザの提示を求めた。

三人はそれぞれ旅券とビザを差し出した。加納は、世界に冠たる横浜正金銀行のロンドン支店長であるから、それらはすぐに返却された。海軍の軍人である和田大尉も同様だった。しかし、満洲航空の運航部長といっても一民間人である永淵の旅券を手に取った兵の一人は、同僚と何か小声で話し合っていた。永淵の旅券に何か問題があるようであった。

車掌は、英語で言った。

「ミスター、ナガフチ。貴殿の旅券には、ポーランドのビザがありませんが……。従いましてこの駅で下車されて、申請手続をされますように……」

加納支店長と和田大尉が、しきりに抗議しても無駄であった。

永淵は列車から降ろされた。

ゲ・ペ・ウに付き添われて、雪の積もる停車場を駅舎に向かって歩いていると、前方に、ゲ・ペ・ウと国境警備兵とに両腕を抱えられ、力なく歩いている東洋人の青年が眼に入った。

永淵は、その白面の美青年に声を掛けた。彼は大阪毎日新聞・モスクワ特派員の小林英生だと名乗り、連行の理由を簡潔に語った。

――モスクワ駐在中、小林特派員は、ロシア女性と恋仲になった。彼は帰国に際して、彼女とその母親の二人を、国外へ脱出させる計画を立てた。小林は、大きめの黒皮の旅行鞄を二個用意し、二人をその中に潜ませた。鞄には、「外交文書在中（クリエール）」のラベルを貼って装った。

「クリエール」とは、国際的に相互了解された外交秘密文書の運搬業務および運搬者のことで、その不可侵性は相互に保証される外交慣例となっていた。

外交文書の運搬を巡っては、戦争前夜の状況を反映して、シベリア鉄道を舞台としてもいろいろ起こっている。

作家の林芙美子も、一九三一年にこの列車に乗り、パリに向かったとき、満洲里の日本国領事から、モスクワの広田弘毅駐ソ大使宛の外交文書の運搬を依託されたことがあった。

また、昭和一八年三月から昭和二〇年三月上旬まで関東軍参謀（第二課・情報）を務めた完倉壽郎（ししくらじゅろう）歩兵少佐（陸士四十七期、陸大五十四期）は、昭和一九年夏、特命を受けて、東京からモスクワ間を、鉄道の専門家を伴って往復した。この時期には、日ソ関係も微妙な段階に至っていたので、完倉少佐一行は、満洲里からソ連領に入りモスクワへ到着するまで、一組のゲ・ペ・ウが片時も離れず、監視下におかれた。軍の基地を通過する際には、車窓にベット・シーツが張られた。誠に不愉快だったと記している。

なおまた、参謀本部の瀬島龍三歩兵中佐も、昭和一九年一二月下旬から約一か月半、クリエールとしてモスクワを訪れている。

大戦末期の昭和二〇年四月末には、クリエールの変死事件もあった。モスクワの大使や駐在武官宛の機密文書を所持して、シベリア鉄道に乗り込んだ金子少佐と補佐官が、乗客のロシア人から振るまわれたウオッカを飲んで金子少佐は死亡、補佐官は一命をとりとめた。ソ連は、参戦直前に補佐官と鞄を返還してきたが、佐藤尚武大使宛の外務省の外交文書と、矢部忠太駐在武官宛の書類の封筒が入れ替っていたという。

小林特派員の話に戻ろう。小林もモスクワからベルリンへ向かったのだが、永淵らが乗車した列車ではない、前着の急行列車だった。その亡命計画は、すでに当局に察知されていた。列車がネゴレロエ駅に停車するや否や、ただちに荷物車は切り離された。

国境警備兵とゲ・ぺ・ウが荷物車に乗り込み、検査を開始する。荷物車輛の奥で、二個の大型旅行鞄が、ガタガタと、小刻みに動いている。中を開けると、毛皮のコートと帽子に身を包んだ若い娘と老婆が、青い顔をして、寒さに震えていた。即座に二人は逮捕された。

小林青年と、ロシア娘とが、永遠の別離となった瞬間であった。

永淵は、まだ停車中の車中から、加納と和田を呼ぶ。三人は限られた停車時間内で、国境警備隊長と私服のゲ・ぺ・ウの責任者を相手に交渉を重ねた。

その当時は、ソ連は社会主義国として日本の仮想敵国であったが、日本とソ連とは、それほど悪い関係ではなかった。それに小林特派員は、日本を代表する新聞のジャーナリストであるので、ソ連側は折れた。そこで、ソ連側当局は、事を荒らだたせずに、小林特派員を、国外退去処分に決定した。

永淵は、自分のベルリン行の乗車券を、小林特派員に無言でそっと手渡した。彼は失意のうちに、心をネゴレロエに残して、後ろ髪を引っぱられるような思いで、列車に乗り込んだ。

恋人とその母親は、当局に身を確保され、その後の消息は不明である。

一方、永淵は、国境の駅・ネゴレロエの駅舎で、ゲ・ペ・ウの監視下、眠れぬ一夜を過ごした。

翌朝、永淵は、急行列車でミンスクへ戻った。その列車の停車駅ごとのプラット・ホームには、昨日の武勇伝を人伝えに知った人々が、花束や贈り物を携えて、勇敢な日本人青年を探している。小林特派員と間違われた四六歳の永淵は困惑し続けた。

この事件に遭遇して、日本青年がこれほど大胆な行動に出るのを見て、永淵は感動を受けたという。

永淵はミンスク（当時は白ロシア・ソビエト社会主義共和国、現在はベラルーシの首都）へ戻り、ポーランド入国のビザの申請手続をして、三日後の列車に乗り込むことができた。

列車は、「いまわしい思い出」が残る国境のネゴレロエ駅に到着した。旅行鞄を下げて税関の建物に向かい、そこで厳重な荷物検査を受けた。さらに、手持ちのルーブル貨を、ポーランドとドイツの貨幣に交換した。

永淵ら乗客は、別の列車に乗り換えた。

車内での雰囲気は一変して明るくなった。食堂車でのサービスも一段と良くなったし、物価も安くなった。翌日の二月一四日（金）午前一〇時二三分、列車は、ベルリンのツォー・ロギッシャー・ガルテン駅（動物園駅）に安着した。

『満航』第二五号（康徳三年（昭和一一年））「お知らせ欄」に次の記事がある。

欧米各国の航空事情視察のため出発された永淵運航部長は満洲里より、前哈爾浜管区長石川社員は横濱港より各々左記の電報を寄せられました。

電報訳文

△予定の通り只今出発、御後援を乞ふ、至極健康御安心下さい。　永淵

△故国を去るに當り社運の隆昌と各自の御健康を祈る。　石川

桑港に元旦に到着されました。

石川祥一前哈爾浜管区長も、永淵と同一目的——欧米の航空事情視察のため、約八か月間出張した。

奉天市商埠地五経路九緯路にある、満洲航空本社の永淵の机上には、「蘭は水を欲す」と、達筆で書かれた荷札が付けられている。永淵がドイツから帰朝し、奉天の本社に戻るまでの一年余の間、運航部の女子職員は、その蘭の水遣りに神経を使ったという。

二　永淵部長、ドイツでの活動

1 『日満独航空協定』交渉開始

昭和一一年(一九三六)一月某日の夕刻、ベルリンで満洲航空とルフトハンザとの間で「欧亜連絡航空計画」の会議が始まる前夜、豪華ホテル「エスプラナーデ」の正面玄関の石段を駆け上がり、回転ドアーを勢いよく押し、ホテルに入っていく一人の日本人がいた。満洲航空の永淵三郎である。

彼は満洲仕立ての、暗褐色の微光を発するラッコの毛皮の外套で身を包み、黒い山高帽子を被り、ロビーに集う永淵よりも背の高い紳士、淑女の間を縫うように、胸を張って地下のバーへ急いだ。

そこには、すでに、目的の人物がカウンターに坐って、彼を待っていた。二人は互いに笑みを湛え、力強い握手を繰り返した後に、ドイツ・シャンパーン(SEKT〈ゼクト〉)で乾盃した。相手はルフトハンザ社の技術重役、カール・アウグスト・ガブレンツ男爵である。

永淵は、満洲からシベリア鉄道で、長い旅を重ねてベルリンに到着したが、折悪しくガブレンツ男爵は入院中であった。

というのは、二週間ほど前、自ら自動車を運転中、前方に子供の姿を認め、急ブレーキを掛けたが間に合いそうにもないので、車のハンドルを切り、壁に撃突して、全身打撲で入院していた。

永淵がベルリンへ到着してすぐ、ガブレンツ男爵を病院に見舞うと、男爵は顔面を両眼だけ残しただけの、透明人間のような包帯姿でベットに伏していた。それに驚いた永淵は、

「君のような行為は、日本の武士道そのものだ！」と、絶讃した。

九州の佐賀藩の武家の血を引く永淵の咄嗟の一言も、当然のことであろう。


ガブレンツ男爵とホテル「エスプラナーデ」で再会した翌日から航空交渉が始まり、それほど長い時間を待たずに、陸軍駐在武官・大島浩少将を通じて、関東軍首脳・板垣征四郎少将、土肥原賢二少将との間で、大筋はまとまっていた。

この航空協定は、満洲航空とルフトハンザ社との、民間航空会社間のものであったが、実質は満洲国とドイツ国間、さらにいえば満洲国を傀儡とする日本政府とドイツ政府間のものであった。永淵は、その交渉の最後の舞台で、大芝居を打つことになる。

当時、日本の航空会社は国際線を何一つ持たず、欧米各国から孤立していたので、永淵は、この機会に日本の航空会社もこの協定に加えようと計った。

そこで、永淵はガブレンツ男爵を説き、ドイツ当局に働きかけてもらい、航空協定第七条に、「満洲航空ノ外、日本ノ一航空会社ガ定期ニ参加ヲ希望スル場合之ニ何等異議ヲ有セズ……」の一項を挿入させた。

もとより、ルフトハンザ社およびヘルマン・ゲーリング航空相にしても、友邦国・日本までの定期航空路延長には、異論はなかった。

2　三郎のベルリン便り

満洲航空の社内報『満航』第二六号（康徳三年・一九三六、三月号）に、永淵三郎のベルリンからの便りが載っている。

「満航」社員各位

至極壮健、ポーランドと云ふ國のことを忘れ國境に追い返され、ロシアのゲ・ペ・ウを歩哨にしたまゝ驛に夜を明かした。どえらい國際赤毛布をやりをる。

五ツ紋の羽織にシヤ〱として伯林のアスファルトを草履で踏む氣持はとても良い。獨逸語は判らぬがシヤン、サムライを皆見とる。而かしこれは奉天に蒙古人を見た時と同じかも知れぬ。　三郎

永淵のこの絵ハガキは、出身地の佐賀弁と、軍隊言葉（しとる、やっちょる）がからみ合っている。

前段は、事前にポーランドのビザを取り忘れたからである。ロシアでは不審者と見做された。

赤毛布（あかげっと）とは、都会見物の田舎者とか、おのぼりさん、ないし不馴れな洋行者という意味がある。

五ツ紋の羽織とは、背筋の上、左右の表袖と胸の左右とに、おのおの一つずつ、合計五か所に家紋を入れたもので、これに刀を差せば、正にサムライである。

シヤ〱という言葉は佐賀弁に近い。意味あいは物事に動じない、あるいは、知らぬ顔をして気取って

行動する様の形容である。シヤンとは学生用語で、美人という意味である。

この絵ハガキには、「世界最大の陸上機・ユンカース - G38D2500」と、「フリードリッヒスハフェン上空のツェッペリン伯号」の飛行船の彩色写真がある。

3 「二・二六事件」勃発

昭和一一年二月二六日、陸軍青年将校二一人が指揮する歩兵第一連隊・同第三連隊・近衛歩兵第三連隊の下士官・兵一四五三名と民間人九人は、首相・内相・侍従長官邸、内大臣・蔵相・教育総監私邸、湯河原の伊藤旅館を襲撃し、内大臣・斉藤實、蔵相・高橋是清、教育総監・渡邊錠太郎を殺害、侍従長・鈴木貫太郎に重傷を負わせた。さらに、警視庁・陸軍省・参謀本部・陸相官邸を占拠。三宅坂―虎ノ門―溜池―赤坂見附を占拠した。

二月二九日（土）　東京に戒厳令が施行され、戒厳司令部は「兵に告ぐ!」を放送。午後二時までには、反乱軍の兵士のほとんどが原隊に帰隊した。

三月四日（水）　貴族院議長・近衛文麿に組閣命令が出るが、近衛はこれを辞退した。

三月六日（金）　陸相候補・寺内寿一は自由主義の排除を要求した。

なかなか組閣が決定しなかったこの頃、ベルリンの中心地・ノーレンドルフに在る陸軍駐在武官府での、ルフトハンザ社側との欧亜連絡航空交渉は、基本的に煮詰まりつつあり、細部の検討段階に入っていた。

会議の終了後、永淵は、ガブレンツ男爵らルフトハンザ社の数名の者と、レストラン「アルトリーベ」に足を伸ばした。店名を訳せば「古き恋」とか、「幼馴染み」か。滞独中、永淵はその店に頻繁に通った。店名が気に入ったのか、それとも看板娘がいたのかは判らないが。

ビールで「乾盃！　乾盃！」。

雑談が続き、ビールのグラスが重ねられていた。突然、ガブレンツ男爵は、永淵に訝しげに訊ねた。

「君には会社の代表権が無いが……」

「なーに、『橋欣内閣』なら、俺は間違いなく航空大臣だよ！」

と、永淵は胸を張って答え、ビールの泡を吹き飛ばした。

確かに永淵は満洲航空の重役でなく、運航部長であった。会社の代表者の委任状があったかどうかも疑わしいが、これは日本で先日勃発した〝二・二六事件〟により、五年前の〝三月事件〟〝十月事件〟（いずれも昭和六（一九三一）年のクーデター未遂事件）などの中心人物の一人・橋本欣五郎元野砲兵大佐（日本青年党総領）が組閣したという誤報が、同盟通信社ベルリン支局に送られてきたからである。永淵と橋本とは、陸軍士官学校の同期生（二十三期）で、しかも同じ野砲からの親友であった。

三月九日（月）　やっと廣田弘毅内閣が発足したが、軍部の組閣介入に屈しての出発であった。

三月一〇日（火）　戒厳司令部は、北一輝、西田主税らの逮捕を発表。

三月二二日（月）　「二・二六事件」の記事差し止め報道制限が緩和された。号外が発行され、事件の詳細が世間に伝わった。

そのような情況下にあったので、同盟通信社ベルリン支局に「橋欣内閣成立」の誤報が伝わったのであろう。

この交渉の途中の六月末から九月初旬にかけて、永淵は、日本と満洲へ二か月余一時帰国している。ロンドンから香港までをブリティッシュ・エアーウェイズで一〇日間かけて飛び、その先横浜までは客船によるしかなかった。

この一時帰国の目的の一つは、三月に関東軍参謀長、さらに四月には陸軍中将に昇進した「永淵構想」の賛同者の一人、板垣征四郎将軍に、相談と交渉の経過報告のためと思われる。さらに陸軍省と関東軍首脳とに請訓を受けることと、満洲航空首脳との打ち合わせのためと思われる。

満洲航空の社内報『満航』第三十一号から第三十三号の「満航日誌」と「人事動静」欄とに、永淵運航部長の足跡が記されている。

第三十一号（康徳三（昭和一一）年八月）

△六月二九日「欧州出張中の運航部長「ひかり」にて帰社さる」

（その三日前には、欧米出張中の石川祥一社員が帰社していた。永淵の帰社同日、内蒙古の徳王一行の歓迎宴が航空会館で開催された。徳王と永淵とは一年ぶりの再会であった）

△七月七日「第一常務（筆者注・後藤広三）、運航部長八日帰還の予定にて、新京へ出張」

満洲航空の本社は奉天にあったが、関東軍の司令部は新京にあったので、頻繁に新京を訪れている。

第三十二号（康徳三（昭和一一）年九月）

△八月三日「運航部長五日帰還の予定にて新京に出張」

△八月六日「運航部長十日間の予定にて東京へ出張」

（引用者注・実際は一八日間）

△八月一三日「副社長（引用者注・児玉常雄）約二週間の予定にて東京へ出張」

第三十三号（康徳三（昭和一一）年十月）

△八月二四日「運航部長東京より帰奉」

△八月二五日「副社長、運航部長臨時機にて新京へ、即日帰奉」

△八月二九日「臨時機にて副社長及運航部長新京に出張」

【人事動静】欄

運・長　永淵三郎

命　本社附

奉・長　河井田義国

命　運航部長
　　但　運航部教育課長兼務如故

再びドイツへ戻る前に、永淵は運航部長を免じられ、河井田奉天区長が後任者となった。

したがって、同年一二月一九日に、ベルリンで締結された「日満独航空協定」と、「東亜における航空協定」では、永淵は無役の身でありながら、満洲航空と恵通航空股份有限公司の代表として、両協定に調印したことになる。


昭和一一年（一九三六）一一月二五日、ベルリンにおいて、特命全権大使・武者小路公共子爵と、ドイツ特命全権大使、ヨアヒム・フォン・リッペントロップ（子爵）との間に、『日独防共協定』が調印された。

さらに、三週間後の一二月一九日、永淵社員とウロンスキー社長および技術重役・ガブレンツ男爵との間に、『日満独航空協定』、正確には、満洲航空とルフトハンザ社との間には『欧亜連絡定期航空設立の協定』、恵通航空股份有限公司とルフトハンザ社との間には『東亜における航空提携の協定』とが秘かに調印された。

日本では、『日独防共協定』締結は号外が発行され、各新聞の一面に華々しく報道された。

《号外》　日独防共協定成立す
日英同盟廃棄以来
最初の画期的外交協定

写真 1-2：『日独防共協定』締結後の祝賀晩餐会。向かって右列の中央（眼鏡の人）が永淵三郎、その反対側中央（手前から３人目）がガブレンツ男爵、両列中央に日独の中心人物がすわり、左側手前から片倉衷少佐、左側奥から３人目は大島浩少将。なお、永淵の右隣がルフトハンザ社長ウロンスキー。他は不明

ベルリンで調印、対露外交の決意披瀝

（『東京日日新聞』昭和一一年一一月二五日）

ところが、この『日満独航空協定』と『東亜における航空提携の協定』とは公表されず、陸軍、関東軍、満洲航空の上層部の一部の者しか知らなかった。

永淵三郎の遺族のもとに、二枚の写真が残っている。

豪華な大型のシャンデリアが吊られている天井の高い広間の周囲の壁と扉は、木彫されたマホガニー製である。白いダマスク織の卓子掛（テーブルクロス）がかけられた食卓の両側には、四名の日本人と、一〇名のドイツ人が着席している。

写真１－３：祝賀会の後で：ルフトハンザ社長ウロンスキー（左）と永淵三郎。

右側の中央には、五ツ紋の羽織姿の永淵三郎が座り、ガブレンツ男爵の姿は、永淵の正面に認められる。男爵は他のルフトハンザ社の重役達と同様に、金色のボタンが多くついたルフトハンザ社の黒い制服姿である。

左側中央の燕尾服を着用した太った人物はフイッシュ民間航空局長官、その左隣はウロンスキー社長であろう。その左隣には参謀肩章をつけた大島浩少将、一番奥の日本人は駐在武官府の通訳と思われる。一番手前の参謀肩章をつけた軍人は、片倉衷（かたくらただし）歩兵少佐であろう。

永淵三郎の遺族の元に残るルフトハンザ社と日本側とが、テーブルを囲んでの晩餐会で撮影された集合写真は、当初、一二月一九日、「日満独航空協定」締結の日に写されたものと推測していたが、当日、片倉少佐は日本へ帰国していたので、それ以前に写されたのであろう。考えられるのは、その前月の一一月二五日に締結された「日独防共協定」の日の直後ではなかったか。

片倉少佐の昭和一一年九月から一二月までの行動を、数少ない資料から探ってみた。

○昭和一一年（一九三六）九月

片倉歩兵少佐は、陸軍省戦備課・沢本勝歩兵少佐と新京に赴き、「満洲産業開発五ケ年計画案」を関東軍参謀・秋永月三砲兵中佐と、鈴木栄治主計少佐とに要旨を説明した。

○昭和一一年一二月二二、二三日

片倉歩兵少佐は、東京に出張してきた満洲国関係者との会議に出席している。とすれば、一二月一九日にベルリンで、満洲航空とルフトハンザ社との間に結ばれた「日満独航空協定」の調印式には、片倉少佐は参加していないことになる。満洲航空・永淵三郎社員と、立会人の陸軍駐在武官・大島浩少将と、通訳官の三名だけが出席したのだろう。

もう一葉には、永淵とウロンスキーの二人が写っている。

この写真は、航空協定が締結された晩の、祝賀晩餐会の時に撮影されたものであろう。

この両協定が締結されるまでの一年近くの間、永淵三郎はベルリンで、航空協定の交渉、欧州民間航空業界の調査、さらに、満洲航空が購入する飛行機の交渉のあい間に、バカンスを楽しんでいた。

永淵は、狭いヨーロッパを、ガブレンツ男爵操縦のユンカースJu-52型機で飛び廻った。駐在武官・大島浩少将と共にベルリンからロンドンまでの飛行時、次の句を詠んでいる。

海峡を
埋め残して
青葉かな

三郎

4　ベルリン・オリンピック

一九三六年、第一一回ベルリン・オリンピックが、八月一日から一六日まで開催された。日本は平沼亮三を団長に、選手一七九名、役員七〇名を送った。前回のロスアンゼルス大会よりも多いのは、次回開催予定地・東京のための意気ごみだったのだろうか。

参加国は五三か国。十万人を収容できる大スタジアムでの開催式に、翌年、ニューヨーク郊外のレークハースト飛行場で爆発炎上する巨大飛行船「ヒンデルブルク号」が、オリンピック旗をはためかせて、メイン・スタンドの上空へ飛来してきた。観客の歓声が湧き上がった。

午後四時、ヒトラー総統が会場に到着した。いよいよベルリン大会の開会式が始まった。

この情景を、日本放送協会（ＮＨＫ）から派遣されたアナウンサー・河西三省（かさいさんせい）は、次のような名調子で、力強く日本へ向けて放送した。

「いよいよ、世界待望の第十一回オリンピック大会は、ここドイツ、ベルリンの地に盛んな開催式を挙げるのであります。

おりからのヒトラー塔より殷々（いんいん）として鳴り渡るオリンピックの鐘は、世界若人の血をそそり、力を誘うが如く、ベルリンの大空に流れ渡ります。

今や大喚声と拍子のうちに、参加五三か国の入場式は、今、見るも華やかに続けられています。……」

このベルリン大会で日本は、二〇〇メートル平泳ぎの前畑秀子、三段飛びの田島直人らが、五個の金メダルを獲得し、銀メダル四個、銅メダル一〇個という好成績だった。

ベルリン・オリンピックで撮影された写真、ニュース・フィルムを、朝日新聞社、毎日新聞社は、日本へ一日でも、一時間でも早く輸送することに競い合っていた。

当時、一番早いルートは、シベリア鉄道経由で満洲里に運び、そこから満洲航空便でチチハル、ハルビン、新京、奉天を経て、京城、福岡、大阪、東京というバトン・リレーで行われていた。

ところが、朝日は特ダネを急ぐあまり、奉天からプスモス機で一気に日本海横断を試みた。その距離は約一、三〇〇粁である。プスモス機は、満洲航空では連絡機として使用された小型機であり、時速一七〇粁にすぎず、航続時間は公表七時間である。座席に補助タンクを積み、機関士によるポンプ給油によって、アエギアエギ飛んだが、日本海の海上で行方不明となった。満洲航空奉天管区・片桐保一郎が操縦し、他に機関士一名が搭乗していた。

これに対して毎日は、社用のロッキード機で、一気に日本海を飛び越えた。

その時、日本に一時帰国していた永淵は、四年後に東京で開催予定の「東京オリンピック」に夢を馳せ、その時には、永淵とガブレンツ男爵とが抱いていた遠大な「シルクロード定期航空計画」が、すでに実現していると、確信していたに違いない。

5 「ハインケルHe-一一六型」機、二機発注——そして帰国

永淵構想——「欧亜連絡航空計画」を実現するために、「ハインケルHe-一一六型」機二機を発注した。

一年にわたる滞独生活に飽きた永淵社員は、一二月下旬、大役を果たして、一時帰国する駐独日本大使館付武官・大島浩少将と二人で、日本への帰国の途につく。

ベルリンをあとに、ジェノヴァの埠頭から豪華客船「ポツダーム号」に乗船。同船の乗客の中には、一二月一二日に発生した「西安事件」（張学良が、国共合作に反対する蒋介石を監禁するが、周恩来が調停）を気遣い、慌ただしく中国へ帰国の途につく、スイスで休養中だった汪兆銘（汪精衛）の姿もあった。

永淵は滞独中、ユダヤ人の家に下宿していた。その為かユダヤ人に興味を持ち、朝鮮半島の咸鏡北道に、ユダヤ人の楽天地を建設するという計画案を、親しい小磯国昭中将に話すと、将軍はその計画に理解を示すが、ヒトラーの大信奉者・大島浩少将は、その計画に大反対したという。

この計画は、板垣征四郎、石原莞爾、松岡洋右、鮎川義介、安江仙弘、犬塚惟重らが計画した、いわゆる〝幻の満洲ユダヤ人自治区〟構想とはまったく別のものである。

昭和一二年一月一六日、一年余にわたる海外出張を終えて、永淵は一人で奉天へ戻った。

満洲航空の社内報『満航』創刊三週年特輯・第三七號――康徳四年二月――の「満航日誌」に次の記載がある。

　一月

一六日　本社員種痘施行・永淵社員獨逸より歸朝さる。

一七日　副社長（引用者注＝児玉常雄）及永淵社員即日歸奉の豫定を以て新京に出張さる。

この新京への日帰り出張の目的は、締結した「日満独航空協定」を関東軍首脳に報告するためであった。永淵の「欧亜連絡飛行計画」の良き協力者・板垣征四郎参謀長は、前年の四月に陸軍中将に昇進していた。土肥原賢二（どいはらけんじ）将軍は、前年の三月、関東軍司令部附（奉天特務機関長）を辞して、陸軍中将に昇進し、留守第一師団長になっていた。

一月二四日、永淵社員は、休む暇もなく二〇日間の出張予定で、日本海を越え、東京へ出張した。理解者の杉山元（はじめ）陸相、土肥原賢二師団長らへの報告のためであった。

三　ドイツの二股・二重外交

1　「日独防共協定」

すでに述べたように昭和一一年（一九三六）一一月に「日独防共協定」が締結されたが、武者小路大使が協定書に万年筆で調印する姿の背後に、ポケット・チーフで着飾った、黒い背広姿の大島浩陸軍駐在武官の満足げな顔をした写真が残っている。この協定の立役者の一人は、大島であったからだ。

大島浩は、明治一九年（一八八六）四月一九日、名古屋で出生した。父健一は、陸軍中将、第二次山縣内閣、寺内内閣の陸相を勤めた。当時、薩長藩閥が政財界で巾をきかせていたが、出身も誇るべきものもなく、しかも陸大も出ていなかったので、後の出世は稀有のことだった。大島浩が四歳の頃、父・健一はドイツ留学を命じられ、四年半、プロシア陸軍で学んだ。その父の影響を受けて、浩は生涯ドイツと関係を持つことになった。大島は陸大二七期（砲兵）。ドイツと最初に関係を持ったのは、大正一〇（一九二一）年駐独陸軍武官補佐官となった時からであった。さらに、昭和九（一九三四）年三月、駐独陸軍駐在武官に任命された。

そもそもこの「日独防共協定」は、両国の総意をもち、堅固たる意志、方針で決定したものではなかった。日本側の主役は陸軍省の大島浩であり、ドイツ側はリッペントロップであるが、彼の協力者は反共産主義者で、国防省防諜部長・ウイルヘルム・フランツ・カナーリス海軍少将と、武器商人・フレードリッヒ・ハック博士（国家学）である。

リッペントロップは、ドイツ風シャンパーン「ゼクト」の販売元・ヘンケル商会の娘と結婚し、その後、親戚のゲオルート・フォン・リッペントロップと養子縁組をして、「フォン」（貴族）の尊称を受け継いだ。リッペントロップは、ヒトラーに近づき、彼の顧問であると自称し、爾後、公的な地位も持たず「私的外交」につき進んでいくことになる。一九三四年（昭和九）四月、リッペントロップはヒトラーから、「軍縮問題全権代表」の地位を与えられ、ベルリンの官庁街・ヴィルヘルム通りに在る外務省の向かいに「リッペントロップ事務所」を開設し、活動を始めた。

一九三五（昭和一〇）年、ヒトラーが、リッペントロップを外務次官に送り込もうとしたが、ノイラート外相は自分の辞職をほのめかしてまでも、それに反対した。そこで、リッペントロップは外務省が口を出さない分野を探り始めた。その結論が「対日政策」であった。

カナーリス提督は、日本海軍を評価していて、かねてから支援すべきであると主張していた。さらに、日本を仲間に入れて、対ソ諜報包囲網形成を図ろうと考えていた。

フリードリッヒ・ハック博士は、「満鉄」の後藤新平総裁が、ドイツから顧問として招聘したオットー・ヴィートフェルトの秘書として来日した人物である。ハック博士は、第一次世界大戦で志願したが、中国の青島で日本軍の捕虜となり、福岡、習志野の各収容所にいた。大正九年（一九二〇）、大戦終結で帰国後、退役陸軍少佐アルベルト・シンツィンガーと共同で、「シンツィンガー・ハック商会」という貿易会社を設立した。主要取り扱い商品は兵器で、特に日本海軍に対して、潜水艦、航空機の技術供給の仲介をした。なお、ハックは、ハインケル社の対日代表としても活動した。

昭和一〇（一九三五）年一月、リッペントロップの特命でハックはロンドン軍縮会議に出席している。海軍の山本五十六中将をベルリンへ招き、ヒトラーと会見させるという指令であった。が、山本中将と会うことはなかった。これには、松平恒雄駐英大使と、武者小路公共（むしゃこうじきんとも）駐独大使とが妨害したという説がある。山本中将はベルリンを訪れたが、ヒトラーとは会わず、リッペントロップとレーダー海軍総司令官とは会うには会ったが、それ以上の進展はなかった。

リッペントロップはヒトラーとの関係は濃厚となっていくが、外務省との関係は最悪であった。外務省とすれば、外交経験もない素人であるリッペントロップに対して、最初は鼻も引っ掛けなかったが、やがて対立することになっていく。

この三人に加え、昭和九(一九三四)年三月、大島浩大佐(翌年少将に昇進)が登場することによって、この「日独防共協定」が誕生することになる。大島は、「ドイツ人のような日本人」、「ドイツ心酔者」と称されていたが、爾後、危険な軍人外交につき進んでいくことになる。

一二月二七日、ソ連のタス通信が、「ベルリン駐在日本陸軍武官と、リッペントロップ、ドイツ国防軍防諜部との間の軍事協定交渉が、調印間近である」と報じた。この情報源は、二〇世紀最大の国際スパイ事件といわれる「ゾルゲ事件」の主謀者リヒアルト・ゾルゲ博士と、オランダで活躍していたスパイ、ワルター・クリヴィツキーだといわれている。これによって、大島、リッペントロップ、カナーリスらは、水面下で活動せざるをえなくなった。

その後、日本の外務省に変化が表われてきた。昭和一一(一九三六)年二月二六日に勃発した「二・二六事件」で辞任した岡田内閣(岡田啓介首相)の後を継いだ広田内閣(広田弘毅首相)の外相・有田八郎がその象徴であった。有田の「薄墨論」といわれるものがある。その考えは、「急激に軍事同盟に至るものではなく、薄墨を塗り重ねるように、徐々に進めるべきである」というものである。

ドイツ国防軍の中国・蔣介石政権との濃密な関係と、日独関係強化を推進するリッペントロップ、カナーリス、大島浩武官らの活動との間に挟まれたドイツ外務省は悩んでいた。

中国国内において、蔣介石政権の背後に寄り添っていたドイツ軍事顧問団が、第一次上海事変で日本軍に対して影響を強く与えていることは、すでに日本もうすうす知っていたが、それを強く認識したのは、次の借款条約が結ばれた時からであった。

同年四月八日、ドイツ国立銀行ライヒスバンク総裁兼経済大臣ヒャルマル・シャハトと、中国国民党の代表団との間で、「一億ライヒスマルク借款」等が調印された。それを知ったベルリンの日本大使館・井上庚二郎参事官が「中国の軍事拡張に利用される恐れがある」と抗議した。その後、武者小路大使も、ノイラート外務大臣に繰り返し抗議したが、ドイツ側はのらりくらりとした態度を取ってきたので、それまで交渉を重ねてきた「日独防共協定」の締結が一時危ぶまれた。

ようやく、ドイツの対中国援助計画の一部が修正された。七月に入ると、「日独防共協定」とそれに付随する協定案が、ドイツ側から日本側へ提示された。

七月一八日、「スペイン内乱」が勃発して、独伊対英仏ソの対立構造が明確となってきた。追い風を受けたドイツ外務省は、国防省とは別行動を取るに至った。

一一月二五日、ベルリンで「日独防共協定」が締結された。日本側は武者小路公共特命全権大使、ドイツ側はコンスタンティン・フォン・ノイラート外務大臣ではなくヨアヒム・フォン・リッペントロップ特命全権大使であった。大島浩、リッペントロップ、カナーリスが、ドイツ国防省、国防軍の主流派を差し置いて、締結したものであった。

やっと協定は成立したものの、大島武官は不満であった。大島の本音は、ソ連を対象とした「軍事同盟」であったからだ。

その後、紆余曲折があって、「日独伊三国同盟」に突き進み、それらによって、日本は「亡国の道」を歩んでいくことになる。

2　第一次上海事変、第二次上海事変

第一次上海事変

昭和七（一九三二）年一月二八日、国際都市・上海で、三月三日まで日本軍と中国軍の間に三六日に及ぶ激戦が勃発した。

死傷者は、日本軍三、〇九五名、中国軍一万一、七七〇名であった。

第二次上海事変

昭和一二（一九三七）年八月一三日、上海の中国軍の攻撃により第二次上海事変が勃発し、戦火が北京、天津へ飛び火した。当初、約三〇名にすぎなかったドイツ軍事顧問団は、「盧溝橋事変」が勃発した頃になると、四六名に増員していた。昭和一一年（一九三六）四月八日に締結された独中間の「ハプロ条約」によって、最新製のドイツ製武器が蔣政権に大量に送り込まれた。

一歩後方におかれたドイツ軍事顧問団の的確な指導によって、戦争は三か月間にすぎなかったが、中国軍側は八五万名を、日本軍側は二〇万名の兵力を投入した。その結果、死傷者は中国側は三三万三、五〇〇名、日本側は四万一、九四二名を数えた。

中国大陸での主な会戦でも、漢口作戦（日本軍側の死傷者三万一、四八六名）、ノモンハン事変（日本側の死傷者一万八、九二五名）をはるかに上まわるという、大激戦であった。

第二次上海事変後も、ドイツは表面上は中立的な立場を装っていたが、タングステン等とのバーター制で、相変わらず武器、飛行機等を蔣介石軍に送っていた。実体は、背後にひかえていたドイツ軍事顧問団の指揮、指導と、ドイツの優秀な武器、飛行機等を使った「日・独戦争」であった。

3　ドイツ軍事顧問団

ここで、日本軍の前に立ちはだかったドイツ軍事顧問団について見ておこう。

明治四五年（一九一二）年二月一三日、宣統帝が退位し、清朝は滅亡した。

孫文が南京で臨時大統領に就任するも、二か月後、袁世凱にその地位を譲り、首都は北京に移った。袁の死後、段祺瑞、馮国章、曹錕、呉佩孚などの軍閥が跋扈していたから、孫文は広州に籠もらざるを得なかった。

孫文には、宮崎滔天や頭山満らの日本の民間人の支援者はいたが、ソ連のボロディンが政治顧問に就任した。各軍閥もそれぞれイギリス、アメリカ、ソ連に頼ったが、張作霖には日本が政治顧問となった。

孫文の死後、蔣介石が国民革命軍の総司令に就任すると、それまで進められてこられた国民党と共産党との「国共合作」は、大正一五年三月、蔣介石は広東でクーデターを起こし、共産党と対決する姿勢をとるようになる。そして、南京を首都として北伐を進めていった。昭和二年四月には上海のゼネストを弾圧して、共産党を排除した。七月「国共合作」が終わると、六〇名に及ぶソ連の軍事顧問団は、国民党を去っていった。

昭和三年六月、蒋介石は北京に入城し、北伐を完成。八月に南京で開催された会議で、国民政府主席に選出された。だが、李宗仁（広西省）、馮玉祥（陝西省）、閻錫山（山西省）らの蒋介石と対立する軍閥が存在していた。国民党を離れたソ連軍事顧問団は、中国共産党の指導を始めた。

蒋介石が次に軍事顧問として目をつけたのは、ドイツであった。

昭和二年暮れ、国民党の招きで、中国の産業界視察の目的で広州を訪れたマックス・ファバー大佐は、参謀本部作戦課兵器班長を務めていたこともあって、蒋介石から軍事顧問就任の依頼を受ける。

翌年の秋、ファバー大佐は、約三〇名の将校を引き連れて、中華民国の軍事顧問団を編成することになる。この時、ドイツの最新兵器がもたらされた。顧問団は直ちに黄浦軍官学校で、軍事教練を開始した。

昭和四年春、ファバー大佐が急死すると、ヘルマン・クリーベル中佐が、第二代軍事顧問団長に就任する。中佐は一年五か月務めた。

第三代団長は、ゲオルク・ヴェッツェル大将である。ドイツはそれまでの佐官クラスから将官クラスを中国に派遣するようになったのは、蒋介石政権に対する期待の表れであろうか。その時点では、ヴェッツェルは、中国軍に戦術を講義するだけであった。

その後、閻錫山と馮玉祥が蒋介石に対して反乱を起こすと、ドイツ軍事顧問団は、両軍に対する戦術を助言した。ヴェッツェル大将就任時には、ドイツ軍事顧問団の活動が最も活発となった。

昭和六年六月、第三次掃共戦が始まると、顧問団は蒋介石に従って南昌へ向かった。

昭和七年の一月に、第一次上海事変が勃発する。それまで、ドイツ顧問団が訓練・育成した第八十七師（約一万人）が活躍した。その後、日本軍が熱河省に進攻すると、ヴェッツェル大将が直接中国軍の指揮をとった。訪中していたハンス・フォン・ゼークト大将は、昭和八（一九三三）年六月三〇日、中国軍を、ドイツ製兵器で装備した近代的軍隊として創設することを具申した。またヴェッツェル大将は、第五次掃共戦で、トーチカ建設による包囲作戦を助言した。後の「第二次上海事変」の時に、日本軍はこのトーチカに苦しめられることになる。

昭和九（一九三四）年四月、ゼークト大将が第四代団長に就任。八月二三日、前年、ベルリンで設立された商社「ハプロ」（工業製品貿易会社）は、中国と物資交換条約「クライン条約」を締結した。中国からはタングステン、鉱物、桐油などが、ドイツからは武器、機械、工業製品等が、バーター貿易によってもたらされた。

昭和一〇（一九三五）年一月、ファルケンハウゼン中将は「中国国防基本方針」を蒋介石に進言した。これは日本を対象としたものである。三月、ゼークト大将は病気のため帰国し、代行のファルケンハウゼン中将が五代目団長に就任した。

昭和一一（一九三六）年一月、中国の訪独団がベルリンに入り、四月八日、独中間で一億ライヒスマルクの借款条約「ハプロ条約」が締結された。九月一二日、ファルケンハウゼン中将は、河北省の日本軍攻撃を進言し、さらに一〇月一日、漢口と上海の日本軍の攻撃を提言した。

昭和一二（一九三七）年七月七日、「盧溝橋事変」が勃発した。七月下旬には、ファルケンハウゼン中将が、保定の北支戦区の司令部に入る。八月一三日、中国軍の攻撃により、第二次上海事変が勃発した。八月一四日、名古屋第三師団と四国善通寺第一一師団とに動員命令が下り、上海派遣軍が編成され、司令官には松井岩根大将が任命された。

激戦につぐ激戦が幾度も繰り返された。一一月九日、日本軍は上海をやっと制圧することができた。

一九三八年二月二〇日、ドイツが「満洲国」を承認すると、六月から、在華ドイツ軍事顧問団および在華ドイツ大使・オスカー・トラウトマンの引き揚げを命じ、六月二七日に完了した。

一〇年余にわたったドイツ軍事顧問団は、リッペントロップ外相の命によって、中国を去るのは、昭和一三年六月二七日であった。

4 欧亜航空公司

昭和六（一九三一）年二月、中国とドイツは南京で、欧亜航空公司（ユーラシア航空）設立契約に調印した。三月一日、上海に欧亜航空公司が誕生した。四月一九日、欧亜航空公司は、上海から済南、北平（北京）、林西を経由して、満洲里への第一回テスト飛行に成功した。

欧亜航空公司設立の目的の一つに、中華郵政が欧州へ郵便物を送る方法として、三ルートを考えていた。
(1)上海〜北平〜満洲里を経由して、シベリア鉄道でモスクワ、ベルリンへのルート。
(2)上海〜北平〜庫倫（ウランバートル）経由で、シベリア、ベルリンへのルート。
(3)上海〜甘粛省蘭州〜新疆省ウルムチ（廸化）からアフガニスタン、中央アジアを経て、ベルリンへ達するルート（西北路線）。
このうち、庫倫経由の第二ルートは、中国とモンゴルとの間に国交未承認問題もあり、机上のプランで終わった。

昭和六（一九三一）年一二月一六日、(3)の西北路線のテスト飛行のため、上海を飛び立ち、北平、包頭（パオトウ）、百霊廟（バイリンミャオ）、弱水河、哈密（ハミ）を経て、二二日、新疆省の省都・ウルムチに到着し、成功した。

翌年（一九三二）の一月二八日、「第一次上海事変」が勃発し、三月一日、〝満洲国〟が誕生した。その混乱期には、上海〜ウルムチ線のテスト飛行を中止。四月四日、上海〜南京〜洛陽〜西安線が営業開始した。五月一八日、西安〜蘭州間のテスト飛行に成功し、五月二四日、上海〜西安〜蘭州線の営業を開始した。八月二日、中華郵政は東北三省（旧満洲）から撤退。欧州宛の航空便は、エール・オリアン（後のエール・フランス）のサイゴン〜マルセイユ便を利用した。八月一〇日から、蘭州〜ウルムチ線のテストが再開され、第二回テスト機が北平から蘭州まで飛んだ。この八月から、ルフトハンザ社は、ユンカースJu‐52型機（BMW五二五馬力、三基を搭載）を使用した。一一月二一日、蘭州〜廸化線の第五回テスト機のユンカースW‐34型機（ルッツ機長）が、蘭州からウルムチ到着に成功し、さらに塔城（とうじょう）（チョチェク）にも達した。一二月一五日、上海〜蘭州〜ウルムチ線が正式に営業を開始し、第一便が一九日、ウルムチに安着した。

しかし、その年の暮から翌年の昭和八（一九三三）年七月一〇日、新疆省でウルムチ政府の盛世才督弁（せいせいさいとくべん）と対峙していた馬虎山（ばこざん）師長が、カシュガルからソ連へ亡命するまで新疆省は混乱していたので、欧亜航空公司はこの便を運航停止していた。

昭和九（一九三四）年四月、欧亜航空公司総経理・李景樅らは、上海で、中独合弁の航空機製造工場の建設について、ユンカース代表と交渉を開始した。八月二九日、ルフトハンザ社技術担当重役・ガブレンツ男爵は、Ju‐52型（七七〇馬力エンジン三基搭載、最大速度二六四キロ／時、一五人乗）一機を欧亜航空公司に納入するために自ら操縦桿を握ってベルリンを出発、インド、マレー半島回りで、九月六日、上海・龍華飛行場へ安着した。九月二八日、中国財政部、交通部、航空委員会とユンカース社は、中独合弁航空機・エンジン製造廠公司の設立に関する契約に調印した。一一月一日、欧亜航空公司の蘭州〜寧夏〜包頭(パオトウ)線が開通した。

昭和一〇年(一九三五)九月二七日、上海〜西安〜成都線が開通した。(Ju‐52型機使用)

昭和一一年(一九三六)には、欧亜航空公司にはこれといった動きはなかった。

昭和一二(一九三七)年一二月一六日、欧亜航空公司は、昆明〜ハノイ間五六〇キロのテスト飛行に成功し、二二日から、正式に就航することになる。

昭和一三(一九三八)年六月一三日、欧亜航空公司が、昆明〜柳州〜香港線に就航した。

昭和一四(一九三九)年二月二〇日、欧亜航空公司の「蘭州号」(Eu‐17号)は、重慶〜哈密(ハミ)(クルム)間(二、三二〇キロ)のテスト飛行を実施し、四月から週一便の定期便就航を予定していたが、諸般の事情で延期された。

昭和一六(一九四一)年七月一日、ナチス・ドイツが、南京の傀儡(かいらい)・汪精衛(おうせいえい)(=汪兆銘(おうちょうめい))政権を承認したことによって、中国政府は翌二日、ドイツとの国交を断絶するに至り、ドイツ資産を接収し始めた。欧亜航空公司も中国の航空会社に経営が移った。八月二〇日、シューマン欧亜航空公司顧問らドイツ人引き揚げの第一陣は、昆明から貴陽、桂林、柳州を経由し、鎮南関から仏印に出国した。八月二九日、南雄〜香港線が就航した。

一二月八日、太平洋戦争が勃発すると、日本機による香港爆撃で、香港・啓徳飛行場駐機中の欧亜航空Ju-52・3m型「重慶号」(Eu-22号)、「クルム号(哈密号)」(Eu-24号)が大破した。一二月一一日、ドイツとイタリアもアメリカに宣戦布告。一二月二一日、日本機が桂林を空爆、香港から飛来していた欧亜航空の「粛州号」(Eu-15号)が炎上した。欧亜航空公司に残ったJu-52・3m型機は、「成都号」(Eu-19号)一機のみが残った。

昭和一八(一九四三)年三月一日、欧亜航空公司は、中央航空運輸公司に改組された。

以上のように、欧亜航空公司(背後はルフトハンザ社)と蒋介石とは、昭和六(一九三一)年二月から、昭和一六(一九四一)年七月までの一一年間にわたって、長期間良好な関係が続いた。

ソ連は一時期、「中ソ航空」を設立したが、それほど活躍したわけではない。

ドイツは欧亜航空公司を使い、ほぼ初期の頃には、中国国内の民間航空輸送を主導的に支配した。

四　満洲航空、国際航空、大日本航空

1　満洲航空株式会社の誕生

昭和三年(一九二八)一〇月、資本金一千万円で創業した日本航空輸送株式会社(通称・日航)は、昭和

四年二月に大連に支所を設け、日本、朝鮮、満洲の間を結ぶ、定期航空路線を開設した。

昭和六年七月、大連に亡命中の軍閥・閻錫山を関東軍の命により、閻の本拠地・山西省大同へ送った。この時の飛行が、民間航空会社が軍に協力した最初であった。その二か月後に、満洲事変が勃発することになる。

直ちに、関東軍は奉天に進軍して、張学良軍と交戦。戦乱が満洲各地へ拡大していくに伴い、戦死者、緊急避難民の救援の唯一の交通手段である鉄路が破壊されたので、空路に依らざるをえなかった。

関東軍は張学良の撤退後、張の飛行機の格納庫五棟と、使用に耐えない飛行機を除き小型飛行機・ポテー等五機を押収した。以後この五機と、日本航空輸送が大連から持ち込んだフォッカー・スーパー3M機とで、満洲各地への輸送準備がなされた。

軍は日本航空輸送・麦田平雄奉天支所長に対して、満洲各地への軍用定期飛行路の開設を命じた。そこで日本航空輸送は、本部を旧張学良邸（後の満洲航空本社）に設け、「関東軍軍用定期本部」と、「日本航空輸送奉天代表事務所」の二枚の看板を掲げて出発した。

関東軍軍用定期に従事する、空中および地上勤務者全員が軍属扱いとなった。この間の飛行総距離は二六万七千余キロにも及んだが、一名の殉職者も出さなかった。

その軍用飛行の内容は、戦傷者、患者、糧食（軍隊では人と馬の食物、食糧とまぐさをいう）の空中輸送が主任務であった。はじめはフォッカー・スーパー3M機一機（後に二機）で、毎日運航していた。高粱畑、大豆畑に着陸する場合もあるので、プスモス小型機も用意された。物資、人員の輸送以外にも、偵察、連絡飛行もあった。

ある日の飛行は――

日　時・昭和七年八月二七日
搭乗者・騎兵曹長・甲斐末吉、二等銃工長・楠貞義
使用機・スーパー機（フォッカー・スパー3M機）
航　路・奉天―清原―奉天
乗務員・板倉攻郎操縦士、乾信明機関士
搭載物・小銃弾二四包三一二キロ、伝書鳩三羽（落下傘ヲ取付、高サ一〇〇メートルヨリ投下）

伝書鳩が幾度も前線へ送られているのは、これは当時の通信事情を物語っているのであろう。

昭和七年（大同元年・一九三二）三月一日、「満洲国」成立に伴い、満洲における航空事情から、日満合弁の航空会社が必要とされ、その設立準備のために、逓信省航空局より児玉常雄工兵大佐（日露戦争時の満洲軍総参謀長、陸軍大将・児玉源太郎の四男）が退役し、関東軍付として満洲へ派遣された。

同年九月二六日、満洲国最初の法人としての満洲航空株式会社は、資本金三八五万円で設立された。日本航空輸送が、奉天で所有していた飛行場、機材、建物、工廠を一切百万円と評価し、さらに、南満洲鉄道㈱（満鉄）および住友合資会社の奉仕的出資（無利子）と、満洲国政府からの補助金で設立された。

満洲航空株式会社
　本社・奉天商埠地五経路九緯路三
工廠・東塔飛行場

役員・社長＝栄源（皇帝溥儀の皇妃・婉容の父）、副社長＝児玉常雄、常務＝（欠員）、取締役＝石本憲治、川田順、揚文緒、根橋禎三、安邊浩、監査役＝大屋敦、佐久間章、周培炳、総務部長＝武宮豊治、運航部長＝岡部猛、経理部長＝中富貫之、航空工廠長＝永淵三郎、東京支社長（兼）＝安邊浩、奉天管区長＝河井田義匡、新京管区長＝樋口正治、チチハル管区長＝石川祥一、錦州臨時管区長（兼）＝河井田義匡、燃料班長＝生方四郎、写真班長＝柴田秀雄

管区、出張所——（略）

定期航空路線——大連、チチハル、満洲里、ハルビン、奉天、新京、図們

軍用定期航空路線——チチハル→大黒河、新京→五常→ハルビン、ハルビン→富錦、ハルビン→東寧、錦州→承徳、奉天→錦州、錦州→赤峰

所属操縦士三三名、機関士二二名

昭和一一年七月のある夜、奉天東塔飛行場を金日成軍が攻撃してきた。大した被害がなかったのがせめてもの幸いであった。

翌日、関東軍は東辺道匪賊討伐のために、部隊編成出動を満洲航空に命じた。満航は美濃勇一を隊長に任命し、スーパー機で空から金日成軍を追った。

昭和一六年八月に、無事故一万時間飛行記録を初めて日本人として樹立した美濃勇一は、『日本民間航空史話』の「満洲時代の思い出」に、次の秘話を記している。

フォッカー・スーパー3M機に爆弾懸吊架を付け爆弾を積んだりして、首に五万円賞金がかかっていた金日成を一ケ月間も東辺道の山中を追い回したが、目的を達することができず、賭け損ったが、もしその時私が五万円貰うことが出来たら、今日の北朝鮮の金日成主席の実現は見られなかったわけだ。

金日成は逃げ切って、白頭山に籠もった。金日成は三人いたとも言われている。

満洲航空には航空工廠、燃料班、写真班が設置された。

写真1-4:満航式1型機の進空式でテープを切る小磯国昭参謀長。後ろは永淵三郎工廠長。

奉天航空工廠は旧名を「飛行場工場」と呼ばれていた。初めは軍の格納庫を利用していたが、昭和七年一〇月一日、張学良の飛行場跡地に、日本人三名、満人二名から出発した。

同年一〇月二六日、永淵三郎は総務部次長兼運航課長を免ぜられ、航空工廠長に任命された。

翌年八月には、日本人一六二名、満人一五五名に増員していた。すでに七月二〇日には、新造機第一号(スーパー・ユニバーサル機M-一一八号)が完成。三〇日には第二号機も完成し、一〇月五日、新造機の命名式および進空式が東塔飛行場で開催され、関東軍参謀長・小磯国昭中将臨席のもとに、「満航式・一型」と命名された。この進空式で、機の前に飛行機から伸びる綱を斧で断ち切る参謀肩章姿の小磯国昭関東軍参謀長と、それを見守るモーニング姿の永淵三郎工廠長の写真がある。

工廠は、最盛期には、日・満および五名の白系ロシア人（マンコフスキー兄弟、ブランコフ等）を含み、従業員は約一三〇〇人が在籍。

満洲産業開発五ヵ年計画

昭和一一年は、満洲建国から五年経過した。制度も整備し、国内の治安も一応安定したので、第二期建設期に入っていった。

同年七月、関東軍参謀・秋永月三砲兵中佐と、満洲国総務庁・松田令輔企画処長らが、東京の参謀本部に出張した帰りに一通の企画書を手渡された。「満洲産業開発五カ年計画」である。これをきっかけに、関東軍、陸軍省の要望ならびに事前の連絡と、この計画案に基づき、秋永参謀を中心に「湯崗子（とうこうし）会議」が開催されて、満洲政府、満鉄関係者が出席した。

同年一一月一日、「満洲産業開発五カ年計画綱」が決定された。

満洲重工業開発株式会社

昭和一二年（一九三七）に策定された「満洲産業開発計画」によって、満洲の綜合開発の急務政が確認されて、満洲における工業の開発のすべてを特殊法人・満洲重工業開発株式会社（略称・満業。資本金

四億五千万円──日産：二億二千五百万円、満洲国：二億二千五百万円、総裁・鮎川義介、理事長・高碕達之介）に委された。

日産株式会社（日本産業）の傘下には、日立製作所、日産自動車、日本鉱業、日本化学工業など一三〇社（従業員一五万名）を有した大コンツェルンだった。関東軍、満洲国としては、三井、三菱などの旧財閥よりも新興財閥の方が御しやすかったからだ。

昭和一三年二月以降、昭和製鋼所（鞍山製鉄所）、満洲炭礦、満洲鉱山、満洲鉛鋼、安奉鉱業、満洲採金、満洲軽金属、満洲マグネシウム鉱業、満洲自動車工業（元・同和自動車工業）、東辺道開発、満洲飛行機製造などを傘下に収めた。

昭和一三年六月一八日、満洲国勅令第一三〇号が公布され、満洲重工業開発㈱が従来満洲航空が経営していた飛行機製造部門および修理部門を引き継ぎ、六月二〇日、満洲飛行機製造㈱が設立された。本社・奉天。資本金公称二、〇〇〇万円（振込一、〇〇〇万円）、総裁・鮎川義介、理事長・荒蒔義勝（予備役・陸軍中将）。

満洲航空は、満業に東塔飛行場と航空工廠を譲渡して、昭和一三年一一月三日、北陵の北側に北陵飛行場（北飛行場）と修理工廠を移転した。

それまでに、満洲航空工廠は、満航式一型、二型を約四〇機、満航式三型（原型D・Hプスモス機）約一五機を含めて、一三〇機以上を製造した。一時的にせよ、一民間航空会社が飛行機を製造したことは、世界でも稀有のことである。

満洲航空にとって、航空事業を経営する上で、燃料購入は最重要事項であった。

満洲航空創立以前の日本航空輸送は、東京―大連間に定期航空路を開設していたが、航空用ガソリンを米国系スタンダード石油、テキサス石油、英国系亜細亜石油の三社から購入していた。ところが、ソ連が三社のあい間を潜り、ソ連石油をダンピング販売してきた。

さらに昭和七年（一九三二）八月、松方財閥の松方幸次郎が、ソ連石油を独占的に購入する目的で、ウラジオストック経由でモスクワに向かったという情報が永淵三郎にもたらされた。満洲航空設立以前であったが、一財閥の独占に帰することを危惧した永淵は、一石を投じた。

そこで、ハルビン駐在のソ連国営石油公社（ソニースネット）・ソ連極東石油代表ウォストリコフを相手に交渉に努め、松方オイル協定に満蒙は除外すること、満洲航空創立の暁には、これに満蒙の一手販売権を与えることの二点を強く要望した。

会社設立後の大同二年（昭和八年・一九三三）一月、神戸港から、「扶桑丸」に乗船して大連へ向かった佐島敬愛は、父・啓介の山形中学の後輩・関東軍参謀長・小磯国昭中将の紹介で、奉天の満洲航空本社へ麦田平雄常務をたずね、入社することになる。

翌日、佐島は鉄路で新京の関東軍司令部の小磯参謀長へ報告に訪れた。その時、参謀長室で岩畔（いわくろ）豪雄（ひでお）歩兵大尉を紹介された。佐島と岩畔との関係は、昭和通商時代の終戦まで続くことになる。

佐島は二月中頃から、麦田常務に随行して、ハルビンでソ連側と石油供給交渉を開始した（通訳・河野央）。

大同三年（昭和九年・一九三四）一二月、ソ連石油連盟輸出部外蒙代表・ゴーロドと、満洲航空・麦田常務との間に、一年間、航空用ガソリン五万箱の売買の仮契約が締結されたが、書類上に不備があり交渉は長びいたが、翌年七月一三日、再度、仮契約が結ばれた。

八月一七日、燃料班設立の許可が関東軍から下り、大連埠頭にある米・蘭系タンクの間に割り込んで、一一月、二万屯（トン）の貯蔵タンクが完成した。用地、地点選定は小磯参謀長が、地権者・中西満鉄理事、建設の相田大連機械常務らの協力によった。

その後、世界的な石油相場の高騰と、ドルの変動により、一方的にソ連側から仮契約が破棄されたので、交渉再開までの暫定期間、亜西亜（アジア）石油、スタンダード石油から入荷した。

満洲国建国当初、各地の都市建設計画、鉄道建設計画、森林河川港湾の調査、さらに軍部の地図作成のため、航空写真を利用する必要が急務であった。

そこで、満洲航空の児玉副社長は、大同二年（昭和八年・一九三三）四月三〇日、航空写真の権威である予備役陸軍工兵大佐・木本氏房を嘱託に招聘した。

六月二九日、関東軍参謀長・小磯中将から満洲航空に対して、航空写真測量に関する指導要項が発せられた。

その当時、匪賊の鉄路破壊活動に悩まされていた満鉄は、写真班の創設に際して、五〇万円（貨幣価値を二千倍とすると、現在の十億円に相当するか）の援助を申し出た。

写真班は、ドイツのカール・ツァイス社から、撮影から図形まで完成できる機材を購入して、前・錦州（きんしゅう）管区長・柴田秀雄を長に、社員一七名で発足した。

初仕事は、満鉄から依頼された佳木斯（ジャムス）河港の撮影、図化であった。その後、鉄道予定線、都市計画、森林調査、地質調査へと進展していった。

関東軍に対する協力は、北支、中支および蒙彊（もうきょう）方面からソ連国境の撮影、ノモンハン事件にも協力し、また、サイゴン方面にも派遣した。太平洋戦争では、関東軍第一、第二航空写真隊を結成して、ラバウル、フィリッピン方面に出動し、終戦を迎えた。

2　リットン調査団委員を満洲里へ空輸

昭和七年九月八日、リットン調査団は、「満洲事変」の原因調査のために、国際聯盟より派遣された。調査委員のうち、仏国委員・クローデル将軍、ジュブレ博士、独国委員・シューネ博士ら一行三名（永淵三郎の手記によると五名）を、満洲航空創立直前の関東軍軍用定期航空便で、満洲里から欧羅巴（ヨーロッパ）行の国際寝台列車に乗車するために、満洲里に空送することを軍より命じられた。そこで、会社は総務部次長兼運航課長・永淵三郎にその任を命じた。

翌朝の午前六時五〇分、永淵次長はチチハル飛行場をフォッカー・スーパーF7／3M機（BBTO）で、満洲里へ向けて飛び立っていった。操縦士・国枝実、機関士・石川金吾、社員・佐山敏生との四名であった。午前一〇時二五分、国枝機は、満洲航空としては処女飛行のルートを飛翔して、満洲里に安着した。聯盟調査員の飛行準備と満洲里出張所開設準備のために、佐山主任一名を残して、同日、チチハルを経由して奉天へ帰還した。

同日、リットン調査団一行は、新京を午前八時九分、スーパー機（大森正男操縦士、藤田静夫機関士）で出発して、ハルビンに九時二八分着、同五〇分離陸、チチハルに一一時五〇分到着した。

翌九月一〇日、調査団一行は、早朝の七時五分、フォッカー・スーパーF7／3M機（BBTO、操縦士・国枝実、機関士・石川金吾）でチチハルを立ち、午前一一時一分、満洲里へ安着した。

前日にはすでに、板倉攻郎操縦士、武市勝己機関士のフォッカー・スーパーF7／3M機機（CAZO）によって、リットン調査団一行の荷物は、新京からチチハルへ運ばれていた。

この板倉攻郎操縦士が、後日、〝満洲里事変〟に遭遇することになる。

3　板倉機遭難と捜索飛行

満洲航空が設立され、その創立記念の式典が開催された昭和七年（大同元年、一九三二）九月二七日の早朝、新設・奉天─満洲里線の第一便が、奉天東塔飛行場を飛び立っていった。

使用機は米国製フォッカー・スーパー・ユニバーサル機M‐一〇三号機、一等操縦士・板倉攻郎、機関士・岩村祐治、乗客は陸軍砲兵少佐・参謀本部渡辺秀人、陸軍航空兵大尉・関東軍飛行第十大隊・勝目真良、陸軍歩兵大尉・参謀本部井上辰雄、関東軍嘱託・満洲国興安総署総務処員・服部茂樹、関東軍特務部嘱託・満鉄経済調査会嘱託・外山四郎の五名であった。

当時、北満の軍閥・馬占山（ばせんざん）の配下の蘇炳文（そへいぶん）、張殿九、五徳林らに、不穏な動きが見られた。特に海拉爾（ハイラル）を本拠とする東支鉄道護路軍司令官・蘇炳文の支配するハイラルから満洲里にかけての一帯は、特に不安定な状況下にあった。

創立記念の祝宴が無事終了して、関係者一同が祝宴の余韻に浸っている夕刻、チチハルから、「板倉機予定時間を過ぐるも帰還せず心配す」と、無電が入った。奉天の満洲航空本社では、大騒ぎとなった。その後さらに「板倉機、いまだに帰らぬ、夜間着陸の準備をして待つ」との入電があった。緊急役員会が開催された。「明朝捜索機を出す」との返電を打ち、直ちにフォッカーF7／3M機の準備と整備を命じた。

翌二八日の早暁の午前四時半、奉天東塔飛行場で、児玉副社長ら会社幹部、飛行場関係者らに見送られて、3M機は北へ向けて飛び立っていった。共にベテランの操縦士・国枝実、機関士・石川金吾、捜索指揮者として永淵三郎総務部次長が務めることになった。永淵は、この奉天―満洲里線を、以前から親しい関東軍参謀長・小磯国昭中将に建議して許可されたという経緯もあって、その責任を感じて志願したと思われる。3M機の乗客定員は八名であるが、広い客席には永淵次長一人と、補助タンクに二時間半分のガソリンも客席に積み込まれた。

夜明けも真近い奉天の街を離れ、開原を過ぎる頃には、ようやく東の空が白み初めた。新京の街並を機窓から眺めつつ、ハルビンを目指した。ハルビン飛行場で給油を受けたのち、当地の特務機関長・宮崎義一歩兵少佐一名が乗り込み、チチハルへ向かった。満洲航空チチハル支所に現地対策本部が設置されていた。当時の支所長は、後に〃永淵構想〃遂行の中心人物の一人となる石川祥一であった。

翌九月二九日、第一回捜索飛行が実施された。国枝操縦士、石川機関士のコンビで、使用機は前日と同じ3M機。永淵次長、宮崎少佐が機に乗り込み、午前九時五五分、チチハルを飛び立ち、満洲里へ向かった。延々と北から南へ三五〇粁にわたって伸びる成吉思汗（ジンギスカン）塁跡を越えると、紅葉で五彩に色どられた大興安嶺山脈が、前方にどこまでも続く。張殿九の根拠地・札蘭屯（じゃらんとん）を高度上空から偵察するが、異常は認められない。

機内では国枝操縦士と石川機関士が前方を、永淵次長と宮崎少佐とが左右の窓側の席に別れて、眼を皿のようにして、板倉機の姿を捜し続けた。チチハルの街の上空から、蘇炳文（そへいぶん）宛の通信筒を投下したが反応はない。さらに、街の南に位置する飛行場上空から捜索を続けたが、板倉機の姿はどこにも認められない。チチハルから直線四、五〇粁の距離がある満洲里へやっと到達した。ソ連国境はすぐ左にある。満洲里の南に在る飛行場へ直行した。一八日前に、満洲航空が新たに伸長した新路線にそなえて、満洲里出張所開設準備のために残留した佐山敏生主任の姿もない。満洲里の街の上空を約二〇分にわたり、幾度も旋回を繰り返して偵察したが、戦渦の跡もなく、無人の沈黙が一層不気味な印象を受けた。

永淵次長は次の報告書を残している。

（一）満洲里市街平穏なるも国境警察隊の室屋は器物紙等散乱し人影も見ず。
（二）領事館前に兵士らしきもの監し在り。
（三）飛行場には先日樹立せる日章旗及満洲国旗は見えず、数回旋回中日章旗は地上に置かれ支那人らしきもの三人見るのみ。
（四）例の如く日本人の集合の情況なく小原特務（機関員）〔引用者注・満洲里特務機関長・小原重孝歩兵大尉〕のサイドカーは第一に疾走し来るべきに其の影を見ず。
（五）事変の重大兆候顕著なるを以て着陸せず帰航に決す。

午後二時半を過ぎたが、板倉機は発見できず、満洲里の街の情況も、日系人の安否も正確に把握できなかったが、斉斉哈爾（チチハル）に戻るべき予定時間はすでに過ぎていた。帰路は東支鉄道の興安駅まで、低空で鉄路に沿って捜索飛行を続けた。博克図（ブハト）からは直線コースを採った。本日の国枝機の捜索時間は一三時間にも及んだ。

国枝機が捜索飛行中にも、さまざまな情報が捜索本部にもたらされたが、確認されたものは皆無であった。永淵次長とチチハル特務機関が放った密偵たち――永淵次長の陸軍士官学校の同期で親しいチチハル特務機関長・橋本欣五郎砲兵中佐の懐刀・井原半三、河本末守中尉らと盧溝橋事件に加わった松岡学、白系ロシア人、満人たち――のうち、帰還しない者も多くいた。

捜索第二日目の九月三〇日、早朝から天候は不順だった。前日と同じメンバー四人の外、浜田大尉が加わった。天候を見極めて、午後一時五一分、チチハルを飛び立った。本日の捜索目的と地域を板倉機の発見と、札免（さつめん）公司方面に絞った。札免公司は東支鉄道・興安駅の西方七粁にある伊列克得（イレクテ）駅から、札免軌道で二〇粁先の興安領の山中に木材工場があり、そこには一〇人ほどの日本人のもとに、多数の白系ロシア人、満人の伐採夫が従事していた。伊列克得駅と札免公司の上空から、板倉機の情報と邦人の安否を確認する通信筒を投下したが、まったく反応はない。濃霧に包まれた３Ｍ機は、大興安嶺の山々の稜線すれすれに飛び続けて、午後二時五十五分、チチハルに帰着した。

捜索第三日目の一〇月一日、チチハル飛行場上空は積乱雲におおわれていた。午前八時五一分、３Ｍ機は離陸した。国枝操縦士、石川機関士、永淵次長、宮崎少佐の誰もが焦燥感に包まれ、皆には疲労感が漂っている。本日の飛行ルートを、チチハル―ハイラルの直線コースとした。興安嶺に近づくに従って雲が立ち込めてきて前方を塞いだ。３Ｍ機は山腹と雲海のすき間を探るように飛び続けている。爆音に驚き、逃げ惑うのろ鹿の大群が機下に認められた。

ハイラルの市街の様子を上空から偵察する。街には異常は認められず、邦人の安全を祈りつつ、本日の最終捜索目的地・甘珠爾（カンジュール）廟へ向けて機首を南へ変えた。一時間後、蒙古平原に忽然と赤、青、黄色で彩られたラマ寺院が出現した。廟の周囲には蒙古包（ゲル）が百ほど点在しているが、異常は認められない。低空飛行による爆音に驚いて空を見上げるラマ僧と住民達は、初めて見る飛行物体に驚愕して、姿を隠した。六時間三〇分にわたる探索飛行でも、無収穫に終わった。

チチハルへ帰着と同時に、「板倉機発見！」の報告を受けた。陸軍の八八偵察機（BMW五〇〇Hp搭載、乗員二名、川崎製）が、碾子山駅（てんしざんえき）構内で発見した。さらに二回目の偵察飛行の時には、機体は分解されて、碾子山構内に停車中の無蓋貨車に積み込まれていることが判明した。

永淵三郎次長は、宿舎の「竜江飯店」で、新聞記者から取材を申し込まれた。彼は東京日日新聞社の記者で、「板倉機遭難！」のスクープをもたらすこととなった。その記者は、後の毎日新聞社社長および会長を務めた田中香苗（たなかかなえ）の若き日の姿であった。

ハルビン支所の松井勝吾は、大正一四年、第五期依託操縦学生として、板倉攻郎ら五名と共に所沢飛行学校に入学。卒業後、松井と板倉は、日本航空輸送を経て、満洲航空に入社した。本来であれば、新設された満洲里線の処女飛行には松井が搭乗する予定であった。

一〇月三日、連日の捜索で、疲労の見え始めた国枝操縦士に代わった松井操縦士は、軽々と操縦桿を握った。機関士は石川機関士が継続した。

本日の搭乗者は、永淵次長、宮崎少佐と交代した陸軍航空隊の二階堂少佐、さらに白系ロシア人青年二名と、チチハル特務機関のロシア語通訳の五名である。二人のロシア人青年は、ロシア革命によって満洲へ逃れてきた貴族階級の出身であるが、高額な報酬につられて、危険を承知で板倉機捜索隊に応募してきたのであった。

午前八時にチチハル飛行場を飛び立っていった。この日は西風が強く、操縦席の硝子を激しく振るわす。機内では早々と、二階堂少佐による落下傘の即席講習会が開かれている。永淵次長も所沢で航空操縦術を修得しているので、落下傘の操作方法は熟知していた。

３Ｍ機が大興安嶺の山並みを飛び越えると、前方にはどこまでも拡がるホロンバイル草原が、陽光に輝らされて眩しい。

海拉爾（ハイラル）飛行場には、陸軍によって発見された板倉機が、機首を西へ向けている。

満洲里では低空で二回旋回して偵察したが、海拉爾と同様に異常は見当たらなかった。

満洲里から、松井操縦士は機首を東へかえた。機内では落下傘の落下位置をどこにするかを話し合っている。街に近いとすぐに判明してしまう。満洲里に潜行するために、満洲里東南約一〇〇キロ離れたホロンバイル草原附近が最適であると、決定された。

高度約一一〇〇メートルから、まず一人のロシア人青年が、落下傘を背負って３Ｍ機から離れた。秋の草原に白い傘が開き、ゆっくりと落下していく。もう一人のロシア青年が落下しようとしたが、傘が機内で開いてしまった。彼は機内で満開になった傘を両手で抱えて、それでも飛び降りるといって聞かない。永淵次長と二階堂少佐が、それは不可能であることを説明し続けた。青年は仲間を気遣って泣き続けている。機内では、これからの方針、方策が協議された。機から二個の通信筒が投下された。中には機内で偶発した事故の情況を説明し、単独で任務を遂行せよとの指示書と、別の筒には当座の必要品が入っていた。黒皮の飛行服に身を包んだロシア青年は、草原に力なく座り、飛行機の姿を眼で追うだけであった。3M機の六名は、うしろ髪を引かれる思いでチチハルへ帰還した。

永淵三郎は、『満洲航空史話』に、——

「美貌の貴族青年が、自分を信頼して、パラシュートで処女落下していった横顔を忘れることが出来ない」

と記している。

草原上に一人取り残された青年は、ハイラルで逮捕された。もう一人の機内に残留した青年は、その後、陸路探索を命じられて、札蘭屯（じゃらんとん）の手前で、土民に捕えられて殺害されたといわれている。

4　板倉機遭難の真相

板倉機がハイラル市街の南にある飛行場に近づいて上空を旋回しつつ、飛行場の様子を偵察していると、滑走路の周辺には数百人に及ぶ護路兵が集合していて、その中心には十数名の満洲国警士の死体が横たわっている。スーパー機の爆音に気づいた護路兵が銃口を板倉機に向けた。突然の銃撃を受けた板倉操縦士は、予期せぬ事態に驚き、操縦桿を急上昇にとった。

邦人の安否確認のためハイラル市街情況を偵察したが、別段異常は認められない。機内では渡辺少佐、勝目大尉、井上大尉らが、このまま飛行を続けるか、それとも戻るかを慎重に検討した。熟考の末、満洲里行が決定され、航路を西への直線コースにとった。その距離は三三〇キロほどである。

張殿九の支配区域・満洲里上空に達すると、ハイラルの例もあるから、乗員全体は機上から慎重に地上偵察を行った。飛行場を多数の護路兵が取り囲んでいる。旋回しつつ高度を下げていくと、滑走路近くで、スーパー機に向かって必死に日章旗を振り続けている人物が認められた。それは、満洲航空佐山主任である。当日は、満洲里飛行場には複数の出迎えの人々がいたであろう。少なくとも佐山敏生満洲里出張所主任、満洲里特務機関長・小原重孝大尉の二人は確かにいたはずである。

満洲里飛行場の惨事については、現場で目撃した海拉爾（ハイラル）警備軍の分遣隊・藤野警士による手記「ハイラル分遣隊　経過報告」（『満洲航空史話』）しかない。これはハイラル北興安省警備軍顧問・寺田利光少佐の依頼により、当日の天候、風向、見通しなど、飛行の適否を通告すること、飛行場に指示器の設置と警備を依頼された藤野警士は飛行場に先着した。

一方、護路軍の満人中佐が率いる三二〇名の護路兵が、飛行場に隣接する練兵場で教練を開始した。そんな中、新枝警士の引率した荷馬車八台の一隊が飛行場に到着した。直ちに全員で標示器を既定の位置に設置準備中、護路軍兵士全員が、藤野警士らの後方三〇メートルの位置に到着し、整列を始めた。藤野警士は崔警士を伴い、護路軍の指揮官のところへ行き、「何事か」と訊ねると、その中佐は、「実は今日は日満（ママ）航空会社の定期航空日につき、飛行場の警戒に来ましたが、どの辺りに到着するのでしょうか」と言い、藤野警士と握手をした。藤野は着陸位置を示し、感謝を述べた。

しばらくして、その中佐は、滑走路近辺で遊んでいた白系露人の子供達十数名を、兵の集まる五〇メートル後方へ退かさせた。そのうちに中佐が手まねきすると、部下達は銃を携えて、藤野警士らの一五メートルほど手前に二列に整列した。そして突然、一斉射撃を開始した。藤野警士らは拳銃で応戦し後退した。しかし、近距離と照準不正のため、命中弾は少なかった。その後の戦闘で、ほとんどの蒙古兵と新枝警士は戦死、藤野警士と中村警士の二名は、一頭の馬に相乗りをして逃げた。その間の情況を次のように報告している。

此時、今迄射撃中の敵兵急に射撃を中止したる故、何事ならむと思考せしに、旅客機が予定通り飛行場の上空を（低空）旋回しつつあり（時に午前十時二十分頃）。敵兵は、我等に対する射撃を中止し、急遽飛行場に引返し、飛行機に対し、射撃を開始せり、然し飛行機は陸上に散乱せる戦死体を発見せるにや着陸せず、数回旋回しつつ、満洲里方面に向ひ飛去せり。

其隙に我等両人は、沼沢地を前進し、孤島の中央に野草の密生せるを発見し、此等に休憩し本隊に連絡を取るべく協議した。隊長宛の報告を警察手帳に記載せり。

しかし、佐山主任は、碾子山（てんしざん）に不時着した板倉機に搭乗していたこと、余席がまだ一席あるにもかかわらず、満洲里特務機関長・小原大尉は乗らなかったことは事実である。小原大尉はどのようにして難を避けたのであろうか。

板倉機は、ハイラル飛行場、満洲里飛行場で兵変を受け、チチハル飛行場に向けて、帰還ルートを選択したに違いない。残存ガソリン量を憂慮しつつ、操縦桿を握る板倉攻郎操縦士の心境はどのようなものであったであろうか。

板倉機は、チチハルまでは八〇キロほどで（飛行時間三〇分ほど）、あと一歩というところで、ガソリン不足のため、碾子山駅周辺に不時着したものと思われた。そこで蘇炳文配下の兵との交戦で、全員が戦死したものと推定されていた。

一一月下旬、密偵によって、板倉機は碾子山東方三〇キロの地点・七棵樹に於いて、遭難、戦死したとの報告がもたらされた。そこでチチハル特務機関は騎兵旅団の協力のもとに、一二月四日、八士の遺骸を発見。チチハル・西本願寺で合同慰霊祭が挙行された。二年後の昭和一〇年（一九三五）七月二八日に、除幕式が行われ、「板倉機八士忠魂碑」が碾子山駅北方の丘に建立された。募金目標八〇〇〇円に対して総額一万四四〇〇円が集まった。

その二年前にはすでに満洲里では、「満洲里事変」の犠牲者・日蒙人二四名に対して、「満洲里記念塔及び碑文」が建立されていた。碑文は、在満洲里日本陸軍特務機関長・陸軍歩兵大尉・小原重孝が揮毫した。「記念塔建設芳名録」に、ハイラル日本特務機関長・陸軍砲兵中佐・橋本欣五郎の名前も見られる。

5　特航部設立

永淵運航部長が、ドイツから戻ってきた昭和一二年の早春、満洲航空の各部署、各支所から、二〇名ほどの社員が秘かに奉天本社に集められた。

社内でも何の目的で設立されたか分からない組織は、「特航部」と呼ばれ、まさに覆面部隊である。これは『日満独航空協定』の第一歩のあゆみであった。

永淵三郎は特航部長に就任した。

「特航部」が設立された目的は、大きく次の三点である。
一、永淵がドイツに発注した、ハインケルHe‐一一六型二機の受領空輸と国際航空訓練。
二、航空路の地上調査。
三、残留職員の訓練と、地上施設の拡大。
「特航部」はまもなく、東京市麹町区内幸町の飛行館（現在の航空会館）横の大阪ビルの満洲航空東京支店に、「東京特航部」の看板が掲げられた。
当時の「特航部」の構成は次の通りであった。

東京特航部　――永淵三郎部長、佐島敬愛、今井国三、立川繁、石光敬臣、加藤泰安、小林恒夫。
ベルリン支店――森蕃樹支店長、立見尚秀、立見の後任者平野稔と平山嘱託。
テヘラン駐在――樋口正治夫妻。
新京出張所　――石川祥一所長。
乗務員
操縦士――中尾純利、松井勝吾。
通信士――清都誠一、塩田陽三。
機関士――佐藤信貞、恒成政雄。

特航部、それにのちの国際航空の社風は、軍人出身者や、永淵はじめ九州男子が多かったから、大陸的で、非常に開放的であった。

6　ハインケルHe-一一六型「乃木号」「東郷号」を日本へ空輸

ドイツへ、特航部から八名が派遣されたのは、昭和一二年八月上旬のことであった。それは、永淵三郎特航部長が滞独中に発注したハインケルHe-一一六型機を引き取るためと、航空技術の習得がその目的であった。

八名は二つのグループに分けられた。第一グループは、陸軍航空兵少佐・加藤敏男、操縦士・中尾純利、機関士・岡本虎男、通信士・清都誠一。第二グループは、陸軍航空兵大尉・横山八男、操縦士・松井勝吾、機関士・石川金吾、通信士・塩田陽三であった。加藤少佐と横山大尉は、関東軍からの出向で、満洲航空嘱託だった。

一行は、神戸港から欧洲航路の豪華客船「靖国丸」の一等船客となり、シンガポールに向かった。当時、欧洲から東洋への空路はそこまでしか伸びていなかった。

シンガポールからは、インペリアル・エアウェイズ（英国系）、KLM（蘭系）、エール・フランス（仏系）の各社の便に分乗した。当初は全員が欧州航路で行く予定であったが、各航空会社の運航やサービス等の視察も必要であろうと、会社上層部の意向により、急遽、空路に変更となった。

満洲航空特航部の操縦士・松井勝吾と、陸軍横山八男航空兵大尉とは、所沢飛行学校第一九期操縦学生として同期であったので、気心が知れているから、二人はKLMのDC-3型機に乗り込んだ。当時は夜間飛行ができなかったから、シンガポールからドイツまで、一週間の日時を必要とした。
一行はベルリン到着後数か月間、ルフトハンザ社の職員に混じって、各自担当の業務と技術を習得した。彼らの面倒は、満洲航空ベルリン支店の森蕃樹支店長がみた。

永淵三郎が、ドイツ滞在中に発注したハインケルHe‐一一六型機は、日本側とドイツ側との間に、いつの間にか行き違いと、発注ミスがあった。渡独した一行八名は、ロストック市のハインケル工場を訪れ、待望のハインケルHe‐一一六型機と対面して、さらに説明を受けているうちに、重大な事実を知り、誰もが愕然として顔を見合わせた。

通信士だった清都誠一は、「幻のエアーライン国際航空株式会社」（『航空輸送の歩み・大日本航空社史』）で、その経緯を次のように記している。

満航特航部は内蒙の包頭（パオトウ）からカーブルまでの三六〇〇キロを無着陸で飛行、途中パミール高原を安全に越える性能を持つ飛行機として、当時ルフトハンザ社の考えていたHe‐一一六型を高空用発動機に変え、八席の旅客機に改造するという計画に同調し、《ハインケル社計画のHe‐一一六型の二機》という表現でハインケル社に発注していた。これが大変な手違いを起こしていたのだ。本来のHe‐一一六型はドイツの南米線用の郵便機で、大西洋横断のための航続性と安全性には特に考慮が払われている。

すなわち、航続距離を四〇〇〇キロ以上にするため搭載量を五五〇キロに抑え、安全性のためには二四〇HP四発とし、洋上不時着を考慮して乗員の出入口を吃水線上に設け、二四時間以上浮いている機能を持たせた機種であった。

機体の受領乗員がドイツ到着前後に、ヒルトモーターが高空用過給器の開発に失敗し、以後の製作を断念したとの情報が入り、一方、ハ社は国航機（引用者注＝国際航空㈱が発注した飛行機）としてはHe‐一一六型の原型のものを製作していることが分かり大騒ぎとなった。ハ社に談じこんでみると「ルフトハンザ社の計画」は当時まだ路線が開設されていない南米線用の一一六型の注文だけであって、パミール越えの話はまだ伝わっていなかったためで、まったく国航側の不用意から起こったことが分かり、交渉の末、どうにか郵便室に客席二つを設置することで話が纏った。このため、上昇限、四三〇〇メートルの同機ではパミール越えの計画を断念し、印度、タイ経由に変更せねばならなかったのである。

このように、契約上の重大なミスによって、旅客機とも郵便機ともつかない営業的に見ればほとんど無価値にも等しい飛行機を空輸したわけであるが、技術的には、この二機がわが国の航空界に与えた影響は、前にも記した通り正に革命的なものであったということができる。

清都は、当初期待していたHe‐一一六型は、その後、無線航法の訓練機として、満洲航空、大日本航空の乗員教育使用され、航空界に貢献したと記している。

ところで、満洲航空はこのハインケルHe‐一一六型二機をいくらで購入したのであろうか。『満洲航空史話』（続）で、小野伝右衛門は次のように記している。

ハインケルHe‐一一六型一機六三万円、無線航法用として移動無線局（送信用自動車、受信用自動車）、それに発動機を含むトレーラー一基二四万円、合計一五〇万円で購入した。性能以上に高い買物をしたという評価が多い。その後、たいした活躍はしていない（物価が仮に二〇〇〇倍になっているとすると、現在の三十億円に相当する）。

待望の両機の登録番号と機名が、日本から到着した。

一号機―J‐BAKD（乃木号）

二号機―J‐EAKF（東郷号）

昭和一三年（一九三八）一月一五日、一行のうち一部の者が、サハラ砂漠周回飛行競技会に、「乃木号」一機で参加した。操縦士・加藤敏男、横山八男、機関士・岡本虎男、石川金吾、通信士・清都誠一の五名である。しかし、競技飛行中、落雷によるエンジン故障によって、機はサハラ砂漠へ不時着した。

いよいよ日本へ、ハインケルHe‐一一六型二機を空輸する日がやってきた。

昭和一三年（一九三八）四月二三日の早朝、ベルリン・テンペルホーフ飛行場には、特命全権大使・東郷茂徳、陸軍駐在武官・大島浩少将、在留邦人ならびに、ドイツ航空関係者が集まった。

午前七時三〇分、まず「乃木号」が、次いで、「東郷号」が滑走して、ベルリンの暗灰色の空へ機影が消えた。

「乃木号」――機長・加藤敏男航空兵中佐、操縦士・中尾純利、機関士・岡本虎男、通信士・清都誠一。

「東郷号」――機長・横山八男航空兵少佐、操縦士・松井勝吾、機関士・石川金吾、通信士・塩田陽三。

〔コース〕

第一日目（4・23）ベルリン・ブダペスト・アルプス連峰・アテネ・ロードス島（7：30H）

第二日目（4・24）ロードス島・バグダード・バスラ（6：10H）

第三日目（4・25）バスラ・カラチ（7：30H）

＊在留邦人の歓迎会が開催された。

第四日目（4・26）カラチ・ジョドプール・アラハバード・カルカッタ（8：40H）

＊ここでも在留邦人の出迎え歓迎会が開催。

第五日目（4・27）カルカッタ・（モンスーン発生）アキャブ飛行場へ不時着・ラングーン・バンコック（6：30H）

＊大きな日章旗が格納庫の上に掲げられて、在留邦人多数と、タイ国航空関係者の大歓迎が待っていた。

第六日目（4・28）バンコック・台北（9：20H）

＊台北では大歓迎を受けた。乗務員らは逸る心を抑え、ホテルで早めに床についた。

第七日目（4・29）台北・（九州南端）・（四国南）・（潮岬）・（霊峰・富士を遠望して、一同感慨無量）

＊沼津上空で、三〇分遅れて出発した「乃木号」を待機、周辺には各新聞社機が飛び交っている。「乃木号」の姿を認められたので、二機は雁行飛行して、羽田飛行場に「乃木号」、「東郷号」の順で安着した。

当日は〝天長節〟（昭和天皇の誕生日）であるが、永淵三郎特航部長が、二機の日本到着を、その日に合わせたのであろう。

7　国際航空株式会社設立

閣議決定

永淵三郎は、ドイツから昭和一二年一月一六日、奉天の満洲航空本社へ帰還した。その翌日、彼は児玉常雄副社長と共に、即日帰還の予定で、新京に出張した。関東軍司令部の参謀長・板垣征四郎中将、今西春治航空課長、原田貞憲参謀らへの報告のためであった。

一月二〇日、児玉副社長は三週間の予定で、空路東京へ出発した。「永淵構想」の打ち合わせのためであろう。

この『日満独航空協定』は、当初、満洲航空とルフトハンザ社との間の航空協定であったが、交渉の途中で、永淵が一芝居を打ち、「日本国」を条項の中に潜り込ませたことによって、その性格は変わった。

三月一五日の閣議に提出された『閣議稟請書』は、即日、閣議決定された。この書類を推敲した荒木万寿夫は永淵に「あんたは偉いことをやった、重役以上だ」と語った。この書類の中では永淵は「取締役」となっているが、彼はこの時は役員にはなっていない。荒木が勝手に重役の肩書を付したのであろう。

閣議稟請書

日満独連絡航空路線ニ関スル件

現下ノ国際情勢並列強ノ東亜ニ対スル航空進出ノ現況ニ鑑ミルニ速ニ我航空勢力ノ対外発展ヲ企画スルハ国家百年ノ大計上焦眉ノ急務ナリト信ズ就中亜欧連絡航空関係ニ於テハ南方航空タル印度経由便ハ既ニ英、仏、蘭ノ三国ニ依リテ実施セラレ北方航空路トシテハ僅ニ蒙古新疆ヲ横断スル中央経由線ヲ残在スルノミナル処偶々客臘満洲航空株式会社取締役永淵三郎ト独逸「ルフトハンザ」会社々長「ウロンスキー」トノ間ニ本経由線ニ依ル相互乗入ニ付日満独政府ノ許可ヲ条件トシテ完全ナル諒解ノ成立ヲ見タルハ帝国ノ対欧進出上絶好ノ機会ナルヲ以テ此ノ際左記要領ニ依リ成ル可ク速ニ本件航空路ノ設定ヲ期スルコトニ致シ度

一、航空路線ハ東京ヲ起点伯林ヲ終点トシ新京―西安―カーブル―バグダツド及ビロードスヲ経由地トスルコト
二、本航空ハ定期航空トスルコト
三、本航空ニ当ラシムルタメ日本法令ニ依リ新会社ヲ設立セシムルコト
四、右会社ニ対シ準備並経営上必要ナル経費ノ一部ニ対シ相当ノ補助金ヲ支給スルコト

右閣議ヲ請フ

昭和一二年三月一九日

逓信大臣　伯爵　児玉　秀雄
陸軍大臣　杉山　元
外務大臣　佐藤　尚武

内閣総理大臣　林　銑十郎殿

閣議決定書は、「百万石の御墨付を槍一本で勝ち取った戦国武士のようなものであった」と、永淵は戦後に記している。

ちなみに、逓信大臣・児玉秀雄は、満洲航空副社長・児玉常雄の長兄である。

永淵は閣議決定されるとすぐに、本計画の良き理解者の一人である陸軍大臣・杉山元(はじめ)大将に働きかけ、五〇〇〇万円の資金提供の約束を取り付けた。

杉山は、永淵に言った。

「俺は金を作るのが下手だ。永淵君、一週間待ってはくれまいか」

永淵は、「貧乏書生が富くじをあてたような場面である」と、『大空のシルクロード』に記している。いよいよ五〇〇〇万円の札束の封を切る時がきた。仮に二〇〇〇倍になっているとすると、現在の一〇〇億円に相当するのではないか。

後に永淵の懐(ふところ)刀(かたな)となる佐島敬愛は、三月一日附で、満洲航空に嘱託として採用され、東京支店勤務を命ぜられた。すでに東京支店には、特航部開設準備のために、今井国三、立川繁、小林恒夫、加藤泰安らが送り込まれていた。

三月二六日には、児玉副社長が大連経由で、東京に出張している。

会社設立

この五〇〇万円を資本金として、昭和一二年年五月二八日、国際航空株式会社が設立された。児玉常雄が社長に、永淵三郎は常務取締役に就任する。児玉はトップの顔として、実務は永淵が仕切った。『満航』の「満航日誌」（第四一号　康徳四年（昭和一二年・一九三七））六月発行の「満航日誌」に、

「・五月七日　永淵社員「ひかり」にて東京より帰還」

・五月一九日　副社長、永淵社員、鉄路にて新京へ出張」

とある。永淵が上京して、航空局、陸軍、その他と折衝し、新会社・国際航空㈱設立準備に飛び回った。

8　国際航空と日本航空輸送の合併――大日本航空の誕生

国際航空は、昭和一二年五月二八日から昭和一三年一二月一日まで、約一年半という至って短期間しか存在しなかった航空会社であった。その後、同社は日本航空輸送㈱と合併し、大日本航空㈱が誕生することになる。

それに、国際航空は創立当初は公にされずに、満洲航空特航部と称されて、東京支店内に間借りしてい

た覆面航空会社であった。したがって、日本における民間航空史には、ほとんど知られていない「幻の航空会社」である。

新会社は設立されたが、実際に活動を開始したのはずっと後のことであった。

特航部設立

六月下旬に、満洲航空の各所から、密かに二〇名近くの社員、職員が集められた。

『満航』第四三号（康徳四年八月、昭和一二年、一九三七年）によると、それらの人々は——

本社附・永淵三郎を中心に、東京支店・森蕃樹、樋口正治、立見尚秀、平野稔、樋口きく子、伊藤金一、塩田陽三、清都誠一、佐藤信貞、恒成正雄、本社附・（操縦士）中尾純利、（操縦士）松井勝吾、（操縦士）戸田秋雄、上野博志、本社附（機関士）長岡勵、（機関士）岡本虎雄、（機関士）石川金吾である。一同は六月二三日附で休職扱いとなって、その後、特航部、国際航空と籍を移していく。

この特航部に六月一一日附で関東軍から三名の現役軍人が嘱託として送り込まれた。関東軍司令部附陸軍航空兵少佐・加藤敏雄、陸軍航空兵大尉・中村昌三、陸軍航空兵大尉・横山八男である。加藤少佐と横山大尉は、永淵が滞独中に発注したハインケル一一六型機「乃木号」「東郷号」を日本へ空輸した際の機長であった。中村大尉は、無線航法の権威者で、日本から最後の訪独飛行を試みたA—26号機の機長を務めた。

『満航』第四三号（康徳四年八月、昭和一二年・一九三七年）の「満航日誌」に次の記述がある。

「七月一五日、通称永淵班は自今當本社にありては満洲航空株式会社特航部、東京にありては満洲航空株式会社東京支店特航部と呼称することに決定」

これを見ても、国際航空株式会社が設立されて一か月以上経過している時点でも、国際航空の姿は満洲航空社内にも出てこなかった。

国際航空始動す

国際航空の実務は、永淵の懐刀・佐島敬愛が主となって実施していった。佐島は三高から、米国ウィスコンシン大学で学んだ。

永淵は一つの仕事が始まるまではレールを敷くが、その後は部下に任せ、次の新しい布石を探っているのが常であった。

その頃、三次にわたる大谷探検隊の記録『新西域記』上・下巻が、大谷家から少部数発行された。永淵は大枚六〇〇〇円を叩いてそれを一組購入したと記しているが、『日本イスラーム史』の著者・小村不二男は、定価二〇〇〇円と記している。合計一四〇〇頁に及ぶ部厚い『新西域記』に目を通した永淵は、大谷光瑞猊下の門を叩いて、西域の様子を伺わなければならないことを悟る。そこで思い浮かんだのが、京都帝国大学山岳部OB・今西錦司、木原均、加藤泰安らであった。

永淵と京都帝国大学山岳部との縁は、昭和一一年一月初旬、満洲北部の興安嶺で発生した「京都帝大山岳部学生遭難事故」から始まる。当時、永淵は運航部長であったが滞独中でもあり、満洲航空は児玉副社長の指揮下で全社一丸となって京大生捜索活動に励んだ。

一月九日、満洲航空は海拉爾（ハイラル）から一機の捜索機を飛ばした。斉斉哈爾（チチハル）支所長・松井勝吾と葉山忠次機関士とコンビのフォッカー3M機である。その機には国通（満洲国通信社）の坂下記者が潜んでいた。機は一路呼倫貝爾（ホロンバイル）に向けて飛び立っていった。一日中捜索したが、京大生一行を発見することができなかった。

翌朝、藤原参謀、大阪毎日、大阪朝日、国通の記者なども同乗して、再度海拉爾（ハイラル）方面を捜索したところ、ついに学生らを発見することができた。この時が、満洲航空と京都帝大山岳部との結縁であった。その時の登山隊長・加藤泰安は、後に満洲航空に入社することになる。

大谷光瑞とは一面識もない永淵は、今西錦司ら京都帝大山岳部関係者の仲介で、昭和一二年の初夏、京都・伏見にある西本願寺の別荘「三夜荘」に光瑞の招きで一夜を過ごし、西域事情を拝聴した。橘瑞超、吉川小一郎、渡辺哲信、堀賢雄、本多恵隆、井上円弘らの大谷探検隊員の多くが出席したに違いない。

さらに永淵は、英国人・スクリーンの『チャイニーズ・セントラル・アジア』の原書から、西域・シルクロードの事情を探っていた。

国際航空株式会社の本社は、満洲航空東京支店が入っていた、東京の千代田区内幸町の大阪ビル三階に置かれた。社長格の永淵三郎をトップに、企画および諸官庁の折衝は佐島敬愛が担当し、経理は今井国三が担当した。特航部以降の乗務員――操縦士・中尾純利、松井勝吾、通信士・清都誠一、塩田陽三、機関士・佐藤信貞、恒成正雄の外、数名の職員を採用した。ベルリン支店には、森蕃樹支店長以下平山嘱託、立見尚秀とその後任者平野稔、テヘラン駐在員として樋口正治夫妻が、新京出張所には石川祥一所長が配された。

特航部および後の国際航空の社風は、軍人出身者や永淵をはじめ九州男児が多かったから、大陸的で、非常に開放的であった。

この国際航空がデビューするのは、ハインケルHe一一六型機二機を受領するため、特航部の八名をドイツに派遣した昭和一二年八月のことであった。

国際航空は、所有航空機はハインケルHe一一六型機二機にすぎず、乗員数組、社員全員で二〇数名の小世帯で、しかも、航路も未だ持っていなかった。正に、将来にかけての準備段階のための航空会社であったといえるだろう。

国際航空株式会社の航空界への業績は、次の通りである。

一、欧州方式の無線航法の導入
二、長距離の国際飛行競技会への参加
三、欧亜航空路の開拓のための調査飛行
四、日本海横断、日満直接航空路の開拓
五、航空通信の国際方式化への寄与

五　恵通航空股份有限公司・中華航空株式会社

1　恵通航空股份有限公司

昭和九年（一九三四）一〇月、関東軍は、万里の長城を越えて北支に突入した。それまで、「関東軍の覆面部隊」としての満洲航空は、軍用定期運航の他、兵員、武器の輸送、偵察、爆撃などで協力してきた。

北支方面軍が北京、天津を占領した後、天津に、「北支航空処」を設立した。処長は満洲航空（株）新京管区長・樋口正治が、夫人同伴で赴任した。

冀東政権が成立すると、昭和一一年（一九三六）一一月七日、冀察政務委員会（委員長・宋哲光）と、満洲航空（株）との共同出資で、日支合弁の「恵通航空股份有限公司」（資本金四五〇万円）が設立された。董事長に張自忠（天津市長、天津公安隊長）、副董事長に児玉常雄が就任した。天津に本社を、北京、張家口、綏遠、太原、済南、および青島に支所を設けた。航空路は天津―大連線、北平―錦州線、天津―承徳線、北平―包頭線、天津―太原線等であった。なお、大連定期によって、日本本土に連絡した。

その後、張董事長の反乱により、天津の日本租界は包囲攻撃を受けたが、守備隊などに守られた。このことによって、恵通航空股份有限公司は、二年たたずに壊滅した。

2　中華航空株式会社

昭和一二年（一九三七）七月七日、「日中事変」が勃発すると、「中国航空公司」は、蒋介石政府の避退に伴い、中国奥地へ後退した。独支系の「欧亜航空公司」は、陝西省・西安に移転した。

戦況の進展に伴い、恵通航空股份有限公司の能力では、日本の占領地域をカバーできなくなった。そこで、昭和一三年（一九三八）一二月一七日、恵通航空股份有限公司を母体として、その施設・機材を一切引き継ぎ、中華民国臨時政府、中華民国維新政府、蒙彊自治政府（包頭）も出資して、中華航空株式会社が発足した（総裁・児玉常雄、副総裁・辻邦助、胡祁泰、常務総裁・安邊浩）。

昭和一四年（一九三九）九月一日、その資本金を一挙五、〇〇〇万円に増資した。出資は大日本航空（株）が二九〇〇万円、華北政務委員会、中華民国臨時政府が一、〇〇〇万円、蒙古聯合自治政府一〇〇万円であった。

中華航空は大日本航空、満洲航空と協力して、東亜の空の航空網を完成することを目的とした。

使用機材――DC‐3型輸送機、DC‐2型輸送機、ロックヒード14W～G3型輸送機、AT‐2型輸送機、MC‐20型輸送機、三菱キ‐21型輸送機（九七式重爆機改造）、フォッカー・スーパー・ユニバーサル旅客機。

昭和一八年（一九四三）六月、児玉総裁は中華航空を退任し、大日本航空（株）総裁に就任した。後任の総裁は、前常務取締役・安邊浩であった。

第二章　鶴(クラニヒ)はパミールを越えて東方へ飛翔す

一　ルフトハンザ社

一九一七年、ベルリンに創立されたドイッチェ・ルフトリーデライ（D・L・R）社が、ルフトハンザ社の源流である。一九一四年に勃発した第一次世界大戦は、一九一八年、ドイツの敗北で終わった。ベルサイユ条約は、敗戦国ドイツ国民には屈辱的な内容だった。空軍を持つことは許されなかったが、民間航空機は上昇限度、速度、馬力が制限されて許可された。ドイツ航空省は、一九一九年に、民間機に運航許可を与え、ベルリンからワイマール共和国へ、新聞、物品、乗客を運んだ。

世界初の航空事業は、一九〇八年九月八日に、フェルナンド・ツェッペリン伯爵がツェッペリン飛行船製造会社をボーデン湖畔のフリードリッヒスハーフェンに創設したことに始まる。翌年、フランクフルトに飛行船会社ドイッチェ・ルフトシックファールを設立した。やがて、アメリカ・ニューヨーク郊外のレークハースト飛行場でのLZ129ヒンデルブルク号の悲劇を生んだ。

その後、ベルサイユ条約は徐々に緩和されてゆき、一九二六年になると、陸軍に年間一〇名のパイロットの養成が許された。航空機製造の制限も緩和されて、ドルニ社、フォッケウルフ社、ハインケル社、ユンカース社が製作を増加していく。ドイッチェ・ルフトリーデライは、後にドイッチャー・アエロ・ロイド社に発展し、同社とユンカース航空機製造会社が発展したユンカース・ルフトフェアケア社とが一九二六年一月六日に合併し、新国策会社ドイッチニ・ルフトハンザ社が誕生した。ルフトとはドイツ語で「空」を、ハンザはハンデンブルク、ブレーメン、リユーベックに栄えた商業同盟・ハンザ同盟に由来する。シンボル・マークは「鶴(クラニヒ)」である。

ベルサイユ条約により、国内の飛行学校の数は制限されていたにもかかわらず、ソ連にその活路を見つけることができた。一九二六年、ソ連との秘密条約で、モスクワから三五〇キロ南のリベック軍用飛行場の使用を許可された。そこでは、ハインケルHe－45、および46偵察機、アラドAr－68戦闘機、ドルニエDo－11爆撃機などが使用された。

一九三三年、ナチス(国家社会主義ドイツ労働者党)を率いるアドルフ・ヒトラーが首相となると、彼は飛行機の機動性、効能などに着眼して、腹心ヘルマン・ゲーリングを航空相兼空軍総司令官に任命した。しかし、実際に実務を遂行したのは、次官エアハルト・ミヒルであった。彼の前職はルフトハンザ社の支配人であったから、適任者といえる。ミヒルは新しい飛行学校、飛行場、生産工場の増設を命じ、大量の航空機の発注を行った。一九三五年三月には、すでに秘密裡に増強、発展していった「空軍」は、一、八八八機の各種の軍用機と、兵員二万人を有するまでに成長していった。このドイツ空軍の急激な発展に危機感を抱いたヨーロッパ諸国は、自らも軍備拡張の道をつき進まざるをえなかった。

二　中央アジア探検家、スヴェン・ヘディン博士の協力

欧亜連絡航空計画は、すでに日本より一〇年ほど前に、ドイツにあった。

一九二五年九月、中央アジア探検家・スヴェン・ヘディン博士は、ドイツの飛行機製造家フーゴー・ユンカース教授から、〝中央アジア飛行計画案〟を提言された。フーゴー・ユンカース教授は、一九一五年、全金属の「J・i」号機を、デッサウのユンカース工場で製作した。教授の夢は、〝地上未知の地域の探求旅行〟であった。全金属製の飛行機ならば、普通の飛行機に比べてずっと寒暖の差が少ないからである。

一九二五年八月二九日、ヘディン博士は母を見送った後、ストックホルム東方にあるリディンゴ島の別荘で二か月過ごしていた時、突然、ドイツの飛行大尉・カール・フロマンから電話があり、フォン・レヴェツォフ元提督（かつてのドイツ皇帝の侍従武官で、この時、デッサウのユンカース工場に勤務）とお会いしませんかということであった。レヴェツォフは、ユンカース教授の依頼を受けて、ヘディンに、ある事項の相談をするためにストックホルムへやって来たのだという。やがて二人は、ヘディンのもとを訪れた。

ユンカース教授の伝言は、目下、中部ヨーロッパ諸国および若干の周辺国十数か国で、政治的結束を目的とするのではなく、定期航空路を開くという目的で「ヨーロッパ連邦（Europa-Union）」を開設するべき

であるという考えであった。ノールウェイ代表には北極探検家・フリッチヨフ・ナンセンが、スウェーデン代表としてヘディン博士が推挙された。

九月五日早朝、全金属製大型飛行機「G・23号機」が、ヘディン博士、フォン・レヴェツォフ元提督、フロルマン大尉の三人を乗せて、ブルトフタ飛行場を出発し、ドイツのデッサウに向かい、ユンカース工場附属飛行場に到着した。

晩の八時頃、ユンカース夫人、二人の子息、その他工場の技師、事務員らが加わり、夕食の食卓を囲むことになった。食後、卓上にアジアの大地図が拡げられた。ユンカース教授は、三機の飛行機でシベリアを飛び、シナへ向かう宣伝飛行をして、北京、天津、南京、上海、広東などの大都会を訪問飛行をする計画を抱いているが、その後、三機の飛行機は、乗務員、燃料、その他一切を付けて、ヘディン博士に提供すると言い、さらにその費用はすべてユンカース教授が負担するといった。まるで夢を見ているようだと、ヘディン博士は記している。

九月七日、ドレスデンで、「ヨーロッパ連邦」が各国の代表四二名が参加して成立した。

その後、デッサウ、ドレスデン、デュッセルドルフで、ヘディン博士とユンカース教授は、探索飛行を語り合った。後に、ヘディンは綿密な飛行コースを作成してユンカースに送っている。

「十二年後の今日（引用者注、一九四一）、この計画を調べてみると、技術上の困難（それは近年になってやっと克服されたものだ）を無視した當時の大膽無謀さに、今更ながら微笑を禁じえない。その時自分は支那一国を縦横にとびまはらうとしただけではなかつた。…（中略）…ホアングホ河（引用者注＝黄河）の上流から六千メートルの高さのコンロン山（引用者注＝崑崙山脈）をとびこえる計畫だつたのだ。そして、このコンロン山脈の状態と北部チベット地方を空中から寫眞で測量しようと思つたのである。これらの土地の大部分は後年、自分の遠征隊のエリック・ノーリン博士とニルス・アムボルト博士によつて踏破された所である」

（スウエン・ヘディン著『独逸への回想』〈道木清一郎訳、昭16〉）。

やがて、ユンカースの行手に暗雲がたちふさがった。彼の活動や彼の工場の自由独立の発展を脅かす動きが強まった。国家がユンカースの事業に手を伸ばしてきて、これを経営しようと企てた。ユンカースはこれに対抗した。ドイツ中の新聞がユンカース教授を支援した。これでは、「空からのアジア征服」という誇らしい計画が立ち切れになる恐れがあった。

そこで、一九二六年五月にヘディン博士は、「ベルリナー・ターゲブラット」紙に一文を寄稿した。要約すると次のようなものである。

「ユンカース航空会社が、近頃無力化され、どうやら消滅の傾向にあるというドイツ新聞の報道を、悲しみと驚きをもって読んでいる。……（中略）……

思うに、自分はつねにドイツ航空界に対して熱烈な関心を持ちつづけているし、さらに大戦によって、特にベルサイユ条約によって、ドイツの航空産業に対する制限に義憤を感じる。この産業こそドイツ人は他民族より最も優れており、大陸と大陸との間に、平和的な航空路を開拓し、それによって世界貿易で失なった地位を取りもどす。……（中略）……

一体何事が起こったのか。戦勝国がふたたび拷問をはじめたのか？　外国の競争者が、ドイツ航空産業を無力にしようと企てたのか？　そうではない。ユンカース会社の株の大半を手に入れることによって、事業を組織的に弱めようとしているのはほかならぬドイツ官僚である」


ここで触れたように、ユンカースのドイツでの工場は、ワイマール共和国政府にとって国有化され、ユンカースは自分の工場もじゆうに使えなくなってしまった。ヘディンは、この点を厳しく批判した。しかし、結局、ユンカースの援助によるヘディン博士のアジア遠征計画は、これで終わりとなってしまった。

ところが、一九二六年八月末、ヘディンがドイツ大使館で開かれたローゼンベルクの夕食会に招かれて出かけていくと、ドイツ航空長官・ブランデンブルグとドイツ・ルフトハンザ社の顧問シューリッヒ・ホフマンが同席していた。この時、ユンカースとの約束が反故になったことを話すと、ならこの計画をルフトハンザ社が引き受けましょうというのであった。これは前々からドイツ側が企てていたのであろう。これはまったく天から下った幸運だと思い、一九二六年一一月二〇日、大急ぎで旅行計画を立て隊員を選んで、中国へ向けて出発した。

北京で中国側と交渉を始める。翌年一月、新疆上空通過の許可が下りたが、中国の文化団体による反対運動が起こり、この計画を断念せざるをえなかった。

空路が駄目なら陸路でと、中国人学者を参加させるという条件で、一九二七年四月、「西北科学考査団」

が結成されることになった。ヨーロッパ人一八名（そのうち七名はスウェーデン人、一一名は気象学者・ハウデ博士をはじめドイツ人）、中国人は一〇名（徐炳昶（シウピンチャン）教授をリーダーに、地質学・考古学者・袁（ユアン）復礼博士、黄文弼（ホワンウェンビ）教授ら五名の学者と、カメラマン一名、学生四名）で構成されていた。

五月一六日、内蒙古の包頭（パオトウ）を出発した。従者三四名を従え、駱駝三百頭の大編成だった。翌年の一月にゴビを横断し、二月、トルファンで、タリム河の流路変更を知る。烏魯木斉（ウルムチ）では、新疆省主席・楊増新（ようぞうしん）と会見した。六月、博士は急遽帰国するが、七月、楊主席が暗殺されると、金樹仁（きんじゅじん）が主席の座を継いだ。

一九三三年一月、博士は北京に到着。六月、中国要人と折衝するが、資金難により、「西北科学考査団」を解散することになった。

ところが、ヘディンは、八月、南京政府より中央アジア自動車ルート開拓の依頼があり、一〇月に隊を編成した。ヘディン博士を隊長に、隊員に医者のフンメル博士、地形学者・ベリマン、二名のスウェーデン人機械技師、一名の測地天文学者、その他二名の中国人道路兼鉄道技師、二名の蒙古人運転手、中国人、蒙古人召使い等総勢一五名で新疆省へ向かった。

翌年（一九三四）の二月、馬仲英（ばちゅうえい）軍と接触。六月にウルムチで、金樹仁の後を継いだ盛世才（せいせいさい）督弁により拘禁されたが、一〇月に解放された。翌一九三五年二月、ヘディン博士は北京に帰省し、調査探検は無事終了した。

三　ルフトハンザ社、東洋への探査飛行

ガブレンツ男爵一行の二度にわたる東洋への飛来以前にも、ドイツ側には幾度かの試みがなされた。

一九二六年、ルフトハンザ社はクナウス博士、ゲォルク・ウインターフェルト男爵指揮のもとに、第一次極東探索飛行計画が、三発ユンカースG－24型機二機をもって進められていたが、技術的な理由でなく、政治状況——中国国内の混乱によって飛ぶことができなかった。

一九二七年から八年にかけて、ルフトハンザ社は、ヘディン博士のスウェーデンと中国との共同調査「西北科学考査団」を後援し、飛行技術専門家、飛行家・ワルツと、航空気象学者・ハウデ博士とを参加させ、パミール東部の航空路を調査させた。

一九三四年には、飛行士・ゲルステンコルンは、単発ユンカースW－34型機で、ベルリン〜上海間（約九、五〇〇キロ）を四日間で翔破して、長距離飛行記録を樹立した。

一九三四年、ガブレンツ男爵は、ウンツフト、キルヒホフ、一等機関士・ヘンスゲンを伴って、最初のユンカースJu－52型機を、ゲルステンコルンの飛んだ同じルートを経て、上海へ空輸した。

さらに、一九三六年には、ルフトハンザ社は気象学者・コップ博士、ホルツアッペル博士参加のもとに、ユンカースJu－52型機・D・AVUP機——飛行士・ドレックセル、無線技師・ブリーマン、無電員・フォン・

ミューレン——が、アフガニスタンのカーブルへ飛来した。D・AVUP機はアフガニスタンの飛行将校を伴って、ヒンズークシュとパミールの聳えたつ山塊を飛び越えて、ソ連と英領インドの国境の間を細く続くコクチャ川最上流のアンジュマン渓谷とワハーン回廊を飛び、中国国境のパミール高原に達し、機首をカーブルへ向けた。

二人の気象学者・コップ博士とホルツアッペル博士はカーブルに残留し、アフガニスタン政府の気象調査の許可を受けて、ワハーン回廊西側の出口に通じるアンジュマン峠の石造りの小屋に気象観測所を設けて、一年間気象状況の観測を続けた。

四　ルフトハンザ社、二機の探索機を西安へ向けて派遣

1　ベルリン出発

『日満独航空協定』が締結されるや、素早い動きがドイツ側にもあった。それは、二機の飛行機で、ベルリンからシルクロードの中央ルートを飛翔して、ワハーン回廊、パミール高原経由で、中国陝西省（せんせいしょう）西安飛行場へ飛行するという計画であった。使用機は新鋭機・ユンカースJu-52型機に、強力発動機（BMW-ホーネット一三二L型）を搭載し、空中でピッチを変換できるプロペラに交換した。

互いに援け合うべく二機で飛ぶことにし、一番機は〝D・ANOY〟、二番機は〝D・AMIP〟と名付けられた。〝D・ANOY〟の別名は「ルドルフ・テューナ男爵」。カイザー・アレキサンダー近衛第一連隊で、ガブレンツ男爵が飛行練習をした同僚のアドルフ・テューナ男爵からきている。〝D・AMIP〟の別名は「フリッツ・エルブ」。これは飛行中に墜落死したルフトハンザ社のガブレンツ男爵の同僚の名前である。

一番機の機長は、「日満独航空協定」を永淵三郎と共同で作成に携わった、ルフトハンザ社の技術重役・ガブレンツ男爵であった。彼は永淵がドイツ滞在中に交わした約束を守るために、自ら志願した。操縦士にローベルト・ウンツフト（愛称ラウン。一九三四年、上海へのユンカースJu－52型機を空輸した時のガブレンツ男爵の同僚）。無線技師には、一等無線技術士・カール・キルヒホフ（南太平洋航路を八一回飛行し、発動機と無線を担当）が選ばれた。

二番機には、ドクセル（ルフトハンザ社で、ロンドン、パリ～ベルリン間の夜間航路を飛んだ）が機長に、テッテンボルン男爵が操縦士に、ヘンケが無線技師に決定した。

ガブレンツ男爵ら全員は、一等軍医・ユッシエル博士によって、いささか辛い当時のドイツ医学の最新の予防注射を数回受けた。外務省を介して、飛行先の国々の無着陸飛行許可証を取得した後、持参する貨幣の検討に及んだ。最適な貨幣は支那銀貨（両（テール））だったが、当時、南京政府は海外流出を禁止していたから、ポンド紙幣と銀貨にした。主要装備品として、英国籍の西域探検家で考古学者・オーレル・スタイン卿が作成した新疆省のすぐれた地図と、ドイツから西安までの地図、筆記用具、針路三角儀、食料、飲料水、救急医薬品、高度飛行用酸素などであった。ガソリンは、翼面のタンクに収納してある一、五〇〇リッ

ベルリン－満洲－東京）

東進ルート、③大陸南岸ルート：ロードス島―バグダード

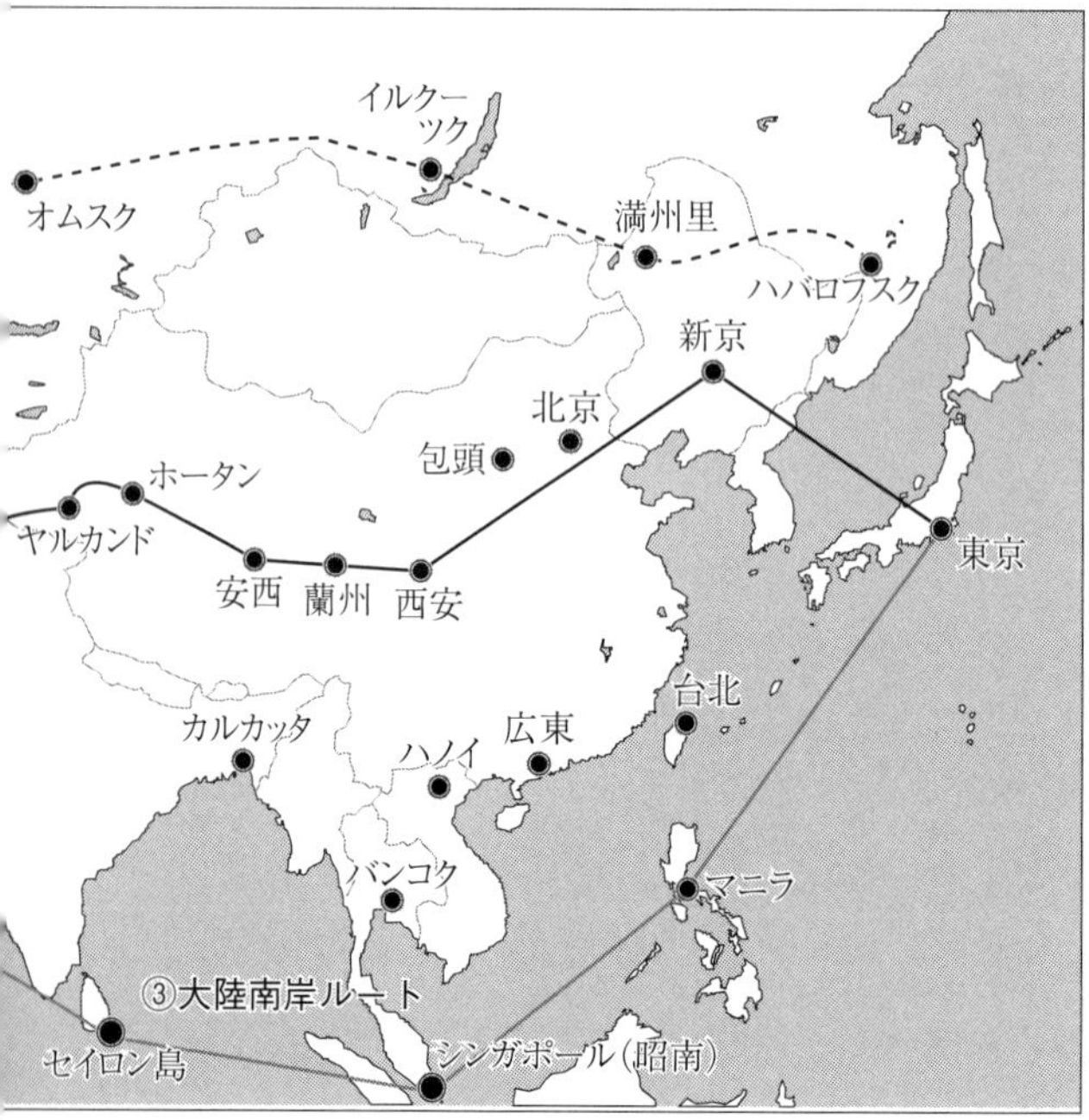

トルの外に五一〇リットル入りの五缶を狭いキャビンに置いた。無線通信設備は、長波と短波無線機が搭載された。

一九三七年（昭和一二）八月一四日（土）、夜明け前、D・ANOY機は、ベルリンのテンペルホーフ飛行場を、遥か一万キロ以上先の中国の西安を目指して飛び立っていった。

約一〇時間後、二、二五〇キロ先のイタリア領・ロードス島に到着した。ここは、「土伊戦争」でトルコから獲得した島である。

八月一五日（日）、夜明けと共に、男爵機は一、五五〇キロ先の美しいオアシスのダマスカスに給油のために立ち寄り、そこからバグダードへ向かった。その晩、イラクのドイツ公使館で

図 2-1：想定された大陸横断 3 つのルー

①北ルート：シベリア鉄道上空ルート、②中央ルート：ワハーン回

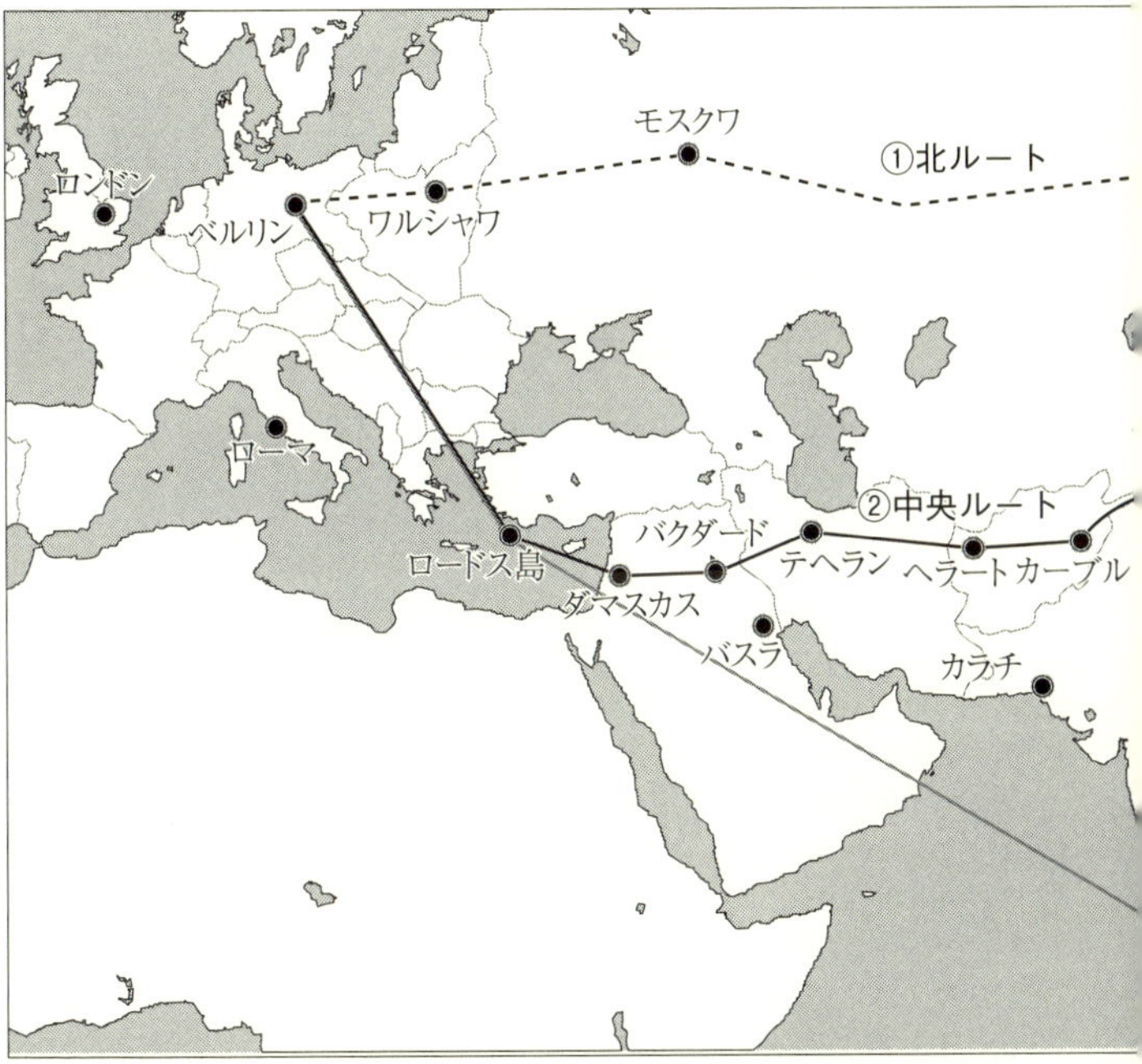

は、D・ANOY機のための晩餐会が開催された。

八月一六日（月）早朝、D・ANOY機はテヘランへ向かった。テヘラン飛行場は海抜一、二〇〇メートルの高地に位置する。ここで二日間静養した。

八月一八日（水）早暁、男爵機はテヘラン飛行場を飛び立ち、七時間後一、七〇〇キロ離れたアフガニスタンのカーブル飛行場に安着した。その晩に、ドイツ公使館のピカピカに磨かれた寄木細工の床の広いホールでD・ANOY機乗務員に対する歓迎会が開かれた。D・AMIp機も翌日に、カーブルに安着した。

八月二四日（火）、夜明け前のカーブル飛行場では、機の前方を照らすため、ドイツの大型自動車「ホルヒ」が用意

写真2-1：D・ANOY機。ガブレンツが専用機として使用しているユンカースJu52。

され、そのヘッドライトで滑走路の前方を照らし始めた。D・ANOY機は、明け始めたカーブルの大空へ翼を拡げた。
男爵機は、機首を赤茶で不毛の大地を北へ向けて飛行し、チャーリーカールの町から東へ方向をかえて、パンシール川を眺めて飛行を続けた。前方に高い山々が見えてきた。ワハーン回廊西側出口──アンジュマン峠（標高四、四二二メートル）を越えた。そこには、ルフトハンザ社が設置した石造りの小屋が認められる。ここには二人のドイツ人気象学者・コップ博士と、ホルツアッペル博士が、ワハーン回廊、パミール高原を経由する航空交通のための気象観測を、厳寒と孤独に耐えて、一年間にわたって続けているのだ。
ゼバックの先、イシュカーシム集落のあたりから、ワハーン回廊が始まる。

アフガニスタンは萎（しな）びた梨、あるいは馬鈴薯のような形状をしている。右上部の帯芯あるいは芽の部分に当たる場所が、ワハーン回廊である。北にタジキスタン（旧ロシア帝国）、南にパキスタン（旧英領）との長い国境に接し、東に伸び、わずかに中国（旧清国）に接している。東西約三〇〇キロ、南北最大六〇キロ、最も狭くなっている個所は一〇キロにも及ばない。これも両側には峻険な山々がそびえ立っているので、平地に接している巾は数キロしかないところが多くある。

このワハーン回廊を多くの人々が通過した。紀元前の前漢代に張騫が、紀元後東晋代には四世紀末に法顕が、後魏代の五一九年に宋雲と恵生が訪れている。唐代には求法僧・玄奘が六四二年に、七二五年前後に慧超が通っている。「旧唐書」には、朝鮮・高句麗出身の唐の武将・高仙芝が七四七年に、ワハーン、チトラル（ヤシン）、ギルギットで吐蕃（チベット）軍を破った。その後、タラス戦で、サラセン軍に大敗してしまった。さらに、一二七四年頃には、マルコ・ポーロもここを抜けている。

玄奘三蔵は『大唐西域記』で――

「達摩悉鉄帝国は二つの山の間にあり、東西千五、六百里、南北の広さは四、五里で、狭い所は一里を越えない。縛芻河に臨み、曲がりくねっている。……（中略）……人々の間には礼儀なく、衣服は氈や褐である。眼は碧緑である点が諸国に異なっている」（訳／注・水谷真成、東洋文庫657、平凡社）

マルコ・ポーロは『東方見聞録』では――

「十二日行程の末にヴァカン（アム河の上流（中流）をなすパンジャ河に沿ったワカン（ワハーン）渓谷地域）という小ぢんまりした地方に着く、……（中略）……住民はイスラーム教徒で独自の言語を有し、戦に臨んでは勇敢である」（訳／注・愛宕松男、東洋文庫183、平凡社）

西安をめざして、ワハーン回廊をなぞるように飛んだ

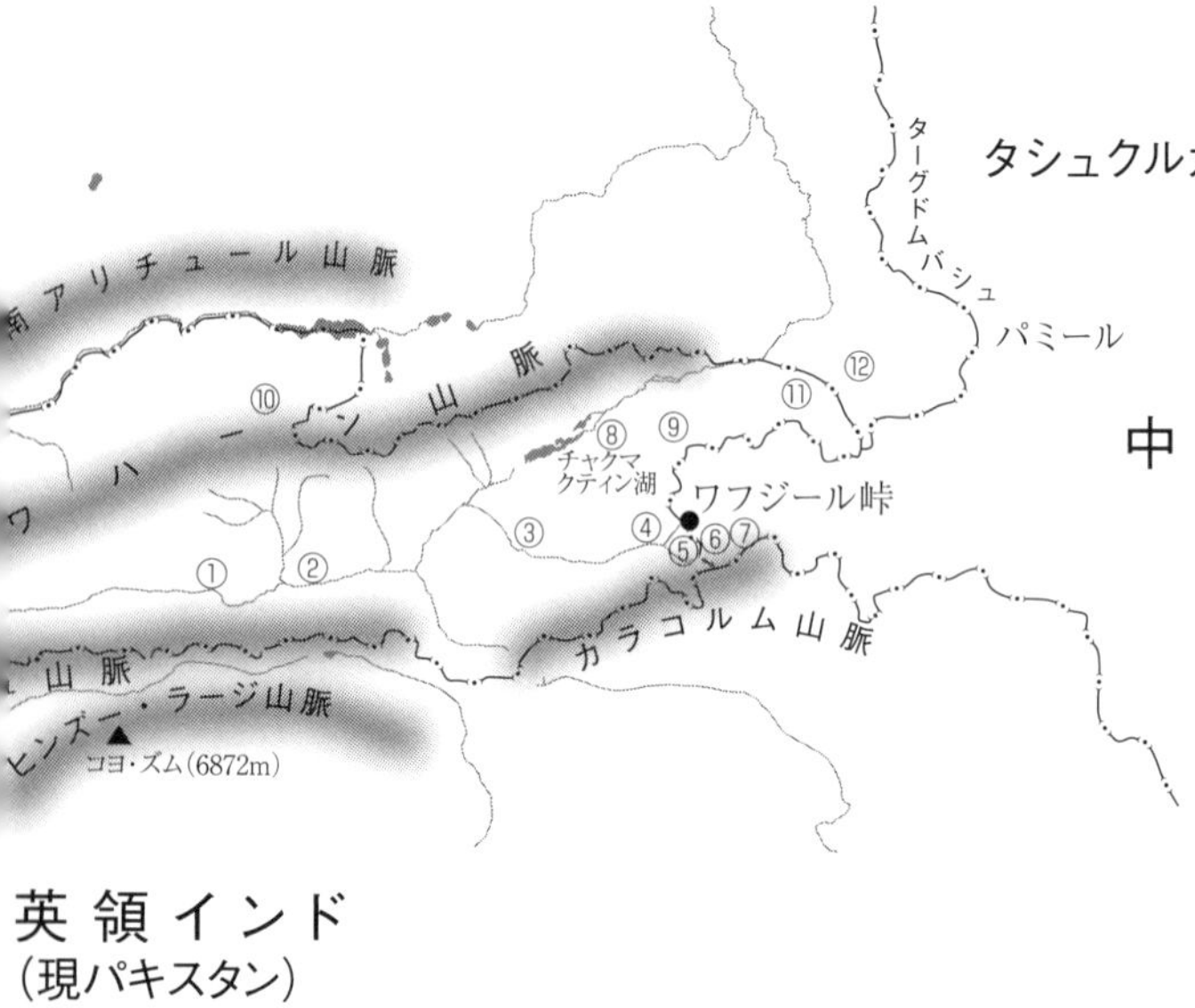

（写真①〜⑫の提供：平位 剛）

ワクジール峠、中国・アフガン
境。

⑧チャクマクティン湖（アクスー出口）。

⑨キルギスの住居（ユルト）。

大パミール→小パミールへの
。

⑪小パミール東端。

⑫ターグドムパッシュ、パミールの山。

図 2-2：1937 年、ガブレンツ男爵機は、中国の

（ワハーン地図原図作成協力：松田徳太郎）

①南バロギール峠方面を望む。

②オノカス川上流。

③キルギス人のバムバース（墓

④ワクジール西下。

⑤ワクジール峠から東（中国）を望む。

⑥ワクジール峠から北を望む。

十九世紀に入ると、ロシアの南下政策に伴って、イギリスとの間で、「グレート・ゲーム」（領土争奪戦）が激しく行われた。長い交渉の末、一九世紀末にロシア側と英国側との間に国境が決定された。英・露・清の三帝国に接した緩衝地帯として、ワハーン回廊がアフガニスタンの領土となったのである。

ワハーン回廊は、北は高度四千メートルを越えるパミール高原、南はカラコルム山脈、さらにヒンズークシュ山脈が東から西へと長く伸びている。その間に挟まれた東西に細長い谷間が、ワハーン回廊である。この渓谷にアム・ダリア（オクサス河）の大河が流れている。この渓谷地帯は起伏の少ない、半砂漠地帯が続くが、所々には牧草地帯が見られる。

D・ANOY機は順調な飛行を続け、ゼバックの集落を過ぎ、ワハーン回廊に近づいてきた。この飛行では、南北両側を氷雪の山脈で囲われた渓谷の上を飛ぶのは、あたかも長い氷のトンネルを通り抜けるような、困難で緊張を伴う飛行を覚悟せざるを得なかった。

前方が突然狭くなってきた。両側にそびえたつ山脈が続く。ワハーン回廊に入ったのだ。D・ANOY機は、カーブルで完璧な整備を受け、客室には数多くの予備のガソリン缶も搭載しているので、機長のガブレンツ男爵は、安心して操縦桿をウンツフトに委せている。右側に東部ヒンズークシュ山脈がおし寄せてくる。

約一〇〇キロメートルのワハーンの要衝・カラ・イ・パンジャの先からは急に視界が拡がった。ワハーン回廊の最も広い地域に入ったのだ。回廊の中央に流れるオクサス河に沿って前進を続けた。男爵ら三人は、未知の光景を楽しみながら、余裕のある飛行を続けてワクジル峠（四九〇七メートル）を越えると、やっと中国・新疆省に入っていった。

北へ方向を大きく変えてタクトンバッシュ・パミールを北上する。機は徐々に高度を上げ、高度計は五千メートルを示した。機は上昇気流に乗った。左窓から遠方に標高七、五四六メートルのムスタグ・アタ（ムスとは氷、タグは山、アタは父の意味）が悠然とそびえ立ち、白い山脈が連なる。

眼前には緑豊かなタシュクルガン高原が出現した。誰もがその光景に酔いしれた。ここはアーリア系の緑眼のタジク族が多く住むタシュクルガンである。草原に点在する大小の湿原湖に陽光が当たり、鏡面のように輝いている。そこには、羊、駱駝（らくだ）、犛牛（ヤク）などが放牧されていて、畑には小麦が植えられている。広大な谷の中央に、灰色を帯びた黄土色の崩れかけた城壁が認められた。これは玄奘（げんじょう）三蔵の『大唐西域記』にも紹介されている〝石頭城（タシュクルガン）〟である。ロシア革命前には、この地に二〇〇名のロシア・コサック兵が駐屯していた。

峻嶺の山脈を一つ飛び越えると、徐々に高度を下げ、D・ANOY機はどこまでも続く黄土色のタリム盆地に入っていった。

莎車（ヤルカンド）オアシスから、機は西域南道に沿って方向を東に変えた。上空から時折眺められる各オアシスは、沙漠の大海に浮かぶ小島のようである。往時より著名な和闐（ホータン）オアシスの上空を飛行していると、街の中心に、和闐（ホータン）城が見えてきた。ここは若冠二六歳の南京政府第三六師長・馬虎山の東干（トンガン）国の首都である。三、五〇〇メートルの高度で通過した。

ロプ・ノールへ近づくと、オーレル・スタイン卿が製作した地図に載っている「旧ロプ・ノール盆地」は、

パミール高原、キルギス族の包。

パミール高原・キルギス族の少女。

パミール高原、キルギス族の一家の移動。

カシュガルの近郊よりパミールを望む。

パミール高原・キルギス族の老人。

（写真撮影：著者）

パミール高原の豊かな自然と人々（写真 2-2）

タシュクルガンのタジク族の婦人。

パミール高原・タシュクルガン石頭城跡。

タクシュルガン、タジク族の子供たち。

タシュクルガン、牧草地。

現在、ふたたび水で覆われている。どこまでも続く平坦な沙漠の眺めに飽きた頃、右側の機窓から漢代の狼煙台（のろし）が幾つも等間隔で認められた。陽関も通過しているから、敦煌も近いはずだ。

安西（アンシー）の町の上空に達すると、町の傍に立派な飛行場が眼に入ってきた。通信士のキルヒホフがカーブルに無線で連絡して、安西へ降りた。独中合併の欧亜航空公司のドイツ人社員五名が、D・ANOY機を迎えた。旧知の技術部長・ホルツ（最近まで独露航空会社・デルルフトの空輸部長）、最古参操縦士・ルッツ（元飛行大尉）、職工長・ヘッド、無線技師ラムメルらから、大歓迎を受けた。

安西（アンシー）から粛州（しゅくしゅう）（酒泉）までは、一時間余りの飛行距離である。粛州飛行場は、欧亜航空公司の手でよく整備されていた。安西と同様に、町の住民たちが集まりだした。町の司令官・馬歩康将軍が衛兵を引き連れて、トラックに乗ってやって来た。これから男爵一行が、好むと好まざるとにかかわらず、会わなければならない馬将軍の一人だった（馬歩康であろう）。多分、タリム盆地南域は東干の馬一族が支配していたので、彼らを味方にしなければならない。ひと通りの歓迎の挨拶と名刺の交換が済むと、馬将軍はD・ANOY機の見学を所望された。機内を一通り慌ただしく見廻ると、機を降りてそこへ一枚の小型の青い絨毯を拡げさせた。馬将軍はその上でひざまずき、メッカへ向かって晩の礼拝を始めた。

男爵機は二日間、粛州で翼を休めた。

粛州から西安府までは直線距離で約一、〇〇〇キロあるが、すでに内地に入りこの先には大きな沙漠もないから、直線航法を取った。万里の長城に沿って東へ飛行すると、蘭州の黄土高原に洞窟住居（ヤオトン）があちらこちらに見えてきた。黄河の黄褐色に濁った流れが、雲の切れ間から眺まれた。

安西飛行場では、三年前、ガブレンツ男爵が機長として、ユンカースJu－52型機一機をベルリンから上海まで空輸した時に会った、若い時にベルリンのドリスデンに遊学したという、欧亜航空公司の董事長（社長）・李景樅から心からの歓迎を受け、美人の支那人女性から乗員各自に花束が渡された。

安西のホテルで三日間休養している間、欧亜航空公司の幹部達と、ガブレンツ男爵一行とで、日中関係の分析が真剣に行われた。その時、D・AMIP機が、粛州東方三〇キロの地点で不時着したとの無電が西安に入った。

以前から、ルフトハンザ社は、D・ANOY機、D・AMIP機の最終目的地を新京・東京と考えていた。ところが、当時の日・中関係を考察してみると、一九三七年七月七日、盧溝橋事変が勃発し、日中戦争が始まっていた。両機のベルリン出発は同年八月一四日である。したがって、ルフトハンザ社は、日中関係が悪化していることは認識していたし、すでに上海にあった欧亜航空公司の本社は、陝西省・西安に移転していた。そのような情況になっていたので、目的地は西安になったのだろう。

2　帰路、ホータン・オアシス近郊に不時着、逮捕、軟禁される

八月二八日（土）、D・ANOY機は故国へ向けて西安飛行場を飛び立っていった。

河西回廊（皇帝街道）に沿って飛行し、蘭州、武威、張掖の各オアシスの上空を飛び、粛州に到着した。粛州飛行場で充分な給油を受けた。この先の新疆省は現在、ウルムチの盛世才辺境督弁と、ホータンの南京政府第二六師長・馬虎山師長軍とが交戦中であるから、動乱する新疆省で給油することは不可能であった。

この先の安西（明代の沙州）は、当時、ホータンの馬虎山師長の東干国（ドゥンガン）の最前線基地となっている。敦煌（トンコウ）、玉門関（ぎょくもんかん）を飛び抜け、楼蘭（ろうらん）から西域南道へと左に舵を切り方向をかえた。いままで左に連なる阿爾金（アルチン）山脈が甘粛省、青海省、新疆省の一部を仕切っているが、やがて、崑崙（コンロン）山脈に変わった。北側に在る尼雅（ニヤ）遺跡に灌（そそ）ぐニヤ河沿いの民豊（ニヤ）オアシスの上空を飛行すると、しばらくすると、左側の発動機（エンジン）が、他の二基と異なる音を立て始めた。

やがて、和闐（ホータン）オアシス手前三〇キロにある洛浦（ロプ）オアシスに近づくと、ガブレンツ男爵は、このまま飛行を続けることはできないと判断して、ロプ郊外の牧場へ不時着を決行した。男爵らはベルリンの支那大使から発給を受けた支那語、トルコ語、ペルシア語およびドイツ語の飛行許可書を取り出して、当地の官憲の到着を待った。ロプ・オアシスの住民達がどこからともなく集まりだし、D・ANOY機は、老若男女の農民達、子供らに取り囲まれた。

時が経過するにつれて、その人数が徐々に増してきて、機を取り囲む遠巻きの幾重の輪は、少しずつ小さくなっていく。空飛ぶ金属の大きな鳥と、珍しい西欧人の姿に、興味深げな多くの眼が注がれていた。やがて、数人の男女の農民が篭（かご）に盛られた旬の葡萄（ウズム）、西瓜（タウズ）、瓜（ハルブーザ）、柘榴（アナル）を、顔に笑みをたたえて、三人にそっと差し出した。

黒い服装の数人の警官が近づいて来た。そのうち警部の背には青竜刀が、肩には古色蒼然たる騎兵銃があった。男爵ら三人は後ろ手に縛られ、馬車に乗せられて、ロプの町へ連行された。警部はホータンに電話を掛けて、指示を仰いだ。

八月二九日（日）昼頃、ホータンの守備隊長・馬西麒将軍が車で到着した。インド人通訳を介して訊問を開始した。男爵は支那の査証等を呈示し、飛行ルートとその目的を手短に説明した。だが、男爵らは、翌日、ホータンへ送られることが決まった。

八月三〇日（月）午後遅く、男爵ら三名は両手を後手に縛られて、乗り心地の悪い馬車に乗せられてホータンへ向かった。途中の村落では、住民達の好奇心に満ちた眼が馬車に向けられた。崑崙山脈からの雪解け水によって増水している白玉河（ユルンカシュ）を渡河する時には、近くの農民数人が狩り出されて手伝った。まもなく日が暮れた。暗闇の道はなおも続く。空には無数の星々が輝く。

写真 2-3：ホータンの美しいポプラ並木。

道の両側に立ち並ぶ白楊樹（ポプラ）並木が一行を迎えてくれた。いままでのどの村落のそれよりも長く続く。ホータン・オアシスに到着したのだ。町に入ると、土煉瓦を積んだ平屋の商店が大通りの両側に並んでいるが、すでに灯は見られない。その家並みの続く右側には、忽然と二階建ての明かりがともった大きな建物が現われた。ホータン唯一の公衆浴場（ハマーム）なのだ。真っ暗な道の突き当たりの、清朝末期に築かれた漢城の城門を潜り、一五〇〇メートル先の塀で囲まれた中華風の門を三つ抜けて、大きな部屋へ案内された。

床にはホータン産の絨毯が数枚敷かれ、壁にも架けられている。欧米では〝イースト・トルキスタン・カーペット〟あるいは〝サマルカンド・カーペット〟として著名であるが、ここでも工業化の波が押し寄せて来ていて、古来脈々と続けられた植物を煮出して羊毛を染色するという方法は捨て去られ、ドイツで発見されたアニリン染料がインド経由で入ってきていた。それによって製作された絨毯はケバケバしい印象を与える。部屋には二灯の石油ランプと四個の燭台が置かれ、それらが部屋を明るく照らしている。テーブルの上には、葡萄(ウズム)、瓜(ハルブーザ)、巴旦杏(バタム)、胡桃(ヤンガック)、ヒマワリの種子、ロシア煙草が大きな盆に山盛りに置いてある。男爵らは疲労がどっと出たのか、長椅子と絨毯の上に横になると、いつの間にか眠ってしまった。

八月三一日（火）早朝、東干兵(トンガン)の行進で眼が覚めた。監視役の作軍曹と、サマルカンド生まれの下士官・エミールが部屋に入ってきて、召使いに温かいお茶を運ばせた。一〇時頃、大皿に盛った三品の朝食が運ばれた。羊肉と野菜の炒め物、玉子料理、スープ、ナン、さらに米飯も少し添えてある。夕食は午後四時の一日二食であった。

食後、ホータン城の守備隊長・馬西麟将軍のもとへ呼ばれた。馬将軍は四つ目の堀に囲まれた一番奥の区郭に居住していた。将軍の部屋の床の赤い絨毯の上には、男爵らの所持品が雑然と置かれていたが、その数はかなり少なくなっていた。しかも男爵の鉄十字と操縦士章の付いた黒皮のジャケットが見当たらない。

その夜、床についていると突然、多数の声がドアーの外から聞こえた。部屋に四人の人夫に担がれた輿(こし)の上に、一人の年老いた西欧人が乗せられて入ってきた。玢(フン)大尉、王大尉を先頭に、多くの人々が松明(たいまつ)を手に前後に従っていた。輿は床にそっと降ろされた。白い木綿の背広に身を包み、白絹のネクタイを結び、金鎖の懐中時計を下げ、ラッパ状の真鍮(ブラス)製の耳筒を持っていた。ひたいは広く、鷲鼻で短いあご髯を蓄えていた。ただ、年齢に伴ってか、足元はおぼつかない。彼はホータンの住民に、長い間、カレキン・バイと尊敬されてきた八七歳のアルメニア人紳士、カレキン・モルドヴァックである。ちなみに、バイは富豪に対する尊称である。カレキン・バイは英語、フランス語、ロシア語を駆使し、大声で吼えるように話した。本人は耳が遠いので、耳筒を当てて話さなければ、カレキン・バイには伝わらなかった。男爵は南京へ電報を打てるかと訊ねると、翁は明日当局に当たってみると約束した。

写真 2-4：晩年（83 歳）のカレキン・モルドヴァック氏。（写真撮影：ニルス・アンボルト、1935 年）

話しが長すぎたのか、二人の大尉は、額を寄せて小声で相談し合っていたが、やがてカレキン・バイは輿に乗せられて、闇に消えていった。

3　アルメニア人、カレキン・モルドヴァック

ガブレンツ男爵らの軟禁生活は、すでに一二日間に及んだ。玢(フン)大尉の尽力で、かねてから再会を望んでいたカレキン・バイと会うことができた。翁の絨毯工場、絹工場は、ホータン人の居住地域の中心・十字路(クルバック)に伸びるメイン・ストリート添いで、城の西門を出た直ぐ右角にある。

敷地は千坪。工場の北側半分は果樹園だった。土煉瓦造りの大きな平屋の工場の前庭には、鉄製の大鍋が幾

つも置かれている。これは今日では、ホータンと近郊の洛浦(ロプ)オアシスとの絨毯製造業者のほとんどが、化学染料のアニリンを使用しているが、カレキン・バイだけが唯一人、かたくなに、手間のかかる植物による染色方法を守っていた。スヴェン・ヘディン探検隊員、天文測地学者のニルス・アンボルト博士は自著『カラバン』で、「得がたい宝の忠実な保管者」と記している。

　絨毯工場と絹工場は無人だった。馬虎山がホータンを占領してから、男性の職人は兵士として徴用されていくし、インド等の通商も不振となっていた。それにしても、カレキン・バイは年を取り過ぎていたので、開店休業となったのだ。

　男爵らは、工場の奥の果樹園に面した、翁の書斎に案内された。その部屋には、黄味がかったロシア製の硝子(ガラス)がはめ込まれた窓があり、二方の壁面には天井まで本棚が設けられていて、

写真2-5：ホータンの絨毯織り。カレキン・モルドヴァックの絨毯工場（1929）。撮影：R・ションバーク。

書籍がぎっしりと並んでいる。まさに、ホータン唯一の図書館であった。一か月前まで八か月間にわたり、ホータンで軟禁されていたドイツ人科学者、ウイルヘルム・フィルヒナー博士は、この図書館の良き利用者であった。

博士は、彼の著書『科学者の韃靼行』で、カレキン・モルドヴァッグについて、次のように記している。

> 元和闐（ホータン）国立銀行頭取のアルメニア人モルドヴァク（ママ）は、私に翌日訪問してくれといって手紙を寄越した。……（引用者注・一九三五年）
>
> 十二月二十三日、吾らは先づモルドヴァクに会いに行った。彼は年配八十歳を越えた英仏両国語の達者な、身振りも態度も全くヨーロッパ人らしい心の優しい老人であった。高齢のせゐで視力と聴力とが悪い

写真 2-6：フダペルと妻、長男バラチャン。（写真所持：ハスイエト・ハン、複写は筆者）

写真 2-7：カレキン・モルドヴァック創案のケルクン・ヌスカ（流水文様）版画作成は筆者）。

ばかりでなく象皮病（引用者注：リンパ系フィラリア症）に罹っていた。脚がひどく腫れ上がって歩行が苦しそうであったが、精神は恐ろしく鋭敏だった。彼は書籍や新聞を愛読して世界の隅々に起こる政治問題に通暁し、ヒットラーの治国術や第三帝国に関する知識を持ってゐた。恐らく新疆における東洋人の間で学識の点で彼の右に人はなかろう。モルドヴァクは立派な書斎を自慢していたが、私は専門の科学の仕事をやらない余暇を、その書斎で過ごしたものである。

カレキン・バイの机の上には、驚くことにその年の五月一五日発行の『タイムズ』紙が置かれていた。翁は今回起こった動乱によって通信が混乱し、インド経由の新聞はじめ、手紙が届かないことを嘆いていた。男爵は、翁が外国語が上手であることを訊ねた。

「若い頃、私はコンスタンチノーブルで学校に通い、英語、フランス語、ロシア語を学びました。好むと好まざるとにかかわらず、他国に移り住まざるをえなかった我々アルメニア人には〝情報収集〟と〝言語習得〟が最も大切なことです」と答えた。

さらに、カレキン・バイは自己の略歴を語った。一九〇九年、トルコのアダナで発生した「アルメニア人大虐殺事件」によって、妻や子供と生き別れになり、ユダヤ人の従僕二人を伴い、ホータン・オアシスに逃げて来たこと、この地は翁の商売の商品の産地であったこと、従僕の一人・ヨセフに絹の仕事を委せ、ホータン人のメイティレム・コサクを絨毯工場の総管理者にしたこと、ヨセフは繭の仕入れに策勒（チラ）県へ買付けに行った時、現地の取引き先の娘、ハジア・ハンを見染め、彼はユダヤ教を捨ててムスリムとなり、結婚して名前をフダベルディ・アルメニ（神が与えてくれた。アルメニアから来た者）と改名した。その後、翁から独立して、ホータン一の富豪となったことなどであった。

さらに、ホータンにやって来てからすでに二八年の歳月が経過したが、当地を訪れた数多くの外国人のことを語った。驚くことにその最初の人物は、一九一一年五月にホータンを訪れた、第三次大谷探検隊の橘瑞超（たちばなずいちょう）師であった。二年後の八月、同隊の吉川小一郎も翁と会っている。

その後、一九二五年、ロシア人の探検家でチベット学者、ユーリー・N・レーリヒが、一九二九年、英国の道路調査人（実は密偵）R・ションバークが、一九三三年、第四次スヴェン・ヘディン探検隊員のニルス・アンボルトが、一九三五年、英国人で『タイムス』の特派員（実は特務機関員）のピーター・フレーミング（『007』シリーズの著者・イワン・フレーミングの兄弟）と、スイス人でフランスの『プチ パリジャン』紙の記者・エラ・キニ・マイアール女史が、一九三六年には、前述のドイツの科学者・ウイルヘルム・フィルヒナーが、カレキン・モルドヴァックを訪れて、それぞれが探検記、旅行記を残している。

カレキン・バイは、「ギラム・アホン」とも呼ばれているのではとガブレンツ男爵が訊ねると、翁は、ギラムとは絨毯（じゅうたん）、アホンは坊さんという意味だと答えた。

「馬虎山将軍がホータンに進駐してきた一九三四年には、数多くの異教徒が殺害されました。それは支那人の仏教徒がほとんどですが、私の周囲の人々、特に、フダベルディとコサクとが、即席にイスラム教の教典・コーランと礼拝の作法を教えてくれ、白い帽子を被らされ、白い服に着替えさせられました。そして『ギラム・アホン』の名前が与えられました。

私は今でも〝聖書（バイブル）〟に眼を通さない日はありません。アルメニア人の心の祖国は、〝ノアの箱舟〟が着地したという伝説の地・アララット山にあるアルメニア教会です」

カレキン・モルドヴァックは、翌年の春、八八歳でこの世を去り、ホータンの町の北にあるムサピル墓地に、身近な人々によって、イスラム様式のカマボコ型の墓に葬られている。

4 訊問、釈放、出発

九月二四日（金）、昼に近い頃、オルガンの響きのような発動機（エンジン）の音を響かせて、旧式のロシア製の複葉機が一機、練兵場に着陸した。

午後、男爵らは集会場へ連行された。部屋の中央の白い布を掛けたテーブルには、何の位章も付いていないが、軍服を着た痩身で背の高い西洋人が座り、前の椅子を指差した。男爵は相手を試してみようと、「ここで、煙草を吸ってもよいでしょうか」と、ドイツ語で訊ねると、「どうぞ（プリーズ）、貴方（サー）」と英語で答えた。そこで男爵は、「貴方はドイツ語がお出来になるのでは……」と問うと、「話せるほどではありません」とやはり英語で答えたが、ロシア訛りがあった。

「お名前は？　どこで生まれた？　ご職業は？　何の目的で？」

訊問は続けられた。地図を拡げ、男爵が代表して飛行目的を簡潔に説明し、地図の上を指でなぞった。最後に、ロプでの不時着の状況を語った。さらに、「東方の中国当局は、我が機の帰路に、新疆省通過の禁止はありませんでした」と抗弁すると、「現在、この省が戦争中であることを知らなかったのですか」と、ロシア人将校は訝しがった。男爵は、「私は二四年間、飛行機に乗っています。ルフトハンザ社の重役でもあります」その一声で将校は驚愕して、「お国では心配されていることでしょう」と顔を曇らせた。男爵がうなずくと、彼はすべてを戦争のせいにした。二時間近くの丁重な訊問の後、「明日、将軍がホータンに到着されます」と、将校は三人に告げた。

翌日の昼近く、突然、ドアーが開き、昨日男爵らを訊問したロシア人将校は、笑みを浮かべて大声で告げた。

「貴方がたは唯今釈放されました！」

そして、馬虎山師長がかつて使用していた居室へ案内された。部屋の中央には、背が高く、細長い眼の精悍そうな中年の軍服姿の馬震英将軍が座していた。三人は軽く頭を下げた。通訳を介して将軍は、

「男爵はじめ皆さんが四週間にもわたり軟禁され、不自由に耐えてこられたことを遺憾に思います。……支那や新疆省で悪い思い出を残して欲しくない。早急に出発されるが良かろう」

と優しく告げた。誰との挨拶も許されず、男爵らはトラックに乗せられて、あわただしくロプに向かった。

翌九月二六日（日）、目覚めて、昨夜に急遽組み建てられた天幕（テント）を出ると、眼前には、愛機・D・ANOYは銀色に輝き、男爵らとの再会を待ちかねていた。すでに、ロプの住民達が、機を取り囲んでいた。

午後になって、ホータンへ許可証を取りに行った警察署長が戻ってきた。操縦士・ウンツフトが飛行機を見守るために、機内で一人で泊まるという。

男爵とキルヒホフは警察署長の案内で、近くの農家に一夜を世話になることになった。土煉瓦造りの平屋の中庭は、葡萄棚で被われていて、鈍い夕陽をおい繁った葉々が受け、冷しい空間を造っている。その農家の亭主は、二人を一番大きな部屋へ案内した。一段上がった土の床には、幾枚かのロプ産の色鮮や

かな絨毯が敷かれている。二人はその上で足を伸ばした。夕食が娘たちによって運ばれてきた。大皿には、先ほど屠られた小羊の肉が鉄串に刺されて焼かれた「烤羊肉（キーマカワプ）」が山盛りに、幾種類かの羊肉と野菜炒め料理、玉子料理が並び、ポロ（羊肉と野菜の炊き込みご飯）、油で揚げた太いうどん（サンザ）、ナン、さらに、葡萄、柘榴（ザクロ）、ハミ瓜などの果実が添えられていた。

この四週間、ホータンで出されたどの料理よりも、心を込められて作られていておいしいから、二人は言葉少なく、口に忙しく運んだ。夜になると気温は急に下がった。そこで、暖炉に火が付けられ、石油ランプと、貴重な太いローソクが灯された。男爵とキルヒホフは、矢絣（やがすり）文様の色艶やかな絹絣（アトラス）の蒲団に包まれ、新疆省最後の一夜を過ごした。

翌二七日（月）、二人は夜明け前に起床した。世話になった主人に、男爵は銀製の柄の付いた携帯小刀を感謝を込めて贈った。二人は馳け足でD・ANOY機に向かった。機の周辺には多数の農民達が集まり始めているが、ウンツフトはまだ夢の余韻を楽しんでいる。やがて、これから飛行中の食糧の用意が、農民達によって始められた。小羊の喉が切られ、二羽の鶏が絞められた。

出発準備が始まった。若い力のある警官が交代でハンドルを回し続けたが、なかなかエンジンがかからない。二時間後の九時過ぎ、やっと回転し始めた。男爵ら三人は、世話になった署長、その部下、さらに、農民一家との別離を惜しんだ。男爵は、最後に手元に残った、ステッドラー社製のルフトハンザ社の鶴（クラニヒ）のマークの入った鉛筆一本を署長に贈ったが、彼の部下にはもはや何一つもなかった。そこで、一人一人と固い握手を交わして笑顔で謝した。署長は帰国に際して、三人の髪と髯とが伸び放題なのを見兼ねて、一人の理髪師を呼んでいた。瞬時を惜しむ男爵一行は、その気持だけを受け取った。

署長は部下に命じて、D・ANOY機を取り巻いている群衆の整理を命じた。男爵とキルヒホフは急いで愛機に乗り込んだ。男爵機のエンジンの回転数は徐々に高まっていった。機はゆっくりと滑るように走り出し、ロプの青空に舞い上がった。地上で手を振る人々の姿が次第に小さくなっていく。

まもなく、ホータンの町の上空に達した。眼下には、一生不愉快な記憶として残るであろう和闐（ホータン）城と旧式なロシア機が、城外の練兵場に翼を休めていた。それよりも全金属製のJu-52型機の方が優れているのを誇示するかのように、上空を数回旋回した。

D・ANOY機は追い風に乗って速度を上げ、まもなく葉城（カルガリック）オアシスの上空に達した。

5　再度、ワハーン回廊を征服し、カーブルへ生還

D・ANOY機は、往路と同じルートをたどり、莎車（ヤルカンド）オアシスを大きく西へ方向を変え、古くからの隊商路（キャラバンルート）に沿ってパミール高原へ向かった。

右手の氷を被った高い山々のうち、一段と目立つムスターグ・アタが出現した。パミール高原のタシュクルガン手前から、ぐるっと半円に飛行した。クワジール峠を越え、ガブレンツ男爵らは、ワハーン回廊に再突入する心の準備を始めた。

ワハーン・パミールの先から、オクサス河に導かれて飛行を続けると、左手にヒンズークシュ山脈がどこまでも続く。ワハーン回廊の三分の一の地点に、サルハッドの部落がある。アーリア系のワヒ族の定住の最東端である。息が苦しくなってきた。三人は酸素ボンベから一口、二口と吸引した。

しばらくすると、操縦桿を握るウンツフトは、心配げに男爵へ顔を向けて言った。「ファイザバードへ着陸しませんか」。そこから、男爵に操縦が代わった。コクチャ渓谷に達する頃には、ぶ厚く漂っていた雲海も去り、明るくなってきた。往路は天候も快晴で、D・ANOY機も完全に整備されていて、燃料も満タンだった。それに反して、帰路はまったく条件が悪かった。左側の発動機の調子が悪いし、プラグにも問題があった。振動が激しくなってきた。三人の心は痛む。

急に空が拡がった。三〇〇キロに及ぶ氷の回廊をやっと飛び抜けた。そこから一時間半ほど飛翔を続けると、カーブルの街並みが視界に入ってきた。高度は四、〇〇〇メートルを保っている。D・ANOY機の帰還を示すために、飛行場の上空を数回輪を描いて飛んだ。機は五時間頑張って、カーブルに安着した。そして髯もじゃもじゃの三人が機から降り立った。男爵機が帰還したという知らせが、街中に広まると、ドイツ公使はじめ、在留ドイツ人たちが飛行場に集まり始めた。男爵はそれらの人々に、手短にホータンで起きた出来事を物語った。即座に、公使館からベルリンへ電報が打たれた。

『D・ANOY機KHOTANに四週間飛行中断後、カーブル飛行場に安着せり。全員無事』

彼らが後で聞いた話によると、男爵機が行方不明になるや否や、本国ではゲーリング航空相兼空軍総司令官の命令で、捜索活動が開始されたという。ガブレンツ男爵ら三人は二日間公使館に滞在し、四週間の垢と汗を流し落とした。九月三〇日（木）、男爵機は西へ向かい帰国の途についた。イランのテヘラン飛行場で翼を休め、ユンカースJu－52型D・ANOY機は相変わらず調子が良くないので、他のユンカースJu－52型機に乗り換えて出発した。ロードス島に一泊し、翌日はブダペストに到着した。一〇月三日（日）、ベルリン・テンペルホーフ飛行場に安着した。

第三章　内蒙古・アラシャン沙漠に暗雲漂う

一　横田機関長ら内蒙古のアラシャン・定遠営への苦難な旅

昭和一一年（一九三六）七月八日、横田碌郎機関長は、若狭谷周次郎（後に満洲航空社員、庶務部庶務課長〈昭和一七年〉）、永坂一男両機関員と、案内役の回教徒一名、ラマ僧一名を伴い、百霊廟（バイリンミャオ）を二台のトラックで出発した。車は後輪が二重となったダッチとシボレーで、運転手は小川と本田である。若狭谷は、郷里秋田に幼児と妻を残してきた。永坂は独身であった。

黒沙圖（ホシャトウ）に到達する直前、トラックのタイヤは細かな黄沙（こうさ）にのめり込んでしまい、エンジンを掛ければ掛けるほど、車輪は熱沙に沈む。木板や籐の敷物を敷いて少しずつ前進。やっと善丹廟（シャンタンミャオ）にたどり着いた。ここに四、五日滞在して、トラックの修理、情報収集、食糧、水の調達をした。

現地の蒙古人によると、「阿拉善（アラシャン）の定遠営まで、自動車で行ける」という、この一言を信じて、一行はさらに道なき沙漠を前進したが、嗎林鄂博（マリンオポ）の麓に達すると、先に進むことが不可能となった。二台のトラックを百霊廟に返し、ここで駱駝隊を編成することにした。

この附近を支配下に置いている王府に、すでに傅作義の息がかかっているのか、住民は駱駝一頭、水一杯すら頒けてくれなかった。さらに困ったことが起こった。それは野菜不足から起こる壊血病で、ビタミンC不足によって各自の歯ぐき、口唇が破れ、血が吹き出してきた。それには、百霊廟で準備した食料計画に大きな間違いがあったのだ。当初、小麦粉とニンニクも積んでいく予定であったが、若狭谷機関員がその二つとも大嫌いであったので、米、味噌ばかりを購入した結果が、この有り様だった。

横田一行は、そこの住民達の白眼視に囲まれていたが、幸いに救いの手を差し伸べてくれる蒙古族の一人がいた。彼はかつて外蒙ハルハに居住していたが、ソ連の触手が伸びて、蒙古人民共和国が独立すると、息子二人が外蒙軍に拉致されて、行方不明となってしまった。そこで一族を連れて国境を越え、内蒙へ逃げてきたドウルリンジャップであった。彼には妻、息子、娘がいて、馬二頭、駱駝三頭が全財産であった。ドウルリンジャップはかつて外蒙にいた時、「台吉」の役に任じられていた。これは日本の庄屋のような役目である。

翌日、「台吉」は何処からか、鞍もない裸の駱駝を、四、五頭連れてきた。さらに、彼は自分の包を解体して、床に敷いてある〝毯子〟（フェルトの敷物）を切り取って鞍を作り、その駱駝のうち年が若いのは、荷物を積む際に、まだ前膝を折って坐らせる訓練ができていなかったし、年老いた駱駝はすでに肋骨の数がかぞえられるほど痩せていた。ましてその時は、駱駝が一番衰弱しきっている季節でもあった。「台吉」は解体された自分の包の前に立ち横田機関長一行を見送った。その日の行程も終わり、水のあるところで天幕を張り、満天の星々——天空に吊るされた無数のシャンデリアの鈍い光——に照らされて、一行は安寧な一夜の夢を結んだ。

翌朝、朝食の準備をしていると、遥か前方の地平線から、走り寄る二騎の黒い影があった。それは「台吉」とその妻であった。

「台吉（タイチ）」は馬から降りるや、昨日の柔和な顔と異なり、厳しい表情で横田機関長に迫った。

「駱駝を返せ！」

昨日までとまるで正反対な「台吉」の態度に驚いた横田機関長が、その理由を質（ただ）すと、

「私が日本人に駱駝をやった。そのことで、周囲の者が我々を責め立てる」

と、「台吉」は喘（あえ）いで言った。

横田は彼を宥めるように静かに説得した。

「『台吉』、私が駱駝を集めてもらったのは、何も日本のためだけではない。みんな蒙古のためだと、私は考えている」

彼は北前方遥かな地平線をじっと見つめ、長い間、何か一心に熟考していたが、やがて決意を述べた。

「駱駝は日本人にやろう。その代わり、私達も一緒に連れて行け！」

彼は故郷を捨て、さらに第二の定住地も捨てる決意を固めた。やがて、妻と息子、娘とその許婚者を迎えに行き、横田一行と合流した。

十数日間、戈壁（ゴビ）の沙漠行を続け、阿拉善（アラシャン）の定遠営（ていえんえい）王府が二、三日行程に迫った処で、激しい沙嵐に遭遇した。天も地も暗黒に染まり、太陽も隠れ、数メートル先も黄色い霧に覆われて見えず、息苦しくさえなってきた。これは七月一九日、午後三時のことだった。沙漠を庭とする「台吉」でさえも、施す術（すべ）もないほ

どの突然の激しい沙嵐が起こった。「台吉」は方向を探すが、判断がつかない様子であった。横田機関長は彼の勘に任せざるをえなかった。刻々と体が砂に埋まっていく。砂が顔を打ち、呼吸が段々と苦しくなってくる。「台吉」の進む方向に一行は必死になって続き、砂の幕を押し開くように、駱駝と人々は、一歩一歩と遅い歩（あゆみ）を続けた。

突然、空が明るくなってきた。前方に曹達（ソーダ）の浮いた白い低地が拡がっている。今までの沙嵐は止み、大地平線が浮かんできた。

沙嵐圏をやっと脱出できたのだ！

誰もが腹の底にまで届くように、大きく深呼吸を続けた。横田機関長は「台吉」を抱き寄せた。皆で手を握り合い、誰もが涙を押し止めることができなかった。

熱沙の中を黙々と、横田一行のキャラバンは進んでいた。この一歩一歩の前進は、大きな忍耐を必要とする。その時、この単調な状況を打ち破る事故が起きた。若狭谷機関員が、駱駝の上で一本の細い枝で、ムチを作り始めた。ナイフで枝を削っていると、駱駝はそのムチで打たれてはたまらないと腹を立てたのか、ちょっと跳ねた。若狭谷は落馬、いや**落駱**したのだ。ナイフでの刺し傷はないものの、腰に提げていた拳銃が、右腰の神経を強打したためであろうか、右足が無感覚になってしまった。

七月二二日、いよいよ本日は定遠営に到着予定日である。一か月前に先着している山岸伍郎機関員に知らせるために、案内役のラマ僧・ジョイザットを一歩先行させた。

大きな峠（ダバー）を越えると、遥か前方の沙漠の先に、緑の木々に包まれた黄金に光り輝く、甍（いらか）を乗せた三層の達王（たつおう）の王府と、土の城壁に囲まれた定遠営（ていえんえい）城が出現した。皆に疲労感がどっと出た。

そこへ、騎馬一騎が馳け進んできた。その姿は刻々と大きくなり、馬上の人物は日本語で叫んでいる。

「オーイ！　煙草持ってきたぞ！」

彼は騎兵出身で、機関の無線係・佐藤秀機関員である。

横田機関長らは、彼と手を取り合うよりも先に、彼の差し出した煙草に手が出た。何しろ二週間振りなので、餓鬼のようにしきりと口から吸い、鼻から煙を吐き出した。


『横田アルバム』に、万年筆で記入されている「アラシャン小歌」の元歌。

横田碌郎
一、駱駝に乗りて　十四日
煙草吸ひたし　水欲しと
沙漠のグミを　つまみて
今日は着くぞえ　定遠営
ラシヤン　アラシヤン
二、砂にやかれて　十四日
恋し木の蔭　物の蔭
旅寝の夢も　積なりて
今日は着くぞえ　定遠営

ラシヤン　アラシヤン

三、ダバーに立ちて　見渡せば　　＊ダバー＝峠
緑滴る　大行樹
バイシンゲルにも　ちらはらと　　＊バイシンゲル＝固定家屋
今日は着くぞえ　定遠営
ラシヤン　アラシヤン
（一一、七、二二　定遠営を遠望して）

二　内蒙アラシャンの定遠営に飛行場建設

永淵運航部長がベルリンで、ルフトハンザ社の技術重役ガブレンツ男爵と、『日満独航空協定』の交渉中にも、関東軍と満洲航空首脳は一丸となって、次々と布石を打っていった。

その第一歩は、昭和一一年（一九三六）四月一日、山本調査隊がアラシャンの定遠営（ていえんえい）を出発し、駱駝でオチナへ向かった。

さらに、アラシャンの定遠営と、オチナで、中継飛行場の建設、特務機関の開設、ガソリンの輸送がなされた。

同年四月、新潟県新発田出身で、満洲公主嶺（ゴンシューリン）飛行第十二連隊で三年の兵役を終えた二四歳の比企久男は、入社早々、奉天城外の商埠地（しょうふち）にある満洲航空本社の武宮豊治総務部長に呼ばれた。武宮は所沢の陸軍第一航空大隊で航空操縦術を修得した、第四期の永淵三郎の二期先輩である。

民間航空の育ての親である武宮は、小柄痩身で、多少斜視があった。部長は、比企の前に内蒙古の大地図を拡げ、アラシャンの定遠営を指して、

「公主嶺で、砂漠行を希望していたのは君か。君達に飛行場を造ってもらいたい。いずれは額済納（オチナ）にも行ってもらうつもりだ」

武宮部長は比企の決意を見抜こうと、冷徹な顔をあげて比企を見すえた。比企は自己の思いを力強く述べた。

その時、比企の脳裏に、公主嶺時代の上官・中隊長河野寿航空兵大尉の一言「昭和維新・滅私奉公」が蘇ってきた（河野大尉は、後に発生した二・二六事件で、湯河原の伊藤旅館に滞在中の牧野伸顕前内大臣狙撃事件の主謀者。狙撃中に負傷し、熱海陸軍病院で加療中の三月五日、自刃、翌日死亡。行年二八歳。所沢飛行学校卒）。純真無垢な青年の心に、大きな影響を与えたに違いない。

アラシャンの定遠営（ていえんえい）飛行場建設隊の結団式が、一か月後の五月某日、本社の瀟洒な講堂で秘かに開催された。隊員は全員満航社員である。

奉天満洲航空本社の洋館は、かつて張作霖が建てたもので、柳条溝で爆殺された後、張学良が「満洲事変」

勃発まで住んでいた。

豪華な講堂の正面玄関わきの石柱には、「翔程万里　超海御風」の文字が刻まれている。これは〝大自然の障害をはねのけ、万里の空路を拓け〟というような意味であろうか。

隊長——横山信治（元錦州支所長）

無線係（副隊長格）——清都（きよと）誠一（通信課員）

通訳——鈴木某（新入社員）

器材係——比企久男（新入社員）

横山隊長は陸士二十八期、航空隊出身の元中尉。会社設立と同時に満洲航空に入社して、常に辺境の飛行場建設に携わってきた。

清都も陸軍航空隊出身の少尉であった。

鈴木通訳は、この春、拓殖大学を卒業して、新京の義兄を頼って満洲へ渡り、満航へ入社した。比企に訊ねたが、鈴木のフルネームをどうしても思い出すことはできないと言う。

満洲航空の社内報『満航』第三〇号（康徳三年・昭和一一年七月発行）の「人事動静」欄に——

○新・延　横山信治　（＊引用者・注……新・延は、新京管区延吉支所）

命　関東軍司令部嘱託（五・二六附）

さらに、『満航』第三二号（康徳三年・昭和一一年九月発行）の「人事動静」欄に――
○比企久男
命　総務部庶務課勤務（七・一四附）
○鈴木佑二
命　総務部営業課勤務（七・三〇附）

この辞令によって、アラシャンの定遠営での飛行場建設隊の横山隊長以下四名が、関東軍司令部嘱託の身分であったこと、さらに、通訳鈴木某が鈴木佑二と判明した。

鈴木佑二は、比企久男と同じ新潟県出身で、比企は新発田中学、鈴木は小千谷中学出身。拓殖大学校友会へ問い合わせたところ、間違いなく拓大を昭和一一年に卒業して、満洲航空に入社したことが名簿に残っていた。

横山隊長に、庶務課中山武好から、中国交通銀行発行の使い古された一円紙幣三〇〇枚が手渡された。さらに、用度倉庫から、狐色のセム皮に仔駱駝の毛を内側に縫い付けた冬用飛行服と航空帽、仔羊の毛皮を内側に張った長靴、さらに防塵用のメガネが各自に配布された。

八月上旬、アラシャン・定遠営行の諸準備が整った。

一行は、奉天東塔飛行場から、ごく少数の関係者の見送りを受け、途中の給油地・天津を経て、北平（ほくへい）（北京）へ飛んだ。

北平（北京）には、満洲航空（株）の関連の北支航空処があったが、五か月後には、日中合弁の航空会社・

恵通航空股份有限公司として発足、さらに、昭和一三年一二月に設立された中華航空株式会社（総裁・児玉常雄）へと、発展していくのである。

ところが、北平（北京）から包頭（パオトウ）までの飛行機の手配がつかなかった。仕方がないので、京包線（けいほうせん）の鉄路を利用することにした。

横山隊長は三人に、護照（パスポート・旅行許可証）と名刺とを各自に手渡した。護照（ごしょう）には、各自の写真が貼られ、察哈爾（サハル）、綏遠（スイエン）、甘粛、寧夏、青海の各省内を旅行する行動許可範囲や、経過区域の記載があった。その名刺の肩書きには、横山が「九州帝国大学・農学部教授」、清都は「同大学・農学部助手」、比企、鈴木は「同大学・農学部学生」と刷り込まれていた。

横山隊長は、「我々の旅行目的は、寧夏省内における農業、畜産資源の調査・研究のための農業視察団ということにする。万一、官憲に訊ねられた場合には、〝我不明白（ウォーブミンバイ）〟と繰り返して答えるように」と命じた。

さっそく四名は、社用便箋、封筒、社員手帳、社員バッチなど一切を処分した。

比企と鈴木は、北平市内の数軒の古着屋を廻り、九州帝大の学生服と帽子を探したが、見付けることができない。そこで仕方なく、他校の有り合わせで代用せざるをえなかった。

翌朝、一行は北平站から京包線に乗り込み、終着駅・包頭（パオトウ）に向かった。

列車には、必ず二名の鉄路公安員が乗り込んでいる。一行は大同近くで臨検に会い、護照を検査されたが、荷物検査は行われなかった。もし行われていたならば、旅行鞄の中の飛行服等が発見されて大騒ぎになっていたであろう。

翌日の早朝、列車は包頭（ぽおとう）へ到着した。駅には、満洲航空包頭出張所の駐在員三名が出迎えた。中小路英雄庶務係員、今野勇吉、金子喜義両通信士である。

一行は三名の駐在員に案内されて、駅から直線に伸びる広い道を北へ向かう。城の南門を入る手前右側には、製粉工場と発電所がある。

城門を潜り、両側低い建物の商店が並ぶ富三元巷を北へ進む。左側に学校があり、その隣りの「包頭飯店」に案内された。満洲航空は、このホテルに六部屋を借り、「満洲航空株式会社　包頭出張所」の看板を掲げていた。隣室には、ルフトハンザ社系の「欧亜航空公司」の事務所が置かれ、三発のエンジンを備えたユンカースJu－52型機で、包頭――蘭州間の定期航空がすでに就航していた。

包頭には時々、満蒙国境のアバカ特務機関の機関員が訪れるだけで、満洲航空社員以外には、日本人の姿は見当たらなかった。

満洲航空は、すでに月一回、北京よりスーパー機を飛ばしており、やがて週一回となり、次第に臨時便も増加していった。

アラシャンの定遠営への出発の前日、綏遠（スイエン）特務機関長・羽山喜郎歩兵中佐以下の盛大な壮行会が「包頭飯店」で開催された。

翌朝、臨時スーパー機は、包頭飛行場の上空で大きく旋回して、定遠営に向けて機影を消した。

この時すでに、アバカ機関から横田機関がアラシャンの定遠営に進出していて、拠点確保、達王および住民の宣撫工作を開始していた。昭和一〇年頃、横田は西烏珠穆秘の特務機関長（前任者・盛島角房（もりしまかくほう））をしていた。

三　特務機関

特務機関とは、広辞苑によると『諜報活動や特殊工作を担当する特別の軍事組織』とある。

日中事変前、蒙疆地区へ設置された特務機関には次のものがあったが、張家口機関を除きすべて関東軍によって設けられたものである。

張家口特務機関、多倫（ドロン）特務機関、アバカ特務機関、西蘇尼（スニト）特特務機関（後に蒙古軍政府とともに徳化へ前進して、徳化特務機関と改称した）、綏遠特務機関、阿拉善（アラシャン）特務機関、オチナ特務機関、張北特務機関、百霊廟特務機関

駐蒙軍（兵力二万弱）の情報源としては、次のようなものがあった。

軍関係

1　特務機関情報（謀略部隊情報を含む）、2　軍暗号解読班（厚和機関分室）情報、3　隷下部隊情報、4　憲兵隊情報、5　北支方面軍情報、6　管外他軍の情報――関東軍、山西派遣軍、熱河西南防衛司令部等の情報、7　管外特務機関の情報

蒙古軍、蒙古軍総司令部――蒙古軍軍事顧問及び輔導官

政府関係

1　治安部――各警察隊、2　省公署――県公署（県参事館）、3　盟公署――旗公署（旗顧問）、

4　興蒙委員会、5　回教委員会

公使館（興亜院蒙疆連絡部）

1　公使館調査課の情報、2　領事館情報（領事館警察）

その他

1　国策会社（華北交通、大同炭鉱、龍烟鉄鉱など）の統計及び警務科の情報、2　商事会社（大蒙公司、蒙疆畜産など）の統計、調査報告、3　善隣協会等の調査報告

定遠営のアラシャン特務機関長・横田碌郎に与えられた任務は、次の事項であった。

1　達王を抱き込み、関東軍参謀部が企画した『対蒙（西北）施策要項』を実行すること。

2　達王に欧亜連絡のための飛行場建設を認めさせること。

3　アラシャン蒙古の内蒙への同調気運をつくること。

4　西北回教徒軍将領への連絡ルートを作ること。

5　寧夏、甘粛、青海、新疆への西北諸省の情報収集。

四　定遠営での日々

アラシャンの定遠営（ていえんえい）での生活は、特務機関員と満洲航空飛行場建設隊員にとって、極めて単調な毎日の連続であった。

達王の居城・定遠営城は、周囲千メートル、高さ七、八メートルの土の城壁に囲まれ、王城の二層の城門には、黄色の法衣に赤黒く汚れた帯を無造作に締め、愚鈍そうな三、四名のラマ僧が、日本軍の旧式三八式騎銃を持って、哨戒している。

城門から城外に伸びるメイン・ストリートの両側には、〝祥泰隆（シャンタイロン）〟のような大商店が数軒と、鍛冶屋、石炭店、岩塩店、葉煙草店、雑貨店などが立ち並ぶ。その建物は泥煉瓦造りで、軒が低く、その室内の空

写真 3-1：定遠営の城壁と望楼

気は澱み、薄暗かった。城外広場は野菜、肉などの食料品の市場として賑わっていた。アラシャン沙漠で、この定遠営城周辺だけが、緑に茂る木々に囲まれて、人々は緑陰に集まっていた。

横田機関と満洲航空の飛行場建設隊とが借用していた〝祥泰隆（シャンタイロン）〟は、一七二三年（雍正元年）創業という老舗である。本店は定遠営にあり、アラシャン旗内に八支店、さらに北京、天津にも支店があった。穀物、茶、酒、煙草、砂糖、日本雑貨品等を内地から運び、家畜、毛皮、羊毛、乳製品等をアラシャン旗内で買い集めて、北京、天津へ販売していた。支配人、店員らはすべて山西省出身者で占められていた。

機関の日常生活は、横田機関長と若狭谷機関員、さらに横山飛行場長の三人が、達王に毎日の御機嫌伺いに王府を訪ねること、日に一回の百霊廟との交信が主なる仕事だった。

写真 3-2：達王と記念撮影。（アラシャン定遠営にて、前列右から横田碌郎（機関長）、達王、河井田義匡（奉天管区長）、横山信治（飛行場建設隊長）、後列右、清都誠一（通信士）。

満洲航空・飛行場建設隊の任務は、城の東二キロの一帯に拡がっている地盤が硬く、比較的平坦な地帯に、八百メートルの滑走路を建設、保守することであり、包頭から飛来してくる週一便の定期が来る日以外は、飛行場の建設工事に従事していた。

人夫には、近くに住む蒙古族が、毎日、四、五〇人ほど集まってきた。その募集と労務上の世話役には、蒙古族のチョクデルが当たり、細かい作業の指示は鈴木通訳が行った。道具といってもスコップ、ザル、モッコしかなく、人夫は広場に散って、露出している石を除き、窪地を埋め、少しでも高い処は平にした。

機関員と満洲航空社員たちの食卓は、一日二食であった。毎日、羊肉と少量の野菜が入った麺を、漢族で阿片中毒患者の料理人・シーアルピンが調理した。彼には〝祥泰隆(シャンタイロン)〟の中庭の井戸から水を汲み、運搬するという辛い仕事もあった。その水の味は渋く、石鹸も溶けにくい硬い水であった。

何の娯楽設備もない定遠営では、各自がそれを見つけなければならなかった。横田機関長は、途中で乾燥のために割れてしまったが、尺八を持ち込んでいたし、俳句、短歌を多く詠み、「玉柴集」にまとめた。機関員には将棋を指す者が多かった。通信士の永坂一男は、定遠営で自転車に乗った最初の日本人であった。この自転車は、この地の写真屋が、寧夏省の銀川か、あるいは内蒙古・包頭で購入したものである。その他、散歩、蒙古角力の見学があった。その散歩の際も、蒙古の人々は日本人に対し、警戒心を抱いている様子だったが、特に少女、婦人らは、日本人を避けた。最も若い比企久男と鈴木通訳は、犬と遊ぶのが常であった。〝祥泰隆(シャンタイロン)〟には、白、黒二匹の仔牛ほどの蒙古犬が飼われていた。昼間は狭い木箱の中に太い鎖で繋がれていたが、夜には鎖から放たれ、〝祥泰隆(シャンタイロン)〟の周囲を嬉しそうに尾を振りながら走り廻っていた。

一〇月中旬、スーパー機の定期便で、包頭から二名の珍客が定遠営飛行場に降り立った。帝国石油の内藤技師と通訳の足立であった。賀蘭山(がらんさん)山脈の西北には、莫大な埋蔵量の石油層があると言われてきた。これは北京にある世界地質学会の調査報告によるもので、陝西省から伸びた石油層が、オルドス、黄河の下を抜けて、寧夏省周辺に多量に埋蔵されると考えられ、「アラシャンの宝手箱」と呼ばれていた。石油の産出がほとんど無い日本と満洲であるから、陸軍、特に関東軍と満洲航空とが、それに夢を賭けた。

内藤技師と足立通訳は、毎日、夜明けと共に駝夫に引率されて、宿舎〝祥泰隆（シャンタイロン）〟を出て、日が落ちた頃に戻ってくる。たまに数日間戻ってこないこともあった。帝大出の理学士・内藤技師は、温厚な紳士である。ある晩の夕食後、若い機関員と、満航社員が、内藤技師の部屋に集まってきた。内藤技師は、アラシャンには埋蔵物――石炭、岩塩、天然ソーダなどが膨大にあること、翡翠（ヒスイ）、瑪瑙（メノウ）などの宝石、貴石にまつわる秘話、さらに、満蒙国境に長く伸びる石油層の存在を熱っぽく語った。数か月にわたって調査を続けたが、一滴の石油も発見されなかった。定遠営の周辺が騒がしくなってきたので、一一月中旬、成果をあげることなく、スーパー機の定期便に二人は乗り込み、失意のうちに内藤技師は包頭経由で大連に戻った。

一か月も経過しない一二月九日に発生した『綏東事変（すいえんじへん）』のうち、「錫拉穆林（シラムレン）廟事件」で殉難した二九烈士の中に、足立武夫の名前がある。足立通訳は、足立武夫の可能性が大きい。ちなみに、彼は大阪外語学校蒙古部卒である。

夕刻になると、雨天の日を除き、毎日、定遠営城の上空から、ピー、ピーと笛の音が聞こえてくる。これは古くからの蒙古貴族の趣味で、鳩の足に金属製の筒型の小さな笛を取り付け、大空の風の具合で鳴り響くわけである。

鳩笛に　夕時雨るゝ　孤城かな

横田碌郎

五　板垣征四郎参謀長、アラシャンへ飛ぶ

昭和一一年八月二四日、アラシャンの定遠営上空に、突然、大轟音が響き渡った。本日は定期運航日ではないので、横田碌郎機関長は、訝（いぶか）しげに夏空を見上げた。近づく二機はやがて、満洲航空のスーパー機であることが識別できた。

横田機関長と全機関員、満洲航空定遠営飛行場建設隊・横山隊長と二名の隊員は、宿舎であり本部である〝祥泰隆（シャンタイロン）〟を飛び出して、定遠営城の東にある飛行場へ急いだ。

二機のスーパー機がすでに上空で旋回していた。満洲航空の新入社員で、器材係の比企久男は、紅白の手旗を振り、一機のスーパー機を誘導した。比企の直前で、二機はエンジンを止めた。この長機の操縦士は、奉天管区奉天飛行場主任の美濃勇一であった。

機からは、定遠営駐在の誰もが予期しなかった意外な大物が、次々と降り立ってきた。美濃機からは、関東軍参謀長・板垣征四郎中将、第二課長（情報）・武藤章歩兵大佐、徳化機関長・田中隆吉砲兵中佐、板垣参謀長の専任副官・泉可畏翁歩兵少佐が、他の一機からは、満洲航空・武宮豊治総務部長、河井田義匡

写真3-3：定遠営王府が間近に臨める〝祥泰隆（シャンタイロン）〟の屋上で〈月見の宴〉、板垣征四郎参謀長（左）と武藤章大佐（右）。

奉天管区長（同年九月一日付で、永淵三郎に代わり、運航部長に命ぜられる）、さらに、通訳として内田勇四郎徳化機関員が定遠営の地を踏んだ。

横田機関長は、定遠営駐在の全員を一列に並べ、一行を迎えた。板垣参謀長が額の横に手を飾し、「ご苦労！」と一言を掛けると、横田はじめ全員の眼から、感激の涙が流れ落ちた。この板垣一行のアラシャン飛来は、綏遠（すいえん）特務機関長・羽山中佐の強硬な反対にもかかわらず、強行された。

これは永淵三郎が描いた遠大な「欧亜連絡航空計画」の賛同者の一人・板垣参謀長が、最西端の現地を見たいという願望と、達王が徳王の内蒙古統一に連繋するように説得するためであったのが、このような無謀な行動を取らせたのであろうか。板垣らは、一年後、第二次ガソリン輸送横山隊と、オチナ機関に振りかかる凄惨な悲劇の遠因の一つが、この愚挙にあったことに気付くまい。

板垣参謀長はもちろん、武藤大佐、泉副官は、肩章を吊った軍服姿で、腰には日本刀を帯びていた。

板垣参謀長はすぐ〝祥泰隆（シャンタイロン）〟の屋上に登り周囲を見渡し

たが、定遠営全体を把握することができなかった。そこで、横田機関長の案内で、近くの丘まで車で登った。

河井田奉天管区長と横田機関長とは、陸士二十八期の同期であるので、旧知の仲である。

その夜、定遠営城の王府が間近に臨める〝祥泰隆（シャンタイロン）〟の屋上で、機関長主催のささやかな「月見の宴」が開催された。

横田碌郎の個人アルバムに、板垣と武藤が屋上で定遠営城を背景に写した一葉の写真に、万年筆で次の書き込みがある。

此屋上に観月の宴を張る
賓客、板垣、武藤、田中、泉
武宮、河井田の諸氏

その夜、〝祥泰隆（シャンタイロン）〟は、英国将校に指揮された中国兵六、七十名に取り囲まれた。横田機関長が応接し、「本日、当地に飛来してきたのは、板垣参謀長、武藤第二課長、田中徳化機関長、満洲航空武宮総務部長らのお歴々である」と説明すると、来客が意外な大物であると判った英国将校は驚き、翌朝、寧夏へ引き揚げていった。もし、中国兵だけだったら、どのような結果で終わっていたであろうか。

翌朝、板垣参謀長一行らは、アラシャン旗旗長・達王を表敬訪問した。

板垣参謀長一行の来定に備え、事前に定遠営を訪れた河井田奉天管区長は、『満洲航空史話』「河井田日誌抄」に、達王の横顔を記している。

「三日（引用者注・昭和一一年八月三日）、盟主達王に面会を申し込んでいたが、関長に通訳を依頼し九時横山氏同道王府に行く。王は温和豊頬血色少く精悍なる今迄見し王族とは全く異なり、精悍の片鱗も感じない。会談の要旨は現下徳王の処しある要旨、蒙古族の将来への方策、軍の意、余の蒙古族に対する信念等であるが省略す。

達王の現在の立場としては苦境にある。即ち中国北辺の枢要地寧夏とは八〇粁、監視厳、重要側近の如き皆漢人なり、徳王意図する圏内とは地理的に遠隔八百粁其の間砂漠等にて地理的連絡すら至難である。

如何に名案怒号するも何年経っても耳に入るまい。入ったとしても机上空論に等しく、眼前の武力に抑えられているのが実情である。したがって、不即不離の態の如くならざるをえない。風貌また然り。状況止むなかる可く同情するも、名案なかる可きか、只思想に於いてジンギス汗以来伝統の蒙古族の魂のみは留魂をと念じた事だ」

横田機関長は、つい先日、甘粛省粛州（酒泉）から帰還した倉永保（昭和一二年八月中旬、上海戦（第二次上海事変）で、敵前上陸の勇将・倉永辰治名古屋歩兵第六連隊長の義弟、倉永連隊長は戦死）のもたらした「オチナ情報」を参謀長に報告した。

「弱水沿いの紅柳の緑線と、オチナの仏頭（ソブルグ）を目標にして飛べば、オチナに着くことができる」と。

その「倉永情報」が長時間にわたって検討され、板垣参謀長はオチナ探索を命じた。

六　泉可畏翁副官の回想

昭和八年夏、関東軍に赴任以来、岡村寧次参謀副長、板垣征四郎参謀長、東条英機参謀長らに、代々副官として仕えた泉可畏翁歩兵少佐（陸士二十七期）は、『秘録・板垣征四郎』（板垣征四郎刊行会編、芙蓉書房）で、板垣参謀長一行が、綏遠（すいえん）、寧夏（ねいか）両省の内蒙奥地へ旅行した時のことを回想している。

板垣参謀長に随行したのは参謀部第二課長・武藤章大佐、満航重役・武宮豊治（ママ）と泉少佐であったという。

「徳化では徳王に、百霊廟では雲王に、伊克昭盟（イーコーチャウめい）の沙王府では沙王に、アラシャンの定遠営では達王に、さらに寧夏省西端のオチナで図王に会った。

一　徳化で徳王に会見した時、一度案内したが、徳王は来ない。二度目にも来ない。皆がイラ〱していると、板垣将軍は静かに、『蒙古では貴賓は三度案内に行かねば来ないものだ。非能率この上もないが習慣だから仕方がない。郷に入っては……』といって笑われた。

二　徳化から百霊廟に向かう途中、珍らしく大雨が降り、その後雨が上り、虹が大空に橋を掛けた。板垣参謀長は『百霊廟の着陸点には沢山の蒙古人たちが出迎えているだろうが、この雨で濡れたのではあるまいか。特に雲王は相当の高齢者だから体に障りなければ良いが』と心配された。

出迎えの人の中で、まず内蒙古自治政府主席の雲王のもとへ板垣は進み、雲王の手を握り、雨に濡

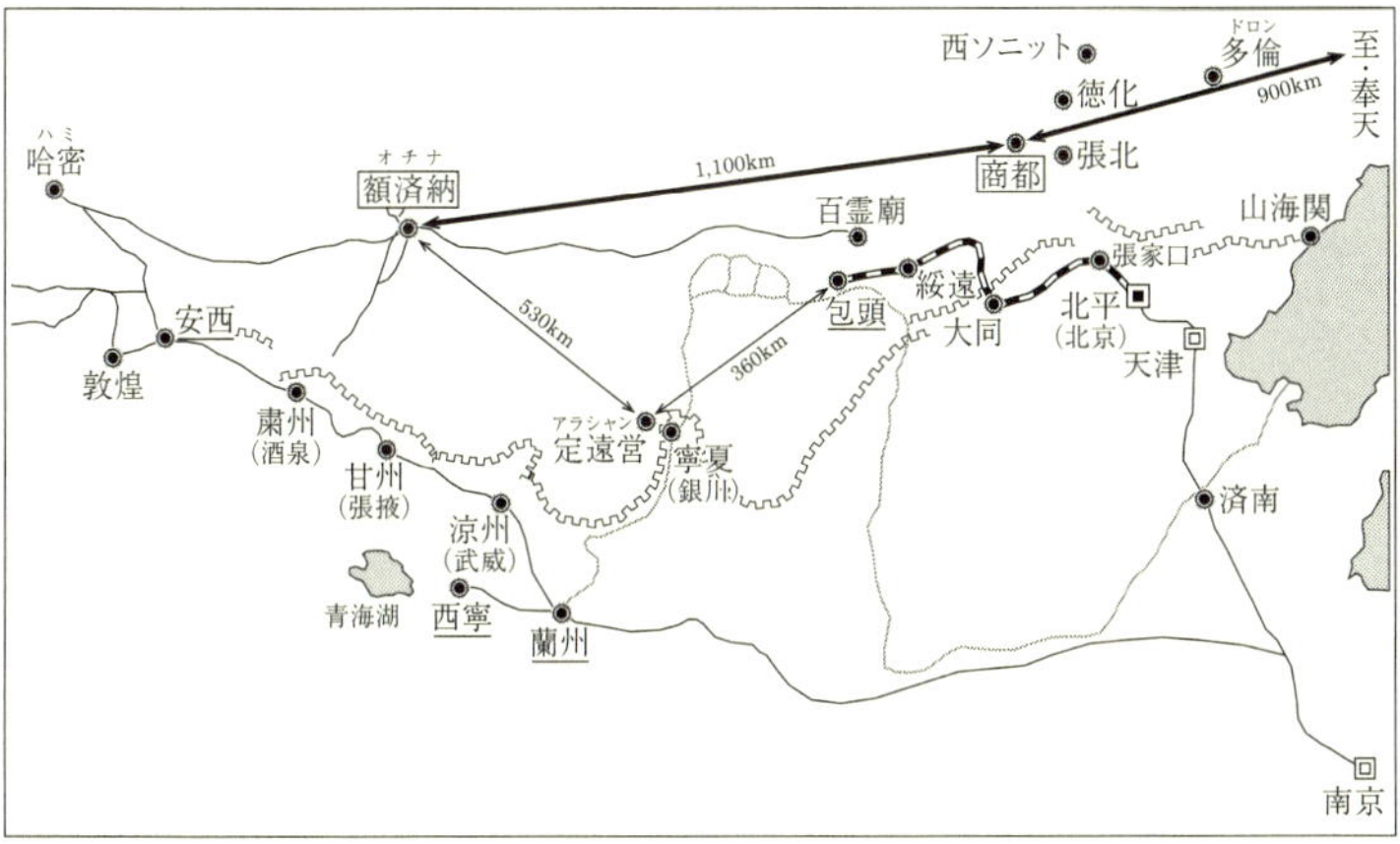

図 3-1：「国光号」「暁号」のオチナ飛行ルート

れての出迎えの感謝を示すとともに、彼の体をいたわった。雲王は、『いや〱蒙古では一番大切な草も雨が降らぬと正に枯れようとする。きょうの雨は昊天の慈雨で万物皆蘇生の思いである』といわれた。

三　百霊廟から包頭を経て、伊克昭盟の沙王に会見し、その日の夕方寧夏の大山脈を越え、アラシャンの定遠営に着いた。

包頭から二台の飛行機で向っていたので、同地は黒船がやってきた時のように、大騒ぎだった。同地特務機関の案内で達王とその居城で会見された。この城は珍らしく石垣で囲まれ、入口には青竜刀を帯びた番兵が立っていた。達王は蒙古諸王の中で一番漢民族化した人で、生活様式も正に中華風であり、優柔不断で折角桃源の夢を見ていたのをゆっくり起こされたと云う感じである。

四　達王との会見の翌日、オチナに行かれることになった。同地は寧夏省の西端新疆省に近い僻地だが、それにはパイエル王（引用者注：図王、図布僧巴也爾〔トブクシンバイエル〕）がいたし、関東軍の特務機関があった（引用者注：機関が開設されたのは一か月後）。同機関は西へ数千キロ、いわば最西端の機関であった。二か月前から無線の故障で連絡がつかぬので行ってみようということになり、将軍ほか武藤大佐、武宮満航重役（ママ）、田中徳化機関長の四名で行かれた。飛行機の行ったことのない、また着陸場の有無も分らず、いわば冒険飛行だったので、大事をとって乗員を制限して行かれた。（引用者注：横田碌郎機関長も同行した）

飛行機がオチナ上空と覚しきところに差しかかって旋回飛行を始めた。天幕から数人の人が出てきて日の丸を振り出した。オチナと分ったが、着陸可能かどうか分らない。通信筒を落とし、風向と着陸地点の標示を求め慎重を期して着陸してみると、見事な天然の大飛行場だった。武宮常務（ママ）の意見によると、これならどんな重爆機でも離着可能との折紙をつけた。

早速山本機関長（ママ）（引用者注：山本光二はオチナ調査隊長）の案内で将軍はパイエル王（ママ）に会った。王の冒頭の挨拶が、『日本の天皇様は御健在ですか』だったので、流石の将軍もびっくりしたと云っておられた。機関長山本一正（引用者注：オチナ調査隊長山本光二の間違い）は軍人ではない。大の日蓮信者で、着任開設以来いわゆる八紘一宇の精神を以て指導されたから、こんなことになったのである。このオチナ訪問は関東軍にとって偉大な貢献を約束させた。一つは欧亜直通航空の最良の中継地点が発見されたこと、今一つは日ソ開戦の場合、シベリア鉄道を側面から脅威する絶好の爆撃基地が見つかったことである。だがこれは翌年日支事変が勃発してすべてがオジャンになった。しかし板垣将軍がこの辺境の西域の地に身を処してのりこんだ行動は、将軍の豪胆な資性を充分に発揮したものと云わなければならない」

七　板垣参謀長はオチナへ飛来したか

「泉可畏翁副官の回想」にあるように、板垣征四郎参謀長はオチナへ行った。

なお、板垣のオチナ行について書かれているものに、次のものがある。

『大空のシルクロード』（比企久男著・芙蓉書房）

『関東軍特務機関　シルクロードに消ゆ』（萩原正三著・ビブリオ）

比企は、アラシャンの定遠営で、飛行場建設隊の器材係であった。

比企の『大空のシルクロード』によると、

――板垣参謀長一行は定遠営飛来の翌日、武藤大佐、田中隆吉中佐、満航武宮常務（引用者注：総務部長）、河井田運航部長（引用者注：当時は奉天管区長）を従えてオチナへ向かった。スーパー機の乗務員は満航の戸田秋雄操縦士と石井機関士であった。ちなみに、戸田操縦士は昭和一六年六月二一日、新京―東京間の定期便MC・二〇型・６０４号機の機長として日本海上を飛行中、乗員、乗客一六名と共に姿を消した。

満洲航空社員で、その後、オチナへ赴任したことのある萩原正三は、『関東軍特務機関　シルクロードに消ゆ』で、次のように記している。

――その後八月下旬に至り、突如関東軍司令部板垣参謀(ママ)一行（武藤章第二課長、田中参謀、武宮満航総務部長他）は羽山綏遠特務機関長の強硬な反対をもおし切って、スーパー特別軍用臨時機を仕立て阿拉善(アラシャン)経由額済納(オチナ)初飛行による訪問を実現したのである。

前項ですでに紹介した泉可畏翁少佐の回想録によれば、

――達王との会見の翌日、オチナに行かれることになった。…（中略）…二か月前から無線の故障で連絡がつかぬので行ってみようと云うことになり、将軍のほかに武藤大佐、武宮満航重役(ママ)、田中徳化機関長の四名で行かれた。

アラシャンの定遠営飛行場建設隊の清都誠一通信士は、『満洲航空史話』続「古い単語帳と幻のシルクロード」で、次のように記している。

――私の滞在中に河井田さんや板垣将軍が飛来した。達王に対し、徳王の内蒙統一計画に連繫するよう説得のためであったが、達王の性格と中国の監視（王府の高官に中国人数名あり）が厳しく、成果は得られなかったようである。（引用者注：しかし、板垣一行のオチナ行について、一切触れていない）

『内蒙古における独立運動』（内田勇四郎・私家版）では、横山信治飛行場建設隊長は、オチナへ行ったと記しているが、実際には行っていないだろう。内田の記憶違いであろうか。比企久男も自著『大空のシルクロード』で、横山は行ったと記しているが、これも記憶違いであろう。

ところで、当時、萩原は奉天にいたから、板垣一行のオチナ行の記述は本人の見聞ではない。満洲航空の同僚・比企から聞いたのか、あるいは、比企の著書を参考にしたのであろうか。ちなみに、比企の本の出版は昭和四六年、萩原の本の出版は昭和五一年である。

通訳として同行した内田徳化機関員は、自著で次のように記している。

——徳化で謀略会議を開いた板垣参謀長、武藤二課長、田中参謀らは昭和一一年八月二三日、百霊廟を経由してオルドスの沙王府と寧夏省の定遠営に飛んだ。このとき私は沙王府まで飛行機の誘導と、参謀長が沙王に会ったときの通訳をするために同行した。……（中略）……

参謀長は定遠営に着くと、機関が借りている祥泰隆の屋根の上にあがっていたが、あまり周囲がよく見えなかったからだろう、岡の上に行こうと言い出して、定遠営が一望に見えるところまで自動車で上がって、しばらく地形を見ていた。私もついて行ったが、軍人というのはすぐ地形を見たがるもんだなあとつくづく思った。

満航から一行に同行していったのは武宮総務部長、河井田運行部長（ママ）（引用者注：奉天管区長）で、参謀長らが東帰した（傍線引用者：満洲へ向けて帰った）翌八月二五日、横田機関長らは横山社員を伴ってオチナに飛び、同地で百余日潜伏していた山本隊との連絡に成功した。

以上のように、関係者それぞれによって、オチナへ飛来した人々の記述が異なっている。

板垣参謀長はオチナへ飛来した。
――満洲航空・比企久男、同・萩原正三、関東軍・泉可畏翁少佐
板垣はオチナへ行かず、東帰した。
――内田勇四郎徳化機関員
板垣のオチナ行には触れず。
――横田碌郎アラシャン機関長、満洲航空・清都誠一通信士

板垣一行が定遠営へ飛来してきたのは、スーパー機二機であった。オチナへ向かったのは、一機であって、他の一機は、不測の事態に備えて、定遠営で待機していたと思われる。

横田アラシャン機関長は、オチナへ行ったとは自ら記していないが、将来、オチナへ機関が開設された暁には、オチナ行を田中隆吉参謀に推挙してくれるように志願していた。

ところが、意外のところから、横田機関長が隠していた事実が露呈することになる。それは「横田アルバム」からであった。このアルバムには、横田がアラシャン機関長時代に、任地・定遠営を中心に撮影された写真と、横田の歌・コメントが、万年筆で記入されている。

私は二冊の「横田アルバム」のコピーを所持している。一冊は比企久男翁からお借りしたもので、もう一冊は(社)日本モンゴル協会・春日行雄会長が保管されているものを、カラーコピーしたものである。前者はかなり以前に白黒コピーしたものであるために、不鮮明な個所も多い。

三四頁の黄ばんだ台紙には、各頁のほとんどに二枚の写真が貼られ、余白に俳句、短歌・コメントが書

写真 3-4：オチナへ向かうスーパー機。板垣参謀長はすでに搭乗し、参謀肩章をつけた武藤章大佐が乗り込もうとしている。他は見送りの人。（『横田アルバム』より）

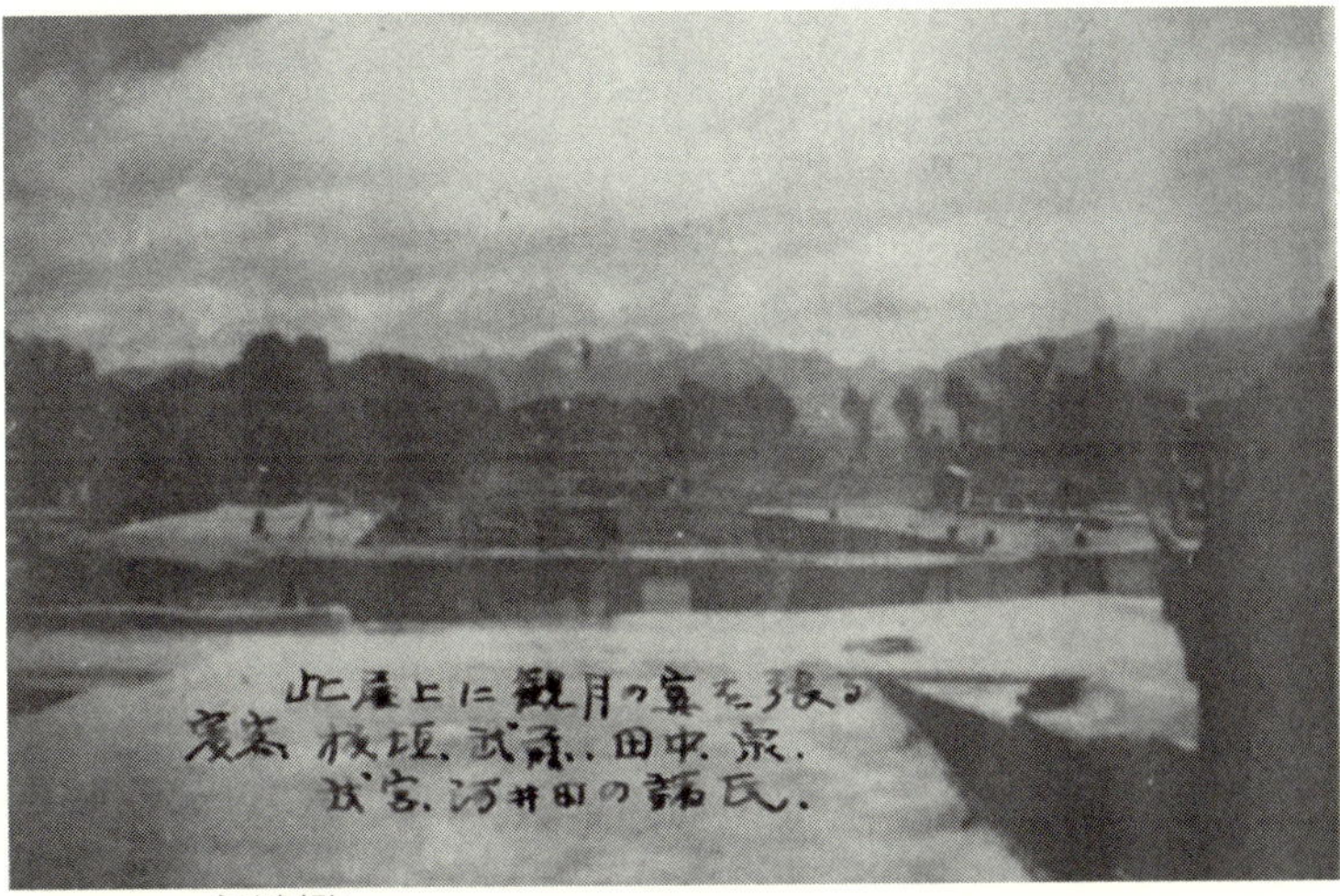

写真 3-5：〝祥泰隆(シャンタイロン)〟の屋上より定遠営城王府を望む。（『横田アルバム』より）

かれている。
最後の二頁に問題の写真が貼ってある。上空から撮影したオチナ王府の土煉瓦製の固定家屋（ベイシンゲル）の写真の横には、達筆な文字で、「梵塔（ブルガン）　白（しろ）し晩歌（ばんか）の　砂（すな）の海（うみ）」と記され、さらに次の歌がある。

一、エチナ（ママ）の原に　ゆら〱と
ゆれ立ち上る　陽炎の
恨に凝りて　留めけん
うねり悩しき　紅柳
（以下六、まで続くが省略）

同頁に、スーパー機にまさに乗り込もうとする、武藤章歩兵大佐と思われる参謀肩章姿の人物と、背広姿の人物が四名写っている。

悼　板垣　武藤　両氏之死
阿拉善（あらしゃん）の月（つき）こそ知（し）らしめ丈夫（ますらお）が
トルキスタンに寄（よ）せし心（こころ）を

この短歌は、板垣と武藤が「東京裁判」で死刑判決を受け、昭和二三年一二月二三日、早暁、東京・

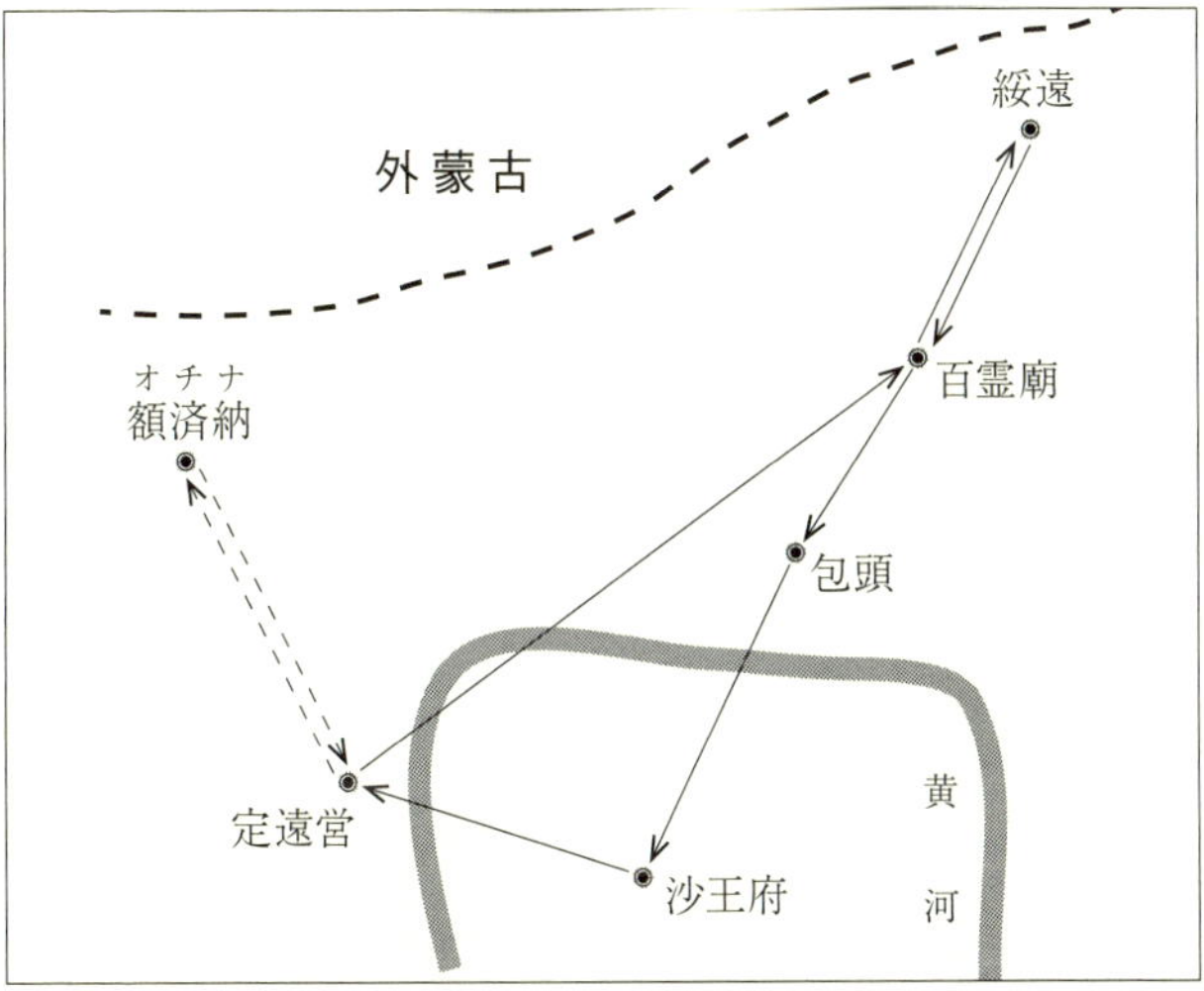

図 3-2：板垣征四郎参謀長一行の輸送ルート

巣鴨プリズンで、絞首刑が執行された後に書かれたものであろう。

それにしても、横田碌郎は、「横田アルバム」の最後の頁で、それまでの封印を破ることになる。

八　アラシャンへ、第一次ガソリン輸送

井原隊

昭和一一年九月一八日、満洲航空社員五名によるガソリン輸送隊は、横山信治隊長以下三名の飛行場建設隊員と、横田碌郎機関長ら七名が待つ、アラシャンの定遠営をめざして、張家口大境門外を出発していった。

比企久男によると、隊は次の社員によって構成されていた。

隊長・井原半三（佐賀県出身、拓殖大学卒、終戦後、

外蒙古に抑留中に病死)
隊員・友田信(佐賀県出身、早稲田大学卒、戦後、文化放送社長、キングレコード社長、産経新聞専務)
隊員・白川圭介
隊員・若山敏(後に、第二次ガソリン輸送横山隊に加わり、捕えられて、蘭州で銃殺される)
隊員・天野嗣夫

駱駝一四〇頭の背に、九リットル入りの石油缶を千缶、合計九千リットルを輸送するという大計画であった。(比企によると、人夫、駝夫の人数は記していないが、その隊列は、前後二キロにも及んだという)

一行は綏遠、百霊廟を経由して、陰山山脈の北を通り、賀蘭山山脈を左に眺め、阿拉善の定遠営を目指していた。張家口から定遠営までは約一二〇〇キロの距離があるので、計画では一日当たり三〇キロ走破すれば、四〇日間で到着することになる。

隊長・井原半三はじめ、全員が二〇歳代前半の若者であった。特に友田は新入社員であったが、活発さを認められて抜擢された。井原は早くから特殊任務を帯び、呼倫貝爾(ホロンバイル)草原、内蒙古を歩き廻っており、永淵三郎は彼を、「橋欣(橋本欣五郎、当時、チチハル特務機関長)の懐刀であった」と記している。井原は背の高い、色白で眼の細い好男子。満洲航空奉天本社総務部附の時、女子社員の間で非常に人気があったようだ。本人は常々、佐賀・鍋島の支藩鹿島藩の家老職の子孫であると言っていた。

昭和四三年、東京12チャンネル・テレビ(現・テレビ東京)が放映した『私の昭和史――ゴビ砂漠に消えた飛行場』(司会・三国一郎)に、友田信と比企久男の二人が出演した。

三国――友田さん、冒険好きでいらっしゃしたんでしょう。
友田――まあ、しかし日本のためにということが五〇％、あとはまあ山中峯太郎さんが書かれた『敵中横断三百里』のような、ロマンといいますか、冒険心が五〇％というところでしょうね。
友田は三〇数年前の青年時代の心情を、こう語った。

井原隊の進行状況を、満洲航空の小型連絡機・デビランド・プスモス機（英国製、操縦士一名、乗客一、二名）が、包頭飛行場を飛び立って空から探索したところ、黄河添いに北方に進行中の井原隊を発見。その様子を包頭に戻り、奉天の本社へ報告した。その後、井原隊は陰山山脈の辺りで消えた。数回の探索飛行でも発見することができなかった。定遠営でも、横田機関長と横山飛行場建設隊長らが情報収集に務めていた。

やがて一〇月中旬、週一便の包頭から定遠営への定期の古川貞吾操縦士によって発見された。「井原隊は、全員無事で、定遠営に向かって日章旗をかざして行進中である」と、横田機関長へ報告された。

一〇月末、現地の諜報員によって、井原隊があと数日の所まで近づいていることが判明。

一一月三日、待ちに待った井原隊は、四六日間の辛苦な旅枕を重ね、アラシャンの定遠営に到着した。若さの賜物なのか、皆元気だった。

「横田アルバム」には、井原隊が、定遠営城外へ到着した時の写真が数枚貼ってある。

長く続く城壁には二つの望楼が望まれ、先頭の二頭の駱駝の背には、日章旗がはためいている。

〝横田アルバム〟に、次の文章がある。

写真 3-6：第 1 次ガソリン輸送井原隊の定遠営到着（昭和 11 年 11 月 3 日）。（『横田アルバム』より）

昭和一一、一一、三、井原揮発油輸送隊
定遠営到着、
此の感激を額済納（オチナ）に於てふたたびし、さらに安西、和闐（ホータン）において三度（みたび）し四度（よたび）せば、アフガニスタン・カーブルにおいて、独乙の定期空路と連絡するを得べかれしを、弱水の嵐吹きあれて、成長尖端は無惨に打ち砕かれた

　砂（すな）の丘（おか）　畳（たた）む五百重（いほへ）の波縫（なみぬ）ひて
　隠（かく）れ見（み）つ　日（ひ）の丸来（まるく）るも

井原ガソリン輸送隊員全員は、一一月七日、スーパー機で全員無事に包頭へ帰還した。

　平成一四年の初夏、オチナから生還した萩原正三の著書『関東軍特務機関――シルクロードで消ゆ』の版元・リブリオ社に問い合わせたところ、川村光郎社長から、萩原のご遺族から預かっている資料のうち、井原ガソリン輸送隊の「計画表」を拝見することができた。

㊙ガソリン輸送隊計画表

隊長　井原半三

隊員　若山　敏（通訳）

白川圭介（日誌）

友田　信（会計及び物品管理）

井上明三（気象、及びガソリン輸送情況）

山本　保（ガソリン輸送情況、地形偵察）

ガソリン　一、〇〇〇缶

駱駝　一四〇頭（ガソリン輸送用一二五頭、乗用六頭、食料その他運搬用九頭）

隊列順序　井原・若山・白川・友田・井上・山本

食糧　米、乾麺、小麦粉、味噌

その他、詳細な日程表およびその他の記述があるようだったが、それは拝見できなかった。

従来から言われていたメンバーは、隊長・井原半三、隊員・友田信、白川圭介、若山敏、天野嗣夫の五名である。ところが、天野の代わりに、井上明三、山本保という名前が新たに出現した。初めは、この井上、山本は特務機関筋の者だから、覆面を被って参加したので、名前が表面に出なかったと考えていたが、実はこの二名は満洲航空の社員である。満洲航空の社内報「満航」の人事欄で調べていると、井上明三は、康徳元年（昭和九年）五月一一日付で工廠勤務の辞令が、さらに康徳三年九月五日付で、井之原邦、山本保が運航部付となっている。井原隊がガソリンを運搬していた時、運航部長は永淵三郎であったが、彼はベルリンへ出張中であった。

永淵も『満洲航空史話』の中で、「ガソリン輸送隊は『友田隊』で、友田と同僚五人であった」と記しているが、早稲田大学を卒業後、満洲国建国の立役者・駒井徳三の紹介で満洲航空へ入社した友田を、永淵は非常に買っており、「大将の器」と記している。「友田隊」は間違いで、本人の記憶違いであろう。さらに、山本保について、「筑豊炭坑主の嫡男、戦後は新宿のボスとして見かけたという人もある」と記している。

この『輸送計画表』では、ガソリンは一、〇〇〇缶である。それを一二五頭の駱駝で運搬したとすると、一頭当たり八缶となる。一缶が半斗缶（九リットル入）とすると、一頭当たり八缶、すなわち七二リットルとなる。

前記の東京12チャンネル・テレビに出演の友田信は、司会の三国一郎の質問に、

――その輸送隊は、ラクダ部隊だったそうですね。

友田　およそ一五〇頭でしょうか、それがガソリンの箱を四個を振り分けのような形にして、背中にのせることになります。他に人員、食糧なども運ぶわけですから、一箱が一八リッター入りですから、合計九、〇〇〇リッターというところでしょうか。

友田の証言と、『輸送計画書』の定遠営へ輸送したガソリンの総量・九、〇〇〇リットルとが合致する。九リットル缶を二缶一つに梱包したのではないだろうか。

九　緊迫する定遠営

一一月三日
井原ガソリン輸送隊、定遠営へ到着。
一一月七日
蔣介石の腹心・陳誠が、寧夏へ飛び、馬鴻逵、達王との鼎談の席上、「在西蒙古の日本人を一掃するために、中央軍を蔣介石が派遣する意図があること」を仄めかした。帰定後の達王からその情報を知らされた横田機関長は、包頭へ、「ガソリンの前送は急務を要する」と打電した。
一一月九日
「オチナ機関施設の焼失」の悲報に接した横田機関長は、人口三千人ほどの定遠営城内外をくまなく漁り、寝具、日用品、食糧を集めさせ、満航スーパー機でオチナへ空輸させた。
一一月一二日
「中央軍の関麟徴師長麾下第二十五師軍が、定遠営へ進軍中」という情報がもたらされたので、器材係・比企久男は、井原ガソリン輸送隊が運搬してきた九、〇〇〇リットルのガソリンを、ラマ廟に隠匿。

写真 3-7：蒋介石の第 25 師関麟徴軍の定遠営に到着と、「青天白日旗」を掲げて歓迎する人々。正面に王府が望まれる（昭和 11 年 11 月 21 日）。（『横田アルバム』より）

一一月一八日
　中央軍の設営隊による、宿舎（祥泰隆）の部屋割りを完了。

一一月二〇日
　満洲航空のスーパー機が来定し、五名を救出。五名が残留。

一一月二一日
　関麟徴軍第二十五師七十三旅団百十六団が進駐。

一一月二二日
　副師長杜聿明が、定遠営へ到着。

一一月二四日
　遂に師長・関麟徴が到着。当日、第二次救援スーパー機が飛来し、残留者五名を救出、脱出成功。

一〇　ガソリン隠匿作戦

「関麟徴第二十五師進軍！」の噂が、定遠営に伝わってきた。

井原第一次ガソリン輸送隊が、張家口から駱駝の背に四六日間かけて運搬してきた九、〇〇〇リットルのガソリンは、満洲航空の新入社員で器材係の比企久男によって、定遠営城内に在るラマ廟の奥の密室に隠された。

何時の日にか、満航機とルフトハンザ機によって、欧州へ飛翔するという遠大な夢に包まれて……。

一一月一二日、比企は九、〇〇〇リットルのガソリンの死守方法を、将棋盤を囲んでいた若狭谷周次郎と山岸伍郎両機関員に相談した。

二人は打つ手を止め、しばらく考えてから言った。

「今となっては、達王に頼むしかもう方法はないだろう」

「いつまでも達王を信用できる味方だという考えは甘いぞ、情勢は以前と違ってきたからな」

年下の比企は二人に頭を下げた。翌朝、比企は横田碌郎機関長に申し出た。

「達王に、ガソリンを保管するようにお願いしていただけませんか。保管場所は、ラマ廟の奥にある倉庫が最適だと思います」

機関長は快諾し、通訳として山岸伍郎と田中久信の両機関員を伴って、王府を訪ねた。

比企は資材倉庫へ出向き、ガソリン置場へ入っていった。そこには井原隊が、苦難な旅を重ね、定遠営へ運搬してきた九リットル入りのガソリン一〇〇〇缶が、五段に積み重ねられていた。

その夜、横田機関長らは一人のラマ僧を伴って戻ってきた。

「王城内にあるラマ廟の者だが、この男の指示に従って、これら全部のガソリンを今夜中に、王城内の倉庫に運び込むんだ。表に達王が選んでつけてくれた、四〇人の運搬人夫が待っている」

機関長は比企に向かって、さらに言った。

「ご苦労だが、この仕事は君一人だけがついて行ってくれまいか。『監視の日本人は一名だけ』という達王との約束なんだ。

一緒に行って場所をよく覚えておいて、後で報告してくれればそれでよい」

「このガソリン保管は達王にとっても重大な、その身の浮沈にもかかわる大変なことなので、とても簡単に承諾してくれないと思っていた。むずかしい条件を出すか、あるいは即座に拒絶されるかと、覚悟はして行ったのだが、こちらの話を素直に聞いてくれて、気持ちよく引き受けてくれた。もちろん無条件でだ。達王の義侠心を我々は忘れてはなるまい」

強風が吹き荒れる厳寒の深夜、器材倉庫から一五〇メートル以上離れた王府内のラマ廟へ、運搬人夫が各自二缶ずつ左右の手に持って、一二、三回往復しなければならなかった。

比企は隊列の側面にランプを持って付き添い、人夫達の足元を照らし、〝祥泰隆〟と王府を明け方近くまで往復し続けた。

城門を潜り、城内の迷路のような路地を通り抜け、やがて案内役のラマ僧は、巨大な建物の前で足を止めた。そこはラマ廟であった。重い扉が開かれ、一行は無言で足早く闇の中を突き進んだ。奥の一室の戸の内側は十坪ほどの倉庫で、古びた家具類が無造作に置かれている。その部屋の隠し戸を開けると、その奥に五坪ほどの空間があった。

井原隊が運搬してきたガソリン九、〇〇〇リットルの一部を残して、大半をそこに隠匿し終えることができた。

その日は、関麟徴第二十五師の設営隊が、定遠営に入ってくる前夜であった。

横田碌郎機関長が、アラシャンの定遠営時代に写した〝横田アルバム〟の余白に、万年筆で記した次の添書がある。

「昭和一一、一一、三、井原揮発油輸送隊

定遠営到着……（すでに紹介したので略）……

かくして集積せしガソリンは、撤退に際し保管を達王に托したが、二十五師進駐し四面楚歌の達王が之を保管し得べしとは予期しなかった。

然るに、後年参謀本部兵要地誌課の資料調査のある旅行者の報告に、『横田機関長の托せしガソリン依然として王府に在り』と記しあるを読み、信義に厚きに叩頭した。

綏境蒙政会加盟の勧告を拒否した達王、

磴口武装解除の報復を敢行した達王、

誠に成吉思汗の直裔たる名を辱かしめないものである」

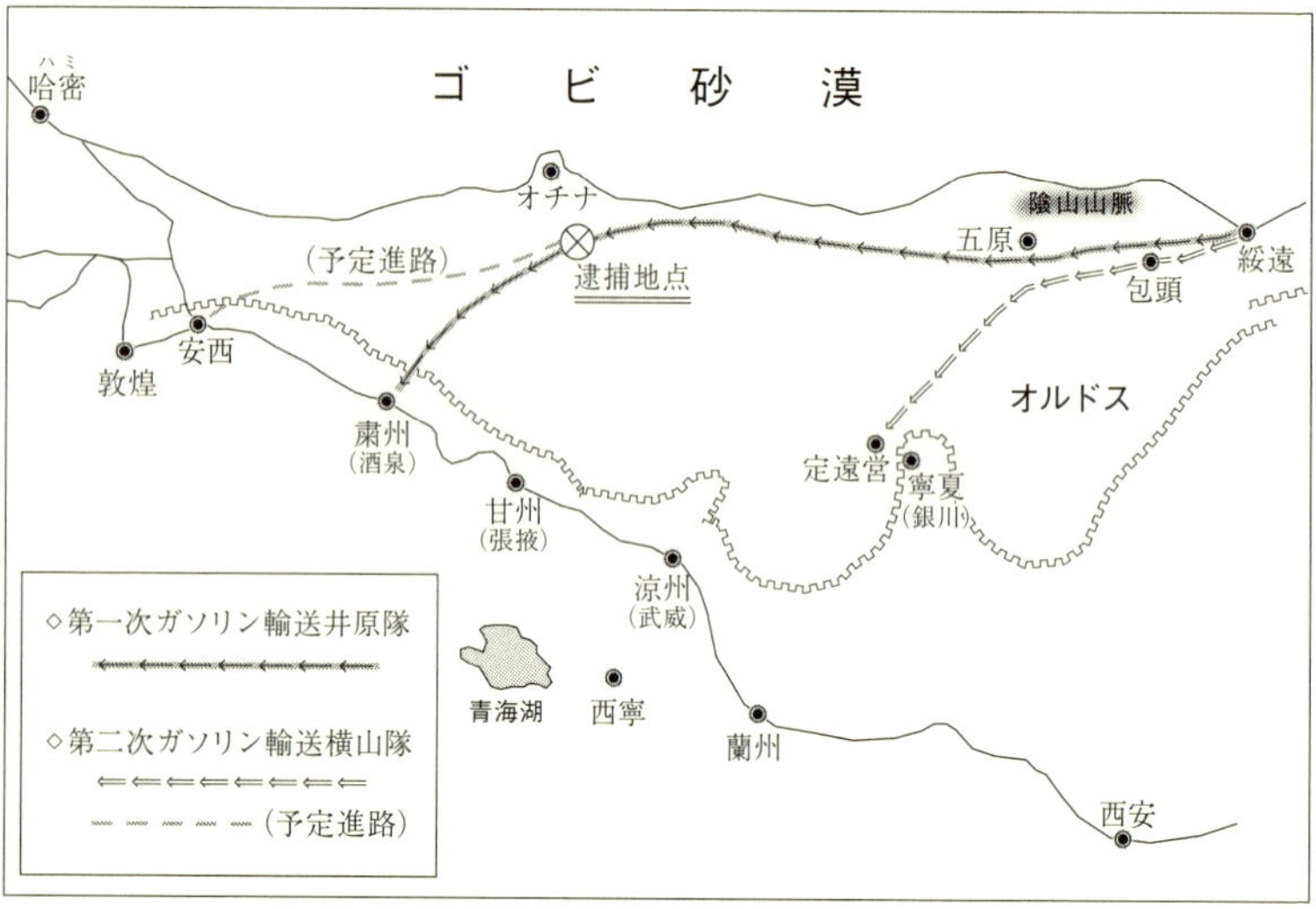

図 3-3：ガソリン輸送隊２隊（井原隊・横山隊）の輸送ルート。

一二　第一次アラシャン・
定遠営脱出飛行

井原第一次ガソリン輸送隊が定遠営に到着してから程なく、蒋介石直系第二十五師長・関麟徴（かんりんちょう）将軍の軍靴の響きが、かすかに聞こえ、次第に大きくなってきた。

一一月一三日、定遠営に、第二十五師の設営隊が到着した。

定遠営城外の買売家（商店）の店頭に、〃青天白日旗〃の掲揚が開始され、同時に布告の壁文字、住民の歓迎文が次々と貼られた。

城内外の住民達も、大声で話し合っていた。

「第二十五軍来！」

「蒋大将軍来！」
そのニュースは狭い定遠営を馳けめぐり、誰もが知るには、さほどの時間を要しなかった。
——万歳、蒋介石主席、歓迎、第二十五師
——反満反蒙、抗日救国。打倒日本帝国主義
歓迎文と、〝青天白日旗〟の掲揚が、日毎に増加していった。
第二十五師本隊の定遠営への進軍の状況は、機関の放った諜報員たちによって、刻々と横田機関長のもとへ報告がもたらされた。
機関では撤退もやむなしと決断し、機関の解体作業に移った。機関全員で機密書類、暗号電報綴りなどを、〝祥泰隆〟の中庭に積み上げて燃やし続けた。その煙は黒い昇り龍のように、定遠営の上空に巻き登っていった。燃やすことできない無線機などの器材は壊された。その時にはすでに土壌が凍っていて、地中に埋めることが不可能となっていた。

一一月一八日、設営隊は、〝祥泰隆〟の横田機関長はじめ、機関員、満航社員の隣室まで、部屋割りを完了した。〝祥泰隆〟内では、第二十五師の設営隊とはこれといった衝突はなかった。アラシャン機関と設営隊とは一定の距離は置いているものの、一触即発の状況にあった。
横田機関長は毎日の日課——達王に御機嫌伺いに、若狭谷機関員と満洲航空横山飛行場建設隊長を伴って王府を訪れたが、達王は体調不良であるとか、あるいは都合が悪いとかの理由で会ってくれない。横田機関長らは、現在、達王が置かれている微妙な立場を理解して、すごすごと引き返す毎日が続いた。

翌日の二〇日、満洲航空のスーパー機一機が、定遠営へ飛来してきた。無線機はすでに処分しているので、まさに突然の予期せぬ飛来であった。

機の古川貞吾操縦士は、横田機関長に、

「機上から見ると、南方には人馬の砂塵でまっ黒だ。全員今すぐに、ここを引き揚げないとあぶない！」

一息ついて、

「敵はもう近くまで迫っている。これが最後の飛行かもしれない。全員乗ってくれ。すぐにだ。ガソリンや荷物のことなど心配するな！」

特務機関は六名、満洲航空社員四名、総勢十名である。ところが、スーパー機の定員は乗務員を除き六名である。しかもその時は、厳寒の季節に入っていたので各自の服装も重く、到底一〇名全員が搭乗することは、不可能であった。

横田碌郎機関長が口火を切った。

「私は責任者として、出来る限りの事をしなければならないから、最後までここに残る。あと四名だが……。それは君たち同志の話し合いで決めて欲しい。誰が残るかを決めるんだ！

飛行機がさっきから待機している。早くしないと日が暮れてしまうぞ」

横田機関長は鋭い視線で全員を見渡して、命令口調で言い渡した。

すかさず、若狭谷機関員が大声で、

「機関長！　残る者をあと四名、指命して下さい。命令とあれば否も応もない。皆黙ってそれに従うでしょう」

「君の言い分はよくわかる。だが、まず皆で話し合ってみろ。生死を誓い合った同志でないか。誰が帰るか、誰が残るか……それ位できない相談でもあるまい。命令もしよう。しかし、それは最後にする。命令は最後だ！」

機関長は横山飛行場建設隊長に向かって言葉静かに言った。

「あなたに先発する五名の指揮をお願いしたい。一足先に帰還し、早急にもう一機の救援機の手配をして欲しい」

横山隊長は目を伏せてうなずいた。しばらく全員の沈黙が続いた。

まず、満洲航空の新入社員・比企久男が手を挙げた。

「自分は器材係として先に還る訳にはいきません。仕事も終わっていない状態です。私は残ります」

一番若い比企は、もう一機の救援機が飛来してきた場合に、ガソリンの給油、整備の手伝いを自分以外に出来る者がいないと判っていたからだ。

横田機関長は残る三名を探した。

「誰か機関に三名いないか！」

その一言で、若狭谷、倉永、永坂の三機関員が直ちにそれに応じた。

比企久男は素早く、器材倉庫に残っているガソリンの準備を始めた。彼は雑役夫・チョクデルを急がせて牛車にガソリンを積み込ませ、飛行場へ運ばせた。

直ちに横山ら五名は機上の人となった。スーパー機は、百霊廟に向けて、飛び立った。

『横田アルバム』には次の書き込みがある。

生死を共にせし、

2、倉永（保・諜報、謀略）

2、若狭谷（周次郎・庶務係）

2、永坂（一男・通信士）

1、佐藤（秀・通信士）

1、山岸（伍郎・諜報、謀略）

2、横山（信治・満航社員、飛行場建設隊長）

1、鈴木（佑二・満航社員、通訳）

2、比企（久男・満航社員、器材係）

1、田中（久信・機関員）

事前に東帰せし、

内藤（某・帝国石油技師）

足立　（武夫・内藤の通訳）
井原　（半三・満航社員、第一次ガソリン輸送隊長）
清戸（ママ）　（清都誠一・満航社員、通信士）
池田　（克己・外務省張家口領事館書記生）
ギョイデアップ　（蒙古人）
チョクデル　（蒙古人・雑役夫）
甘福堂（カンフータン）　（中国人、諜報員、実は中央軍の逆スパイ）
＊カッコ内は引用者

アラシャン機関員、満航社員の名前の上に、1、2、の数字が並んでいる。これは横田機関長が、脱出の順序を記したものではないかと思われる。しかし、横山には2、と記されているが、実際には第一次脱出組だったから、横田の記憶違いではなかったか。

一二　蒋介石直系関麟徴師長、定遠営へ進駐

一一月二一日、関麟徴（かんりんちょう）第二十五師七十三旅団百十六団が、定遠営へ進駐してきた。

その報が入ると、比企久男は蒙古服に着替えて、蒙古人に混じり、その進駐を見学しに出かけた。兵士達は冬に入る季節となった定遠営（ていえんえい）へ、薄汚れた夏服姿で、多くの者は沙漠では必要のない黒いコーモリ傘を背負って、前進している。彼らは充分な給料をもらっていないのか、あるいは寒さのためなのか、皆元気がない。

翌二二日、副師長・杜聿明（といつめい）が、定遠営へ到着した。

二四日、いよいよ師長、関麟徴将軍が入定し、ついに定遠営は剣光帽影に充満した。

横田機関長は、関麟徴師長に会見を申し入れたが、病気を理由に会ってくれない。もし会見できたなら、横田は関麟徴と刺し違える覚悟でいた。

三、〇〇〇人とも、五、〇〇〇人とも、八、〇〇〇人とも言われた関麟徴第二十五師の真只中にとり込まれた機関員と満航社員の運命は、荒波に漂う小舟のようであった。

（横田は一万五、〇〇〇人と記しているが、比企は三、〇〇〇人といっていた。（社）日本モンゴル協会・春日行雄会長によると、「徳王の蒙古軍でさえも六、〇〇〇人の兵力しかなかった。二、三千人ではなかったか。第一、定遠営には、収容能力がそれほどあったとは考えられぬ」）

〝横田アルバム〟に、昭和一一年一一月二一日付で、「支那中央軍第二十五師定遠営入城当日ノ歓迎情況」と記され、メイン・ストリートの両側の商店の店頭に、〝青天白日旗〟が軒並みに掲げられている写真二葉が貼ってある。

そのアルバムの台紙の余白に次の句と、当時の切迫した情況が記されている。

物(もの)の具(ぐ)に
虫(むし)の音(ね)偲(しの)ぶ
胡地(こち)の宵(よい)

拳銃弾薬の梱包を解きて機関員に交付を、

据(す)え物(もの)の
甲(かぶと)や雁(かり)の
音(ね)もたえて

情況迫る、綏遠(すいえん)呼べども応ぜず、百霊廟(ひゃくれいびょう)
通信士瓦斯(ガス)中毒にて交信不能

『内蒙古における独立運動』（内田勇四郎・私家版）に、「横田遺稿」の一章が入っている。

横田はその中に〝玉柴集〟として、五四句を詠んでいるが、そのうちから、関麟徴入城前後の句を抜き出してみる。（ただし一部は重複している）

長き夜を　なほ長かれと　評議かな

注・陳誠、馬鴻逵、達王の三者が寧夏で会談したらしいが、結果の吉左右は未だ分らぬ。秋の夜は待つ身にとつては長いものだ。

宿割（やどわり）の　いかにも白（しろ）し　秋日和（あきびより）

注・第二十五師の設営隊が来て、宿割の紙札を戸毎に貼つている。我等が假寓する祥泰隆の向う三軒隣りは勿論で、その紙切れの白いところがいやに目にしみる。

物の具に　虫の音偲ぶ　胡地の宵

注・相手は一個師、我れは十一名（ママ）（満航社員を含めて）なおしていた（引用者注：意味不明）拳銃をとり出して各人に渡した。拳銃の包から二匹のこおろぎが飛び出した。今頃故郷の宵は賑かなことだろう。

据え物の　兜や雁の　音も絶えて

注・関麟徴の二十五師が刻刻と迫ってくる。綏遠、百霊廟を呼んだが出て来ない。据え物の切りの兜は今や刀を迎えるだけとなつた。機関に在るは倉永、若狭谷、山岸、田中、佐藤秀、永坂、横山、鈴木、比企の面々である。

（引用者・注）広辞苑によると、物の具…武具、据え物…土壇（とたん）などに罪人の屍などをおいて刀剣の切れ味をためすこと、またその死体。

一三　第二次アラシャン・定遠営脱出飛行

第一次定遠営救出飛行の五日後の二四日、待ちに待った二回目の、しかも最後の救援機が定遠営へ飛来してきた。この日の天候は前夜からの烈風が朝になっても吹き止まず、スーパー機の爆音は打ち消されていたが、耳の良い横田機関長はそのかすかに近づく爆音に気付き、機関員全員が〝祥泰隆〟の屋上に登り、スーパー機に向けて、日の丸を打ち振った。

横田機関長は、四か月余の間世話になった達王に別れの挨拶に王府を訪れたが、例によって、達王は引っ込んだままで顔を出さなかった。

比企が日章旗を揚げ先頭に立ち、次に横田機関長、若狭谷、倉永、永坂機関員が続き、関麟徴軍の兵が銃剣を持って、二メートルおきに立ち並ぶ中を、平然と飛行場へ向かって行進した。

飛行場に近づくと、すでに多数の兵士がスーパー機を取り囲んでいた。日章旗をかざしている比企の耳元へ、横田機関長は呟いた。

「君、日の丸はどうかな。彼らを刺激するから降ろした方がよさそうだな」

比企は急いで旗を巻いた。

スーパー機は飛行場の一端に停止して、プロペラを中速に回転しながら待機していた。戸田操縦士は天蓋を開け、五名の搭乗を促している。

横田一行は、取り囲む二十五師の兵の中、スーパー機を背景に、七名全員の記念撮影と洒落こんだ。この写真は左より倉永、戸田秋雄操縦士、永坂、若狭谷、横田機関長、石井昌治機関士、それに比企が身構えて、全員が平然と写っている。この写真が撮影されたことを、比企久男は覚えていないという。一体誰がシャッターを押したのだろう。五名は急いで機に乗り込んだ。

兵士の日本人に向けられていた銃口からは、一発の発砲もなく、スーパー機は地上滑走が始まり、やがて定遠営を飛び立った。スーパー機は、二十五師の兵が溢れる定遠営の上空に舞い上がり、方向を東に向けた。

波のようにどこまでも続く賀蘭山(がらんさん)山脈、その西には遥か広がるアラシャンが望まれる。

賀蘭山山脈を越え、黄河流域に達すると、黄沙が天を覆い、スーパー機は盲目飛行に突入せざるをえなかった。やっと黄沙のベールを抜け出すと、眼下に陰山山脈が望まれてきた。百霊廟も真近だ。

やがて機の高度は徐々に下がり、百霊廟の黄土色の積木のような街並みが現われてきた。誰もがこれで助かったと思わず深い息を吐いた時、戸田操縦士は叫んだ。

写真 3-8：蒋介石の第 25 師到着 1 日前にスーパー機を飛ばして 5 人を救出した満洲航空は、関麟徴が到着した当日に第 2 次救援機を送り、残る 5 人を救出した。（昭和 11 年 11 月 24 日）。右から比企久男、石井昌二機関士、横田碌郎機関長、若狭谷周次郎、永坂一男、戸田秋雄操縦士、倉永保。（『横田アルバム』より）

「火事だ！　前方を見ろ」

一同は機内で顔を見合わせた。街の北側端の建物から黒煙が立ち上っていた。横田機関長は窓から、写真機のシャッターを押し続けた。スーパー機は大きく街の上空を低空旋回して、高度を下げていった。数台のトラックの姿が認められ、そこから中国兵が数人飛び出してきた。突然、スーパー機に向けて、パチパチと発砲が始まった。それと同時に漢人の買売家（商店）の囲壁から、機銃の紫の焔が閃く。傅作義軍だ！　徳王の百霊廟も敵の手中に渡っているとは、皆信じられない事実をつきつけられて、愕然とした。機には直接重大な被害があるように見えなかったから、戸田操縦士はとっさに機首を上昇して、雲海の中に逃げ込んだ。

到達予定の百霊廟から、東方約一〇〇キロ離れた商都飛行場へ、綏遠を経由して着陸した。飛行場には防寒服姿の蒙古兵、剣付銃を携げた日本兵の姿が多く認められたが、その時点では、切迫感はなかった。石井機関士と比企久男は機を降り、スーパー機の点検を始めた。胴体の後部と垂直安定板の数か所に弾痕を発見したが、機能に直接影響を及ぼすほどの被害を受けていなかった。

商都で給油、少時の休憩を受けた横田一行は、中国との国境を越え、渤海湾を右に眺めて満洲に入り、やがて奉天・東塔飛行場に、全員無事生還した。誰もがアラシャンの定遠営と違った奉天の懐かしい空気を、心ゆくまで吸い込んでいた。

飛行場には満洲航空の重役、幹部、それに第一次脱出組の横山信治以下五名の出迎えがあった。比企久男はその中に、第一次ガソリン輸送隊長・井原半三の姿を認めた。

「大変だったろう。結局、あのガソリンは蔣介石のために、わざわざ運んでやったわけか。四六日間、とんだ無駄骨を折ったものだ」

涼しげな眼を比企に向け、井原は語った。

「そんな事はありません。ガソリンは大丈夫です。中国軍の眼の届かない安全な場所へ全部隠し、完全に後始末をしてきました」

と、比企は胸を張って答えた。

しかし、井原は訝しげに西方、遠き定遠営の方向の空を見上げてつぶやいた。

「当てになるものか。今の達王が正直にそれを保管していると思うか。中国軍の支配下にある達王が、君たちとの約束を守り通せると思うか」

〔付記〕「盟」と「旗」について……

清代の内蒙古に制定された行政区画の単位として、盟と旗がある。盟の下に旗がある。盟は例えば、東北地方、関東地方、中部地方……などの広い行政単位で、旗は県のようなものである。

盟長は、各旗の旗王の王公中より名望の者が選ばれる。これは一種の名誉職であり、俸給は受けず、その役目は一代限りである。

昭和八年頃の内蒙古の盟、旗、盟長、旗王などは、次の通りである。

○察哈爾盟

○錫林郭勒盟…索王（錫林郭勒盟長、西ウジュムチン旗旗長）、徳王（錫林郭勒副盟長、後に盟長、西スニト旗旗長）、郭王（錫林郭勒盟東スニト旗旗長）、雄王（錫林郭勒盟西アバカ旗旗長）

○烏蘭察布盟…雲王（烏蘭察布盟盟長、西ハルハ旗旗長）、石王（烏蘭察布盟西公旗旗長）

○伊克昭盟…沙王（伊克昭盟盟長、ジヤサツク旗旗長）、阿王（伊克昭盟副盟長、ハンギン旗旗長）

○帰化城土默特旗

○阿拉善麗碩特旗…達王（阿拉善旗旗長）

○額済納旧土爾扈特旗…図王（オナナ旗旗長）

察哈爾省はかつて清朝に反抗したことにより、王公は廃止され、平民出身の総管がそれに代わった。

昭和八年五月、烏蘭察布（ウランチャップ）盟と錫林郭勒（シリンゴール）盟の各旗代表が、百霊廟に集まって会議を開催した。七月二六日、内蒙古全体会議が同地で開かれた。この結果、八月一四日、南京政府に対して、高度の自治を要求する通電を行った。

百霊廟の「蒙政会」の主な役員は次の通りである。

・委員長・雲端旺楚克（雲王）烏蘭察布（ウランチャップ）盟長
・副委員長・索諾木拉布坍（索王）錫林郭勒（シリンゴール）盟長
・副委員長・沙克涂爾札布（沙王）伊克昭（イクジョー）盟長

後の蒙古連合自治政府主席となる徳王は、初めのうちの蒙政会の役職は、秘書長（のちに政務庁長）にすぎなかった。

第四章　関東軍「隆吉公司(コンス)」の野望

一　関東軍の西進工作

昭和六年（一九三一）九月十八日午後一〇時、柳条湖で関東軍が自ら南満洲鉄道の線路を爆破した。これで満洲事変が勃発した。

中国側は不抵抗を通告したにもかかわらず、一九日未明には、関東軍は奉天城北にある北大営を攻撃、午後四時までに、居留日本人が二万人以上いる奉天市（現・瀋陽市）を邦人保護の名目で占領し、直ちに、奉天特務機関長・土肥原賢二歩兵大佐が市長に就任し、本庄繁司令官が、旅順より奉天へ移動してきた。同時に、関東軍は満鉄の北限、長春へ出兵した。

二一日、吉林の居留民団会長から、保護要請の電報を受けた本庄軍司令官は、政府の不拡大方針に従い悩んでいたが、板垣征四郎歩兵大佐の強い勧めにより、吉林出兵を決意した。長春に出兵中の第二師団長・多門二郎中将が、その命を受けて混成第一旅団を率いて進出した。同日、中国は柳条湖事件を国際連盟に提訴した。さらに、朝鮮軍司令官・林銑十郎中将は独断で、関東軍支援のため、第二十師団第三十九旅団（二万九、〇〇〇名）を、国境を越え列車で派遣した。

一〇月八日、関東軍飛行隊一一機が、錦州を爆撃。当地には、奉天を追われた張学良が滞在していた。

一一月四日から六日にかけて、黒龍江省の済済哈爾（チチハル）を北部満洲の拠点とすべく進出し、馬占山（ばせんざん）軍と嫩江（のんこう）附近で激突。日本軍戦死者五八名、戦傷者二二七名、凍傷患者九九六名をだした。一方、馬占山の戦死者六〇〇名、戦傷者五〇〇名に及ぶ大激戦であった。これは〝大興の戦闘〟と呼ばれている。馬占山はチチハルから退却したので、一九日に関東軍が入城した。南次郎陸相は「済済哈爾（チチハル）に居直るのではない、時期が来れば退去する」と、若槻首相、幣原外相に説明した。ソ連は不干渉と声明した。

一一月八日、天津特務機関長・土肥原賢二大佐が謀略を企て、買収した中国人約一、〇〇〇名に暴動を起こさせ、その機に、秘かに隠まっていた溥儀（ふぎ）の脱出に成功した。

一二月二七日、関東軍は張学良討伐を口実に出動した。参謀本部は必死になって止めたが、奉天から二〇〇キロ離れた錦州へ軍を進めた。張学良軍は戦わずして撤退した。

翌、昭和七年（一九三二）二月五日、関東軍はハルビンを占領した。この地は、吉林省の有力者・煕洽（きこう）が支配していたが、関東軍の後盾によって独立を宣言した。最初は、煕洽をハルビン護路軍司令・丁超軍に向けたが、哈爾浜（ハルビン）市内の居留日本人、朝鮮人が虐殺、略奪されるに及び、関東軍が出動するに至り、第二師団がハルビンに入った。他の都市とは異なり、ロシア人の開いた街なので、城壁は無い。

関東軍首脳は東北四省を押さえたことにより、次の大謀略を画く。それは、溥儀（ふぎ）を元首とする満洲国の建国である。その陽動作戦を板垣征四郎少将から依頼されたのは、後に、内蒙古の西北工作を専断実行する田中隆吉砲兵少佐であった。

当時、田中少佐は、上海公使館付陸軍駐在武官補佐官として、「男装の麗人」あるいは「東洋のマタハリ」と称せられた、清朝第十代粛親王の第四側妃の長女・顯玗、すなわち川島芳子と、キャセイ・ホテルで、甘い同棲生活を送っていた。

二人が邂逅したのは、各国駐在武官のために、上海四川路で開催されたダンス・パーティの席であったという。少佐の参謀肩章で飾った田中隆吉は、頭が大きく、首が太く、短身、小肥りで、誰が見ても好男子ではない。その田中少佐に近づいた川島芳子の目的は、清朝の復辟か、それとも、田中隆吉少佐に惚れたのかは不明である。

昭和七年（一九三二）一月、田中少佐は、板垣少将から送金された二万円のうち一万円を川島芳子に渡し、ある工作を依頼した。芳子は抗日運動の拠点の一つ、タオル製造業・三友実業公司の労働者に、日本山妙法寺の僧侶、信者ら五名を襲わせた。

その後、田中少佐は芳子を通じて、日本人義勇団に工作資金を渡し、三友実業公司を襲わせた。従業員から死者が出たことで、日支間は一触即発の状態になった。この事件が第一次上海事変の陽動作戦であった。この事件は田中隆吉の謀略工作の初めである。

同年三月一日、「満洲国」は建国宣言をした。三月九日、溥儀は執政に就任し、一〇日、首都を長春に定めて、一六日、新京と改称した。

田中隆吉少佐は、明治二六年（一八九三）七月九日、島根県能義郡荒島村（現・安来市）で出生した。田中家は曾祖父の代までは、商売を手広く営んでいたが、祖父の代で家は傾き、父は一生その負債に明け暮れた。そのような状況にあったから、長男が生まれると、西郷隆盛の隆と、豊臣秀吉の吉をとって、「隆吉」と命名したといわれている。

明治三九年、陸軍広島地方幼年学校を受験したが、盲腸炎を患った直後であったので失敗した。そこで松江中学に進むが、軍人への夢を断ち難く、翌年、再受験して合格した。中央幼年学校を経て、陸軍士官学校へ入学（第二十六期）した。田中は卒業の時、六〇〇人中一七番の成績だった。

田中隆吉は、陸軍大学第三四期。同期には本書に登場する石本寅三、河原利明、倉永辰治、西原一策がいる。昭和四年（一九二九）、砲兵少佐となり、参謀本部支那課地誌班に勤務、翌年、上海公使館付駐在武官補佐官として、日本海を渡った。田中隆吉のように中国を専門とする陸軍大学校出には、陸軍省、あるいは参謀本部へ進む路は閉ざされているのが常であった。だが、田中隆吉はそれを諦めなかった。

関東軍に拾われた田中少佐は、新京に赴任してみると、中国関係主任とは名ばかりで、奉天機関長・土肥原少将が中国関係を仕切っていた。田中は事務参謀にすぎなかったから、彼はおのずと内蒙古に目を向けた。

二　冀東防共自治政府

昭和八年（一九三三）二月の関東軍の熱河作戦は、抗日運動が盛んであったこの地域を、満洲の版図に組み入れるのが目的であった。

その結果、張学良は河北省へ後退したが、なおも関東軍は張を追い、河北省へ侵攻した。さらに北平（北京）、天津に迫る勢いであった。そこで中国側は関東軍に停戦を申し入れ、〝塘沽停戦協定〟が締結された。その内容は、中国は河北省東部に非武装地帯を設けるということであった。この交渉は外務省の介入を排除して、関東軍の独断で行った。

さらに、昭和一〇年五月、天津の日本租界で、新聞人二人が殺害された。振報社社長・白逾桓、国権報社社長・胡恩溥である。その年の一月以降、反満、反日の不祥事件は五〇件を越えていた。

これらの事件は、抗日禁止を定めた〝塘沽協定〟違反であると、関東軍は直ちに中国政府に申し入れた。六月一五日、支那駐屯軍司令官・梅津美次郎少将と、国民政府軍北京分会主任・何応欽との間に、〝梅津・何応欽協定〟が締結された。

その内容は、――

一、河北省主席・于学忠の解任及び、爾後、察哈爾省内に於ける排日、排満行為の再発を予防することを保証す。

二、省内国民党支部を解散し、同時にその他の排日団体を解除し、将来この種の団体の組織を絶対許さざること。

三、新たに非武装地帯を画定し、右地帯には今後駐兵せず、保安隊を以て治安維持を図る。

同月二七日の「土肥原・秦徳純協定」で、宋哲元軍に察哈爾省から撤退を承諾させた。

さらに、八月、梅津に代わった多田駿支那駐屯軍司令官は、「北支経営」の多田声明を発表し、親日自治政府の樹立を表明した。

この策略にのっとって、昭和一〇年一一月二五日に、河北省通州に日本の傀儡政権「冀東防共自治政府」を樹立し、殷汝耕（いんじょこう）を委員長にすえた。この政府は、「塘沽（たんく）協定」で定めた範囲内であった。

この政権が組織されたことにより、国民政府が密貿易と指摘していた輸出入が合法化された。その関税収入を冀東防共自治政府と関東軍が握り、日系企業も進出し、植民地化していった。

国民政府は日本が近い将来、華北により大きな親日傀儡政権を樹立することを恐れ、冀察（きさつ）政務委員会を設立し、委員長に親日派の宋哲元（そうてつげん）を置いた。日本と妥協するか、あるいは対立するかのような曖昧な政権であった。

三　関東軍の内蒙工作

関東軍が満洲国領域以外の察哈爾（サハル）蒙古、綏遠（すいえん）蒙古などの内蒙古工作に着手したのは、昭和八年八月、西烏珠穆沁（ウジムチン）に特務機関が開設された頃からであろう。

当時、小磯国昭（くにあき）参謀長は、錫林郭勒（シリンゴル）盟長索王工作を開始した。その翌年九月には、阿巴戛（アバカ）機関が開設された。その頃、関東軍は李守信を育成するために、熱河省多倫に多倫（ドロン）機関（機関長・植山英武砲兵少佐）が開かれた。

当時、李守信（りしゅしん）は、日本軍と対峙していた崔興武旅団の連隊長を務めていたが、通遼機関長・田中久一歩兵少佐は、李守信の人物を見抜き、日本軍に協力するように説得した。崔旅長は下野を条件に身柄と財産保護を願い出て、李守信に後を託した。

李守信は、東土默特旗（帰化城土默特）の北票の出身の蒙古族である。

李守信隊は関東軍の謀略部隊として、多倫に侵攻し、中共軍の憑玉祥、吉鴻昌軍と戦い、多倫を占領したが、吉軍の抵抗が激しいので、河井田義匡航空兵少佐を長とする航空部隊の参加によって多倫を奪還し、吉軍を閃電河畔まで追撃し、追い払った。

関東軍は察哈爾の多倫に、李守信を行政長官兼軍司令官として、「察東特別自治区」を作った。

清朝は、蒙古族に対する宗教政策上、康熙、雍正時代に、多倫に二座のラマ寺院を設置し、ラサ、五台山と共に、ラマ教のメッカとした。外蒙が独立した後には、多倫の街は賑わいを失ったが、古色蒼然とした大建造物が立ち並び、往時の繁栄を誉っている。

ここ多倫は中国領にもかかわらず、中国の法令も及ばず、日本軍も中国軍も駐在しておらず、日本領事館も介入することはできなかった。かといって、満洲でもなく、自治区というものの、一独立国であった。国旗は赤地に白丸を抜いたデザイン。まったく日本の国旗の配色を逆にしたものである。

ここにはわずかな人員の多倫特務機関と、李守信軍の顧問部と、日本人経営の一軒の料理屋兼宿屋があるだけだった。

一般の日本人は、承徳機関（田中久一歩兵中佐）に申し出て、そこから多倫機関に照会して、許可を受けなければならなかった。

満洲から週一便の満洲航空の定期便と、週二便の定期バス便があり、張家口へは不定期ながら、日系の文林洋行のバスが通っていた。使用された通貨は、満洲国幣であった。

察東特別自治区は騎兵三個旅団で編成されていて、軍費は満洲へ出荷される塩の税から払い戻された。

行政指導は日系の参事官以下が当たり、それを指導するのは、特務機関長・浅海喜久雄歩兵少佐であった。

自治軍の教育、訓練、補給は、満洲国軍政部顧問部の下永憲次歩兵中佐が担当した。

浅海機関長と下永顧問との間に、軋轢が生じた。機関長は統帥権を持っているものの、顧問より一階級下であった。さらに、浅海機関長は謹厳居士であり、機関員は大阪外国語学校出身のインテリが多い。一方、下永中佐は豪放磊落な親分肌で、顧問部に所属する公主嶺戦車隊除隊兵五〇名からなる「特設隊」の連中とは、機関員らはそりが合わなかった。

この「二頭政治」が表面化して、下永顧問は、満洲国政府へ戻ることになる。

四　徳王

徳王の蒙古名は、徳穆楚克棟魯布（トムツグドンロップ）という。

明治三五年（一九〇二）生まれ。六歳の時、父が死去した。幼少の頃から、蒙文の外、漢人教師に四書五経を学んだ。一四歳で台吉（タイチ）の娘と結婚した。翌年、長子が誕生。さらに、第二夫人から四男、一女が生まれた。

一八歳で正式に西蘇尼特（スニト）旗の札薩克（ジャサク）を襲名。当時の錫林郭勒（シリンゴル）盟盟長の楊桑（ヤンサン）の健康がすぐれないので、副

写真 4-1：徳王。（『徳王自伝』より）

盟長の索王（西烏珠穆沁旗札薩克）が盟主に、徳王が副盟長に就任した。この時、徳王は二三歳という若さであった。

昭和四年（一九二九）、察哈爾省政府委員に任命され、烏滂（烏徳・滂江）警備司令を兼ね、省から月額四、〇〇〇元を支給された。

昭和六年の冬、徳王は、察哈爾保安司令の卓特巴札布を引き連れて南京に乗り込み、対蒙政策の革新を要求した。

昭和八年（一九三三）六月、烏蘭札布、錫林郭勒両盟の代表が百霊廟に集まって、会議が開催された。七月二六日、「内蒙全体会議」で決定した事項を、八月一四日、南京の中央政府に対して通電がなされた。

その後、徳王らの自治要求に対して、サハル省と南京政府とは、徳王らを監視するようになる。

徳王と関東軍との関係が密接となっていく切っかけは、昭和一〇年（一九三五）五月、参謀本部第二課長・石本寅三歩兵大佐が、後に徳化機関長となる田中久一歩兵中佐を伴って、西スニトの徳王を訪問した時であった。この一行に満洲航空・永淵三郎運航部長が加わっていた。（石本大佐と永淵は、陸軍士官学校二十四期の同期生）

満洲航空の社内報『満航』第一八号（康徳二年・昭和一〇年七月発行）〔満航日誌〕に、次の記載がある。

6月11日（火）　運航部長臨時航空指導の為蒙古方面に出張

6月15日（土）　運航部長蒙古より帰来

なお、同号に永淵三郎の「徳王会見記」がある。その時、永淵は、関東軍が徳王に飛行機を贈呈するに際しての、その打ち合わせと現地の下見に行ったと思われる。永淵が満洲里からベルリンに向かう半年前のことである。

「徳王会見記」　永淵三郎

速度の早いものを数多く保有する国民は世界に覇を唱える事が出来ると思うと云うと徳王は怪訝な顔をして居った。そこで私は曽つて蒙古民族が全世界を風靡した時代に速度の早いものは馬であった。蒙古には馬が多く居った。又英国が海上制覇を為した時代は汽船であった。アングロサクソンは汽船を一番多く持って居った。これからは空の交通機関である飛行機時代となるから航空機の数を最も多く有する国民が世界を制するのである。

と云いますと成吉思汗二世を気取って居る徳王は非常に喜んで頷いて居った。そして徳王は蒙古に於ける文化産業の発達は飛行機に依る事の必要を認めたるは実に敬服するのである。

同年九月一八日には、板垣征四郎参謀副長は、参謀本部第二部河辺虎四郎砲兵大佐と、通訳・金永昌を伴い、西ウジムチンで、板垣・徳王会談が長時間にわたり、蒙古包(ゲル)で行われた。

一〇月に開催された蒙政会の大会で、日本との提携が正式に決議された。

一一月、徳王は新京を訪問した。西スニト特務機関長・宍浦憲徳砲兵大佐、徳王の秘書・デルワ、通訳・金永昌、さらに、中嶋万蔵機関員も同行した。新京では、南次郎関東軍司令官と会見し、板垣征四郎参謀長との口約束を再確認した。この時に、徳王の蒙古建国の夢と、蒙古を日満側に引き寄せるという関東軍の野望とが、合致した。

新京からの帰路、徳王は多倫（ドロン）に立ち寄り、李守信と会談した。当然、これをお膳立てしたのは関東軍で、爾後、二人の親しい関係は終戦後まで続くことになる。さらに、卓総管が加わって、内蒙古は独立の道を求め、模索していくことになる。

昭和一〇年（一九三五）一二月に勃発した「察東（さっとう）事変」の時、徳王は西スニトで、蒙古建国の構想を練っていた。

察哈爾（サハル）の口北六県接収が成功して、察哈爾（サハル）盟となると、西スニトに発足した蒙古軍政府を徳化へ移して、関東軍の後楯のもとに、着々と兵力増強を計っていった。

昭和一一年（一九三六）五月五日、蒙政会の大会が百霊廟で開催された。そこへ関東軍から、富永恭次歩兵大佐と、武藤章歩兵大佐とが出席した。盛大な祝宴が大蒙古包（ゲル）で催され、中華料理用の円卓が五台並んだ。

当時の蒙政会の首脳は次の通りであった。

委員長　――雲王（雲端旺楚克（ユンタンワンソグ）・烏蘭札布盟長）
副委員長――索王（索諾木拉坦・錫林郭勒盟長）
副委員長――沙王（沙克都爾札布・伊克昭盟長）

徳王は初めのうちは秘書長（後に政務庁長）に過ぎなかったが、徳王が関東軍との関係が深まるにつれて、蒙政会で頭角を表わすようになるが、雲王の生存中は、彼を表に立てていた。

徳王は清朝時代から、弁髪、蒙古帽、蒙古服、蒙古靴姿で通した。背恰好は蒙古人としては普通であり、無髯、顔色は赤身を帯びて、血色は良かった。李守信の阿片中毒特有の青白い顔とは、対象的であった。王公として清朝から貰った位は、郡主であった。昭和一二年（一九三七）新京で溥儀（ふぎ）に拝謁した時は、徳王は三跪九拝の臣礼をつくした。

徳王は生涯に二度、満洲を訪れた。

『徳王自伝』（ドムチョクドンロプ／森久男訳・岩波書店）の年表によると——

一九三六年、徳王第二回満洲国訪問（六月）

これに対応する記述が、『満航』第二二号（康徳三年・昭和一一・一九三六）の「満航日誌」に見られる。

6月26日・欧米出張中の石川社員（引用者注：石川祥一）帰社。

6月27日・欧州出張中の運航部長（引用者注：永淵三郎）「ひかり」にて帰社さる。

6月29日・徳王一行歓迎の宴、航空会館にて催さる。

徳王の満洲訪問に合わすかのように、石川社員と永淵運航部長が、共に満洲に戻ってきている。永淵はちょうど一年前の六月、参謀本部第二課長・石本寅三騎兵大佐と徳化特務機関長・田中久一歩兵中佐と共に、西スニトを訪れているので、徳王とは旧知の間柄であった。

徳王が満洲を最初に訪れた昭和九年（一九三四）四月八日は、永淵が奉天の航空工廠長から運航部長に就任した年であった。

昭和一三年（一九三八）には、徳王は訪日している。蒙古服姿の徳王が、大阪城を見学した時の写真が残っている。

昭和一九年（一九四四）九月一九日の夜、徳王、李守信ら蒙古政府首脳は、張家口の日本軍が用意した乗用車に乗り込み、北京へ向かった。徳王は雍和宮に滞在し、重慶の蒋介石に連絡を取り、九月下旬、西安へ飛び、そこから重慶に入った。蒋は徳王の持っている軍事力を、利用しようとしていた。

関東軍が徳王に、西蘇尼特で「徳王機」一機を贈呈した昭和一〇年七月八日以降の七月から八月にかけて、一人で内蒙古を旅行した満洲航空の井原半三は、満洲航空の社内報『満航』（昭和一〇年九月号）に「内蒙旅行記」を寄稿している。

井原は「徳王機」の贈呈時には西蘇尼特を訪れていないが、当時の多倫・アバカ・庫倫街道に接するホクトゴール・西蘇尼特・ネロスタイン廟・ホンタイ廟・ハトン廟・百霊廟（白林廟）まで潜入した。

これは、翌昭和一一年九月一八日、張家口を出発し、一一月三日、アラシャンの定遠営へ到着した第一次ガソリン輸送井原隊の準備のための現地内蒙古の状況調査であったと思われる。

内蒙旅行記

西蘇尼特は有名な徳王府の根拠で、王府の建物はラマ寺のような建築である。中国政府が蒙古懐柔のため徳王にお金を渡して築造せしめたのであって、未だ一棟は未完成のままになっている。入口には三間位の高さのある燈籠がある。中央の徳王政殿は本社本館（引用者注・奉天の満洲航空本社）の半分位の面積の建物であって両側に小屋が多数並んでいる。丁度徳王は白林廟（引用者注・百霊廟と同じ）に行かれた後であって正殿の参観はできなかった。

善隣協会は蒙古において非常に活躍している機関であって、日本人医師が二人いて施療している。一人は夫妻で来ている。ここで施療を受くる者は殆んど梅毒患者である。蒙古人には一家族に平均一人位の鼻の欠けた者がいる。……

現在、西蘇尼特の人口は蒙古人約五〇〇名（中ラマ僧が一〇〇名）、支那人五〇名、日本人は善隣協会の三名の外に九名いる許りである。

王城の付近には固定包が少しあるだけで実に殺風景を極めたものである。王城の内にも一本の樹も一鉢の花もない。こんな王城がまたと世に在ろうか、蒙古の文明なるものが如何に曖昧のものであるかはこの一事で十分に知ることができよう。

白林廟にて私は徳王に面会した。徳王という人はどんな人物か。歳は三十六歳というが大変若く見える。ニコニコ笑って愛嬌のよい人で、頭は弁髪、体重二四、五貫（引用者注・九〇kg〜九三・八kg）、五尺六寸（引用者注・一七〇センチ）以上の壮漢である。聞くところによると、徳王は蒙古青年には人気があるが、老人達には不評判に言われる。また各旗長等は徳王の態度に反感を有する者が多いとも言われている。しかし名分は王であっても、その実際は蒙古自治会より僅かに月給参百元を貰っているばかりであるから、その生活の模様も大体推察できようではないか。私が徳王に面会した所は白林廟の前にある役所（全部包）であって、経一〇メートル位の包である。入口には一人の蒙古兵の衛兵がいる。中には長さ三尺位の卓子（つくえ）があり、蒙古織の厚い座布団に座っている。室内も何の飾りもない極めて質素なもので、ただ、五つ六つ大きな長持ちようのものがある。ここは支那人の若い妾が一人と、一人のボーイがいるくらいである。自家用自動車が一台あってこれで白林廟と西蘇尼特（スニト）の間を往復している。服装は支那服で、無地の茶褐色のものである。

昭和二四年（一九四四）四月、徳王は、蘭州経由でアラシャンの定遠営に着いた。蒙古自治の旗揚げを再度達王と計ろうと、南京政府に武器、資金の援助を求めたが、蔣にはすでにその余力はなかった。

自治運動の指導者として、最後まで民族自立を求めた徳王は、同年一二月二九日、すべての望みを断たれ、従者四名に伴われて国境を越え、外蒙へ亡命した。外蒙では好遇を受けたが、三年後、中国から徳王の身柄引き渡しの要請により、空路で北京へ護送された。

裁判後、撫順で一二年間服役後、昭和三四年（一九五九）四月九日、特赦で釈放された。その後、北京民族図書館、呼和浩特（フフホト）の図書館に服務していたが、昭和四一年（一九六六）、六四歳で病死した。

その同じ年に、永淵三郎も七八歳で、この世を去っている。

五　関東軍「徳王機」を贈呈

関東軍は、昭和一〇年（一九三五）七月八日、蒙古工作の一助として、徳王に飛行機を一機贈った。それは「徳王機」と呼ばれ、終戦まで内蒙古の青空を飛び廻っていた。当時、徳化機関長であった田中隆吉砲兵中佐は、「徳王機」を幾度も借用したという。

飛行機は、満洲航空工廠で製造されたスーパー機（満航式一型）である。米国製フォッカー・スーパー・ユニバーサルの性質を向上するために、発動機（エンジン）は中島「寿一型」を搭載。〔全幅一五・四m、全長一一・一m、総重量二、七五〇キロ、最高速度二三五キロ／時、航続時間六時間、寿空冷四六〇HP＝馬力、乗員二名、乗客六名〕

飛行機贈呈の目的は、徳王を関東軍に引きつけること、徳王の王府近くに、飛行場と格納庫を建設することにあった。

『満洲航空史話』「河井田日誌抄」によると、

昭和一〇年七月八日、徳王に飛行機贈呈、軍に於ては蒙古工作に積極であり進捗している。其の中心人物徳王は西ソニトにあり、隣接王府は三百粁以遠、徳王の内蒙掌握には迅速なる連絡を要するが為飛行機を贈呈する事になった。勿論軍の指示、経費は軍負担である。会社は同機により蒙古内の事情、地形、政情を詳にするを得、爾後の行動に利する処大であった。

贈呈式は百霊廟で行われた。徳王は西スニトを出発する際、母堂が出迎えの飛行機に乗ることに反対したので、陸路を取ったという。

満洲航空は関東軍の特殊任務として、操縦士、機関士の派遣を命ぜられた。操縦士・水本佐一郎、機関士・椎木甚一が、徳王の本拠地・西スニトに一年余の期間常住した。飛行場には、「関東軍軍用定期航空・西蘇尼特事務所」の看板が掲げられた。

写真 4-2：徳王機と水本操縦士。

その贈呈式に偶然参加した佐島敬愛満洲航空社員の回想録が、『満洲航空史話』（続）にある。

「北京駐在武官・晴気中尉（ママ）（引用者注：大尉が正しい。晴気慶胤は、陸大第四十三期〔砲〕、昭和六年〔一九三一〕、同期に辻政信、宮崎義一、甲谷悦雄、川島虎之助がいる）から内蒙古視察をしないかとの話があり、応諾。五月、外に朝日新聞の中村正吾氏、国運（引用者注：国際運輸）の最首氏とトラック運転手二名の一行で、八達嶺を越えて張家口に出る。張家口に滞在数日、食糧（ネギ、ミソ、ニンニク等）を整え、防寒服に身を固め、二台のトラックに乗って北上、滂江（パンジャン）を経て西へ折れ西スニット（ママ）に向う。我々の北京からの北上と丁度逆行して宋哲元の軍が続々と南下していった。西スニット（ママ）では宍倉機関長（引用者注：ドロン特務機関長、のちに西スニト特務機関長・宍浦直徳少佐が正しい）の許で厄介になり、ここを中心に北は外蒙との国境、白廟子、東は閃電河を渡って多倫（ドロン）、西は百霊廟を往復した。

その間、閃電河に到る前にスエーデンのミッションに出合った。百霊廟では徳王にお目に掛ったりしたが、徳王の客室（そこに我々は泊ったのだが）にあるジンギスカンの肖像画が精悍な西欧的顔付で、徳王とはまったく似ていないので驚いた。また百霊廟から西スニット（ママ）に帰還した時、ちょうどフォッ（ママ）

カーのスーパー機一機、丸に十の字のマークを付けて着陸していた。帰路には西スニット（ママ）から平地泉に出て、ここから汽車に乗り北京に帰着、天津に復帰した。満鉄が秋に大規模な調査を包頭方面まで行く旨を知ったので、本社に参加しては如何との意見を出した」。

永淵三郎の直属の部下である佐島敬愛は、当時、天津駐在事務所にいたから、「徳王機」贈呈を知らなかったのであろう。

昭和一〇年七月から八月にかけて、内蒙を一人で旅行した満洲航空・井原半三の『満航』誌・昭和一一年一二月号「内蒙旅行記」にも、内蒙に外人宣教師が進出していることが報告されている。

更に極めて単調な蒙古地を騎行してハナハダという部落に着いた。ここには喇嘛寺があり、またラバンスームにも喇嘛寺があるが、ここで実に感心することは、天主教会である。この蒙古の小部落（百人以上）に小さいながらもドアーと西洋室のある教会があって、十字架が置かれ、スイス人と自称する西洋人（大多数夫婦者）が教会と学校を経営していることである。

ハナハダ・チャルトイ・ラバンズーム・ホクトゴールの四カ所に教会があった。これは今から十年前から始めたので、天主教の潜在勢力は喇嘛教に重大影響を与えつつあるようである。これらの宣教師は一説にはソ連の密偵であるといわれているがその真実は不明である。

かつて、十九世紀末には、中国西北の新疆省喀什噶爾（カシュガル）には、英国総領事館と、スウェーデン伝道団（ミッション）が置かれていた。

内蒙古でも、陝西省から綏遠（すいえん）、察哈爾（チャハル）、熱河と長城線に沿ってキリスト教団による開拓が百年以上前から続けられており、資本を持った教会は、入植民を小作人とした。教団は自衛のため、重火器、火砲をもち、伝道団同志は無電によって連絡を取り合っていた。当然、特務機関の任務を負っていたのは言うまでもない。

中国沿海に設けられた商業租界に対して、内陸に設けられた宗教租界であった。

同じく徳王機贈呈式に参加した中村正吾（当時、朝日新聞・北平支局員、戦後、朝日新聞・名古屋編集局長）の回想。

蘇尼特（ママ）では、関東軍の特務機関の世話になった。機関員は数名、無電の設備ももっている。医療班があって、その人達が親切に蒙古人の梅毒治療に当っていたのには心打たれるものがあったが何よりも、すでにここまで内蒙深く関東軍がきりこんでいる事実には驚いた。

百霊廟はこの蘇尼特（ママ）から近い（筆者中村注：二〇〇キロ）。そこで徳王が内蒙古自治委員会副委員長として、内蒙古全域にわたる威令を布いているのだが、徳王に会うために出かけた日のことである。全く思いがけない爆音、やがて一台の飛行機が着いた。降りてきた軍人がどやどや徳王に会いに行って間もなく、徳王はじめ委員会の要人達が、ぞくぞく飛行機の前に集まってきた。関東軍の飛行機だという話である。

どういうことになったのだろうと考えていると、晴気大尉（引用者注：晴気慶胤）が事情を明かしてくれた。「あれはね、関東軍が徳王に献納する飛行機なんだ。それが今日は実は献納式当日というわけだ。われわれはいいところに来合せたものだよ」と。

献納式となると記念撮影もほしいことだろう。見まわしたところ、私のほかにカメラを持合せているものはない。記念のために写真をとってあげましょうと、私は公然とカメラを向けた。欲しくてたまらなかった玩具を手にした時の子供のように、徳王はうれしそうだったし、みんな喜んでカメラの前に整列した。

撮り終えたら、晴気大尉が「どうも有難う。よい記念になりますが、この写真だけは必ず軍にくださいよ」と一言私に念を押した。もし公表すれば、どうなるのか。関東軍の内蒙工作は一ペンに明白に暴露されてしまうのである。

天津軍の北支工作は、表舞台だけに、国際的にも注視を浴びてきているが、大陸の裏街道でも駸々乎として関東軍の手が伸びていることをその時痛感しないわけにはいかなかった。

水本操縦士と椎木機関士の情報を探るべく、「満航会」の名簿を捲っていくと、水本きみえさん、椎木晃氏の名前を発見した。早速、手紙で問い合わせた。まず、椎木甚一氏の息子さんから返事があり、父上が戦後、レポート用紙に綴ったコピーが同封されていた。年を越してすぐに、和歌山県でご健在の水本佐一郎の奥さんから返事を頂戴した。便箋四枚に細かな字で書かれている。文章も確かだし、到底九〇歳とは思えない。

『徳王機』の水本佐一郎操縦士

水本操縦士は、昭和九年（一九三四）九月八日、立川の第五連隊を除隊後、その月に渡満し、満洲航空に入社した。奉天で旅客機の操縦訓練を一か月間受け、一一月頃、チチハル支所に赴任した。翌年四月、ハルビン支所に転勤になったが、一、二か月後に突然、「徳王機」の操縦を命ぜられ、椎木甚一機関士と共に西スニトに向かった。そこに一年余の期間勤務することになる。月一回、エンジンの調整に奉天に帰り、奥さんと子供達の顔を見るのが楽しみであった。

その間に、徳王の子息が、日本人の一般家庭を見たいと所望されたので、特務機関員の案内で奉天の水本宅を訪れ、満足されてお帰りになった。その際、奥さんまでに大層な土産を持ってきたという。

その後の大東亜戦争の勃発後、昭和一八年（一九四三）に、南方航空輸送部（南航）に転勤となった。輸送隊長として初めはラバウルで物資、兵員を輸送していたが、任地替で台湾へ向かう途中、バキオ（フィリッピン）で、敵の砲火を受け撃墜され、戦死した。

奥さんは昭和二〇年（一九四五）三月、日本へ帰国した。その時の荷物は日本に到着しなかったので、同封して下さった水本操縦士と「徳王機」の写真は、義父に送った分とある。その手紙の最後は、次のように結ばれている。

「この度のあなた様からのお便りを頂戴したおかげで、忘れかけていた昔の事を思い出して嬉しうございます。有難うございました」

社団法人日本モンゴル協会・春日行雄会長が、神田神保町の古書店で探した『内蒙画報』(一九三二)と、『蒙古大観』とに、「徳王機」の写真が載っている。標識は古代インドの武具であり、密教の仏具・三鈷杵(さんこしょ)を二個、縦横に十文字に置き、中心の円内には、陰陽を表わす白黒の二個の巴が認められる。

「徳王機」機関士・椎木甚一のメモ

徳王から勧められて、蒙大茶碗に一杯は無理矢理に飲んだが、二杯目は到底飲む気持になれなかった。日本にあるカルピスはこの蒙古の酒からヒントを得られたもの、という人がいたが、真偽のほどは判らない。乳を醗酵すればカルピスや蒙古の酒に似た味になることは確かで、必ずしもこれにヒントを得たとは考えられない。

(西スニット(ママ)での生活始まる)

さて、西スニット(ママ)での籠城生活が始まった。

食事は特務機関員と一緒に採り、月額・5円実費支払で済ますことが出来た。中国の料理人が作って呉れる料理で、記憶に残っているものに味噌麺(ジャージャーメン)がある。中国の赤黒い味噌を油でいため、茹でたウドンにかけて喰べるものであるが、私はこれは美味しかったので、何度もお代りしたものである。食料品はトラックで綏遠まで買い出しに行って、貯蔵しておく。飲料水はどこか特定の場所があったようで、矢張りトラックで汲みに行っていたようである。勿論お風呂などあろう筈もない。

運航は時たまある位で、特務機関長が搭乗することもあり、徳王が利用することが多かった。

（飛行機の整備と燃料）

飛行機は屋外に繋留しておくだけで、屋根のある格納庫はない。風を防ぐために三方を煉瓦で囲んで代用していた。

ガソリンは18リットル缶で保存され、張家口から駱駝隊によって運搬されたものである。トラックで運搬することは、蛸（タコ）が自分の足を喰うようなもので、ガソリン運搬には何といっても、ガソリンを消費しない駱駝に如くはない。

（徳王一家）

内蒙古自治政府の首席は雲王という人で、大分奥地に住んでいたらしく、会ったこともないが、相当の老人ということであった。

徳王は副主席であるが、殆んど内蒙古の政治の実権を握っていたということである。

内蒙は僅かに羊を産しているだけで、外（ホカ）に産物も無く、至って貧しい財政状態であったようである。

内蒙古は黄河の北側にある陰山（インザン）山脈の上に載った高原地帯で、肥沃な黄河地帯を動かしていたのであろうことは相像（ママ）される。

黄河地帯を治める主席は、綏遠に居を構へる傅作義（ふさくぎ）で、相当の軍事力と政治力を持ち、よく徳王の対抗出来る相手ではなかった。

この地区は黄河によってもたらせる肥沃な地帯で穀物が耕作され、その上、寧夏省方面で作られた阿片は包頭、綏遠を経て、張家口、北京へ運ばれるが、その都度多額な税金を課せられるので、傳作義にとって有力な財源となっていたのである。徳王にとって、垂涎に値するものであったと思う。

（内蒙作戦について）

徳王は当時、四〇歳に満たない活力に満ちた年輩であり、二〇歳位の男の子があった。生活は至極質素であったようである。勿論、ぜいたくの出来る政府の財政状態でないので、当然のことである。後で記述する徳王の傳作義に対する軍事力による挑戦はこうした背景があってのことであり、また関東軍の意図もここが出発点であったのであろうことは、相像（ママ）に難しない。

（飛行中豪雪に難航、奇跡的に難を免れる）

話題をもとに戻して、蒙古に入って西スニット（ママ）に定住してからの生活に移ろう。

ある冬の一日、徳王と宍浦（ママ）機関長一行搭乗、多倫（ドロン）の蒙古の陸軍中将李守信の許に飛行した。午後、帰路に就いたが、夕刻になるに従い、天候が次第に悪く、雪さえ降ってきた。その中、雪は段々烈しくなり、スッカリ視界が利かなくなった。水本佐一郎操縦士は失速スレスレの低い速度で超低空飛行し乍ら、視界零の状態で西スニット（ママ）の方面に飛行を続けた。蒙古地帯には山がないので衝突する懸念はなく至極安全である。

処が突然、尻にゴトゴトッという感触が伝わってきた。雪の地上に車輪が接触したらしい。速度が落ちて、尾部が下がった。然し、接地したからといって視界が利く訳でもなく、停機する場所もあろう筈もない。思いきりレヴァーを開いてエンジン(engin)の回転を増やし、離陸を計った。幸いにしてフワリ離陸した。夕靄(ユウモヤ)が立ちこめて視界はない。失速しないよう注意し乍ら、西スニット(ママ)の方向に飛ぶ。

(蒙古の雪原に危く不時着する所であった)

燃料は後幾(あといく)らも残っていない。西スニット(ママ)が発見出来なかったらお終(シマ)いだ。零下一〇℃~二〇℃の夜空で、暖房も食事もない。野営など出来るものではない。遭難を知らせる術もなく、行方不明という結果になるより外なかった。

西スニット(ママ)を探がす目あてもなく、只管(ヒタスラ)に盲のように飛んでいる中に、チラット灯の明かりが見えた。アッ!!　西スニット(ママ)だ。救われた!!　水本操縦士と顔を見合わせてホットする。

私の第四の危機を回避出来たのである。

徳化特務機関長・田中隆吉中佐が、徳化特務機関・松井忠雄補佐官と「徳王機」で、北平(北京)市内上海を遊覧飛行をした後、松井補佐官は天津で機を降り、田中機関長は新京へ向かった。

翌日、松井は天津司令部に呼ばれ、永見俊徳参謀長から、「徳王機で平津の空を飛ぶ馬鹿があるか!」と一喝され、「いいか、ここは満洲や蒙古と違うぞ、国際都市なんだ。この田舎侍め!」と、関東軍に対する怒りが松井個人一人に向けられた。

松井は約一時間にわたり、直立不動の姿勢で黙々と頭を下げ続けた。

六　徳王、李守信、デロワホトクト、卓総管の結束

関東軍からドロン機関に対して、次の命令が打電された。

「李守信軍より純蒙古人を抽出、なるべく速かに二ケ中隊を編成し、徳王の隷下に入らしむべし。兵器は青海工作用の分を充当するものとす。当分徒歩編成とするも、将来騎兵に改編す。長は徳王より派遣する宝貴延とし、同時一部の兵員を同行せしむ。教官は承徳特務機関より煙草谷平太郎大尉を派遣せらるる筈、細部は蘇尼特(スニト)、承徳機関長と協定すべし」

この命令に対して、多倫機関は準備にかかる。

李守信軍の純蒙古兵は、すでに満洲国の興安軍に編入されていたが、顧問・下永憲次大佐が以前に蒙古少年を集めて幼年学校を作っていたので、機関長・浅海喜久雄中佐はそれを貰い受け、編成を完了した。(教官の煙草谷大尉は陸士二十七期騎兵出)

宝貴延は徳王工作の初期、何度か危険を犯し、日本と連絡を取った志士であった。

徳王から贈られた軍旗には、藍地に蒙古文字で「蒙古騎馬連隊」と記されていた。

編成完了報告に対し、関東軍からの来電は、

「徳王来京の際、貴地において閲兵せられたし、同時徳王と李守信の会見を準備せられたく、デロワ

ホトクト（活仏）も同行す」

徳王の政治力、李守信の武力および、広大な土地を所有する卓総管（卓特巴札布）の三者一体化と、外蒙古から亡命した活仏デロワホトクトがこれに加われば、蒙古工作の輪郭は完了すると、関東軍は確信していた。

ところが、卓総管の態度ははっきりしなかった。そこでドロン機関長が顧問として送っている田古里直少佐（大阪外国語学校出身）を呼び、状況を説明させた。

田古里少佐の帰還のトラックには、卓総管の娘の結婚式の祝いとして、多量の物資と、多額の工作資金が積み込まれた。

七　察東事変

察東事変は、昭和一〇年一二月、西スニト盟の徳王が、内蒙の自治・独立のため、関東軍の後押しで、東部国境・サハル省の察東地区に兵を進めたことによって起こった中国との紛争である。

口北六県の接収のため、李守信軍の作戦参謀として関東軍第一課長（作戦）・武居清太郎少佐が指導に当たり、空からは、満洲航空・河井田義匡奉天管区長（予備役、陸軍航空兵少佐）が、臨時独立飛行中隊をスーパー機三機とフォッカー・スーパーユニバーサル・F‐7‐3M機で編成し、協力した。

河井田隊長のもとに、操縦士に河野与助、古川貞吾、荒木次郎、水本佐一郎の四名、機関士は川端清一、岡本虎男、高橋正、椎木甚一の四名、他に整備班、一般勤務班を含めて、合計三〇名であった。

この中に、「徳王機」の水本操縦士と、椎木機関士の名前がある。

一号機はフォッカー・スーパー・ユニバーサル機、二号機から四号機まではスーパー機であるが、そのうちの三号機は、「天馬号」と名付けられ、河井田隊長、機関長・浅海少佐が搭乗し、司令機的な存在で、内蒙・察哈爾（チャハル）の大空を飛び廻った。

「天馬号」は、水本操縦士、椎木機関士とのコンビで飛んだ回数が最も多いので、西蘇尼特（スニト）飛行場から察東事変に参加した「徳王機」と思われる。黄色い「徳王マーク」は塗り潰されたのであろうか。

河井田隊長（蒙古名噶爾底（カルティ））任命書

任　命　令　（徳王）

蒙古軍総司令部任命令　総務令第壱号

令　噶　爾　底

茲任命噶底為航空中将此令

総司令徳穆楚克棟魯普

成吉思汗紀元七三一年一月五日

（訳 件）
蒙古軍総司令部任命令
茲任命噶爾底為航空司令此令
令 噶 底
蒙古軍総司令徳穆楚克棟魯普

八　綏遠事変──「隆吉公司」の戦争ゴッコ

関東軍の「対蒙施策」は、昭和九年（一九三四）一月に初めて作成された。

「対蒙施策」関参謀第一号

昭和九年一月二十四日　参謀部

第一　方針

察哈爾省に対して昭和八年七月十六日決定せし軍の既定方針に基き工作を進むるの外将来先づ察東及錫林郭勒盟をして自発的に満洲国と経済的に密接不可分の関係に在る行政地域たらしめ、以て満洲統治及国防を容易ならしむると同時に北支及外蒙に対する諸施策の根拠地たらしむる如く準備指導す

『現代史資料』防衛庁戦史室（みすず書房）

この施策要項に基づいて、関東軍は内蒙古に進出していった。

田中隆吉参謀は、昭和一一年五月、一一年度施策要項を骨子として、「西北施策要項」を作成した。それは蒙古政府を母胎として、これの育成強化を計り、西北工作の基盤とするものである。

さらに、翌年三月には、後楯となっていた板垣参謀長と武藤章第二課長の二人が、東京への帰任が予定されていたから、田中隆吉参謀はここで一旗揚げなければ、自己の将来はないものと悟った。

田中参謀は、この「西北施策要項」を幕僚会議にかけて許可された。この時、「綏遠事変」も決定されたことになる。

昭和一一年七月、板垣参謀長、武藤第二課長、田中隆吉参謀、現地機関長・田中久中佐、松井忠雄輔佐官とが徳化で会議した。「綏遠事変」の実行は無謀であると、田中久一徳化機関長と松井輔佐官二名が反対すると、田中久一機関長は軍政府へ、松井忠雄輔佐官は奉天特務機関輔佐官に移動させられて、田中隆吉参謀が徳化機関長も兼務することになった。だがまもなく、松井輔佐官は、電報でふたたび徳化へ呼び戻された。

田中隆吉徳化機関長は、蒙古軍政府の経済基盤を阿片に求めた。彼独得の耕地面積と、単価面積当たりの収穫量を掛けただけの計算で安心していたが、アヘンの栽培技術はむずかしく、質も問題となる。それに、収穫期になると予定数量も出来ず、しかも質が悪かった。

その打開策として、綏遠省東部に併合されていた、サハル蒙古の土地に眼をつけた。この地は、雑穀の産地である。

満洲航空の社員で、アラシャンの定遠営で飛行場を造っていた比企久男から聞いた話だが、田中隆吉参謀を、誰もが陰で「隆吉公司」と呼んでいたという。「公司」は会社という意味であるから、正に田中参謀は、阿片商売に励んでいた証拠であろう。それに田中は第一次上海事変の陽動作戦、さらに綏遠事変を謀略した張本人であるので、事件屋という意味も含まれているのか。

田中隆吉機関長はすでに五月、綏遠進攻工作を独断で決定し、西北軍の残党・孫殿英に眼を付けたが、彼は動かなかった。そこで、五原を開拓した王春堂の子・王英を長として、無頼の徒を集めさせた。張復堂、金甲山等の在郷軍閥がこれに応じた。

七月、徳化で謀略会議が開催された。新京から板垣参謀長、武藤第二課長ら一行が、満洲航空のスーパー機二機で飛来した。会議後、アラシャンの定遠営、さらに、弱水のオチナへ無謀にも訪れることになる。

アラシャンの定遠営飛行場が整備されるに従い、包頭は黄河の航路、京包線の鉄路、さらに、航空路の中継基地としての重要性が、日毎に増していった。

満洲航空は将来、西北方向への空路進展を見据え、ガソリン、その他の物資を備蓄する必要が生じたので、日系の福昌公司に指示し、包頭飛行場に格納庫を建設させた。

八月三〇日の起工式には、本社から武宮豊治総務部長一行と、定遠営からは横山信治飛行場建設隊長、清都誠一通信士らが参加した。その会場に保安隊員を含む暴徒数十人が乱入して工事関係者に暴行を加え、武宮総務部長ら数名を拉致監禁した。その際、横山は足部骨折、全身打撲の重傷、清都は後頭部に負傷、戸田操縦士も打撲傷を受け、奉天へ送られた。武宮総務部長らは軟禁された。

事件発生の報が、満洲航空包頭出張所の通信士によって、奉天本社と羽山綏遠機関長宛に打電された。釈放された武宮総務部長は、直ちに帰奉し、入れ違いに羽山綏遠機関長が飛来し、暴徒に対して説得工作を開始した。さらに、徳化機関の松井忠雄輔佐官も派遣された。二人の懸命な活動によって、数日後、解決した。直ちに工事は再開し、格納庫は完成した。

この「包頭事件」が、「綏遠事変(すいえんじけん)」の源流であり、さらに、この「綏遠事変」が「日中事変」の引き金の一つとなった。

この「包頭事件」の翌月九月には、満洲航空側にも大きな動きがあった。内蒙のアラシャンの定遠営と、弱水のオチナへ飛行場を造るという計画が第一歩のあゆみを始めた。

満洲航空社員・萩原正三、井之原邦、中山武好の三名がオチナへ向けて奉天を出発した。さらに二週間後、第一次井原ガソリン輸送隊が張家口を出発し、アラシャンの定遠営へ向かった。

大公報記者・范長江が二三日にオチナを立ち、長江と入れ違いに、二五日、江崎郁郎機関長一行が、六台のトラックを連ねてオチナへ到着した。

当初、田中隆吉徳化機関長は、一一月初旬までに、王英軍には彼の父・王春堂の本拠地であった後套地区に、兵を進めさせ、李守信軍には、陰山山脈の大青山以北を占領するという作戦を描いていた。

一〇月中旬、満洲航空は関東軍から、飛行隊編成の命令を受けた。すでに満洲航空は、察東事変で関東軍に協力しているが、同じく河井田義臣奉天管区長を隊長として、臨時独立飛行隊（第二次河井田部隊）が編成された。八八式、軽撃四機、九一戦闘機四機（連絡用）、プスモス機（連絡用）一機、トラック七台および人員六一名で編成された。

同時に、満業（引用者注：「満鉄」と書かれた資料もある）にはトラック五〇輌の提供を、満洲電電には通信網の建設を命じられた。

一〇月下旬、河井田隊長以下一部の者は、一一機で奉天を飛び立ち、承徳に一泊。徳化を経て商都に到着した。その他の人員、器材、糧食、弾薬等は、奉天から錦州、山海関、北京を経由して、張家口へ鉄道で輸送、そこからは満業のトラックで、商都へ運搬された。

ここ商都が前線基地となった。

一一月一〇日の早朝、王英軍一万五、〇〇〇が西進する直前に、徳王軍の連隊長以下数名が、中央軍と内通していることが判明した。その結果は、連隊長以下斬首に処せられて、首級は電柱に晒された。

その数日後、金甲山旅団に護衛された自動車（満業から提供された五〇台〔一五〇台との説もある〕のトラック）隊が、百霊廟を目指して出発していった。

王英軍は紅格爾図（ホンゴルド）城の東方高地に野砲陣地を設け、二日間にわたる攻撃を加えたが、傅作義軍の増援部隊が、補給、増兵を計ったので持ちこたえた。王英軍にも死傷者が日々増加していった。

そこで、臨時独立飛行隊に対し命令が下された。「紅格爾図東北角を攻撃し、王英軍の突撃路を造り、その攻撃を援助せよ」と。

一一月一六日、奉天からスーパー機一機が応援のため商都へ飛来してきた。操縦士・都築徳三郎、機関士・渡辺一であった。

ホンゴルド攻撃に際し、このスーパー機にも出撃命令が下された。が、点検の結果は、爆撃の方向指示器が故障していることが判明したので、中畑憲夫操縦士と爆撃手としての渡辺一機関士との間に、右田潔操縦士が方向指示の連絡のために席を占めた。

八八軽爆撃機は、五〇キロ弾を六発搭載し、高度一、五〇〇メートルで、東から西へ攻撃し、スーパー機は、一五キロ弾を一二発搭載して、北から南への進路を取った。

中畑機は三発の爆弾投下に成功したが、四回目の投下は失敗に終わった。再度、北から南へ飛び、城の東北角の城壁へ渡辺一機関士が爆弾を投下した瞬間、機の下で突然爆発が起こり、その爆風が機を激しく揺さぶった。その衝動で、右田操縦士は機関室へ倒れ込んだ。中畑操縦士が後方を確かめると、煙と焔が上がっていて、右田は真中の席で消火に努めていた。胴体の一部の床と、側面の壁とが吹き飛び、青空が望めた状態だった。

速度を一二〇キロに落とし、少しずつ高度を下げ、商都飛行場にやっと着陸した。機体の片輪で五〇メートルほど着地走行して、片翼を左に傾けてやっと止まった。渡辺機関士は顔面の半分が吹き飛び即死だったが、その胸には一五キロ弾一発を大切に抱えていた。

地上からの砲撃によるものか、あるいは渡辺機関士の四発目の爆弾投下後、それほど時間を置かず五発目を投下したので、爆弾同志がぶつかって爆発したか、その究明がされることはなかった。同夜、商都飛行場の「臨時独立飛行隊」の宿舎の一室で、河井田隊長以下全員参列のもとで、渡辺一機関士の通夜がしめやかに営まれ、翌日、遺体は奉天へ空輸された。

一七日、王英軍は、ホンゴルド周辺の部落に参集して、焚火をしていて戦う様子はまったく見られない。再度、王英軍に作戦を打電するがまったく返電はない。

徳化では、田中隆吉機関長は、新京の関東軍司令官に対して、「戦況状況は有利」との嘘の報告をしていた。

一八日未明、綏遠軍の突然の攻撃を受け、王英軍は東北方面へあわただしく逃走した。

また、金甲山部隊の動きについて、密偵の報告によると、「金甲山部隊は一発も発砲せず、綏遠軍の攻撃も受けなかった」と、不可解な関係を窺わせた。

蒙古軍の紅格爾図（ホンゴルド）敗戦の報は、〝燎原の火〟のように中国全土にまたたく間に拡がった。

この時、太原に滞在していた蔣介石は、紅格爾図勝利の報を受けて、三、〇〇〇人の群衆に次のように語った。

「綏遠軍に於ける蒙古匪軍の撹乱問題は、その性質および対内外関係極めて重大であるが、これらは既に水も洩らさぬ準備整い、すべての計画は熟して、われわれに十分の成算がある。われわれはいま十分の覚悟と冷静な態度を以て、沈着にこの問題を処理すべきである。我国は、満洲事変以来一段の進歩を遂げ、全国統一は完成せんとし、近代国家の基礎は漸く牢固となった。今後奮励努力すれば、如何なる外患と雖も恐るるに足らぬ」

蒙古軍は、商都に李守信司令部を置き、さらに第二師、第三師、第五師で固め、尚義に第六師、南壕塹に第一師を配置し、張復堂軍三、〇〇〇は、南壕塹南郊に集結するように命じ、守備を固めた。

二一日、有田八郎外相は、「今次綏遠のことは、内蒙古側との紛争で、帝国の干与するところではない。従って内蒙古軍の行動に関しては、政府はもとより、軍に於ても、何等援助を与えていないことは勿論である」と声明。

二二日、中央軍十三軍湯恩伯、騎兵第七師長・門炳岳が大同に入った。

阿拉善にも、すでに、第二十五師長・関麟徴が定遠営王府に入城していた。

二四日早暁、装甲車を先頭に、綏遠軍が百霊廟に突入した。百霊廟を守備していたのはサハルの第七師・穆克騰宝軍（ムクトンボー）であったが、その月初めに急遽編成された部隊であり、実戦経験者は少なかったから、攻撃を受けると直ちに退却した。そこには多量の弾薬と、小麦粉一万袋が残置してあった。

百霊廟機関も同時に襲撃された。百霊廟機関員と、四日前に阿拉善の定遠営から、スーパー機一機で脱出してきた満洲航空・横山信治定遠営飛行場長ら五名とが、トラックで脱出。西蘇尼特（スニト）への道を避けて、北上して徳化へ引き揚げた。

この日の午後、横田碌郎機関長ら五名の、第二次定遠営脱出組の乗ったスーパー機が、百霊廟上空に達した。徐々に高度を下げていくと、百霊廟はすでに綏遠軍の支配下にあることに気付いた横田機関長は、機首を商都に向けさせた。

百霊廟の占領の報は、中国全土を狂喜させることになった。

二九日、松井忠雄輔佐官は、徳化の田中隆吉機関長に呼び出されて、百霊廟奪還工作を打ち明けられた。

同日、蒋介石は、四省総司令・陳誠および綏遠省主席・傅作義に、「百霊廟を確保すると否とは国家の安危に関する所、全力を以て防禦せよ」と命じた。

三〇日、蒙古軍は、徳化から金甲山旅団に守られて、第一次輸送トラック隊を、シラムレン廟に送った。

一二月一日、最後のトラック隊で、張北特務機関長・桑原荒一郎歩兵少佐らが、商都を出発していった。

二日午前、桑原機関長は、第一次輸送部隊を指揮し、百霊廟南方稜線を守る中国軍に対し、攻撃を準備させ、煙草谷平太郎歩兵大尉（陸士二十七期）の梯団と共に、午後一時、攻撃を命じた。「臨時独立飛行隊」

は、空からの協力を命じられた。

夜、商都飛行場に帰還した河井田隊長は、「第一線は午後四時、依然前進せず」と報告した。これを聞いた松井輔佐官は、田中隆吉参謀の工作は失敗したことを悟るに至った。

シラムレン廟には、百霊廟機関員と、旧アバカ機関員がいた。全部隊の撤退と共に後退を希望したが、田中参謀はそれを許さなかったし、金甲山部隊の不遜な態度、不穏な様子を報告しても無視した。

田中参謀は、顧問部の小浜氏善歩兵大佐に満軍の日系中尉をつけ、シラムレン廟へ送った。だが、小浜大佐には両機関の指揮は与えなかったから、両機関との関係は極めて微妙なものであった。

金甲山軍下の満業から提供させた五〇輛（一五〇輛との資料もある）のトラック隊員も、金軍の態度に脅えていた。

一二月八日夜一二時、シラムレン廟兵変が勃発した。

以前から不穏な行動が見えた金甲山部隊であったが、輸送部隊員全員が射殺され、小浜大佐は、ベットの上で胸を短刀で刺され即死、副官は入口で倒れていた。機関員・大月桂は拉致されて、烏蘭花へ一人だけ連行されて、そこで焚殺された。

他の機関員全員は、家畜を追い込む土壁の囲いに入れられ、そこに一列に並ばされて、一人ずつ次々と二六名が銃殺された。唯一、群馬県出身の間仁田貞次郎通信士だけが奇跡的に生還して、この惨状を報告した。

蒙古人から、「モリシマ」と日本人とが同義語と思われるほど慕われてきたシラムレン機関長・盛島角房（もりしまかくほう）は、当日、機関に不在だったのか、あるいは蒙古人の手助けによったのかで無事であった。

これで、百霊廟機関と、シラムレン機関は全滅した。

その後、黒木清行嘱託の工作で、全員の遺骨は戻り、シラムレン・定遠営機関長だった横田碌郎の尽力で、慰霊祭が催された。さらに、昭和一四年七月に、シラムレン河畔の廟が見おろせる丘に、二十九烈士の碑が建立された。碑文の選を書いたのは、盛島角房が行った。横田碌郎元アラシャン特務機関長は、徳化で行われた錫拉穆林（シラムレン）事変での犠牲者の合同慰霊祭の準備委員長を務めた。

金甲山は押収したトラック五〇輌（一五〇輌との説もある）を手土産に、中央正規軍に寝返って、金は、暫定師長に任命された。

この結果、王英軍への補給手段が途絶して、満洲航空の河井田部隊が、如何に物品を前線に輸送しても、焼け石に水であった。他方、中央軍は、予期せぬ五〇輌のトラックを入手して、機動力が増すことになった。

一二月一二日、蒋介石が張学良に監禁された「西安事件」が発生すると、中央軍の攻撃はぴたっとやんだ。

永淵三郎がベルリンで、「日満独航空協定」を締結したのは、その一週間後のことであった。

昭和一二年元旦、武藤章第二課長が徳王への祝賀のため、新京から徳化へ飛来してきた。

この時、武藤課長は、「隆吉公司の戦争ゴッコ」の現況を認め、さらに、神経衰弱を患っている田中隆吉参謀の病状を確認し、直ちに新京への召喚手続をした。なおまた綏遠事変（すいえんじへん）の事後処理に乗り出した。

昭和一二年一月下旬には、商都の維持がむずかしい状況になってきた。王英軍の撤退、収容を計り、前線基地を張北に後退することが決定された。

張北では、綏遠、山西の両機関長、宋哲元の顧問・桜井徳太郎歩兵大尉（陸大三十八期）らが、連日鳩首会議を開き、激論が交わされた。その結論は、——

1、王英の残存二〇〇は金で処置する。

2、張復堂三、〇〇〇は追い払う。

その夜、張復堂部隊は、武装解除のデマに踊らされて、自ら反乱を起こし、李守信軍に追い払われた。王英軍には約束通り、金と便服が与えられて、解散させられた。

満洲航空の「臨時独立飛行隊」は、張北で編成解除を受け、地上部隊よりも先に、新京へ帰還した。

綏遠事変（すいえんじへん）で、日本は恐くない、という認識が広まったところに国共対立が停止され、抗日に向けて国内が統一されつつあった。こうして日中戦争へと進むことになる。

第五章　弱水に嵐吹きあれて

一　額済納

額済納を九州大学・岡崎敬教授は、日本放送協会発行の『シルクロード　絲綢之路　第三巻　幻の楼蘭・黒水城』で、エチナとしている。（社団法人）日本モンゴル協会・春日行雄会長によると——「額済納」は漢音。モンゴル語では、EJINE（奥地、背地という意味）ではないか。「エチネ」が原音だが、当時、一般的に「オチナ」と称していた。しかし発音としては、「エチネ」が近いと思われる。——（現在、学界では、「エジナ」と呼称しているが、本書は論文でないので、当時、満洲航空で一般的に使用されていた「オチナ」を使用する）

オチナ旗は、現在の内蒙古自治区の最西北に位置し、北にモンゴル国、南に河西回廊の張液、酒泉があり、祁連山の雪解け水が集まり、弱水・オチナ河（蒙古名　エチネ・イン・ゴール）として流れ、途中で東河と西河とに分流し、東河はソゴ・ノール湖へ、西河はガシュン・ノール湖（居延海）へ注ぐ。

オチナは、古くは匈奴が住む土地であった。前漢の紀元前一二八年から一二三年にかけて、漢の武帝は、匈奴往征に衛青将軍を遣わした。さらに二年後に、驃騎将軍・霍去病が出陣し、居延（オチナ）を過ぎ、祁連山の匈奴を攻めた。匈奴は西へ逃亡した。

武帝は武威、張掖、酒泉、敦煌の四郡を置き、西域経営に積極的に乗り出した。紀元前一〇八年には、敦煌の西方の玉門関にまで長城を伸ばし、匈奴の侵入を防いだ。

居延地区では、漢代の遺跡が数多く発見されている。一九二八年、スウェーデンの探検家スヴェン・ヘディン博士の西方科学考査団の隊員、フォルケ・ベルマンによって、木簡（木を短冊型に削り、墨で記録したもの）が多数発見された。

その二〇年前の一九〇八年、ロシアの探検家・ロズロフ大佐は、オチナの近くで、一一世紀の西夏国のカラホト（黒水城）を発見した。ここは井上靖の小説『敦煌』の舞台である。

西夏王国の人々は、チベット系タングート族である。初唐の頃、四川省の西北部から移住してきて、宋代に独立し、「大夏」と号した。宋人は西にある夏国、すなわち「西夏」と呼んだ。

九世紀後半、太祖・李継遷から始まり、一〇三二年、太祖の子、李元昊が大夏皇帝と称し、現在の甘粛省、寧夏回族自治区、内蒙古自治区の西部を含む、巨大な独立国を建国した。興慶府（現在の寧夏回族自治区の区都・銀川市）を首都とし、野利仁栄に西夏文字を創作させて、これを公用文字とした。京都大学・西田龍男教授によって、西夏語、西夏文字の解読、研究が行われた。

西夏王国は、チンギス・ハーンの興隆によって、一二二七年、モンゴルの大軍の大虐殺によって、滅亡した。

現在の中華人民共和国は、人口の一番多い漢族の外、五五の少数民族によって構成されているが、タングート系の西夏人はその中に入っていない。

二　オチナ調査山本隊

永淵三郎運航部長は、その年（昭和一〇年・一九三五）の冬には、ドイツ出張が決定していたから、その前に済ませておかなければならない幾つかの事項があった。そのうちの一つに、包頭（パオトウ）の西に複数の飛行場の建設予定地を決定することもあった。

河西回廊に点在する欧亜航空公司が使用している粛州飛行場、安西飛行場などはあるが、永淵運航部長は、それらの飛行場を使用できない事態を想定して、包頭から三六〇キロ離れた内蒙古・アラシャンの定遠営（ていえんえい）と、それからさらに五三〇キロ西方の弱水・オチナ河沿いのオチナ旗に白羽の矢を立てた。それと同時に、新疆省政府の支配の及ばない、西域南道の古くからのオアシス都市・東干の馬虎山師長が占領している和闐（ホータン）も視野に入れていた。

関東軍の命令によって、満洲航空社員・山本光二を隊長とする山本調査隊が組織された。隊員・林卓三、村上節三、高田昇二らは、昭和一一年（一九三六）一二月一三日、百霊廟を駱駝で出発して西へ向かった。アラシャンの定遠営で、倉永保（佐賀県出身、大阪外語卒、第二次上海事変で戦死した名古屋歩兵連隊長・倉永辰治歩兵大佐（陸士23陸大三四期の末弟。終戦時、満洲国開魯県参事官の時に戦死）、Ａ・Ｍ・ナイルと合流し、四月二〇日頃、一行はオチナへ到着した。特務機関の松本平八郎と、満洲航空社員・広田正隊員は、新綏汽車(自動車)公路を通って、四月一日にオチナへ先着していた。

山本隊長は、新疆工作のため、松本、広田、ナイル隊員を新疆省へ派遣したが、松本と広田は、省境を越えることができず、公波泉附近で入境の機会を窺っていた。ナイルは単独で新疆省潜入を計ったが、失敗したと言われている。

別路で新疆省を目指した高田は、甘粛省毛目県で逮捕されて、七月一九日に西安へ護送された。弱水（オチナ河）に沿って甘粛省の河西回廊から新疆の哈密(ハミ)を目指した倉永は、粛州（酒泉）で、〝四馬〟の一人、馬歩芳(ばぶほう)の旅団長・馬歩康の軍に囚われ、民勤へ護送された。そこで厳しい訊問を受けたが、その後釈放されて、八月二一日に、アラシャンの定遠営に戻ってきた。

横田碌郎機関長は、宿舎〝祥泰隆〟の中庭で、突然帰還した倉永保との再会に驚くが、それよりも重大な情報がもたらされた。

それはオチナ王府の近くに、飛行機が離着陸できる平坦で、土壌の硬い地帯があることを発見したからである。

山本調査隊の山本光二隊長は、唯一人オチナに残留して、江崎機関長一行の到着を待った。山本は熱心な法華経（日蓮宗）の信者で、戈壁(ゴビ)の真っ只中の包(ゲル)の中で、朝な夕なに読経を唱えていたという。

当時、関東軍は、アラシャンの定遠営のほかに、甘粛省粛州、青海省札蔵にも、特務機関開設を目論んでいた。

三　『大公報』記者・范長江オチナ入り

昭和一一年（一九三六）八月二八日、上海に本社がある『大公報』の記者・范長江は社命により、綏遠省の綏遠と新疆省の哈密を結ぶ、新綏長途汽車（自動車）公司の定期便で、綏遠からオチナへ向かった。九月七日、長江はオチナ旗に近い二里子河停車場に降りたった。この地には、南京政府交通部が設置した小型無線局がある。

前年の一〇月、英国駐華大使館参事官・タイクマン卿が、自動車で新綏長途汽車道路を辿り、北平（北京）から新疆省を経由して帰国する途中、この二里子河無線局で一夜を過ごした。今までの無味乾燥した戈壁の風景から一転したオチナ河河畔の、三方森林に包まれた漆喰を塗った数棟の小さな建物を、タイクマン卿は、「沙漠の白亜宮」と称賛した。

オチナ王府に南京政府蒙蔵委員会から、王徳淦という若い調査員が派遣されていて、彼は図王に、南京政府への服従を頻りに説いていた。

オチナ機関開設直前に、満洲航空の社員三名が、定遠営からスーパー機でオチナへ到着し、山本調査隊と交代した。

萩原正三が、オチナ王府の図王へ表敬訪問した際に、近く日本の特務機関の進出があることを話すと、この情報はすぐ旗内へ広がり、それを聞いた王徳淦はすかさず、二里子河無電局から南京へ打電した。また、『大公報』記者・范長江は、山本調査隊による特務機関の開設準備工作と、満洲航空社員のオチナ来訪を、二里子河無電局から上海の本社へ送信した。その記事は大々的に報道され、全中国人の注目を集めた。

范長江は、九月二三日午後、オチナを離れて定遠営へ向かった。その二日後、江崎機関長一行は、六台のトラックを連ねて、オチナへ到着した。

四　オチナ旗に特務機関開設と飛行場建設

昭和一一年九月四日、午前九時、満洲航空社員・萩原正三、井之原邦、中山武好の三名は突然、本社の児玉常雄副社長のもとに呼ばれ、そこで、武宮豊治総務部長（後に常務）から、三名は新たに開設予定のオチナ飛行場建設の任務を命ぜられた。彼らにとっては、「オチナ」とは未知の土地名であった。

翌日は終日、彼らは今までの仕事の整理、旅行の準備、送別宴にと忙しかった。

ウオッカの酔で神経が昂って眠れず、九月六日早朝、宿酔（ふつかよい）の不快な気分で飛行場へ向かった。三名は、

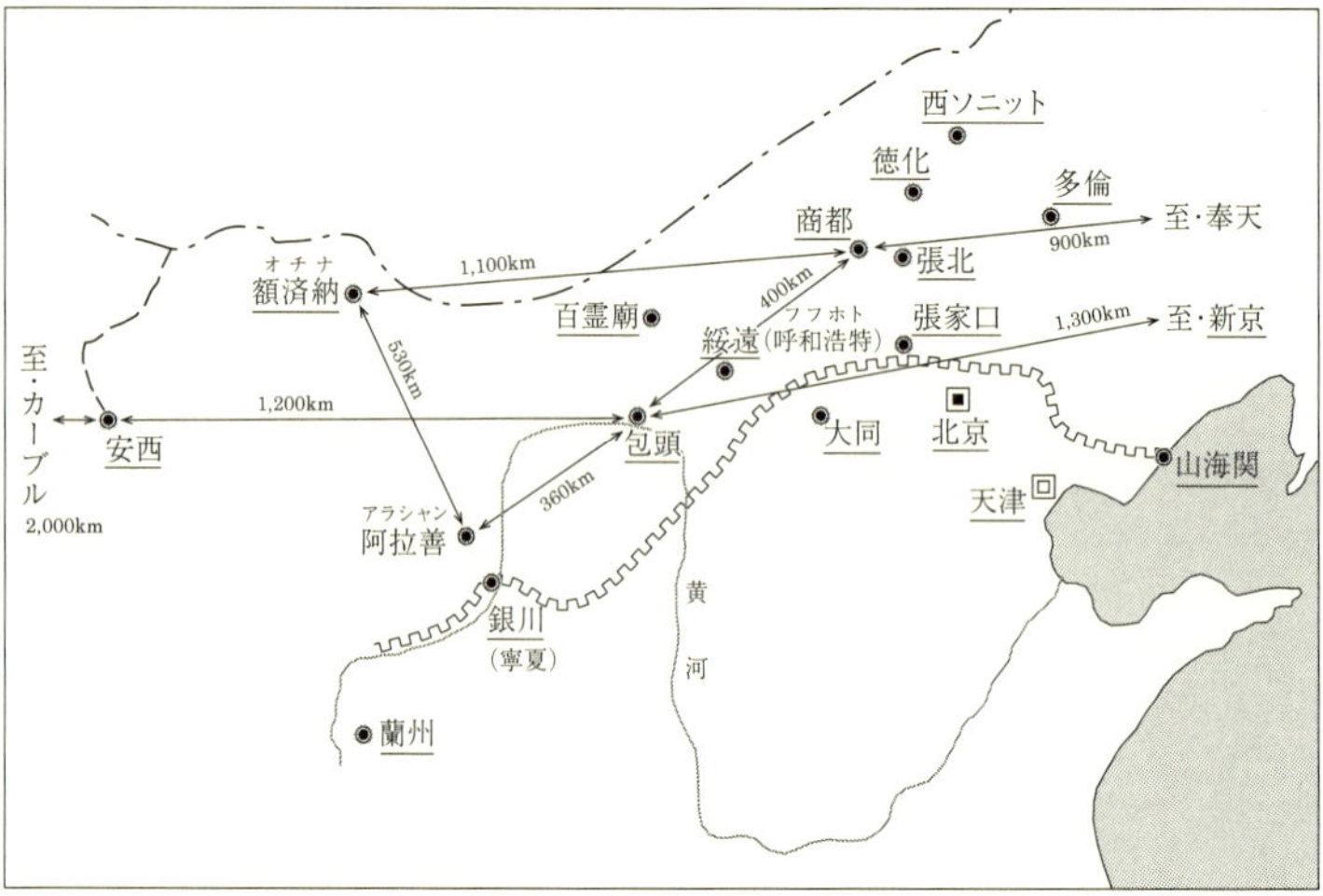

図 5-1：内蒙古の地図

多数の社員、友人、知人に見送られて、臨時スーパー機で、東塔飛行場から天津へ向かった。この時、誰が翌年蘭州で起こる、陰惨な事件を予測できたであろうか。

二時間後には長城を越えて、午後二時に天津飛行場へ到着。福島街の日本旅館に投宿した。

天津に二日滞在中、彼らは天津総領事館で護照（パスポート）交付の手続きと、米、味噌、醤油、日用雑貨の購入に追われた。

九月八日、北京飛行場経由で、包頭へ向かった。北京飛行場には、中国航空公司（米中合弁）、欧亜航空公司（独中合弁）、北支航空公司（後の恵通航空股份有限公司、中華航空）等の格納庫が建ち並び、青竜刀を背負った五、六名の中国兵が、物々しく警備していた。（＊著者注・股份有限公司＝株式会社のこと）

スーパー機がふたたび長城を越え、内蒙古に入ると、荒漠たる大地が果てしなく続く。やがて前方に陰山山脈が現われた。機は機首を下げ、包頭城外の草原の包頭飛行場へ着陸した。

そこで待ち受けていた中国憲兵隊と公安局員との尋問があったが、型通りの質問と名刺の提出とで解放された。

包頭城の南門を入り、北へ伸びる「富三元巷」の道路添いにある学校の先の左側、「包頭飯店」に四、五日滞在して、最終準備を完了した。

包頭には、すでに満洲航空の社員五名（戸田秋雄操縦士、石井昌治機関士、庶務係・中小路英雄、金子喜義、今野勇吉両通信士）が包頭飯店の一隅を借用し、「樋口公館」の看板を揚げて活動していた。

当時の包頭は、戸数一七、三〇〇余戸、人口約七万名を数え、「平綏（へいすい）鉄道」（京包線）の終点で、水陸路とも北京、天津、陝西、内蒙古、新疆省などの各地と結ばれていて、軍事上、商業活動上極めて重要な地点であった。

包頭での物価は廉価で、一元で白麺四〇斤（約六〇〇グラム）、粟三〇斤、麦五、六斤、鶏四、五羽、卵は一〇〇個も購入できた。

包頭飛行場は包頭城外の南にあり、八〇〇メートルの滑走路といっても雑草の生えている広場で、格納庫もなく、ただ紅白の吹き流しが一本はためいているだけの、寂しい飛行場であった。

包頭からアラシャンの定遠営、さらに奥地のオチナへは約一、〇〇〇キロも離れている。当時の満洲航空の花形機「スーパー機」によっても、操縦士、機関士、乗客六名の能力はあるものの、復路のガソリンを余分に積み込まなければならないし、それも客席にまで積み込まなければならないから、乗客は一名に限定された。

そこで三名は、週一便のため、第一便で萩原正三が、翌週井之原邦が、さらに三週間後に中山武好が、オチナへ向かった。

朝八時に包頭を飛び立ち、約三時間後に定遠営に到着。給油、整備、昼食を済ますとふたたび飛び立って、四時間後の夕刻、オチナへ安着した。戸田操縦士、石井機関士は一か月前に、板垣参謀長一行を乗せて、オチナへ飛来しているので、迷うことはなかった。

王府の前に拡がる高台の広場は、天然の飛行場で、小石がごろごろと転がっている。

機が着陸するや否や、ラマ僧、旗の役人、近くの包（パオ）に住むオチナ旗の住民らが、「スーパー機」の近くに集まりだして、物珍しそうに機に近寄り、取り囲んだ。


九月上旬、オチナ特務機関長に任命された江崎郁郎は、トラック六台を連ねて、内蒙古・西蘇尼特（スニト）を出発した。一行は百霊廟を経由し、外蒙との国境に沿い、新疆省と綏遠を結ぶ〝新綏長途汽車公路〟を、トラックの前面に取り付けた「日章旗」を蒙古の風にはためかせ、ガタガタ道路に砂塵を舞い上げながら、オチナへ向かって疾走していた。そのトラックには無線機一組、小銃三〇丁、モーゼル銃一丁、拳銃若干、弾薬、糧食、ガソリン、日用雑貨が満載されていた。

九月二五日、一行はオチナに到着した。翌日、江崎機関長一行は、六台のトラックを編成して、あたかも日本の威信を誇示するかのように、オチナ旗王府周辺でデモンストレーションの行進を挙行した。

早々、江崎機関長は、萩原満航社員を伴い、図王と会見して、旗全域への自由通行、薪水採取、および飛行機の離着陸の許可を申請した。図王はこれらを認め、さらに住居として、東廟高台の堂宇の使用を許可した。

王爺（図王）の肥って愛敬のある夫人は、下僕に歓迎宴の準備を命じた。その卓に並べられた料理は、羊の丸煮と乳酒だけのいたって簡単なものであった。

五日後、自動車隊は二台のトラックと、二〇缶のガソリンを残して、東帰した。

オチナ機関長・江崎郁郎は、上海で同盟通信の記者をしていた時、田中隆吉砲兵中佐と知り合った。本来ならアラシャンの横田碌郎機関長が赴任する予定だっが、江崎は田中から、オチナ機関長に推挙された。

オチナ特務機関は、

◇機関長・江崎郁郎（元同盟通信記者）、◇機関長補佐・大西俊三（大阪外国語学校蒙古部卒）、◇庶務係・加藤、◇無線通信士・小野寺、◇運転手・浅野、他一名、◇山本調査隊残留者・松本平八郎、広田正、◇諜報員・イシヌマ（蒙古人、山本調査隊より申し送りのあった者）、◇現地採用の買売家（漢族経営の商店）出身の漢族一名、張家口より同行の漢族三名

以上の構成であった。

五　オチナ旗での日々是好日

オチナ旗での特務機関員と、満洲航空社員の日常生活は、まったく単調なものであった。

通信士は午前と午後の二回、定期的に定遠営、百霊廟両機関との間で無線交信をしていた。無線室を旗

の役人達が毎日覗き込んで、通信士が打つモールス信号の初めて聞く機械音に興味を示した。

定遠営から週一回飛来してくる満洲航空の定期便の予定日には、スーパー機は昼過ぎに到着するにもかかわらず、朝早くから、ラマ僧、旗の役人、一般人までもが、東廟の高台へ集まってくる。特にこれといった娯楽もなく、さし当たっての仕事もない旗の人々にとって、非常に興味のあることなのであろう。

定期便には日本、満洲からの便り、新聞、雑誌、煙草、酒、食糧などと、包頭で積み込まれた新鮮な野菜が空輸されてくる。

オチナは沙漠（ゴビタン）のため、野菜などは栽培されておらず、機関員達は野菜不足により、壊血病に苦しんでいた。朝食は一一時頃、夕食は五時過ぎの一日二食であった。それは小麦粉を水で練ってスイトンにし、少量の野菜を加え、羊肉を煮込んだ簡単なものだった。野菜は定期便で送られてくる量ではまったく足らず、往復三週間かけて漢族居住地まで買いに行き、葱、韮（ニラ）、大根、白菜などを持ち帰った。

図王は山本光二調査隊長の人柄によってか、機関が進出する以前の工作で、日本人、また日本に対する認識を深め、親日家となっていった。

江崎機関がオチナへ到着してからは、機関は図王工作として、数多くの贈り物と多額の工作資金を贈った。その贈り物の中には、図王の旗と高台にある小学校への、蓄音機とレコード（「夕焼け小焼け」の童謡等）もあった。

図王は、毎日機関に羊一頭を持たせ、各自に駿馬一頭を提供した。

六　オチナ機関焼失

昭和一一年（一九三六）一一月八日の早暁、オチナ機関は焼失した。

突然、静寂に包まれたオチナ機関に爆音が響いた。全員が飛び起き、屋外へ出てみると、倉庫から火災が起きていた。またたく間に燃え広がり、銃器、弾薬庫をなめ尽くしていた。

江崎機関長は機関員、満洲航空社員、漢族の使用人らを総動員して、機関の建物の前に駐機しているスーパー機一機を、安全地帯に移動するのが精一杯だった。それに、人的被害が皆無だったのが、不幸中の幸いであった。

オチナ機関の銃器、弾薬、食糧その他日用品はすべて灰燼に帰し、丸腰の状態になってしまったが、幸いにも、無電台と二台のトラック、さらに、高台西端の旗の小学堂の内庭に保管してあったガソリン四〇缶とが無事であった。

夜明けと共に、江崎機関長と満洲航空の井之原社員の両名は、火災によっても無傷であったスーパー機で、新京の関東軍と奉天の満洲航空本社へ、善後策を講じるために慌ただしくオチナを飛び立っていった。二人は翌春の三月までの四か月間、オチナを留守にすることになる。

特務機関の大西俊三補佐と、満洲航空の萩原正三社員の二人は、とるものもとりあえず王府を訪れ、図王と公爺（弟の薩旺札布（サワンジャップ））とに出火を詫びた。図王は心よく許し、新たな堂宇の貸与を許した。

新しく借用した堂宇の屋根にアンテナを建て、アラシャン機関との交信に成功した。オチナ機関の報に驚いた横田碌郎アラシャン機関長は、定遠営城内外の寝具、衣料、日用品、食料を集めさせたが、そこでは充分な物資を見つけることができなかった。

すかさず、包頭から臨時便が定遠営へ飛来し、当座の日用品、食糧が積み込まれた。

この臨時便に、定遠営で待機していた張家口領事館の外務省・池田克己書記生が乗り込み、オチナへ向かった。オチナから包頭への帰便に、機関の庶務係・加藤が物資調達のため東帰した。

さて、このオチナ機関焼失の原因はなんであったのか？

当時、アラシャンの定遠営にいた器材係・比企久男は、オチナ機関の焼失について次のように記している。

昭和一一年（一九三六）一一月、荒寥不毛のただ中に孤立したオチナ機関は、火災によって大きな痛手を受けていた。原因は機関内からの失火となっていたが、その真相について、馬歩康の謀略説もささやかれていた。（『大空のシルクロード』比企久男著・芙蓉書房）

板垣参謀長一行と同行し、アラシャンの定遠営を訪れたことのある内田勇四郎徳化特務機関員は、伝聞であるが次の記録を残している。

オチナ機関は一一月八日、不幸な失火に見舞われた。臨時便の飛行機が着いたので、夜急いでエンジンを暖めていた。その火が固定家屋の軒に引火したためだった。

（『内蒙古における独立運動』内田勇四郎著・私家版）

なお、同書には現場に居合わせた、張家口領事館・池田克己書記生の証言も記している。

　書記生が来額した時、江崎機関長が歓迎のつもりでぜんざいを作ってくれたストーヴの残り火が失火の原因だった。

当時、オチナに滞在し、この火災を目撃した唯一人の生還者の満洲航空社員・萩原正三は、次の記録を残している。

　定遠営にガソリン輸送隊安着の朗報があった一週間後の一一月八日、遂にわれわれの上に思いも及ばぬ第一の災難が降りかかってきた。

　すぐにオチナは荒涼たる冬景色の一色に変っていた。気温は日中でも零下5度を示し、夜間になると零下15度まで下るのであった。そのため定期航空便の出発に際しては早暁からエンジンを大きなドラム缶に入れた炭火で暖めなければならなかった。一一月八日早暁五時、辺りはまだ夜のとばりに包まれた真暗闇の中で、前日夕景（ママ）到着した定期便を出発さすべく私たちはその準備にかかっていた。玄関前に横づけされたスーパー機のエンジンの下には例のとおり真赤におきたドラム缶の炭火が置かれ、威勢よくパチパチと音をたてて燃えている。……（中略）……真赤な炎の舌が、すばやい速さで庇を伝わりはじめた。……（中略）……宿舎の全員が火事に気付き消火作業にとりかかった時はすでに手遅れとなっていた。……（中略）……紅蓮の炎は一大火柱となって宿舎全体に覆い蔽さり、まだ明けやらぬ暗い夜空を真昼のように天まで焼けつくさんばかりの勢いで燃え熾っているのであった。火は背後の銃器弾薬庫を舐めつくし始めたらしい。実弾の炸裂する号音が断末魔のあがきのように不気味に大地を打ち震わせてズシン、ズシンと腹の底まで響いてくる。私たちは使用人を総動員させてやっと連絡機を安全地帯まで移動させるのが精一ぱいであった。

巷間この火災は敵のスパイによる怪火と伝えられているがこれは嘘言である。原因は、われわれの失火に外ならない。

オチナ機関焼失の原因は、前述のように失火説と謀略説とがあるが、このオチナ機関焼失事件の首謀者は、実は蘇剣嘯であった。

京都府立大学文学部・若松寛教授の論文『オチナ特務機関の最後』によると、——

図王の片腕であり、烏蘭川吉(ウランチョジ)税徴集局長・蘇剣嘯は酒泉の馬歩康によって捕えられ、蘭州へ送致され半年間監禁された。

釈放後、しばらく蘭州に留まっていたが、国民党特務機関の暗殺を恐れて、新疆省へ潜伏していた。

蘇剣嘯はオチナ旗に戻ると〝抗日救国統一戦線〟宣伝活動に励む一方、江崎機関放火という手段に出た。

（若松寛訳）

蘇剣嘯の伝記「英雄遠去情常去」（『阿拉善盟文史』第四輯）に、オチナ機関焼失の真相が記されている。

蘇剣嘯は、阿木梅林(アムメイリン)（後に防守司令部副司令）と計画を立て、外蒙難民のラマ僧・雷徳唐兀特(リクデタンウートウ)をハルハ廟の修行僧の中に潜ませて、漆黒の深夜、雷徳唐兀特は、タイマツの火で機関の倉庫に火を付けた。

六年ほど前、神保町の拙店へ、知人の千葉大学文学部・児玉香菜子准教授が中央民族大学（中国・北京）蒙古語言文学系の蒙古族の女性・薩仁格日勒（サテンゲレル）教授をお連れになった。両先生は、オチナでの女性についてのフィールド・ワークの共同研究者である。

「オチナ旗焼失」を話題にすると、薩仁格日勒教授はその事実をよくご存知で、現地では、オチナ機関を放火した犯人は、ラマ僧の雷徳唐兀特（リクデタンウートゥ）であったということは、周知の事実であると言われた。

七　暗雲立ちこめるオチナ旗

「アラシャン機関を追放する」という風説は、一通の無電によって、現実のものとしてオチナ機関に突き付けられた。

一一月一八日午前、定遠営との定期交信時に、オチナ機関の小野寺通信士は、蒋介石直系・関麟徴第二十五師の設営隊が、定遠営に到着したという打電を受け、さらに、

「情況迫る。当アラシャン機関の無線器機、暗号表は命により速かに焼却のため、貴機関との交信はこれをもって打ち切る。これまでのご交誼を厚く感謝し、貴機関のご健闘を祈る。爾後の連絡は百霊廟機関ととられたし。さようなら！」

アラシャン機関との交信が絶えた数日後、百霊廟との交信によって、アラシャン機関員三名と、満航社員二名が救援機で脱出したが、まだ五名残留していることを知り、さらに、

「当百霊廟も敵軍優勢のため、いつまで持ちこたえるか不明であるが、最後の最後まで頑張るので……貴オチナ機関員のご自重を祈る」

という連絡が入った。

一一月二三日、朝からオチナ機関は重苦しい雰囲気に包まれていた。無線係の大塚通信士と小野寺通信士とが、交互に、幾度も百霊廟を呼べども応答はなかった。交信不能となったようだ。

その日の深夜、百霊廟は装甲車を先頭とする傅作義軍に急襲されて、蒙古軍第七師は敗走した。盛島角房機関長らと、第一次定遠営脱出組の横山信治飛行場建設隊長らは、辛くも百霊廟を脱出した。第二次定遠営脱出組の横田碌郎機関長らが、翌日の二四日に、スーパー機から見た燃えさかる百霊廟は、正に傅作義軍の占領下にあったのだ。

オチナ機関で毎夜開かれた会合は、まるで通夜の席のように、誰もが言葉少なくなっていった。定遠営、百霊廟との交信も不可能となり、定遠営からの定期便も今はない。

達王はじめ王府の役人達の目線は、次第に冷たいものになっていった。旗の役人が毎日、無電台を監視にやって来るので、小野寺、大塚両通信士はあたかも交信しているかのように、頻りとキイを打つ振りをし続けた。

ところが、二里子河の無電局に入電する情報は、刻々と日本軍には不利なものであり、中国人の士気を高揚するものであった。

一方、達王から呼ばれた大西俊三補佐と、萩原正三社員は、親日家の達王に訊ねられた。

「貴国の飛行機はどうして飛来しないのか。機関長はいつも、私に徳王軍の後には、関東軍が付いているので心配ない、と言っておったが、関東軍はどうなったのか。本当に負けたのか」

その質問に対して、大西補佐は答えた。

「日本人は嘘をつきません。必ず再度、飛行機は飛来します。関東軍は、勇敢な軍隊ですから、敗けるはずはありません」

オチナ機関の無電台は発信することは出来ないが、電波の調子の良い深夜には、かすかに船舶無線を傍受することができた。「綏遠事変」が中国軍の勝利によって一段落したこと、さらに、「西安事件」などの情報を知ることがなかったら、全員の精神状態に異常をきたしたであろう。

ある日突然、大塚通信士の言動がおかしくなった。以前から不眠症に悩まされていたことは、機関の誰もが知っていたが、高台の飛行場のある広場で、白昼に銃を乱射するようになった。大西補佐は、彼を新綏汽車公司の定期バスに乗車させて包頭に向かわせたが、途中で中央軍に捕縛されたと言われている。大塚のその後の消息は、伝わっていない。

〝綏遠事変〟勃発以降、アラシャン機関、百霊廟機関の撤退に伴い、無線で交信することが出来ず、しかも、オチナ機関・江崎機関長、満洲航空・井之原社員は、善後策を講ずるために東帰していた。さらに、スーパー機による定期便は不通となっていて、オチナ機関は孤立していた。

徳化特務機関の機関長・田中隆吉中佐によって計画・実行された徳王の蒙古軍による「綏遠事変」の敗北によって、百霊廟機関は撤退した。

アラシャン機関では、蔣介石直系の第二十五師長・関麟徵軍の進駐によって、横田機関長ら一二名は、二回にわたって脱出した。

オチナ機関は完全に孤立した。無線でアラシャン機関、百霊廟機関との交信は、今や不可能となった。さらに不幸だったことは、アラシャン機関焼失後、直ちに江崎機関長、加藤機関員、井之原満洲航空社員の三名が、あわただしくオチナを離れ、満洲へ出ていったことだった。残った大西補佐はじめ特務機関員と満洲航空社員らは、達王はじめオチナ旗の人々の、従来と異なる冷たい視線で眺められるようになっていった。

夕食後、全員が娯楽用の包に集まって、床に敷かれているフェルトの敷物の上に胡座(あぐら)を組み、議論を重ねていたが、いつも堂々巡りで終わっていた。

トラック二台と、充分なガソリンがあり、一番近い漢族の部落がある毛目までは、車で三日の距離であるが、北は外蒙古、西の新疆省はウルムチ政府の盛世才督弁によって、公婆泉で国境がすでに閉ざされていた。東のアラシャンの定遠営は関麟徵軍が、さらに、百霊廟には傅作義軍が、南の毛目の先には、粛州から派遣されていた東干の回族軍閥がそれぞれの地域を占拠しているから、「袋の鼠」となっていた。

大西補佐は不在の江崎機関長に代わり、「いずれ近い将来、必ず南京政府から、捕手が当地を訪れるであろうから、その時には、日本人として、沈着、冷静な態度を取って欲しい」と皆に語った。

まさに、オチナ機関は、〝居延海〟に漂う、片翼をもぎ取られた「天鵝(スワン)」となってしまった。オチナ機関にとどまっていた七名の心境は如何なものであったかと考えると、私の心は痛む。

八　蘇剣嘯

蘇剣嘯は元来満洲旗人であったが、酒泉の北、金塔県に移住し、蒙古に籍を入れ、図王にその才能を認められて、養子となった。

オチナは古来より綏遠と新疆との通商路の中間にあり、隊商はコビ灘の辛苦な旅を長く続けて、やっと水草の多い、オチナの居延海周辺のオアシスで、駱駝を休め、物資を補給し、人々は休憩した。

そこでは商品の越境税（京都府立大学若松寛教授によると、若干の水草代――草頭税）を酒泉の馬歩康から派遣された東干（回族）の役人によって、徴収されていた。

蘇剣嘯は中国内地へ行ったこともあるので、税に関しては多少の知識もあった。そこで、図王に進言し、オチナ旗を通過する商品、阿片に越境税を徴収するため、オチナ旗の東西の入口、烏蘭川吉に税徴局を設置し、蘇自ら局長として、徴収作業を開始した。

彼の行為に対し、一九三五年夏、馬歩康は、オチナへ捕者を派遣した。

逮捕された蘇は、酒泉（若松教授は蘭州という）へ送られ、半年余り監禁され、拷問を受けた。

図王に対して、馬歩康から五、〇〇〇元の身代金が要求された。図王の弟・塔旺札布の尽力により、蘇は解放されたが、オチナへは帰らず、新疆省へ潜入した。これは蘇剣嘯が漢奸であると中央政府に報告されていたので、国民党特務の暗殺を恐れていたからだと言われている。

九　全金属製大型機「国光号」オチナへ飛来す

昭和一二年（一九三七）元旦、オチナ機関員、満洲航空社員の全員は高台広場に集まり、東方・日本方面へ向かって遥拝、国家百年の安泰と、それぞれの一家の繁栄を祈願し、故郷に思いを馳せた。この日の朝の祝膳には羊肉入りの水餃子、それに、最後の臨時便で届いた池田克己張家口領事館書記生の土産のハムの缶詰と、デルモンテのパイナップルの缶詰が並ぶという豪華なものであった。その頃には、昼間は零下二〇度、夜間には零下三〇度まで下がるという過酷な天候であった。

一月中旬、東廟に一人の蒙古服姿の訪問者があった。彼は鹿児島県出身の大迫武夫（おおさこたけお）と名乗った。彼の話によると、青海省の西寧で馬歩芳に会い、甘粛省の蘭州を経由して、北上してやっとオチナに到着したという。大迫は言葉も、服装もまったく蒙古人と区別がつかない。

一月二八日、池田書記生は、粛州を目指してオチナを出発していった。二月一六日に粛州に到着したが逮捕され、十数日間訊問を受けた後、オチナへ護送されて四月一二日にふたたびオチナへ戻ってきた。池田は、四月二〇日、新綏汽車公路の定期自動車便に乗って五月五日、張家口に到着した。

　その年の初め、奉天の満洲航空本社では、児玉副社長、武宮総務部長、河井田運航部長ら首脳は、連日深夜まで、連絡が取れなくなったオチナへの偵察飛行の対策会議にあけくれていた。

　奉天からオチナまでは二、〇〇〇キロ。その飛行ルートの検討、機種の選定が議題の中心だった。ちょうどその時、中島飛行機から満洲航空本社へ、明川清技師が中心となって開発中の新型旅客機・AT機が完成したという連絡が入ってきた。乗員三名、乗客八名、エンジンは中島・寿空冷四六〇Hp＝馬力二基を搭載し、時速三一〇キロの全金属製の双発機である。

写真 5-1：国光号（中島 AT 機）

　さっそく、満洲航空はAT旅客機を二機発注した。二月中旬、待ち望んでいたAT機が、日本から奉天東塔飛行場へ飛来してきた。機名を「国光号」（M-二〇二）と命名され、航空工廠で改造工事が夜を徹して行われた。客席が外され、ガソリンの補助タンクが幾つも取り付けられた。
　すでにアラシャン機関は、前年の一一月二四日に撤退しているので、定遠営（ていえんえい）飛行場は使用できない。商都飛行場の先には包頭飛行場があるが、前年一一月に勃発した「綏遠事変（すいえんじへん）」で撤退しているので、飛行ルートは奉天、商都、オチナと決定され、幾度かのテスト飛行が実施された。
　二月末の早朝、奉天東塔飛行場を「国光号」は、西のオチナへ向かい飛び立った。操縦士は満洲航空ハルビン管区のベテラン河野与助、機関士は特航部の岡本虎男であった。オチナ機関焼失後、善後策を講ずるため帰奉していた井之原満洲航空社員が乗り込んだ。機内は客席のシートは取り外されているので、井之原は金属製の床に座った。毛皮の外套を敷いても、尻が寒かった。「国光号」は、給油のため商都へ降りた。奉天から約九〇〇キロを一っ飛びしたが、ここからオチナまでさらに一、一〇〇キロもある。

徳化特務機関の内田勇四郎機関員は、前日、松井忠雄補佐官に呼ばれ、大西俊三補佐の交代要員に任命されたことを告げられた。

翌日の早朝、徳化で待機していた江崎オチナ特務機関長、加藤機関員と内田機関員の三名は、乗用車で商都に向かい、そこで一泊した。

夜明けと共に商都飛行場へ着くと、今まで見たこともない全金属製の大型旅客機が翼を休めていた。まもなく「国光号」は、商都を飛び立った。

機は時速三〇〇キロで、蒙古高原の上空を飛翔している。左遠方に望まれる陰山山脈がその姿を消すと、機窓からの風景は実に単調なものに変わり、地球の荒れ肌がどこまでも続く。時折、黄羊（蒙古に住む羊の一種）の群が、「国光号」の爆音に驚いて、右往左往して逃げ回っている。変化のない風景に飽きた四人は、眠り込んだ。

やがて、機内に軽いざわめきが起こった。左窓から、どこまでも続く賀蘭山（がらんさん）山脈が望まれた。オチナ旗も近い。またしても、砂漠の単調な風景が続く。

旗の王府の建物、ラマ廟が眼下に見えてきた。「国光号」は着陸態勢に入り、数回旋回して、東廟前の短い滑走路に無事着陸した。

一方オチナ機関では、火災後、救援物資を運搬する臨時便の飛来を最後に、すでに四か月の時が経過していた。無線機も故障し、最も近いアラシャン機関は今はない。

大西補佐はじめ六名の機関員、萩原社員外二名、大陸浪人・大迫武夫らは、無為な日々を過ごしていた。朝食後、各自は自分の部屋に戻り、午睡を楽しむ者、読書に励む者、将棋を指す者などそれぞれ別行動をしていた。

突然、オチナの上空に、今まで聞いたことがない大爆音が響きわたった。全員部屋を飛び出して青空を見上げると、そこには陽光ににぶく銀色に輝く大型飛行機が認められた。さらに翼には五色に塗り分けられた円い満洲航空のマークを識別できた。大西補佐は日章旗を持ち出して、東廟の高台の飛行場で、機に向かって旗を力強く打ち振った。

「国光号」の機内でも、すでに日章旗を振る姿、手を振る多数の姿が機窓から見えたから、機関が未だ健在であることが確認できた。

着陸後、機体中央の床に設置されている爆弾投下と落下傘用の穴から、内田機関員が唯一人滑り降りた。内田は旗を振りつつ走り来る人物に駆け寄った。一昨年、貝子廟で別れた旧知の大西俊三補佐であった。内田は髯だらけの大西と抱き合い、お互いの背を叩きあった。二人は大阪外語の同窓生である。

やがて、「国光号」から四か月近くも機関を留守にしていた江崎機関長、加藤機関員、井之原邦満航社員が笑みをたたえ機を降りたった。残留者と帰還者は互いに手を握り合い、肩を抱き合い、無事を祝した。誰もの頬にも涙が流れていた。機関の一室で、オチナ機関員、満航社員の無事と江崎機関長らの帰還を祝して、秘蔵のウイスキーの封を切り、乾盃。椅子が足らないので、ビールの木箱を幾つか利用した。

江崎機関長は、大西補佐に内田徳化機関員との交代命令を伝えた。大西はひどい痔を患っていたから、奉天で治療せよという江崎機関長の親心であった。ところが、大西はどうしてもオチナに残るといって聞かない。江崎機関長は根負けした。

機関長は、「国光号」乗務員に、オチナ一泊を勧めた。が、河野操縦士は、

「エンジンと機体に重量があるから、それを支える装置と器材がここにはありません。車輪のタイヤの空気圧がもたないでしょう。したがって一泊は無理です。日の有る内に商都に戻らないと……」と、出発を促した。

「国光号」から、四か月ぶりに新聞、雑誌、故郷からの便り、食糧品等が慌ただしく下ろされた。中に、皆の好物・海苔と奈良漬の缶もあった。

二時間後、「国光号」は商都へ向け飛び立っていった。帰便には内田勇四郎徳化機関員のほか、青海帰りの大迫武夫、満洲航空・中山武好社員が乗り込んだ。

三時間後、「国光号」は、商都飛行場へ安着した。

オチナ旗では、日本人に対する評価も高まった。親日家の図王の態度も以前に戻った。

直ちに、二里子河無電局から南京へ打電された。


「オチナへ、日本帝国大型機飛来す」

その晩、江崎機関長、加藤機関員、井之原満洲航空社員から、「綏東事変」およびその後の経過報告がなされた。

――戦況は一時的に膠着状態にあること、関東軍の内蒙古に対する積極的進出は望められないこと、現在の内蒙古の政治状況では、オチナの安全の保障はどこにもない。今回の「国光号」の飛来は定期的なものでなく、一時的な試みであること等々が話された。

誰もが、希望のない状況に置かれている現実を自覚することになる。

三月下旬、二里子河無電台から王府への伝令が日毎に増えてきて、緊張感が誰にも感じられた。ある日、大西補佐に、図王の弟で親日家の公爺・塔旺札布(サワンジャップ)は、

「近日中に、南京中央政府から、日本人逮捕のために、飛来してくるそうだ」

と、知らせた。

その翌日、東廟高台の飛行場に包(ゲル)が幾つか建てられ、吹き流しが取り付けられた。

ある晩、全員を集めて、江崎機関長は、厳しい表情で決意を述べた。

「現在の情況を徳化、商都へ伝えたくとも今となってはその手段もなくなった。残留した者たちが、オチナ機関が置かれている状況を、詳細に田中隆吉公司に報告しているはずだ。隆吉公司も何らか対策を講じよう。河野操縦士も上層部へ働きかけて、再度オチナへ飛来すると約束してくれた。

だが残念なことだが、私はいよいよ最後の時がきたと思う。しかし、今日本と中国とは全面的な戦争に入っている訳ではないから、たとえ我々は南京へ連行されたとしても、即座に処刑されるとは思えない。中国機の飛来もまもなくだろうから、各自身辺整理をしておくように。

私の力不足で、全員の帰還がむずかしい情況になって誠に申し訳ない。軍と満航を恨まず、私の無能、無策を非難して欲しい」

江崎機関長は、皆の前で深々と頭を下げた。全員無言で、機関長の言葉に耳を傾けた。中には唇をかみ、瞳に涙を滲ます者もいた。

何日たっても、南京からの飛来はなかった。そのうちに飛行場の包(ゲル)は解体され、吹き流しも取り外されて、何もなかったように、以前の単調な日常生活に戻った。

耐えがたき無為の日々が過ぎていくが、せめてもの気やすめは、機関に毎日訪ねて来る現地蒙古人との対応のひと時だった。医者のいないオチナ旗の人々にとって、日本人の誰もが医者に見えるらしい。そこで、機関と満航の予備薬を少しずつ分け与えた。「仁丹」でさえも銀色に輝く秘薬か、高貴薬と見えるのか、その数粒をしわくちゃな汚れた両手で、感謝して受け取っていく。

五月下旬、現地諜報員からの報告によると、

「粛州の公安局員が、オチナ旗の日本人逮捕の為に出発し、すでに毛目まで達し、オチナ河に添って北上中である」と。

身辺整理をする者、遺書を記しラマ僧に託す者など、機関内は慌ただしく、また重苦しい空気に包まれていた。

機関のある東廟の建物の中庭に、機密書類、暗号綴、各自のノートなどが山積みにされ、火が付けられた。その周囲を取り巻く誰もが、自分が焚火されているように涙した。

捕手の寧夏省民政庁庁長・李翰園らの公安局員は、数日後、オチナ旗に到着することになる。

一〇　第二次ガソリン輸送横山隊

昭和一二年の新春、満洲航空本社で勤務後、前年一一月下旬、アラシャンの定遠営から、共に決死の脱出を計り、奉天へ生還した横山信治と比企久男は、幾度か、「奉天銀座」と称される春日町に続く浪速通りの酒場で、盃を重ねる機会があった。定遠営での生活、達王のこと、脱出時の緊迫した情況など、話題は尽きなかった。特に定遠営に残留してきたガソリンは、現在でもラマ廟の奥の密室に残っているだろうか、定遠営へふたたび行くことができるであろうか、もし、定遠営が駄目なら、次の飛行場予定地はオチナであろう……というような内容が話題の中心であった。

横山は自分が隊長となって、ガソリンと器材を運搬して、第二の基地・オチナへ行くという命令が、本社から出ていることを比企に話すと、

「自分も一緒に連れて行って欲しい」

と懇願した。ところが横山は諭した。

「君は大連支所へ転勤することが内定しているから、これからは航空技術一本に打ち込み、航空機関士の試験を目指して勉強に励んでくれ」

第二十五師・関麟徴軍の定遠営進軍によって、機関員、満洲航空社員全員は無事脱出したが、機関は壊滅した。にもかかわらず、関東軍上層部の一部と、満洲航空首脳とは、ベルリンまでのパミール越えのシルクロード・ルート飛翔の夢を捨て切れず、定遠営の先のオチナ王府にその任を託して、第二次ガソリン輸送計画が立案された。

昭和一二年（一九三七）三月、奉天の満洲航空本社講堂で、秘かに結団式が挙行された。児玉常雄副社長から訓示があって、隊長には、前年アラシャンの定遠営飛行場建設隊長を務めた横山信治が任命された。隊員には社員・若山敏、同・高森安彦、さらに、二月にオチナから「国光号」で奉天に戻ってきたばかりの〝大陸浪人〟大迫武夫が道案内人として加わった。（康徳四年三月一三日付、満洲航空の辞令によると、大迫は嘱託・会社事務とある）

この大迫が参加したことにより、この輸送隊の性格が大きく変わってしまった。彼は寧夏、甘粛、青海の各省を歩き廻り、「青海省主席・馬歩芳（青海王）と面識があるとか、知遇を受けている」と、常々、公言したと言われている。

大迫武夫の行動をみると、昭和九年（一九三四）頃、大迫武夫は、すでに張家口領事館（領事代理・中根直介）に出入りしていた。

翌昭和一〇年（一九三五）、大迫は百霊廟、アラシャンの定遠営を経て、オチナ旗に達した。その後、張家口に戻り、張家口特務機関（機関長・大本四郎歩兵少佐）より工作資金として三〇〇〇ドル（一ドルは二円強、物価が二〇〇〇倍となっているとすると、約六〇〇万円か）を支給された。

大迫は回教軍閥懐柔工作を目的として、駱駝で張家口を出発。アラシャンの定遠営に立ち寄り、、その後、再度オチナ旗に入った。そこから王門関、敦煌、安西は当時、回教軍閥・〝大馬〟と呼ばれていた馬仲英師長の支配下にあった。大迫の重要任務は、安西飛行場の建設と、その使用許諾にあった。ドルを持っていったのは、馬師長が外国人武器商人との決済に、それが最も適していたのであろう。

四月、第二次ガソリン輸送横山隊は、張家口で三〇〇頭の駱駝の背にガソリン缶を積み込み、西スニトを経由して、二、〇〇〇キロ西方のオチナへ向けて出発していった。第一次ガソリン輸送井原隊のほぼ倍の規模の編成であった。その隊列の長さは、四キロにも及んだ。

これまで、横山隊の目的地はオチナといわれているが、実は、この当時、ホータンを中心に、甘粛省安西まで支配下に置いた東干の馬虎山師長に、関東軍は安西飛行場の使用許諾を受ける目的で、ガソリンと〝馬虎山工作〟のための小銃（三八式歩兵銃、騎銃、軽機銃）、弾薬、多量の現大洋（銀貨）、さらに阿片まで積み込み、安西へ向かっていたと思われる。なぜなら、横山隊はオチナを避け、安西へ向かっている途中の砂漠で逮捕されている。この実行者は大迫で、後ろで糸を操っていたのは、田中隆吉徳化機関長であろう。

これは万一、国府軍に横山隊が逮捕され、ガソリン以外の積荷が判明したとしても、国際関係上、関東軍の介入でなく、一民間会社・満洲航空の独断行為だとする、カモフラージュを狙ったものと考えられる。武器、弾薬等を民間業者に購入、運搬させて、万一それが発覚したとしても、軍の関与はなかったとするのが常套手段であった。第二次ガソリン輸送横山隊と似たような事例があった。明治三一年（一八九八）に起きた「布引丸沈没事件」がそれである。これに関しては、昭和通商の項で詳細に記する。

一一　ラマ僧に託した「若山敏の手紙」

昭和一二年六月中旬、オチナの満洲航空社員・萩原正三のもとへ、一通の手垢で汚れ、しかも、よれよれに擦り減った封書が、一人のラマ僧によって届けられた。発信人は大阪外語の同期生で、第二次ガソリン輸送・横山隊の若山敏隊員からのものであった。急いで開封すると、見覚えのある筆跡で次のように記されている。

自分はいま、横山第二次ガソリン輸送隊に参加し、再び涯てしない草原と砂漠の海への旅に上っている。早いもので、昨八月貴兄がオチナ出発の際、奉天で別れて以来間もなく一年近い歳月が過ぎた。綏東事件後、貴兄の消息をつかめず安否について憂慮していた。ただ今貴地オチナを遥か西方に望む三日行程のところを安西方向に向い、進行中である。丁度オチナ方向からのラマ僧の旅行者に出遭い、げんざいなお日本人が居住している旨を聞き、懐かしさの余りこの手紙を書いているところだ。自分も張家口出発以来まる二ケ月を経過した。

今回は前回と異なり駱駝三〇〇頭の大キャラバン隊であり、通過地域も全域が敵地で国府中央軍、共産軍あるいは回教軍の真ただ中に身を曝す危険きわまる思いである。

しかし、どうやら一千余キロを踏破し、無事現地点に到達し得た。全員健康状態良好、さしたる心配はない。だが、さらに西進し、安西までの前途の多難を思うとき、無事安着できるか否か、些か疑問であるが、万難を排しても所期の目的に向い邁進する覚悟である。いまから貴地へ飛んで行き再会したい気持を圧えつゝ、この手紙を幸便に託す。切に貴兄のご健勝を祈る。大西兄（私たち三名は共に同期生）にもよろしく。

この便りを最後に、第二次ガソリン輸送横山隊は、忽然と沙漠に姿を消した。

オチナに駐在していた機関員、満洲航空社員のうち、唯一人生還した荻原によってこの手紙は戦後公開されたのだが、第二次ガソリン輸送横山隊の足跡の唯一の貴重な記録である。これによって、ガソリン等の運搬先はオチナでなく、安西であったことが確定した。

その月の六月二六日に、荻原は「暁号」によって、奉天へ生還することになる。

若山敏は、「綏東事変」以後、荻原正三の消息を掴めずにいて、安否を気遣っていた。

横山隊の目的地は、当初、オチナであるといわれていたが、実際に向かっていたのは安西であった。

進行途中で出会った年配のラマ僧は、オチナ旗には日本人が居住していると若山らに語った。そこで、若山は手紙を書いてそのラマ僧に託した。その時は、横山隊が張家口を出発してから、すでに二か月の月日が過ぎていた。

写真 5-2：満洲航空ＬＢ・２型機「暁号」（中島式陸上中型攻撃機改造）。

一二　オチナへ「暁号」出動す

六月中旬、奉天・満洲航空工廠東塔飛行場の格納庫では、中島飛行機が、前年に試作した長距離爆撃機（ＬＢ・２型、中島式陸上中型攻撃機）・「暁号」の改造工事に大童であった。

「暁号」はその時、満洲航空唯一の長距離用旅客機であった。双発、中翼、全金属、巡航速度二五〇キロ／時、最大速度三二八キロ／時、エンジンは中島〝光〟二型、空冷式星型九気筒七〇〇Hp＝馬力を搭載し、航続力六、〇〇〇キロの性能があるから、奉天―オチナ往復は充分可能である。

この「暁号」が満洲航空に入った経緯を紹介しなければならないだろう。

昭和一〇年、海軍は、三菱飛行機と中島飛行機の双方に、長距離爆撃機の開発を命じた。

その頃、三菱は、ユンカース社との技術提携によって製造された九二式双発重爆撃機、九三式重爆撃機、九三式双発軽爆撃機などが相次いで陸軍に採用された。海軍にも九三式陸上攻撃機、九五式陸上攻撃機、八試特偵機が採用された。

一方、中島飛行機は、九一式艦上戦闘機、九〇式水上偵察機、九一式戦闘機、九四式偵察機、フォッカー・スーパー・ユニバーサル輸送機、P‐1郵便機などの単発機だけを製作してきた。

ダグラス社のDC‐2の製作権（ライセンス）を獲得したばかりの中島飛行機は、明川清、西村節朗、中村勝治の三技師が中心となり、大型機の製造を開始した。翌年一月、試作機一機が完成し、海軍の判定を仰いだ。だがその結果は、三菱に軍配が上がった。敗れた中島飛行機は、その試作機を満洲航空に無償で贈与した。

その経緯は、以下のようである。永淵三郎が、「日満独航空協定」を締結した翌年の昭和一二年早春、中島飛行機・尾島飛行場のある群馬県尾島町の利根川河畔を中島飛行機太田製作所の中島乙未平と散策していた時、中島は突然言った。

「永淵君、LB・2型機を貴方の満洲航空に差し上げよう。外にコンソル機も如何かな？」

まるで子供に煎餅（センベイ）を二枚くれるような話であったと、戦後、永淵は回想している。

六月一〇日、関東軍司令部航空課（課長・今西六郎航空兵中佐。永淵三郎と共にベルリンで、ルフトハンザ社との航空交渉に参加）から、長く連絡のないオチナ特務機関と連絡をとってほしいとの要請があった。満洲航空としても横山隊の動向偵察も兼ねて、特航部の「暁号」でオチナ飛行を実施することにした。

そこで児玉常雄副社長は、新たに就任した河井田運航部長にその指揮を命じた。さっそく河井田は人選にかかり、航空工廠検査課長・中尾純利を操縦士に、石川金吾機関士（「河井田日誌抄」では、川端清一機関士と記しているが、河井田は後に訂正している）、前年にアラシャンの定遠営から本社に戻ってきた清都（きよと）誠一通信士のベテラン三名を選抜し、さらに伊藤整備員と交代要員の柴田剛（大阪外国語学校蒙古部卒）を加えた。

六月二五日、夜明けと共に、奉天・東塔飛行場では人々の激しい動きが見られた。オチナへ向かう「暁号」（M‐二〇二）の出発準備に励んでいた。しかし、エンジンの調子が悪いので、調整に時間がかかっていたが、八時一五分、「暁号」は奉天の初夏の青空に舞い上がり、機首を内蒙古のサハル省商都へ向けた。機内の五人は皆満洲航空社員である。機内の雰囲気は明るく冗談も飛び交っていたが、唯一人、オチナ交代要員として乗り込んだ柴田は元気がなく、口も重かった。

機窓からの風景は、広漠な黄土の荒れた地帯が続くだけである。時速三〇〇キロの駿足で、「暁号」は赤峰の街を過ぎた。単調な光景が続く。やがて張北の街が望まれたので、商都も真近い。

商都飛行場には、蒙古軍の尹宝山師団長の出迎えがあり、街に至るまで、兵の整列が続く。司令部に到着し一休みしていると、徳化より李守信上将、大橋参謀が、「徳王機」で飛来。司令部で、尹師団長主催の午餐会が開催された。食後、李上将の強い勧めもあり、河井田運航部長一人が、「徳王機」で徳王の居住する徳化へ向かった。徳化飛行場では兵士らが整列して、河井田を出迎えた。そこには烏古廷（ウコティ）蒙古軍中将の姿もあった。徳化滞在一時間で、河井田は商都へ引き返した。

徳化機関の内田勇四郎機関員は、六月二四日、松井忠雄補佐官に呼ばれ、大西俊三補佐の交代要員に任命されたことを告げられた。商都飛行場へ着くと、今まで見たことのない全金属製の大型機が翼を休めていた。

その夜、河井田運航部長一行七名は、飛行場に隣接した宿舎に案内された。商都の蒙古人は一行を温かく迎えてくれ、寂寞感漂う一夜を過ごした。

翌二六日、五時に起床し、直ちに飛行場に向かった。八時の出発であったが、昨日と同様にエンジンの具合が悪く、出発が一時間近く遅れた。今日は、オチナ往復二、二〇〇キロの大飛行である。オチナにはそれほど燃料が置いていないから、商都―オチナ間の往復分の燃料を積み込む必要があったので、繋留に使用する翼受台を商都に残し、さらに伊藤整備員も商都に留まった。皆の顔には緊張感が漂っていた。

商都から先は青空が続いていたが、四子王旗を過ぎた辺りから、厚い雲が下の景色を隠した。察東事変で傳作義軍の手に陥た百霊廟を過ぎた辺りから、激しい雨滴が操縦席の窓ガラスを打った。地図には道路も集落も記載されているものの、上空からは粟粒ほどでしかないから、眼に入らない。沙漠といっても、丘陵や岩の荒れた地表も認められた。近くの山の高さが不明のため危険なので、商都へ引き返した。

翌二七日、再出発。最初から高度を充分に取って飛行した。百霊廟までやはり雲が多く、時々、雲の切れ間から草原が見える。百霊廟に達すると、雲海が徐々に消えていった。百霊廟からオチナのちょうど中間辺りが、外蒙古が最も南へ突起している。そこを国境すれすれに蛇行して飛行を続けた。大雨の後なのか、川は濁流の流れに変貌している。

北緯四一度七〇分、東経一〇一度の地点まで飛来してきた。オチナも間近い。

大湖水と大草原が北に現れてきた。それらは居延海(きょえんかい)オアシスと思われる。

やがて、オチナの目印の仏塔(ブルガン)が認められた。さらに高度を下げていくと、図王の王府はじめは、ラマ廟などの土煉瓦造りの固定家屋と包の集落を認めることができた。オチナへ到着したのだ。東廟の前の飛行場には吹き流しの標識が立てられ、布板を敷いてくれていた。

機関員と満洲航空社員の誰もが笑顔で、機に向かってしきりに手を振っている。「暁号」はオチナの青空を大きく旋回して、東廟前の飛行場にぎりぎりに停止した。オチナの滑走地帯は、王府に向かって約五五〇メートルの部分が最長であった。ベテラン・中尾操縦士のさすがの技量が光った。着陸後、機体中央の床に設置されている爆弾投下と落下傘用の穴から、内田徳化機関員が唯一人滑り降りた。内田は旗を振りつつ走り来る人物に駆け寄った。一昨年、貝子廊で別れた旧知の大西俊三であった。内田は髭だらけの大西と抱き合い、お互いの背を叩き合った。二人は大阪外語の同窓生である。江崎機関長はじめ全員が「暁号」に近寄ってきた。萩原正三満洲航空社員は、日の丸を振っている。河井田運航部長と江崎機関長は、旧知の間柄であった。

中尾操縦士と石川機関士が、「暁号」の点検整備を、清都通信士と柴田社員が積載されてきた食料品、嗜好品、日用品の荷下げ作業をしている間に、河井田運航部長は、江崎機関長の案内で、関長室に入っていった。そこで二人は、オチナが現在置かれている状況について、互いに情報を交換しあった。江崎機関長からの現況報告は、中国側のオチナへの足音がかすかに聞こえてくること、ソ連領からの進出も考えられること、ただし幸いなことには、「図王」始め旗役人、一般住民は日本人に対して従来通り好意的である。

江崎機関長は、全員を関長室に招き入れた。秘蔵のウイスキーを取り出し、栓を空け、「暁号」のオチナ飛来を祝い、乾杯した。

河井田運航部長は、重い口を開いた。

「関長及び諸君、オチナでの活動ご苦労さまです。現在、満洲は至って平穏だ。

四月六日に、朝日新聞社の『神風号』が、立川飛行場を飛び立ち、十日、ロンドンに安着するという快挙を成し遂げた。

会社は四月には、満航式隼型・MT・1旅客機の試作機の初飛行が東塔飛行場で行われた。結果は非常に良い。今後、この機は満洲国内の定期航路に活躍するだろう。さらに、日本初の無線誘導着陸訓練が羽田飛行場で開始した。

五月四日、元アラシャンの定遠営飛行場建設隊長・横山信治君が隊長となって、安西にガソリンを運搬するために、西スニトに出発した。隊員の中には、諸君の中でも顔見知りの方もあるだろうが、高森安彦、若山敏両社員と、大迫武夫嘱託が参加している。

さて、中島式AT型旅客機『国光号』が、五月、大連・奉天・新京・ハルビン間の定期便として就航した。この機は前回オチナへ飛行しているので、諸君はご承知だろう。今回、女性の客席接客員を採用した。彼女らを〝エアガール〟と呼ぶことにした。

永淵三郎特航部長以下の特航部が、資本金五〇〇万円の国際航空株式会社として、新たに発足した。これによって、『欧亜連絡航空計画』が、一歩前進したことになった」

河井田運航部長は一息ついて、さらに語った。

「言いにくいことだが……今回の『暁号』でのオチナ飛来は、全員の救援のためではない。軍は未だその期にあらずと考えているようだ。萩原君一人の帰還命令しかない。交代要員として、柴田君が赴任してきた」

その一言で、室内には重苦しい空気が漂い始めた。誰しもが、「暁号」の飛来は、救援のためのものだと考えていたからである。

唯一人、帰還命令を出された萩原正三は、その命令に驚くが、一〇か月にわたり、オチナで辛苦を共にした仲間を残して、自分一人だけで東帰することに戸惑っていた。この萩原一人だけの帰還命令を出した張本人は、田中隆吉中佐だったと推定される。

しかしなぜ、田中隆吉徳化機関長は全員に帰還命令を出さなかったのであろうか。それは、第二次ガソリン輸送横山隊が安西に向かって進行中であったので、このように切迫した情況下にあっても、未だ新疆省・ホータンに本拠を置く、馬虎山師長と連絡を取り、背後から南京政府の蒋介石を脅かすこと、さらに、「欧亜連絡航空計画」の夢を捨て切れず、馬虎山の最前基地・安西の飛行場が必要だったのだろう。

江崎機関長は一同の気持ちを代表するかのように、沈んだ低い声で言った。

「河井田さん、せめて一夜だけでも宿ってくれまいか」

河井田運航部長は、中尾操縦士と石川機関士に顔を向けた。二人は小声で相談し、中尾は答えた。

「車輪のタイヤ圧が低くなっています。至急出発しないと、商都に帰れなくなってしまいます」

繋留の際、翼受台を準備しないと、脚が自然に折り畳んでしまう。事実、ブレーキ圧も漏れていた。

河井田運航部長は、出発の決断を下した。全員を帰還させたいということは、河井田はじめ乗務員全員の気持ちだったが、関東軍の命令がない以上勝手な事はできないし、第一、「暁号」には乗客席が八席あるが、予備のガソリンを積み込んでいるので、全員乗り込むことなど到底不可能なのだ。

河井田は、

「速やかに、この急迫した情況を軍に報告して、再度飛来してくる」

と、皆に語るのが精一杯だった。

河井田運航部長、「暁号」の乗務員、さらに萩原社員は、後ろ髪を引かれる思いで、重い足を引きずり「暁号」に乗り込んだ。

東廟前の飛行場には、オチナ旗の役人、住民らが集まり出し、「暁号」を興味深げに眺めていた。「スーパー機」、「国光号」よりさらに一段と大きな「暁号」の勇姿に、日本の国威が宣揚されたに違いない。多くの見送りの群衆のなかに、図王の姿もあった。

一五時三〇分、東廟前の短い滑走路を機は助走し、やがて、オチナの青空に舞い上がり、東方へ向かい高度を上げていった。オチナ旗で手を振る人々の姿も次第に小さくなり、やがて、それらも視界から消えた。

飛行中、第二次ガソリン輸送横山隊を注意深く偵察し続けたが、往路と同様、砂嵐のため発見できなかった。「暁号」は、最高速に近い時速三〇〇キロをはるかに超えた駿足で、商都を目指して飛行を続けた。

萩原正三は奉天に帰還後、直ちに、関東軍司令部航空課、満洲航空本社等関係方面に出向き、オチナ機関が置かれている逼迫した危険な状況と、第二次ガソリン輸送横山隊の難行軍の様子を必死に訴え、救援活動を要請した。その必要性が認められて、関東軍は再度、「欧亜連絡航空」のテスト飛行を兼ねて、オチナ飛行を約束してくれた。

ところが、その数日前に発生した「錫拉穆林（シラムレン）事件」で殉難した小浜氏善歩兵大佐ら二九名の遺骨が、張家口機関の黒木清行嘱託の尽力によって受領された。その慰霊祭の準備、さらに、「カンチャイズ島事件」の後処理に関東軍は大童であった。元アラシャン機関長・横田碌郎も、この慰霊祭の準備で汗を流していた。

七月七日、北京郊外の盧溝橋において、日中事変が勃発した。

戦線の拡大に伴い、オチナ機関全員と、満洲航空社員、さらに、第二次ガソリン輸送横山隊員らは、関東軍田中隆吉参謀によって、見捨てられた。

「暁号」は終戦時まで、奉天北陵飛行場で、ずっと使用されず放置されていたが、腐ちはてていた。

一三　田中参謀宛、オチナ情報報告（寧夏省）

七月六日

河井田義匡

田中参謀殿

益々御健掌に亘らせられ候段奉大賀候扨先般「オチナ」に私行仕り候節☒（一字不明、引用者注：「関」か）長殿より預り申候左記書類三件提出申上候御受領被下度候

一、西ソニツトよりオチナ間旅行日誌　一部

一、同右　路上附近略図　一部
一、晤談録要　一部
晤談録要は李一寧員が「オチナ」のテンドルサロンに語りしものを極秘に手交せしものなりと五月中旬オチナの役員は李を迎ひに粛州に旗兵を率ひて赴き七月上旬にはオチナに到着するとの事なり

現在蒙民は頗る好感を有しあり
江崎氏は左の如く申述べあり
現在信用ある時支那兵入「ナ」(ママ)し日人侮辱を受ける時は将来の工作上精神的実質的に不利なりを以って自発的に引上げ先づ十六日初車にて三・四名引上ぐ残は七月三十日ラクダにて（七月末ラクダ歩けるに至る）引上ぐ
1、チンギロップは四日外蒙兵に連れていかれた（此の者御承知と存じ上候）
2、粛州は緊張しあり
3、当地の王は理解しあり
爾後包頭無線にて極力連絡につとむるも尚ほ連絡とれず困却仕り居り候とれ次第報告申し上可く候

（『現代史資料』〔12〕日中戦争〔四〕、防衛庁戦史室・みすず書房）

この「田中参謀宛オチナ情報報告」は、河井田義臣運航部長が「暁号」でオチナへ飛んだ六月二六日に、江崎郁郎機関長から手渡されたものである。「晤談録要」にある李一寧員は、李翰園のことであろう。

五月中旬にオチナ旗の役人が、粛州(酒泉)へ李を迎えに出発した。七月上旬にオチナへ到着の予定であった。その時点では、オチナ旗の王爺はじめ、役人、住民は親日的であったが、外圧によって仕方なく、粛州へ遣わしたのであった。

この報告書から、未知の多くの事実が判明した。

まず、四面楚歌の情況に置かれたオチナは、たとえ田中隆吉徳化機関長から撤退命令が出されないにしても、江崎機関長ら一同の尻に火が付いている状態にあるので、日夜、撤退する方法を激論していたに違いない。それがこの「情報報告書」から詳細に知ることができる。

江崎機関長は自発的に引き揚げる計画を立てていた。まず第一次として、機関に二台残るトラックの一台で、七月一六日に三、四名撤退する。駱駝が元気に回復する七月三一日に全員が退去するという計画だった。

チンギロップは、七月四日、外蒙兵によって連れ去られたという。彼は外蒙からの引揚げ者の代表である。田中隆吉参謀が、オチナへ板垣参謀長、武藤第二課長に随伴して飛来した時に、チンギロップと会っている。

さらに、粛州は緊張しているが、図王は日本人に好意的である。焼失した機関の建物の事後処理を適正にしていることも報告されている。ただ、アラシャン機関撤退後の無線状態は悪く、包頭機関まで無線が届かず、困惑している様子が窺える。

江崎が描いていた決死の撤退計画も、不幸にして七月七日の李翰園一行のオチナ旗への到来によって、無惨にも打ち破られた。

一四　オチナ機関と第二次ガソリン輸送横山隊の消息（日本側資料）

オチナ特務機関員と満洲航空社員、さらに第二次ガソリン輸送横山隊の消息については、次の四冊がある。

▽『大空のシルクロード』比企久男著／芙蓉書房刊
▽『関東軍特務機関　シルクロードに消ゆ』荻原正三著／ビブリオ刊
▽『内蒙古における独立運動』内田勇四郎著／私家版
▽『大陸風雲録――一諜報マンの手記』中沢達喜著・西内雅編／重寿会発行

比企久男によると、

第二次横山ガソリン連送隊とオチナ機関は、甘粛省の粛州（酒泉）を本拠とする東干の馬歩康（西寧の馬歩芳の実兄（ママ））の配下の〝黒い騎馬〟の一軍によって捕えられた。

その頃、海軍航空隊の九六式陸上爆撃機〝荒鷲〟による蘭州方面への攻撃があり、その結果、日本及び日本人に対する市民感情に憤怒と憎悪を抱かせた（引用者注：海軍航空隊の木更津航空隊が石家荘に進出して、蘭州を爆撃したのは昭和一二年（一九三七）一二月二三日で、ソ連製六機を撃墜し、地上の八機も爆破したのが最初であるので、処刑されたのはその前であった。『李翰園手記』によると、昭和一二年九月中旬である）。

一行は蘭州へ連行されて、全員銃殺の上蘭州城外の通済門付近と、黄河に架けられた中山橋のたもとに晒されたと、重慶から日本語放送は伝えていたという。

唯一人、大迫武夫だけが、〝黒い騎馬〟の襲撃から逃れ、数日の逃避行の末、大通河付近の蒙古人部落に紛れ込み、蒙古人になりすました。そこで部落内の娘と結婚して、十数ヶ月を暮らした。ある日、酒席で不用意な言動によって日本人であることが判明し、官憲に逮捕された。

さらに重慶放送は、「多年にわたり、青海省、甘粛省方面で軍事スパイ活動を続けていた日本人大迫某は、先般大通河の流域においてついに逮捕された。軍事裁判の結果、その罪状が明らかとなったので、中国政府は国法に照らし、これを銃殺の刑に処した。

アラシャンの定遠営で飛行場を造っていて、さらに膨大な『満洲航空史話』及び『満洲航空史話』（続）をほぼ一人で編集された比企久男は、オチナについて詳しい生存者の一人である。従って、比企の記載は大筋で間違いない。

オチナで活動し、「暁号」で生還した満洲航空社員・荻原正三は、

その後のオチナ機関と横山隊の消息については、あらゆる方面に諜者を潜入調査させたが、事実を知ることはできなかった。

粛州（酒泉）から派遣された公安局員の来額（引用者注：オチナへ来ること）は日華事変勃発前と推定される。

はじめは王府を通じて交渉に当たり、その後は機関代表との話し合いに移り、粛州へ行くことを同意した。おそらくオチナで流血の惨事はなかったと思われる。

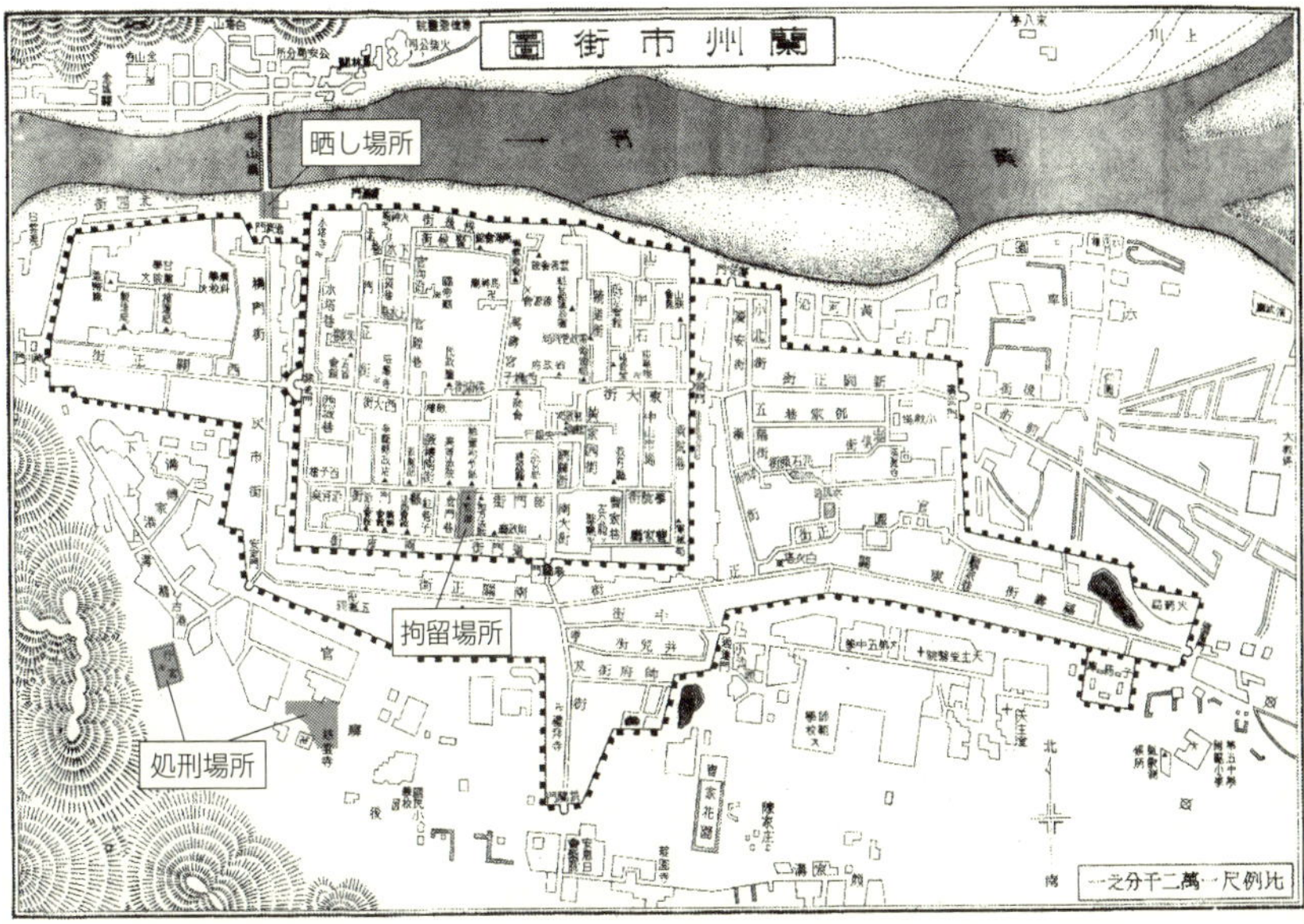

新修支那省別全誌 甘粛・寧夏省附圖

図 5-2：蘭州市街図：オチナ機関員や満航社員、横山輸送隊が処刑された場所。

彼らは南京へ護送されても、全員釈放されると確信していたのではないか。

オチナ機関六名、満航の社員二名、他に旧山本調査隊松本平八郎隊員、合計九名の者がオチナから粛州、さらに蘭州へ連行されたと思われる。

第二次横山輸送隊一行の消息については何ら情報をつかんでいないが、若山敏隊員から荻原に届いた手紙によると、一行はオチナを遥か西北に望む三日行程のところを安西に向かっていた。もしこの付近で襲撃されたのだとすれば、その情報は当然オチナ機関にもたらされたであろう。

もしこの逮捕が日華事変勃発以降とすると、オチナを遥かに西方へ進んだ地点、即ち粛州と安西の中間の砂漠の地帯ではないだろうか。

いずれにせよ、昭和一二年一〇月下旬、蘭州から西寧へ向かったドイツ人一行の情報として、途中の山間の道を東方へ追い立てられている十数名の日本人らしき囚人を目撃している。

一行はオチナから東南約四〇〇キロ先の粛州へ、さらに六〇〇キロ東方の蘭州へ悲惨な行動をさせられたことになる。

当時、張家口特務機関員だった中沢達喜によると、

大阪外語の同窓の最後で張家口に帰った私は、早速シラムレン事件のことを聞かされた。大阪外語の同窓で後輩の大月圭・吉本富士・足立武夫の三君が、一二月九日の烈士と共に壮烈な最期を遂げたとのことであった。

その後、また額済納に進出していた特務機関員全員が、当時甘粛方面に進出していた中央軍の、関麟徴部隊の手に逮捕されたという情報が、当時南京系の張家口無電台に、潜入せしめてあった諜者からもたらされた。この額済納機関には、私と深い関係のあった同窓の後輩の大西俊三君がいた。彼等は、その後、引き続き蘭州の獄舎に監禁されていたが、日支事変後、全面戦となった時、蘭州城外で処刑されたとの確報が後になって入った。

右のような同窓の後輩の壮烈な最期に対し、彼等よりも早くから蒙古に関係し、何回となく蒙古奥地に潜入した体験のある私は、私の身代わりとなり死んでくれたような気になり、今日の平和ムードの中に、何らなすことなく毎日を送っていることが、相済まぬような気がしてならぬ。

以上、四名の関係者の記録によって、オチナ機関と横山隊とが逮捕されて、蘭州で処刑されたという事

実の外郭が伝えられてきた。

当時、満洲航空の副社長であり、第二次ガソリン輸送横山隊の各位に直接辞令を交付した児玉常雄は、亡くなるまで常に、夫人(内大臣・木戸幸一の妹)に、「オチナの輸送隊は本当にかわいそうなことをした」と語っていた。(『満洲航空史話』に掲載)

庚徳九年(昭和一七年)四月一一日付満洲航空『職員録』に、庶務部附として、社(員)横山信治、井之原邦、職(員)柴田剛、傭(員)若山敏、高森安彦、以上五名の名前がある。これは、確実な証拠もないので、会社は彼らを未帰還者として、ずっと俸給を関係者に支払っていたのだろう。

昭和四八年(一九七三)一一月二四日、満航会(元満洲航空社員O・B会)主催で、東京築地本願寺においてオチナおよび横山隊を含む物故社員の合同追悼供養がとり行われた。

甘粛省民政庁長・李翰園は、オチナ機関員六名、満洲航空飛行場建設隊員三名をオチナで逮捕して粛州(酒泉)へ連行した。さらに、安西に向かっていた第二次ガソリン輸送横山隊の四名も逮捕されて、同じく粛州へ連れられた。

そこで、粛州を治めていた馬歩康は、李翰園に依頼して、旧知の大迫武夫を釈放させた。これまでの大迫の対回教軍閥工作活動の賜物であったのであろうか。

一五　オチナ機関と第二次ガソリン輸送横山隊の消息（中国側資料『李翰園手記』）

一九三七年六月下旬、寧夏省民政庁庁長・李翰園は、南京政府の命によって、オチナ機関員および満洲航空社員を捕縛するために、酒泉を官兵三五名を伴って、駱駝で出発した。

当時、酒泉には、馬歩芳の精鋭部隊歩兵一個旅団二、〇〇〇名が駐屯していて、その旅長は馬歩康だった。

七月七日、李翰園一行はオチナ旗へ到着し、江崎機関長はじめ機関員と満洲航空社員全員を逮捕した。

さらに、酒泉帰着後、李翰園は、随員と兵隊を遣わして、第二次ガソリン輸送横山隊を捕えに向かわせた。駱駝三〇〇頭に積み込んだガソリンと武器を押収し、満洲航空社員三名と、道先案内人・大迫武夫を捕縛し、酒泉へ連行したが、大迫ただ一人は逃亡した。

京都府立大学文学部・若松寛教授の論文『帝国システムの比較史的研究』（研究課題番号07451083）「オチナ特務機関の最期」に、李翰園の『破獲額済納旗日本特務機関的経過程』（阿拉善盟史志資料選編・第四輯、阿拉善盟地方史志編纂委員会弁公室編一九八八・八）を参考文献として用いている。

「李翰園手記」には、

元来これらの特務は、安西へ来て軍用飛行場を建設しようと目論んでいたのである。横田(ママ)は当地の機関長(中将)(ママ)であった。彼らの任務は、ヒットラーの敵機と安西で連絡し、ここをドイツ、日本の航空中継地とすることであった。その目的は、中ソ側の国際交通を切断して、内では中国を包囲し、外ではソ連とモンゴル人民共和国に進攻することであった。(若松寛訳)

この「李翰園手記」によって、オチナ機関と、第二次ガソリン輸送横山隊の逮捕の様子を知りえた。だが、安西を日本とドイツの中継地と記しているが、「日満独航空協定」での中継地は、アフガニスタンのカーブルであった。安西には、ルフトハンザ社系の欧亜航空公司の飛行場があったので、中国側はそのように捉えていたに違いない。

「李翰園手記」(若松寛訳)を抄録すると、

――六月下旬、李翰園は五十余名の駱駝隊を編成して、弱水河に沿ってオチナ旗の東廟に向かった。途中、青山頭で蒙古保安隊に出合うが、彼らは阻止するどころか、一行を歓迎した。そこで、李翰園は競馬大会を開催した。その賞品として、酒、砂糖、乾麺を提供したところ、一同大喜びだった。

その時、一人の医者が駱駝に乗って逃亡したという連絡が、李翰園のもとに入ってきた。その医者は日本特務機関員と思われた。

その晩、保安隊副隊長によって、その者は逮捕された。彼はオチナ機関員松本平八郎であった。携帯していた拳銃は押収され、厳しい尋問の末、オチナ機関について自白した内容と、二里子河站の無線台長王徳淦の報告とがほぼ一致した。

李翰園一行は昼夜兼行で進み、七月七日午後、オチナ旗の東廟に到着した。

図王に贈物をし、来意を告げて安心させ、協力を求めたところ、図王は李翰園に対し、日本特務機関員の不行跡を訴えた。それは一部の機関員が羊肉を購入しても代金を支払わなかったこと、蒙古婦人を犯した事である。

李翰園は図王に対し、江崎機関長を今晩、李のもとに来させるように依頼した。

その夜の九時、江崎郁郎機関長は大西俊三を伴ない、浅野機関員の運転するトラックで李のもとを訪れた。

そこで李は、江崎らの不法入境を説明し、即時退却を求めたところ、江崎は次の抗弁と要求をした。

1　入境手続が不備であるならば、後方へ人を遣して補充手続をする。今の季節は駱駝が弱っており、最近は無線機も故障してしまっているし、飛行機も来ないので、後方へ行く手段がない。

2　松本平八郎と会えるだろうか。

李翰園の返答は次の通りであった。

1　後方への交通手段は、李が責任を持つ。

2　松本平八郎はすぐにでも釈放する。

激論の末、大西は浅野と共に東廟の機関へ六名全員の機関員を連れ戻った。そこで全員武装解除後、逮捕され、屋外の包（ゲル）に監禁された。

翌七月八日、李翰園はオチナ特務機関に出向き、手提げ機関銃と弾薬、軍刀、無線機大小二台、トラック三台（引用者注…二台の間違い）、軍馬、駱駝、軍用地図と一部の書類（引用者注…大多数は燃却されていた）

を押収し、満洲航空社員井之原邦以下二名と、特務機関の蒙古人と漢族の五名を逮捕して、一昼夜に渡り、全員の取調を行った。

七月九日、李翰園らは押収した二台のトラックに乗り、居延海を経て二里子河站に到着すると、その無電局は〝七七〟盧溝橋事変発生の無電を受けていたので、李はこのオチナ機関員逮捕は正解であったと確信した。

押収した書類から、オチナ機関の任務が判明した。
1、アラシャン、オチナ、青海に蒙古共和国を建国する。
2、弱水の水資源を利用して、青山頭近辺に大型ダムを建設して、発電と灌漑に利用す。
3、東廟の飛行場を拠点に、楡林、延安、寧夏、蘭州、西安、哈密を爆撃する。

（若松寛訳）

だが、オチナ機関の任務についての記述に、幾つかの疑問点がある。
1、は関東軍の野望であることは納得できるが、2および3は、如何であろうか。
私の手元に在る、昭和一一年一月に関東軍参謀部が作成した、『対蒙（西北）施策要項』（極秘の印が押され、発行された三五部の内第C号には連番が打たれている。この要領の配布先は、次長、次官、北京、天津、哈機、綏遠機、張家口、山機、泰機、承機、多機、ソニト、上海、熱旅、軍政顧、司令官、参謀長、参謀副長、第一課長、第二班、第三課長、交通監督部）のコピーを開くと、
第一、方針

一、軍ハ帝国陸軍ノ情勢判断対策ニ基キ対蘇作戦準備ノ為共産化スル外蒙ノ懐柔及反蘇分離気運ノ促進ヲ図ルト共ニ北支工作ノ進展ニ資シ且満洲国ノ統治及国防ノ基礎ヲ鞏固ナラシムル目的ヲ以テ徳王ノ独裁スル内蒙古軍政府ノ実質ヲ強化スルト共ニ其勢力ヲ逐次支那西域地方ニ拡大シ北支工作ノ進展ニ伴ヒ内蒙ヲシテ中央ヨリ分離自立スルニ至ラシム

施策ノ重点ハ当初現在ノ軍政府ノ管轄区域内重要部門ノ整備鞏化ニ置キ其成果挙カルニ従ヒ之ヲ根拠トシテ其勢力ヲ綏遠扶植シ次テ外蒙古及青海、新疆、西蔵等ニ拡大センコトヲ期ス

第二、一般指導ノ要領

一～九（略）

十、交通通信等ノ諸工作、将来ニ亘リ左ノ諸方針ニ拠ル

（一）航空

航空ニ関シテハ先ツ対内蒙古工作上必要性ナル基礎的航空路ノ開拓ニ努ム

之カ為満洲航空会社ヲシテ多倫、西ソニト、張北等ノ飛行場ヲ根拠トシ、百霊廟、綏遠、包頭、寧夏、阿拉善王府等ニ其航空路ヲ保有セシメ為シ得レバ機ヲ看テ之ヲ青海ニ延伸センコトヲ図ル而シテ之カ為ニハ欧亜連絡航空会社ノ実権ヲ収得スルノ要アルヲ以テ満洲会社対欧亜会社ノ交渉ヲ支援促進ス

航空路ノ拡大延伸ニ伴ヒ新疆又ハ外蒙内部ニ対シ合法的進出ニ努ム

十一、経済指定ノ工作ハ次ノ方針ニ則ル

経済工作ノ為ニハ先ツ満洲国ト蒙古政権間ノ交通ヲ整備シ経済資源ノ流通ニ便ナラシムルト共ニ逐次蒙古ノ産業ヲ助長セシム

（一）　産業助長
産業ハ蒙民ノ現状ニ即応シ急激ノ変化ヲ避ケ逐次ニ之ヲ向上セシム
初期蒙古民族側ニ在リテハ牧畜業ノ改良発達ヲ図リ漢民族側ニ在リテハ農業ノ改良ニ力ヲ注キ政権ノ実力拡大ト交通ノ発達ニ伴ヒ石油、鉄、石炭等ノ開発ニ努ム本工作ハ当初ニ在リテハ大蒙公司及善隣協会ヲシテ之ニ任セシメ軍政府ノ実力拡大ニ伴ヒ逐次政府ニ管挙セシム

以上のように、『対蒙（西北）施策要項』には、李翰園の記述している2、3、の任務は認められない。さらに、〝李翰園手記〟（若松寛訳）から抄録しよう。

捕らわれた江崎郁郎機関長らは、二台のトラックに分乗させられて、酒泉へ到着した。李翰園は馬歩康と相談して、古魯乃へ人を遣わした。それは、もう一つの日本特務が発見されたからである。

捕えられた横田（引用者注…横山信治の間違い）は、当時の特務機関長（中将）（引用者注…横山は満洲航空社員であり、ガソリン輸送隊長であって、現役の軍人ではない）であり、日本人特務三人と回・漢奸及び航空ガソリンを満載した一〇〇余頭の駱駝（引用者注…三〇〇余頭の間違い）を捕えた。……（中略）……

逮捕した者の中に一人の青海の阿訇（アホン）（引用者注：イスラム教の僧）がいた。彼は馬歩芳の親戚だと語っていたようだった。

このアホンは酒泉へ連行された後、どこかへ姿を消してしまったので、追跡して調べようとしたが、馬歩芳は不満であった。

馬歩芳は李翰園に対して、押収した武器、弾薬等を引渡すように求めたが、李は拒否したことにより、出発を一か月延期させられた。賀輝祖（引用者注…西北行営副主任兼甘粛省主席）が馬歩芳と協議した結果は次の通りで結着した。

１　青海のアホンの件は追求せず、武器、弾薬、ガソリン、駱駝などは馬歩芳に引き渡すが、無線通信機、トラック、及び書類は全て蘭州へ運ぶ。

２　西北行営から憲兵と自動車隊を酒泉まで派遣し、李翰園一行を出迎える。

一九三七年九月二日、李翰園は日本特務一三（ママ）と漢奸五名及びトラック二台を行営に引き渡した。当時、〝八・一三〟上海事変が勃発した直後であったから、甘粛省の住民は日本人特務らを目前にして非常に憤りを覚えた。

李翰園が九月一二日、蘭州を出発した数日後に、江崎機関長ら日本人一二名は全員処刑された。後日、「盧溝橋」事件ののちに蔣介石により、二十一軍軍長に任命された鄧宝珊（とうほうさい）から、李は日本特務の最後を聞いた。それによると、

――西北行営が蘭州安定門外、〝行宮（あんぐう）〟で、日・漢特務全員が死刑を執行された時は未だ夜が明けていなかったが、ドイツの大特務・蔡寧（さいねい）（蘭州天主教教主）に目撃された。

ここに記述されている〝青海のアホン〟は、道案内役の大迫武夫ではないだろうか。この第二次ガソリ

ン輸送横山隊に大迫が参加することによって、その性格が大きく変わってしまった。馬歩芳にしても、武器、弾薬等を入手することができて、旧知の大迫武夫の追求を放棄したと考えたら、如何であろうか。

元満州航空社員で、アラシャン・定遠営飛行場の器材係であった比企久男翁の都下のお宅を二度お伺いして聞き書きをし、資料の提供を受けた。その際贈られた本の一冊に、『新修　支那省別全誌（第七巻）甘粛省・寧夏省』（支那省別全誌刊行会編、東亜同文会発行、昭和一八年）がある。

この書の巻末に、三色刷りの「蘭州市街地図」が添えられている。

黄河は左から右へと流れ、その河畔の南に市街が東西に拡がっている。蘭州城の内城はほぼ四角であるが、東西に長く伸びる外城に守られている。

主要官庁は内城の中心にあり、刑務所は中央南端に、安定門は外城の西南角にあった。

江崎機関長ら一二名が処刑されたのは、今までいわれていた黄河河畔の人目につく場所ではなく、むしろ、人目のつかない安定門外の山麓の行宮（あんぐう）であった。江崎らは、銃殺された後に首を晒されたという場所は、黄河に架けられている中山橋と、通済門との間の賑やかな場所であった。

その処刑を目撃したというドイツ人神父・蔡寧は、当時、この地区の伝導部長であったセンゲ教父と思われる。

一六　馬歩康の行動の謎

馬歩康は、馬歩芳、馬歩青の伯父である。

馬仲英、馬虎山は、馬歩芳、馬歩青兄弟と會祖父を同じくしているというから、再従兄弟の関係にある。したがって、共に馬歩康とは近い血族である。

馬歩康が記録に登場するのは、『コンロン紀行』（スミグノフ／須田正継訳・白水社）からである。一九三三年（昭和八年）ロシア人・スミグノフは、チェルチエン（且末――敦煌とホータンのほぼ真中）で逮捕された。逮捕した責任者は、馬仲英の副官・馬歩康だった。その時、馬仲英は敦煌にいたらしい。西寧市は青海省の首都で、馬歩芳がいる。甘州（張掖）は馬歩芳の兄弟（名前の記載なし）が統治している。（馬歩青か？）蘭州の統治者には言及なし。

一九三四年（昭和九年）一二月、スヴェン・ヘディン博士は、粛州（酒泉）で甘粛における馬氏軍閥の一人、マ・ブ・カン（『シルクロード』ヘディン著・白水社）に会った。訳者の西義之は馬歩崗としているが、馬歩康の間違いだろう。当時の甘州（張掖）の市長は蘭州の将軍の指示を受けて裁判をすると記している。さらに、ヘディンは蘭州で当時の甘粛省主席・朱紹良将軍と会った。

既に同年八月には、馬仲英はカシュガルのソヴィエット総領事・チェルクーロフの説明と甘言に乗って、異母兄弟、騎馬兵団長・馬虎山を東干軍の総司令に任命し、彼に後を託してソヴィエット総領事館の秘書官・コンスタンチノフ（白系ロシア軍から赤軍へ寝返った人）を案内役として、一二〇名の部下と共にイルケシュタムを経て、タシュケントへの道を取った。

同月、ウルムチ政府軍がカシュガルに達する直前に、馬虎山率いる東干軍は、カシュガルを退いて西域南道を東南に進み、ホータンを占領して、東干国を設立した。

一九三五年（昭和一〇）と一九三六年（昭和一一）の間の二年間は、馬歩康の行動は不明である。この間に彼の行動が変化したのではないか。

一九三七年（昭和一二）七月七日、馬鴻逵からオチナへ派遣された寧夏省民政庁庁長・李翰園一行によりオチナ機関員及び満洲航空社員等一三名が逮捕され、粛州（酒泉）へ連行された。当時、粛州は、馬歩芳の歩兵一個旅団二、〇〇〇余名が駐屯しており、これは馬歩芳の精鋭部隊で、旅長は馬歩康であった。李翰園と馬歩康は共に故郷・臨夏での幼なじみである。

李翰園と馬歩康のもとにガソリン輸送隊が発見されたという情報がもたらされた。そこで李翰園と馬歩康は、随員と兵隊を古魯乃へ使わせて、第二次ガソリン輸送横山隊を逮捕し、一行を粛州へ連行した。

同年八月二四日、ルフトハンザ社が、陝西省・西安を目指し、空のシルクロードを飛翔した。D・ANOY機は、帰路立ち寄った粛州（酒泉）飛行場で、馬歩康将軍と会っている。

その年の春頃より、馬虎山軍は、ウルムチ政府・盛世才督弁との戦いが劣勢となっていた。九月下旬、ホータンを本拠に、四年にわたり支配してきた馬虎山師長は、カルガリックから数人の側近と、彼を信奉する数千人の兵士に守られて、カラコルム峠（パス）を越えてインドへ向かった。途中、ラダックのレーで英領インド軍に逮捕された。その折にホータンから運搬してきた金塊一六〇キログラムが没収された。それは後に南京政府に返還されたという。その後の馬虎山の消息は不明である。

このように馬歩康の足跡を追ってみると、次のように推理することができるのではないか。

馬歩康は、馬歩芳、馬歩青、馬仲英、馬虎山とは近い血族関係にあり、ある時期には、馬仲英の副官を務めたり、馬虎山の最先基地・安西（アンシー）、あるいは粛州（酒泉）を治めていた。

明確に断定できないが、一九三六年かあるいは一九三七年の上旬、馬歩康は馬虎山の形勢が不利になった時点で、馬歩芳の軍門に下り、粛州（酒泉）の旅団長に任命されたのではないか。

と考えると、関東軍の命により安西飛行場の使用許諾の条件としてのガソリン、武器等を運搬して安西に向かった第二ガソリン輸送横山隊は、馬虎山が既に抛棄していた安西へ向かっていた。馬歩康はその計画を当然知っていたので、横山隊を逮捕して押収物の一部を馬歩芳に送ったと考えたら如何であろうか。

一七　横田碌郎の親友・矢野光二宛の手紙

（昭和三一年五月一四日？）

矢野大兄

横田拝

拝啓、過日は並々ならぬ御尽力により蒙古関係の懐かしい人々と懇談し得ましたことは宿年の祈り満願の嬉びでした。蒙古界隈に放浪した人物は何れ「モノグサ」が多くそれが一堂に会するなどと云うことは、貴兄の如き熱意にして初めて実現し得るものなることを思う時、感謝の念珠に厚きものがあります。甚だ厚顔しいお願いでありますが、今後共御尽力下されたく、衷心希望致します。就中額済納機関の顛末調査の件に関しては、小生最も焦心居るところで、丁度小生が江崎氏の次に該地に赴任される予定でありました。如く、昭和十年暮に軍司令部に出頭しました際、隆吉参謀（引用者注：田中隆吉中佐）が小生をオチナに入れる心組であることを話され、離京の際、忘れられてはたまらぬので更に念を押して、オチナ進出は間違いなく実現して下さいと念を押しましたところ、隆吉大人は「くどいなあ、一度言ったら必ずやる」と咆哮したので安心していたところ、蒙古建国大会直前に阿拉善(アラシャン)に変更されました。阿拉善へ進出直後、板垣、武藤両大人の来阿あり（引用者注：阿拉善の定遠営に飛来したこと）、その数日前、図らずも甘粛から倉永が小生の許に漂流し来り、弱水沿いの紅楊の緑線とオチナ廟のソブルガン（引用者注：仏塔）を目標とすれば、同地に飛行する可能性があることが分っていましたので、板垣参謀長の許可を得て満航の武宮、河井田、横山の三氏と共にオチナに至り、百余日同地に潜居していた山本光次(ママ)一行と連絡をとり、額―定航空路を決定して（＊引用者注：オチナ―定遠営間の空路を決定して）江崎機関を迎えました。幾何もなく額済納機関祝融に見舞はれ、微力ながら応急物資を定遠営より空輸した後、補充のため包頭に出づべく来定した機関長に、此際長自ら後方に出張する不可を説き、速かに帰額せしめました。

然るに寧夏に於ける陳誠、達王、馬鴻逵鼎談の結果、蘭州より関麟徴二十五師北上し、定遠営に進入しました。百霊廟では既に小競合が始まり、閻軍山西省境に集中しつゝありと聞いていたので『戦争名義を獲得するの機に到着せりや』と軍に打電しましたところ、『未だその機にあらず、自重せよ』との返電に添えて『阿機（引用者注：阿拉善特務機関）もし拉致せられなば、綏機を不利に陥るゝにより、速かに百霊廟に後退せよ』と電命あり、依て達王、関師長（病と称して会見を拒む）に対して策を施し、オチナに心を残しつゝ後退しました。この時既に百霊廟は後退し、次で錫拉穆林(シラムレン)廟に於て、二〇余名銃殺され、大月桂は烏蘭花にて焚殺されましたが、オチナはなお健在でした。唯恨むらくは、江崎機関長が二、三の機関員を伴い徳化に後退し、オチナに若い機関員達が残っていたことです。江崎氏に出来る限り速かに機関に帰り、若者達と運命を共にするように御奨めし、遂に翌暮春の候、再びオチナ入りの同氏を送ったのでしたが、それは同氏を死地に追った結果となりました。江崎氏は新聞畑の人、殊に三味線を抱いてオチナ入りをした程の人ですから、性格的に私とは百八十度の距り
あり意見も大分異っていましたが、以上のような経緯がありますので、同氏の最後が笑の最後であったか、涙の最後であったかを究めたく焦心して居ます。

況や機関所属の若者達は世に評せられる如く、一旗挙げんとして沙漠に消えた者でもなく、侵略の先駆として青龍刀の錆と化した者でもなく、只一途に民族的義侠心から、長い春秋を弱水の底に埋めた者で、思一度こゝに至る毎に、血涙を嚥下せざるを得ず、オチナ、シラムレンの犠牲者のため、当時秀筆を呵して撲り書きした駄作を御笑覧下さい。

第六章　馬将軍は割拠す

一　東干（回族）とは

七世紀初頭、アラビア半島で生まれたイスラム教は、周辺に急激に拡大してゆき、ササン朝ペルシアを滅ぼし、西アジア、エジプトを滅ぼして征服し、陸路を経て唐の勢力にまで及んだ。中国国内では、従来この地方に繁栄していた仏教、ネストリウス派キリスト教（景教）、拝火教のゾロアスター教（祆教）、マニ教などを圧倒して、イスラム教が伝播した。

一方、宋代以降、南蛮貿易港（広州、泉州、杭州、揚州）へイスラム教が海上ルートでも伝えられた。その当時、信者数はそれほど多くはなかったが、一三世紀の元代には、モンゴル帝国内のテュルク系、イラン系、アラブ系の中央アジアのイスラム教徒が中国国内に軍人、役人、職人として移住し、あるいは商人も主要都市や河西回廊地帯を始め、徐々に増加していった。

一千年以上もの間に漢族との通婚が進み、言語、風俗も漢化していった。例えば明代には姓名、服装も漢人風に積極的に変え、漢字・漢語を使うようになった。

『中国の少数民族』（村松一弥著・毎日新聞社刊）によると、
——回回という名称は、〝回鶻（カイコツ）〟と書かれたウイグル族がイスラム教に改信したころから、明代以後、イスラム教徒という意味で用いることが定着する。そこで、イスラム教のことも回回教（ホイホイ）、略して回教というようになった。

明・清代には、中国本土の漢化した回教徒を回民とよんだ。そして前者、すなわち現在の回族を漢回（ハンホイ）とか熟回とよび、後者を纏頭回（チャントウホイ）とか、生回（ションホイ）とよんで区別した。なお新疆のトルコ系回教徒は、漢回、すなわち回族を東干（Dongan, Durgan, Turgan）と呼んでいた。

二　馬氏軍閥と馬仲英

一九一一年から一九四七年の北京政府成立までの間、中国では、いくつもの軍閥が各地に割拠していたが、そのうち回民軍閥は、広西省の白崇禧と寧夏・甘粛・青海の漢回である。馬氏の源は、左宗棠に勝った後に帰順して勢力を伸ばした甘粛省河洲（現在の臨夏）の馬占鰲である。馬氏は全てここの出身であるが、その関係は親子・兄弟・親戚・上官・部下とさまざまで、必ずしも血縁関係にあるわけではない。

その子馬安良は、サラール族を端緒とするムスリムの反乱を、漢人の側に立って鎮圧した。辛亥革命後の混乱期には、漢人の軍閥と関係を保ちつつ、勢力を伸ばした。馬占鰲の子馬安良は父の支配地を継いだが、間もなく死んだので、子・馬襄延（少翰）に引き継がれた。馬占鰲の部下・馬福祥は寧夏を、馬麒は西寧を、馬廷驤は涼州（武威）をそれぞれが支配した。

一九三〇年代に入ると世代が変わり、馬福洋の子・馬鴻逵と馬鴻賓が引き継ぎ、西寧は弟の馬麟が継いだが、早い時期に馬麟の子・馬歩芳が実権を握った。馬歩青は兄だが、弟の馬歩芳を立てていた。後に、新疆省、ウルムチ政府を脅かした大馬（ビックホース）の馬仲英は、馬歩芳、馬歩青と曾祖父を同じくするという。彼は一九二八年の〃河州の変〃に際しては、若冠一八歳にもかかわらず、国民革命軍西北民軍総司令を名乗り、馮玉祥軍と戦い、勇名を轟かせた。これは彼の父が馮玉祥麾下・劉郁芬に殺害されたから、反馮に走らせたといわれている。

四馬聯盟（五馬聯盟）

一九三〇年代に活躍した馬氏軍閥は、ある時期までは五馬聯盟と呼ばれていたが、後に馬麟は除かれ、四馬聯盟と称されるようになった。

四馬聯盟とは、馬鴻逵、馬鴻賓、馬歩芳、馬歩青の四名である。

○馬鴻逵——馬福祥の子、寧夏省長

○馬鴻賓——馬福祥の甥、新編二十二師長（馬鴻逵の兄との説もあるが、馬鴻逵の従兄弟とする中田吉信説が正しいと考えられる）

○馬歩芳——青海省において現に省政府委員、第百師長、保安處長、後に青海省長。馬麒の弟馬麟の子
○馬歩青——馬歩芳は弟、甘粛においては陸軍第五師長

ちなみに、馬麟のその後の消息を紹介しよう。青海省主席で、それまでは「五馬聯盟」の一人だったが、一九三六年一〇月、メッカへ巡礼へ旅立った。これは馬麟の在職期間の長さに業を煮やした馬歩芳が圧力を加えたといわれている。

馬歩芳は、馬麟が在職中から実権をすでに彼が握っていたようで、「青海王」と呼ばれていたと、「大公報」の記者・苑長江は報告している。

一九四九年、人民解放軍との戦いに敗れた馬歩芳は、西寧を去らなければならなかった。翌年から数年間、エジプトに滞在していたが、アラブ連合政府が北京政府を承認するにおよび、その地を去り、国民政府の駐サウディアラビア大使となった。しかし、一九六一年五月、汚職が原因で退任させられたが、その後、中東に居を構えていたという。

綏遠帰化城（現在の厚和）にあった西北回教連合会の小村不二男は、敗戦後日本に帰国し、イスラム教の布教に務めていた。昭和三九年（一九六四）、世界回教連盟から招待されてメッカに赴いた。同行者の包頭公所第二代所長・三田（みた）了一と共に交通事故に遭遇して負傷、回復後、馬歩芳（まぶほう）がメッカの隣のジェッタにいると聞き及び、小村と三田は、当時、メディナ大学に留学中だった斉藤棱児の三名で会見した。その時の様子を、月刊『ハルブーザ』（四七号、昭和五二年一二月）「青海王・馬歩芳の消息」古曳正夫筆によると、

……馬歩芳将軍は、二、三名の侍童を従えて玄関前に三人を出迎えた。

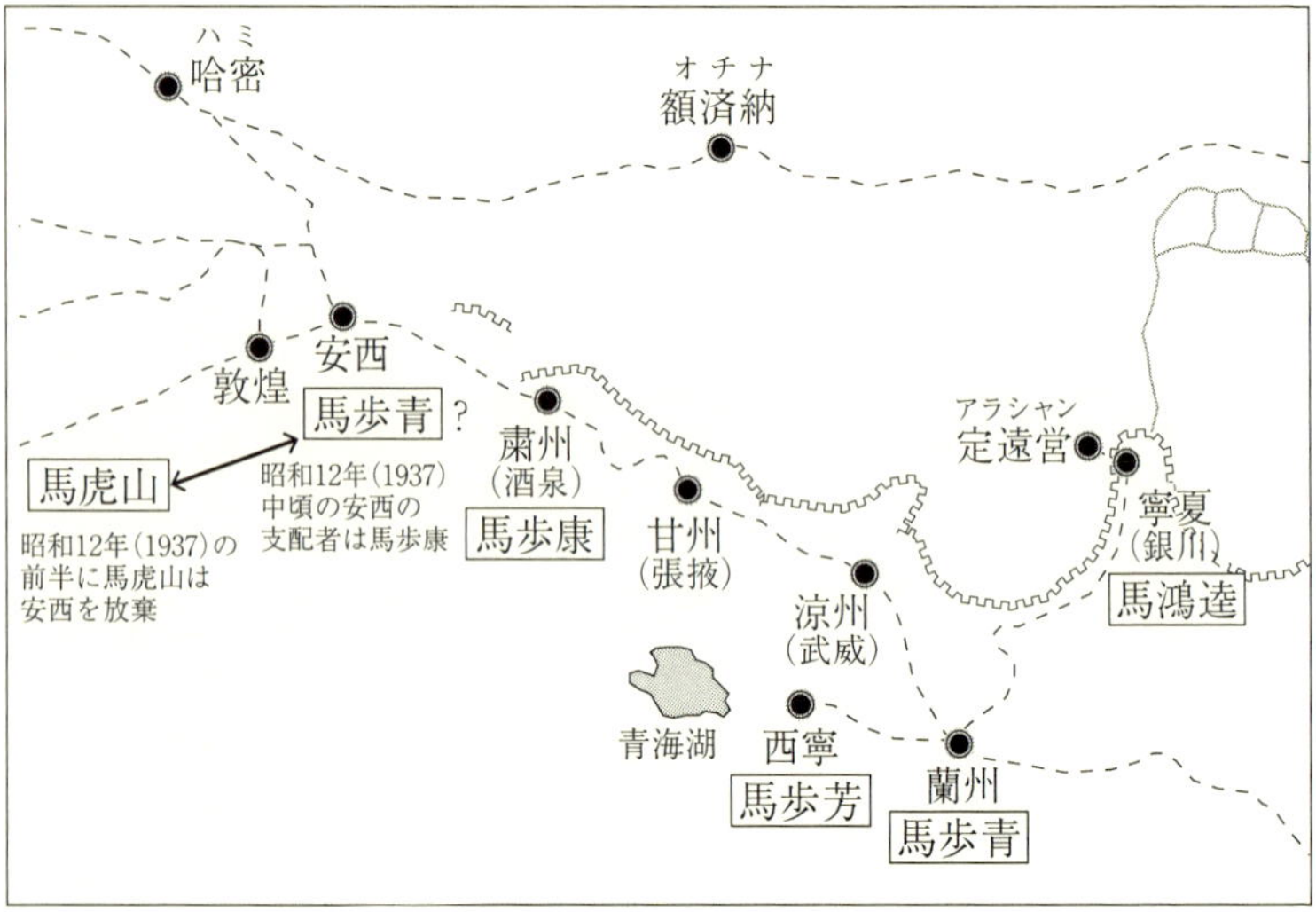

図 6-1：1936 年当時の馬氏軍閥勢力図。

見れば身の丈五尺七、八寸の長身巨軀、眼光けいけいとして豹の如く、両頬からあごにかえてのひげと頂髪には霜をまじえていた。馬歩芳時に六二歳であった。三田了一と馬の握手。ついで応接間で自己紹介。その応接間は二枚のついたて、六曲の山水を描いた屏風、ランタンその他の調度は悉く純中国風だった。数多くの腹心の部下も同席したが、彼らは甘粛、青海地方に住む剽悍なサルト系回教徒だった。応接間の入口にはモーゼル銃を肩にかけた者が護衛している。やがて豪華な中国料理。中国時代の想い出話に花が咲く。……

一九二九年四月、馬仲英は寧夏を陥した後、国民政府に和平を申し入れ、大同で帰順した。その後、馬は蒋介石にその才能を認められ、南京軍学校に入学した。一九三一年に西北へ帰り、中央軍第二十六師長に任命され、酒泉を本拠とし、西寧の馬歩芳としばしば衝突した。

清朝の乾隆帝によって版図となった新疆省では、中華民国の成立直前に楊青天（青天とは賢史の意）の名声が中央に届いていた四六歳の楊増新は、一九一二年、新疆省の主席に就任した。彼は課税も公平に課し、ムスリムに対してもかなりの自治を許し、漢人官吏の彼らに対する差別待遇も厳重に罰したので、中国内地は混乱しているにもかかわらず、新疆省内は楊増新主席のもとで一七年間、中央政府の干渉も受けず、〝地上の楽園〟を築いていた。

一九二八年七月七日、楊増新は凶弾に倒れた。後を継いだ金樹仁は無能だった。哈密（ハミ）の徴税吏・張某がムスリムの少女を犯したことが起因となり、反乱が起こった。旧哈密（ハミ）回王の大臣・ホジャ・ニヤーズ・ハジと、総管・ヨルバス・ハン（虎王の意）らは、甘粛の青年将軍・馬仲英に助力を求めた。馬は約五〇〇騎の東干騎兵を率いて鎮西を落とし、哈密を攻撃した。馬仲英は矛先を省都・ウルムチに変えた。金主席は魯縄伯（ろじょうはく）を総司令に、盛世才（せいせいさい）（日本に留学し、早稲田と陸軍大学校出身）を参謀長に任命し、一、〇〇〇名以上の徴兵を行った。伊犁（イリ）師長・張培元麾下の白系ロシア人二、〇〇〇名が、ウルムチに向かっているという情報が入ったので、馬仲英は安西へ退却し、馬歩芳と妥協して、自軍の再建を計った。

一九三三年一月下旬、馬は再びウルムチに攻撃を開始した。四月一二日、白系ロシア人将校・パピンコウト大佐らがクーデターを起こした。金樹仁首席は逃亡した。劉文龍が主席に、盛世才が辺防督弁に任命された。六月一〇日、南京から蘭州経由の欧亜航空公司のユンカースJu五二型機で、宣撫使・黄文幹博士一行が、来烏、劉主席と盛督弁の現在の地位の承認と、馬仲英を東路警備司令に任命した。一二月上旬、馬仲英は張培元を通じ、ウルムチを挟撃しようとしたが、盛世才に阻まれ、張軍三、〇〇〇名は全滅し、張師長は自決した。

一九三四年一月、馬仲英は最後の攻撃にすべてを賭けた。飛行場、無電局、妖魔山を占領。その死闘は一か月に及んだ。が、突然、ソ連からの援軍がウルムチに到着した。旧式の複葉飛行機、装甲車、軽トラックなどの攻撃に、馬仲英はじりじりと後退せざるをえなかった。東干軍は勇敢で精悍だが、しょせん農民の寄せ集めにすぎないから、正式な訓練を受けたソ連飛行士の投下する毒ガス弾と、軽トラック、装甲車からの正確な砲撃に、戦意を喪失していった。

当時、南京政府から内蒙古の綏遠・新疆間の自動車道路計画調査を委託されたスヴェン・ヘディン博士の「西北自動車遠征隊」は、この戦乱に巻き込まれた。三月一一日、馬仲英によってコルラで捕えられ、トラック四台を徴用された。退散中の馬仲英軍の二五名の幕僚を、カラシャールからコルラへ運ぶためだった。その後も、足を負傷している騎兵隊長・馬虎山から再度、四台のトラックと、一九五〇リットルのガソリンの借用を申し込まれた。かつて、ヘディン隊のフンメル博士の老練な傷の手当を受けた馬虎山は、名誉にかけて四日以内に必ず返還すると約束してそれを実行した。四月に馬仲英軍がアスクからカシュガルへ到達すると、ホジャ・ニヤーズとマームッド師長の軍はすでに撤退していた。前年の一一月、カシュガルで、ホータン王の一族・サビト・ダー・ムラーを中心に、「東トルキスタン共和国」が華々しく誕生したが、三、四か月間という短命で終わっていた。

馬仲英軍は最初は優位にあったが、彼の部隊の狼藉さに次第に人心を失ってゆき、さらにウルムチ政府軍の追撃に怯えていた、馬仲英はカシュガルのソ連総領事・チェルクーロフの説得と甘言に乗ったのか、騎兵隊長・馬虎山を東干軍の総司令に任命し、八月、ソ連総領事館秘書官・コンスタンチノフを案内役として、一二〇名の部下と共にイルケシュダムを経て、タシケントへの道を辿った。その後の消息は何一つ伝わってこない。馬仲英の目的は、武器の調達だったのか。

その後入手した『阿拉善旗風実録』楊永忠（阿拉善盟文史第八輯）によると、――数十人の部下を伴ない、ソ連へ行き、先ず陸軍学校に籍を置き、ソ連共産党に入党した。その後、空軍学校で操縦術を学んでいたが、演技飛行中、墜落して死亡した。

馬仲英がソ連に行った後には、馬虎山は和闐（ホータン）を本拠地として、四年間勢力を誇った。

馬氏軍閥と馬仲英との関係

馬虎山と馬仲英とは、どういう関係にあったかについて、①異母兄弟（ピーター・フレーミング、ウイルヘルム・フイルヒナー）、②従兄弟（エラ・キニ・マイアール）、③血縁・一族（スヴェン・ヘディン、エリック・タイクマン）、④義弟（中田吉信）という諸説があるが、このうちフレーミングは、タイムス紙の特派員との肩書きはあるものの、実は英国の諜報員であったから、彼の情報が最も正しいのではないだろうか。さらに、中田説の義弟というのも正しいだろう。

三　日本における回教と日本国の「回教政策」

日本から最初にメッカ聖地巡礼をしたのは、明治一五年（一八八二）に山岡光太郎で、メッカ・メディナを訪れた。教名はオマルである。昭和に入ると、日本に於いて大陸政策遂行に伴って、政府、軍部、政・財界は、イスラームに強い関心を示すことになった。山田寅次郎、有賀文八郎は先駆者であるが、その後、山岡光太郎、田中逸平、大川周明、内藤智広、佐久間貞次郎、木村謙太郎らが、活発的な執筆活動を開始した。さらに、彼らより若い松林亮、三田了一、須田正継らが、国内外で調査活動を実施した。

昭和六年、東京神田で、永倉嘉郎によって、「アラビア・トルコ学会」が設立された。その後、「イスラム協会」（主宰・中村正勝）に引き継がれていく。もう一つの流れとして、昭和七年二月、「イスラム文化研究所」（別名・イスラム文化協会）が、小林元によって創立されたが、資金難に落ち入り、昭和八年一〇月、前記研究所を引き継ぐ形で、「イスラム学会」（創立者・大久保幸次）が発足した。

昭和九年、東京モスクを本拠とするタタールのクルバンガリー派と、神戸モスクを本拠とするイスハキ派との対立、衝突が発生した。この年に、財団法人・善隣協会が、千駄谷に開設された。

昭和一〇年、政教社同人・松林亮は、満洲事変前より、北方大陸方面における回教民族の動向に注目していた。彼は田中逸平と親交のあった満洲のイマーム・張徳純を取り込んで、在満回民百数十万人を掌握すべく努めていた。

昭和一一年には、日本人が中国奥地へ潜行し始めた。東亜同文書院学生・内田義徹が新疆省を目指したが、張家口で大西俊三（後にオチナ機関員）に引き留められた。善隣協会の創立メンバーの一人、笹目恒雄は、単身青海省西寧に潜行し、無事生還した。田中逸平の門下生・金子登、中島圭之助をリーダーとする大東文化学院の「回教研究会」のメンバーで編成された「支那回教現勢調査団」が、中支、北支、内蒙古を巡行した。さらに「イスラム学会」を母胎として、同年一二月、「日本回教文化協会」（主宰・佐久間貞次郎）が発足し、翌年五月、「イスラム文化協会」（初代理事長・遠藤柳作）に引き継がれていく。さらにここから、「回教圏研究所」（所長・大久保幸次）が分れていった。

昭和一二年七月七日、「日支事変」が勃発すると、大陸熱、回教熱をあおったのは、「イスラム文化協会」が新設され、その機関誌『イスラム』の発行、さらに、大谷探検隊の『新西域記』の出版等であった。

昭和一三年、内外地に続々とイスラーム関係機関が設立されたが、そのうち最大規模の機関は、「大日本回教協会」であった。前首相、陸軍大将・林銑十郎が初代会長に就任し、政財界、軍部、その他朝野の名士が、理事、監事、評議員に迎えられた。その評議員の一員に、国際航空常務・永淵三郎の名前も見える。九月一九日、九段軍人会館で、発起人その他二〇〇余名出席のうえ、創立総会が開催された。その年に、東京モスクが創建された。

中国では北京に、「中国回教総連合会」が設立され、支部が河北省、山東省、山西省、河南省鄭州に置かれた。初代首席顧問に高垣信造、二代目は三田了一が務めた。一二月に、内蒙古厚和市（旧帰綏市）では、小村不二男によって、「西北回教連合会」が設けられた。その少し前に、包頭に「包頭公所」が開設されていた。満鉄本社調査課長で、中国回教通の太宰松三郎が初代所長に、二代目所長には三田了一が赴任した。川勝健三主任以下、部員は辺境民族問題の研究家で固められていた。さらに、須田正継が厚和に「須田公館」を開設し、終戦まで続いた。

外務省調査部第三課内に、蒙古班が設立され、「回教事情」が季刊で発行された。昭和一四年、神田駿河台に、「東亜研究所」が開設された。内幸町にあった「満鉄東亜経済調査局」に比しても劣らない規模で、回教民族部門と、蒙古青海部門が設置されていた。

この年は、イスラーム関係の出版物の極盛期であり、前年頃から内モンゴル地帯への門戸が解放されて、京都帝国大学地政学教室・小牧実繁教授、回教圏攷究所・竹内好（戦後、都立大学教授）らの来蒙があった。財団法人・蒙古善隣協会興亜義塾第一期生・春日行雄以下約三〇名が入塾のため来蒙した。二月二九日、「日本イラン文化協会」が設立された。

昭和一五年は、戦時統制下にもかかわらず、回教関係の出版が花盛りであった。一二月に、「日本出版文化協会」が設立されて、紙が配給制度になったが、「マホメット伝」古野清人訳（白水社）、「アラビアのローレンス」中野好夫訳等が出版された。

外務省でも、イスラーム問題に関心を示し始め、須田正継を派遣して蒙古回教民族の動向調査を始めると共に、省内の調査第三課に「蒙回班」を新設して、「回教事情」を刊行した。文部省は一番遅れたが、「帝国学士院・東亜人種民族調査委員会」を発足し、翌年、東京帝国大学人類学教室の講師・須田昭義は野村正良、石田英一郎ら数名を伴い、同委員会の調査団として、内蒙古へ派遣された。

昭和一六年は、生活物資統制令が敷かれたにもかかわらず、イスラーム関係の図書が数多く出版された。

一例を挙げると、蒲生礼一「イランの歴史と文化」、中野英治郎「アラビア紀行」、前島信次「アラビア民族史」、内藤智秀「中央アジアの風雲」、小林哲夫「回教の礼拝」等であった。この年をもって、新設の回教関係の団体は、爾後現われなかった。

昭和一七年になると、新聞も一県一紙に統合され、イスラーム関係の出版物は激減した。内蒙古に於いては、この年が対回教民族研究の最盛期を迎えた。前年春、厚和市の機関長・小倉達次中将が開設した「西北事情研究所」が西域・新疆省の最近情報を収集していた。一〇月初旬から一二月にかけての約一か月間、小村不二男に案内された「第五次内蒙訪日視察団」一行一二名が、日、鮮、満、華の四か国を巡訪した。

昭和一八年、南方では、岩畔豪雄主宰の「岩畔機関」ペナン特務班も活発に活動していたが、特に金子昇を長とするG班は、パキスタン人ムスリムで組織された対イスラーム専門の工作班で、慶応出で、昭和通商では佐島調査部長の部下だったハジ・山内秀三は、工作の失敗の責を負って割腹自決を遂げた。

昭和一八年五月三日、東京丸ノ内会館で「西北問題懇談会」が開催され、二四名が出席した。大日本回教協会（四王天延孝）、日本外政協会（北田正元）、東亜経済調査局（大川周明）、回教圏攻究所（大久保幸次）、満洲国宮内府（工藤忠）、興亜局（内藤智秀、横田碌郎）、中国回教連合会、善隣協会、大東亜建設社、興亜連盟などから出席した。横田碌郎はアラシャンの定遠営の元機関長である。

内蒙古地帯における回教民族工作は、この年を以て、実質的に終焉を迎えた。

内蒙古にあった回教関係機関
西北研究所――所長・今西錦司、次長・石田英一郎、主任・藤枝晃、所員・中尾佐助、梅悼忠夫以下一五名。
蒙古善隣協会――厚和弁事処、野副金次郎。
興亜義塾――中田善水。
西北事情研究所――客員・江実、代表理事・須田正継、主事・小村不二男、事務長・高橋主計。
厚包通商委員会――代表・須永唯史（シルクロードのキャラバン交易）
西北督弁公署――主宰・田中春雄（西北五馬連盟との連携工作）
須田公館――主宰・須田正継（対ソ、イスラーム諜報資料収集）、厚和総領事館の直接指導を受けた。
竹内公館――主宰・竹内義典（対ウイグル民族親日友好工作）、在北京華北交通株式会社の直接指導で活動した。

＊出典・『日本イスラーム史』小村不二男（日本イスラーム友好聯盟刊）

四　関東軍の馬氏軍閥への〝接触工作〟

関東軍の「対蒙（西北）施策要項」（関参謀第九號、三拾五部ノ内Ｃ號〔一部判読不明〕、昭和一一年一月、関東軍参謀部）にも、

写真 6-1：軍服姿の馬虎山。

写真 6-2：右が〝SUGISHAN〟こと山副官の写真、左は東干国の行政長官タララット・ウル・ムルク。

第一、方針、……対蘇作戦準備ノ為〇〇〇（不明）スル外蒙古ノ懐柔及反蘇分離気運ノ促進ヲ図ルト共ニ西北工作ノ進展ニ資シ且満洲国ノ統治及国防ノ基礎ヲ鞏固タラシムル目的ヲ以テ徳王ノ独裁スル内蒙古軍政府ノ実質ヲ強化スルト共ニ其勢力ヲ逐次支那西域地方ニ拡大シ北支工作ノ進展ニ伴ヒ内蒙ヲシテ中央ヨリ分離独立スルニ至ラシム

日本国は、国民政府、紅軍を挟み撃ちにする目的で、青海省西寧の馬歩芳と、さらに安西飛行場使用許諾を得る目的で、新疆省和闐（ホータン）の馬虎山に接触を試みた。一九三四年秋、小村不二男が、その後、内モンゴル中公旗特務員・牧原由次郎、大陸浪人・盛島角房の愛弟子・福田隆繁、日蒙協会・笹目恒雄、関東軍嘱託・倉永保らが、青海省、新疆省入境を試みるが、ことごとく失敗した。ただし、〝青海帰り〟と自称していた大陸浪人・大迫武夫は、安西、あるいは和闐（ホータン）にまで潜入していたかも知れない。林銑十

郎大将が仲人となったホジャ・ニヤーズ・ハジの甥・オスマンと結婚した鈴木住子がいた。

馬虎山の周辺には、タララット・ウル・ムルクをはじめ、正体不明の人物が幾人かがいた。山（シャン）副官もその一人だった。ドイツの科学者・ウイルヘルム・フィルヒナー博士が、八か月間、ホータンに監禁された時、山副官は博士と対応したが、ガブレンツ男爵らがホータンで四週間軟禁された時には、彼は馬虎山師長に伴って、最前線でウルムチ軍と戦っていたから、男爵らと会っていない。

一九三七年の春頃、カシュガルの英国総領事館・副領事M・C・ジレットによって撮影された二葉の写真がある。一枚は馬虎山の軍服姿の全身像。他の一枚は山高帽を被り、黒い外套姿の人物は、東干国の行政長官・タララット・ウル・ムルク、その右側の軍服姿の人物には、SUGISHANと記されている。スギシャン、ひょっとすると、杉山ないし椙山という日本人ではなかったか。SUGI（スギ）は中国人には、極めて発音し難い。そこで山（シャン）という略称で呼ばれていたのではないだろうか。馬仲英の幕僚にも、オニシ・タダシ（于（ウ）華亭）という日本人がいた。ウルムチ政府に捕えられた。その後の消息は伝わっていない。

満洲航空の第二次ガソリン輸送横山隊に係わった大迫武夫の経歴については、鹿児島県出身というだけでまったく判っていないが、かなり高度な特務教育を受けた者に違いない。満洲航空の社内報『満航』38号の人事欄に、「本社総務部附」の辞令がある。大迫も、新疆省ないし甘粛省の馬虎山の支配地へ潜入して、山副官を介して、馬虎山師長との間で、武器、弾薬輸送の打ち合わせをした可能性が強いと考えられる。

大迫武夫が突然オチナ機関を訪れたのは、一九三七年の一月であった。「甘粛省に入り、蘭州で、馬歩康に会い、安西飛行場の保護を求めた」と、大迫は横田碌郎機関長に報告したと言われている。この蘭州を敦煌としたら、辻褄があうのだが。

第七章　中東の熱風のただ中で

一　満洲航空社員・樋口正治夫妻と平野稔の中東航空路開拓の辛苦な旅

満洲航空特航部の樋口正治は、新京の関東軍司令部航空課に呼ばれた。そこで、課長・今西春治航空兵中佐から、中東方面の新航空路開拓のための調査を命じられた。

そこに同席していた満洲航空の児玉常雄副社長から直接樋口に「奥さんを連れて行きたまえ」と言われた。それは出張先の各国が回教国であるので、夫婦で行動したほうが、トラブルが少ないと判断したからであろう。

昭和一二年（一九三七）、七月一二日、灯火管制演習中の闇夜、樋口夫婦は、門司港を日本郵船の貨客船・「前橋丸」で出航した。途中、同船は長崎県平戸に近い一漁村で、石炭を満載した。

同じ特航部で、前年、九州帝国大学を卒業した若き社員・平野稔は、門司から小型蒸気船に乗り、佐世保で合流し、「前橋丸」に乗り込んだ。乗客は樋口夫妻と平野の三人だけだったが、待遇は良く、その船中生活は極めて快適であった。

「前橋丸」は上海、香港で貨物の積み下ろし作業のため、数日間停泊した。しかし、上海では船から下船することが出来なかった。それは七月七日、盧溝橋で「支那事変」が勃発したからであった。香港でやっと三人は船を降りて、日本人の経営する「松原旅館」に二泊した。

シンガポールを経て、コロンボに立ち寄って上陸した。三人は有名な仏教遺跡・キャンディまで足を伸ばし、釈尊の涅槃像を拝観し、同地に一泊した。翌日、ふたたび「前橋丸」に乗船し、目的地・ボンベイ（現・ムンバイ）に到着した。三井本社から各停泊地の三井支店へ連絡が入っているのか、一行は三井の御曹司かのような厚遇を受けた。ボンベイで汽車へ乗り換え、ペシャワールへ向かった。

樋口と平野の表面上の肩書は、三井物産嘱託というものであったが、すでに日本の英国大使館では一行の正体と、その目的を掴んでいて、各寄港地と、インド上陸後も、英国諜報機関の監視下にあった。

二〇余時間の汽車の旅を終わって、ペシャワール駅に到着すると、物産のエージェント・パキスタン人が出迎えてくれて、一行をホテルへ案内した。その豪商は平野に、

「ミスター・ヒラノ。アシタ、ケイサツショチョウガキマス。ヨケイナコトハ、ハナサナイデクダサイ」

と、達者な日本語で忠告してくれた。

翌日、朝食が終わってまもなく、フロントから、ペシャワール・警察署長が待っていると連絡があった。樋口は体調の不調を理由に、若い平野社員が応待した。数人の警官を伴った眼の鋭い、口髯を帯びた中年の署長は、一行の旅行目的を質した。平野は言葉少なく、

「我々は三井物産の嘱託で、中東の石油事情を調査、視察に回っている」

と答えると、署長は、

「それが本当の目的でしょうか」

と、三人の本当の旅行目的を見透かすように、口元に笑みを浮かべて、平野を正視した。しかし、その対応は紳士的であった。

翌朝、三井物産がチャーターしてくれたトラックで、アフガニスタンへ向かった。樋口夫人は助手席に座るように勧められたが、他の二人と一緒の方がよいと、荷台へ乗った。

ペシャワールのホテルを三時頃出発して、ハイパーパスを越えて国境に達したのが、夕方の六時を過ぎていた。

国境は前方に木製の踏切りのような遮断機で、道路が遮られていた。そこが国境だと判別できたが、警備兵も税関の係官も誰もいなかった。

ところが、遮断機の向こうに乗用車が一台駐車していて、アフガニスタン人の運転手が、笑顔でこちらに手を振っているのが認められた。三井物産・倉田カーブル駐在員の車の運転手が出迎えに来ていたのだ。無断で国境を越えるわけにもいかないので、近くを探すと、川原に幾人かの国境警備兵が休憩していた。平野が三人のパスポートを持っていって、許可を得た。

樋口一行はアフガニスタン側で、乗用車に乗り換えた。午後七時頃から五時間ほど走り続けて、小さな森にある小規模のホテルを見つけたのが深夜の十二時を過ぎていた。一泊して翌朝七時に、カーブルへ向けて出発した。

カイバル峠からカーブルに至るまで、一本一草もほとんど見られず、広漠な茶色の大地に一条の道がどこまでも続いている。ヒンズークシュ山脈の山並みを車窓から眺め、午後三時、カーブルのホテルに到着した。三井物産カーブル駐在員・倉田と、公使館武官室のアシスタント、ハジ・山本太郎が出迎えた。

一週間は外国人専用のホテルに泊まっていたが、毎日の食卓に羊肉料理しか出ないので、皆うんざりしていると、陸軍駐在武官・宮崎義一歩兵少佐は見兼ねて、

「武官宿舎に余っている部屋があり、インド人料理人がいて、多少洋食程度のものは出来るから、こちらへ移ってきたらどうか」

と、誘ってくれた。即座に三人は、その言葉に甘えて、ホテルから駐在武官宿舎へ移った。宮崎少佐は、満洲航空が創立した昭和九年、スーパー・ユニバーサル機遭難事故時、ハルビン特務機関長であった。

樋口らの任務の一つに、カーブル飛行場の使用許可を、アフガニスタン政府から取り付けることもあった。ところがそれを阻害する出来事が勃発した。宮崎少佐が使っていた諜報員の一人が、英国側と通じていて、樋口ら三名のカーブル入りは、武官室の強化と映ったようで、英国側はアフガニスタン政府に圧力をかけてきた。

北田正元公使（浜口雄幸元首相の娘婿）は平野を呼び、

「一日も早く武官室を出なさい！　あなた方は大変なことになる」

と真剣に忠告したが、宮崎少佐は樋口に、

「大丈夫だ。諸君らはここに居たまえ」

と引き止めた。

そうこうするうちに、アフガニスタン政府から、宮崎少佐夫妻らに、国外退去命令が出され、樋口らも巻き添えを食うことになる。

これ以降、アフガニスタン日本公使館は閉鎖された。

宮崎義一少佐は、昭和七年には哈爾浜（ハルピン）特務機関長だった。

満洲航空株式会社が設立され、会社創立記念日の当日、満洲里便が開通した。その初便は「満洲里事変」に遭遇し、消息不明となったとき、捜索の中心となったのが、宮崎少佐であった。

昭和一七年には、宮崎義一中佐（当時）は、一時、昭和通商株式会社の資材部付として籍を置き、その後、満洲の大同学院の教官として赴任していった。

すでに、北田公使の尽力と、永淵運航部長が前年、六名のアフガニスタン留学生を受け入れていたので、カーブル飛行場の使用許可が取れていた。

その時、本社から「さらにイラン国へ前進せよ」との電報を受け取った。

当時のアフガニスタンは独立国であっても、北半分はソ連の、南半分は英国の息がかかっていた。出国ルートもアフガニスタン政府から指定された。それに従い、宮崎少佐一行はカイバル峠を越えてボンベイへ、樋口らはカラチを経由して、イラクのバグダードへ向かった。カーブルを乗用車で出発する時、運転手の隣りに無断で、しかも当然であるかのように、一人の警官が席を占めた。これは護衛と、監視のためであった。

カンダハルでは、三井物産・吉川支店長宅に一泊世話になった。翌日、国境に連なるドーバー・ガーカル山脈を越え、パキスタンのクエッタから鉄路でカラチに向かった。さらに、英国の船会社の船舶で、アラビア海、ホルムズ海峡を抜けて、ペルシア湾に入り、イラクのバスラに上陸し、砂漠を鉄道を走り、バグダードのモード・ホテルに落ち付いた。

やがて、バグダード飛行場の使用交渉は順調に進み、細部が多少残っていたが、平野を残して、樋口夫妻は、最終目的地・イランのテヘランへ車を進め、翌日の夕刻、テヘランに到着した。

夫妻は三井物産・木島支店長宅を本拠に、調査活動を開始することになる。翌年には、「石油に関する件」、「沙漠作戦の研究」、「日本・イラン合弁の航空会社設立に関する件」など、数多くの調査、研究報告書を日本に送っている。

戦後、樋口正治は、この時の辛苦な旅を『満洲航空史話』、「航空路開拓の蔭に涙あり」を残している。

（第一項は、これを基に、平野稔翁からの聞き書きを加えてまとめた）

二　樋口夫妻と平野稔のその後の活動

樋口正治は、満洲航空入社以前には飛行将校で、退役時には陸軍航空兵少佐であった。夫人はお茶の水高等女子師範出の才媛で、樋口の「空の男」としての勇姿に惚れて、結婚したという。夫人の性格は積極的で、勝気であったが、さすがに、この中東の旅ではホーム・シックに罹ったり、ある時には、夫婦げんかになったので、若き平野は夫人を慰めたり、仲裁したりしなければならなかった。

翌年の七月、平野はバグダードからテヘランへの出張中、「社員・平野稔　ベルリン支店勤務を命ず」との辞令の電報が、本社から着いた。平野にとって、一日千秋の思いで待ちわびていた辞令を、やっと受け取ることができた喜びと、約束が空手形とならなかったことを知った。

この約束とは、一年前、永淵三郎特航部長に呼ばれた平野は、

「君、樋口夫妻と中東へ、空路の開拓に行ってもらえまいか」

と命じられた。あまりにも突然のことであり、中東と言われてもピンとこなかったので、一瞬、返答に窮していると、さらに、永淵部長は言った。

「一年間でいい。その後、君をベルリン支店にやってやるよ」

と、褒美を約束してくれたことであった。

平野社員は、森蕃樹支店長の待つ満洲航空ベルリン支店へ、足取り軽く向かった。

森蕃樹は、所沢の陸軍航空第一大隊で、永淵三郎と共に飛行機操縦科学生を命じられたが、常に永淵の後に一歩位置を下がって、永淵を支えてきた。

ベルリン支店といっても、しもた屋の二階を借り、「森事務所」の看板を掲げているにすぎず、森、平野の交代要員・立見尚秀、現地採用の通訳・平山の三名であった。

なお、立見は、日露戦争時の弘前第八師団長・立見尚文（たつみなおふみ）大将の子息である。

立見大将は、明治二八年（一八九五）一月二四日、騎兵旅団長・秋山好古大将率いる秋山支隊が左翼防衛

線で守備中、コザック騎兵のドン・ミチェンコ少将が急襲してきた。秋山支隊が潰滅に瀕していた時、内地から、立見師団が到着した。黒溝台の戦いでは、三日三晩の死闘を続け、日本軍の七倍のロシア軍を撤退させた。

三　樋口夫人の名前が判明

今までは、樋口夫人の名前が明らかではなかった。

以前に、国立国会図書館で、満洲航空の社内報『満航』の創刊号（康徳元年・昭和九年二月）から、第七巻六号（康徳七年・昭和一五年六月）までの「満航日誌」欄と、「人事動静」欄を主に、無駄だと思っていたがコピーしておいた。その後、すべてマイクロ化されているので、現在では簡単にコピーすることがむずかしくなっている。

本書の執筆の終盤の段階に至り、『満航』のコピーを丹念に読んでいると、未知の数々の事実を知ることができた。そのうちの一つが、樋口夫人の名前である。

『満航』第四三号（康徳四年・昭和一二年八月）「人事動静」欄

本・附　永淵三郎

東・支　森　蕃樹
仝　樋口正治　仝　立見尚秀　仝　平野　稔　仝　樋口きく子　仝　伊藤金一

以下、中尾純利、松井勝吾、岡本虎雄、石川金吾、清都誠一ら、特航部を構成する面々一八名が、六月二三日附で、命休職となっている。

さらに、

佐島敬愛
解　会社事務嘱託　命　社員七級俸乙
命　東京支店勤務

六月二十三日附

すでに本社附と、東京支店勤務のこれら一九名は休職扱いとなり、秘かに特航部開設準備にといそしむことになる。

『満航』第四十一号（康徳四年・昭和一二年六月）
「人事動静」欄
恵・董　樋口正治

命　　復職　　本社附（四月廿日附）

（引用者注…恵・董は、恵通航空有限公司の社長）

樋口はそれまで、恵通航空公司の社長を務めていたことがわかる。

『満航』第四十二号（康徳四年・昭和一二年七月）

「人事動静」欄

本・附　　樋口正治

命　　東京支店勤務（六月一日附）

本・附　　森　蕃樹

命　　東京支店勤務（六月八日附）

永淵は、片腕の樋口と森を東京支店に転勤させて、特航部創設の下準備をさせた。

樋口正治と樋口キク子が、「人事動静」欄に同時に再登場するのは、『満航』第五十九号である。

『満航』第五十九号（康徳五年・昭和一三年一二月）

「人事動静」欄

休職社員　樋口正治

同　今井国三
同　石光敬臣
同　樋口キク子
同　荻原ミキ子

恵通航空股份有限公司ニ転属ヲ命ス

（以上一二月一日附）

樋口正治と樋口きく子は、「中近東航空路開拓の辛苦な旅」を含め、常に行動を共にしていたから、夫婦であろう。

大正八年（一九一九）六月二八日、陸軍航空学校最初の卒業式が、東伏見官台臨のもとに所沢飛行場で挙行された。

射撃班の卒業生は水谷中尉、今田中尉、河井田中尉、森工兵軍曹の四名。偵察班は小島工兵中尉、近藤砲兵中尉、樋口歩兵中尉、水谷工兵軍曹の八名であった。なお、射撃班の滝川大尉、偵察班の加藤大尉、中根軍曹の三名は墜落死及び重傷のため出席していない。

恩賜の銀時計は、高等飛行卒業生の航空第一大隊附歩兵中尉樋口正治が拝受した。

河井田義国と樋口正治とは、陸軍航空学校第一期の同期であった。河井田は終戦までずっと満洲航空に残ったが、樋口は永淵三郎の下に、国際航空、大日本航空と移り、「空のシルクロード」を追い求めていった。

第八章 「日の丸機」西へ飛ぶ

一 新聞社主催の海外への勇飛

1 朝日「初風号」、「東風号」による訪欧飛行

新聞社による初の訪欧飛行は、大正一四年（一九二五）、朝日新聞社による「初風号」、「東風号」によるものであった。使用機は、フランスのブレゲー19。「初風号」の操縦士は安邊浩、機関士は篠原春一郎、「東風号」の操縦士は河内一彦、機関士は片桐庄平であった。

その訪欧の主目的は、大正九年（一九二〇）イタリア機の訪日に対する返礼飛行と、日ソ条約記念であった。東京代々木練兵場を飛び立ち、大阪、京都、ハルビン、チタ、モスクワ、ベルリン、パリ、ロンドン、そしてローマに達した。

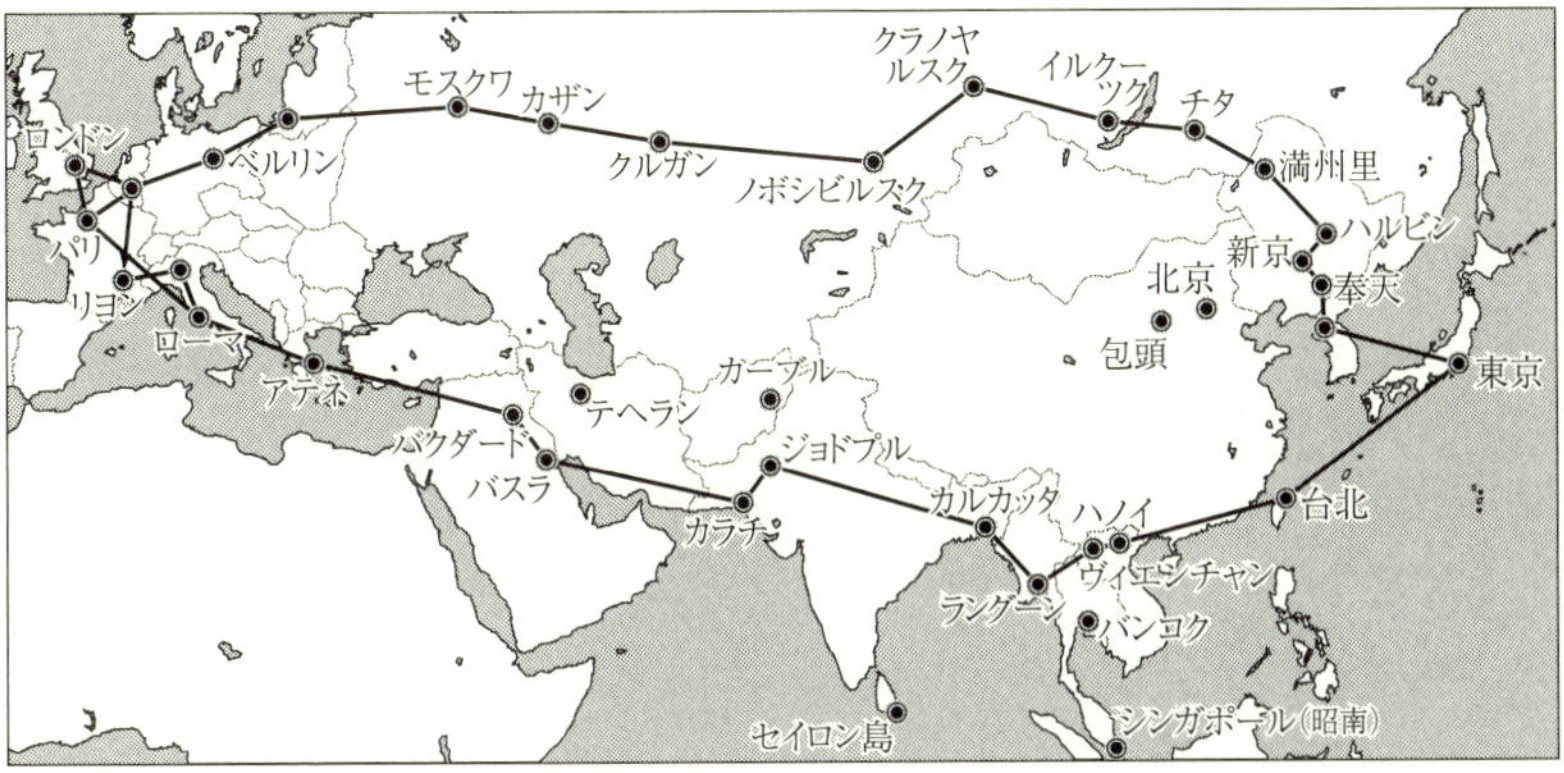

図 8-1：朝日新聞社『神風号』で世界に羽ばたく（1937）。開戦直前に新聞各社が世界に飛翔。

2　朝日「神風（かみかぜ）号」によるロンドン訪問

昭和一二年（一九三七）、朝日新聞社は、陸軍の三菱97式一型司令部偵察機（キ‐15）の試作第二号機によるロンドン訪問を企画し、東京朝日新聞社と大阪朝日新聞社が機名を募集したところ、日本（にほん）の翼、天馬、萬里、平和、大八洲など五三万六、〇〇〇余通の応募があり、中から「神風」が採用された。

朝日新聞社航空部の飯沼正明操縦士、塚越賢爾機関士によって、昭和一二年（一九三七）四月六日、立川飛行場を出発、南回りコース（一五、三七五キロ）を九四時間一七分五六秒で飛び、日本初の国際記録を樹立し、一〇日にロンドンに到着した。五月一一日、ロンドンを出発し、二一日に羽田飛行場へ安着した。

この「キ‐15型」は、三菱重工で製作され、中国大陸、比（フィリピン）作戦で活躍した。

3　毎日「ニッポン」による世界一周

朝日新聞「神風号」による成功に対抗意識と、国威宣揚を目的として、東京日日新聞社と、大阪毎日新聞社は、「太平大西洋両洋横断、五大陸翔破・世界一周大飛行」を計画した。一周機の機名を募集したところ、読者の関心か高く、葉書で一三二万余通の応募があり「ニッポン」が入選した。選外佳作には、亜西亜、勝鬨、金鵄、東亜、八紘などの時代を反映する名称も多かった。「世界一周大飛行の歌」も募集され、ビクター・レコードから発売された。

使用機は純国産の三菱96式双発輸送機民間型、乗員は親善使節・大原武夫（東京日日新聞社航空部長）、機長・中尾純利（満洲航空）、副操縦士・吉田重雄（航空部員）、機関士兼通信士・八百川長作（同）、機関士・下川一（海軍）、技術員・佐伯弘（三菱）、通信士・佐藤貞信（満洲航空）の七名であった。

昭和一四年（一九三九）八月二六日、羽田飛行場が開設以来、最も多い数万人の見送りを受け、「ニッポン」は札幌に向けて飛び立っていった。札幌から太平洋を横断の末、アラスカのノームに安着した。フェアバンクス、ホワイト・ホースを経て、ロサンゼルス、米大陸を横断し、ニューヨーク、フロリダ半島、ユカタン半島を飛び、ブラジルの先のナタールから大西洋を越え、アフリカに入り、モロッコのカサブランカを経て、いよいよヨーロッパに入り、スペインに到着した。そこからパリ、ロンドンを訪れた後一〇月二〇日、羽田飛行場に到着した。

五二、八六〇キロの世界一周を、五一日間、飛行時間一九四時間で達成した。

朝日の「神風号」の時と同様に、東京日日と大阪毎日は、発行部数が飛躍的に増加した。両紙は写真、地図、記事によって、読者自身が世界一周空の旅行をしている気持になって、夢中に読んでいたにちがいない。

二　シャム国への親善の翼

昭和一四年一月二五日、大日本航空ハインケルHe－一一六型（J－BAKD）「乃木号」が立川飛行場を出発した。

乗員は操縦士・中尾純利、操縦士・上野博志、機関士・永岡勵、通信士・佐藤貞信の四鳥人。

安全飛行のため、テレフンケン方向探知機、ローレンツ無電機、盲目着陸用無線機を搭載し、何時でも機上から東京と連絡できる「乃木号公衆電報取締所」（コールサイン・J－BAKD）なる無線電信局を開設した。これによって、東京、大阪、福岡、台北、那覇などにある航空無線局と、たえず連絡を取ることが可能であった。

逓信省・藤原保明航空局長官の祝辞、大日本航空・斎藤武夫副社長の乾杯の後、各自激励の辞を受け、午前六時四四分、「乃木号」は、台北に向かい飛び立っていった。午後三時三一分、台北へ安着した。（八時間四九分）

翌二六日、午前七時三五分、機は一路バンコックを目指し飛び立った。二、六五〇キロを時速二七一キロで翔破して、午後五時二四分、バンコック・ドンムアン飛行場へ到着した。（東京から実飛行一八時間八分）

飛行場には、高瀬総領事、陸・海軍駐在武官、三木日本人会会長以下、日本人小学校生徒、その他、日・暹人が両国の国旗をうち振って迎えた。

『読売新聞　十四、一、二七』（バンコック廿六日共同）、機長中尾操縦士は疲労の色も見せず次の如く語った。

「けさ（廿六日朝）台北出発の時は深い霧で悩まされたが、後は曇勝ちとはいへ好天気五千メートル位の高度で快翔を続け愉快な飛行だった。……」

この飛行は、永淵三郎らが日・タイ航空条約調印のために、「大和号」でタイ国へ向かう、一〇か月前のことである。これは予備飛行、試験飛行の意味合いが強い。

三　「日・タイ航空条約」の調印と親善飛行

昭和一四年一一月三〇日、バンコックの宮殿で、ルアン・ピブンソンクラム外相と、駐タイ・村井公使との間に、懸案の「日・タイ航空協定」が締結された。この協定の交渉には、実に五年の歳月を要した。（同年六月、立憲革命記念日に、シャム国はタイ国と国名が変わった）

この調印と親善飛行の使節団団長として、逓信省航空局国際課長・大久保武雄が任命され、以下外務省

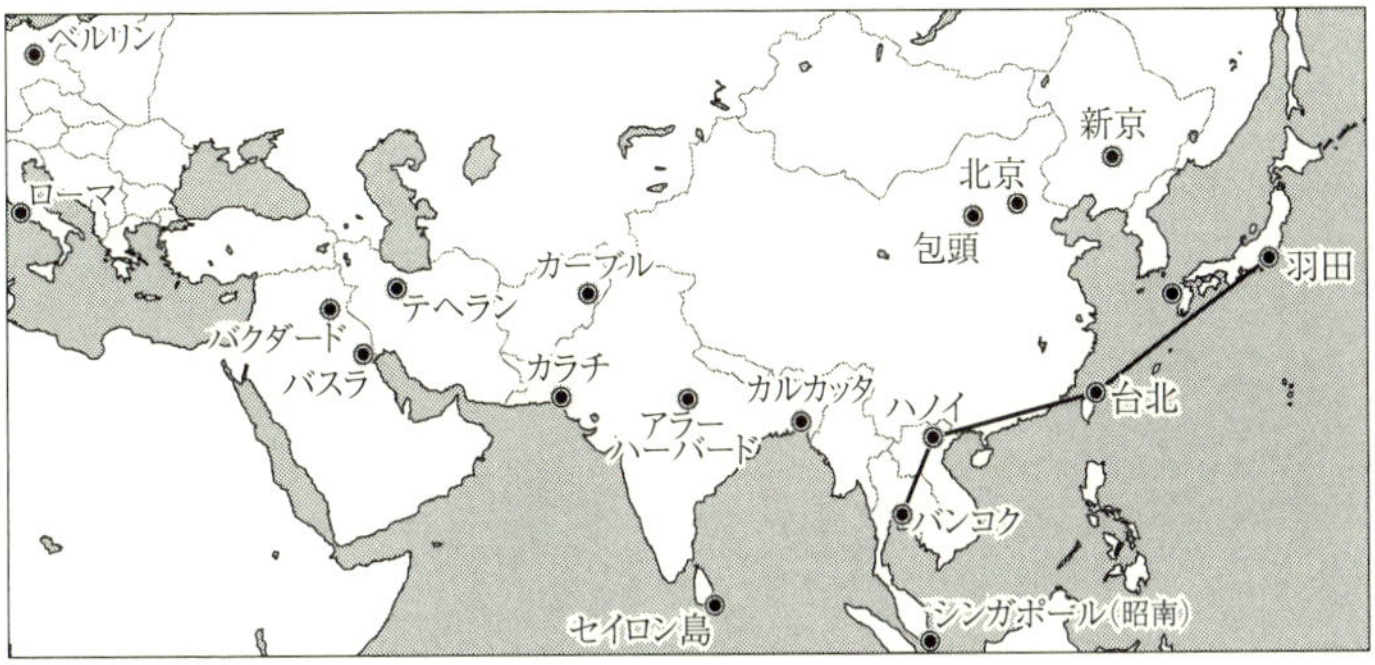

図8-2：「大和号」のタイ親善訪問（1939）

から仁宮武事務官が、大日本航空を代表して副社長・斎藤武夫、常務理事・総務部長・永淵三郎、国際課員・伊藤良平の五名が機に乗り込んだ。

乗務員は機長・一等航空士・松井勝吾、操縦士・右田潔、機関士・長岡勵、通信士・門脇博典のメンバーであった。使用機は三菱双発一型輸送機（J-BEOC）、海軍が発注した「96式陸上攻撃機（中攻）大和号」である。

《往路》

一一月二五日、羽田AM7・11発→台北PM3・13着（所要時間8時間2分）

一一月二六日、台北AM9・07発→ハノイPM3・05着（所要時間5時間38分）

一一月二七日、ハノイAM9・13発→バンコックPM1・18着（所要時間4時間5分）

《復路》

一二月一一日、バンコックAM10・30発→ハノイPM1・59着（所要時間3時間29分）

一二月一四日、ハノイAM10・23発→広東PM0・10着（所要時間3時間55分）
一二月一五日、広東AM9・16発→台北PM0・44着（所要時間3時間28分）
一二月一六日、台北AM7・20発→福岡AM11・56着、PM0・36発→羽田PM4・30着（所要時間3時間54分）

祝賀式の後、一行はバンコック郊外にある、アユタヤ王朝の遺跡の山田長政の墓参に行った。戦国時代、タイに渡り、日・泰の架け橋となった長政以降、両国の関係は断絶していたが、今回の日・タイ航空協定によって、ふたたび交流が密となっていった。

山田長政の墓前に花輪を捧げることになった。大久保課長は日本政府の代表として、斉藤副社長は大日本航空を代表してそれぞれ花輪を手配すると、永淵総務部長は、

「それなら俺は、大日本国国民代表・永淵三郎と、それらより大きい花輪を捧げる」

と言った。いかにも永淵らしい負けん気と、とっさの知恵と茶目っ気に、誰もアッケに取られたという。

この航空協定締結によって、日本の悲願だった海外定期飛行便の第一歩が実現した。永淵は、「これは日・満・独航空協定に基づく、東京・新京・安西・カーブル・バグダッド・ロードス島・ベルリン線の第一歩だ」と、周囲に語っていた。

翌、昭和一五年六月一〇日、週一便の東京―バンコック便が就航した。一番機は「松風号」と命名された。機は「大和号」の姉妹機・三菱双発輸送機。機長・一等操縦士・一等航空士・中尾純利、副操縦士・二等航空士・右田潔、機関士・岡本虎男、通信士・清都誠一、通信士・宮本暁男のチームが組まれた。

昭和一五年は紀元二千六百年と称され、さらに、航空界にとって、離陸三十周年の記念すべき年であった。従来の帝国飛行協会、日本学生航空連盟、大日本青年航空団、日本帆走飛行連盟等の民間団体が統合して、大日本飛行協会が設立された。さらに、九月二八日に「航空日」が制定された（翌年から九月二〇日）。この日は軍と民間あげての大規模な航空大会や、展示会、模型飛行機大会等が全国各地で開催された。これは大空への国民的関心を喚起するためであった。

さらに、飛行機の国産化に努めた年でもあった。大日本航空は、各航空機製造会社へ五年計画で、国産旅客機の大量製造を発注した。ダグラスDC・三型旅客機、新鋭三菱MC・二〇型（一一人乗）、川西式四発大型飛行艇（一七人乗）、三菱九六式双発旅客機、中島式AT機などが、次々と民間航空界へ納入された。なお、強力な航空国家を建設するという国策に添って、鳥人（乗務員）の大量養成が計画された。四月から、千葉県東葛飾郡高木村に、国営「航空機乗員中央養成所」が開設された。さらに翌年四月からは、熊本、仙台、米子、新潟、印旛（千葉県）の地方養成所開設予定があった。

大日本航空の航空路は、東京から京城、新京、天津、北京、上海、南京への大陸線、台北、広東、河内（ハノイ）、盤谷（バンコック）へのバンコック線、さらに三月には、横浜からサイパン、パラオを結ぶ南洋定期が開始し、一一月には、パラオ、淡水（台湾）間、二、八〇〇キロのコースが開拓された。

昭和一一年（一九三六）八月、板垣征四郎参謀長に伴って内蒙古のアラシャンの定遠営とオチナへ飛び、常に「欧亜連絡航空計画」実現に夢を抱いていた一人・武藤章軍務局長は、昭和一五年（一九四〇）五月九日、関東軍参謀長・飯村穣宛に「日独航空連絡に関する件」――陸軍としての新たな方針――を通報した。

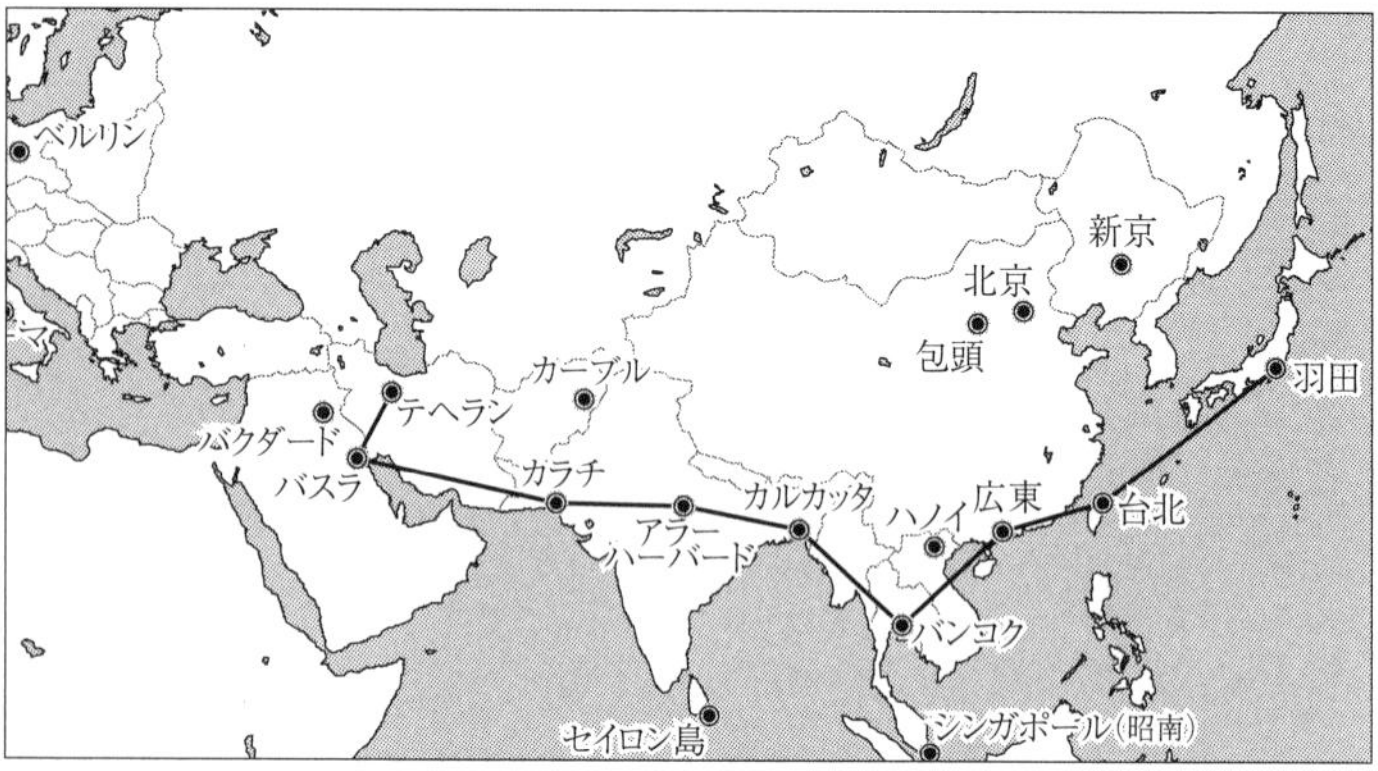

図 8-3：大日本航空「そよかぜ号」のイラン親善飛行。(1939)

そこにはソ連も加えて、日・満・ソ・独間の協定とし、そのルートを東京―新京―チタ―モスクワ―ベルリンとした。

同年五月二日、滞独中の山下奉文中将列席のもとに、ドイツ航空省と第一回目の正式交渉が開始された。実施時期は、昭和一六年（一九四一）四月以降とする予定だった。

武藤軍務局長は、大日本航空による南回り・ルートの外に、満洲航空によるソ連のシベリア・ルートの可能性を探らせていた。

四　大日本航空「そよかぜ号」〝天皇の贈り物〟を帯えて、イランへの親善飛行

友好国イラン帝国のジャプール・モハメッド・レザ皇太子（イラン最後の国王・パーレビ）(19)と、エジプトの王女・ファウジア内親王(17)との結婚を祝うために、〝天皇の贈り物〟を載せた「そよかぜ号」が、昭和一四年（一九三九）四月九日、新装になった羽田飛行場を飛び立っていった。

これはイラン駐在、大日本航空社員・樋口正治が、皇太子結婚の情報を知ると、公使館付陸軍駐在武官・高品朋歩兵少佐を動かして、「日本から優秀機をもって参加されたし」旨の電報を陸軍航空局に打った。「東京では直ちに、この議に賛成され、航空局が主になり、親善飛行を実行することになった」との返答があり、在留邦人一同は喜びに踊った。

それには、イランからの働きかけ以上に、航空局側にも、ある事情があった。

その結婚祝いの〝天皇の贈り物〟が船で香港に送られ、その先は英国のインペリアル・エアウェイズ機で送られるとの新聞記事を見た航空局監理部国際課長・大久保武雄は、親しい大日本航空・永淵三郎常務理事を呼び出して相談した。すでに永淵にも、樋口からその連絡は入っていた。大久保は国際課長を拝命している以上、黙視する訳にはいかなかった。

そこで大久保は、東京帝国大学の先輩・宮内省鹿児島虎雄次長を訪ね、日本の航空会社の飛行機で、〝天皇の贈り物〟を運ばせて貰いたいと願い出た。

鹿児島は訊ねた。

「大久保さん、日本に飛行機はありますか」

大久保は自信を持って

「ダグラスがあります。ロッキードがあります」

すかさず答えると、

「それは米国の飛行機ではありませんか」

と、図星を指された大久保課長は、返答に窮した。

大久保課長は藤原保明監理局長と相談した結果、海軍航空本部長・山本五十六中将を訪ね、海軍の飛行機の借用を願い出ることにした。

山本部長は、

「大久保さん、帝国海軍はいま上海に対し、渡洋爆撃を始めたばかりです。お貸しするような飛行機の余裕はありません」

と断わった。

なおも大久保が食い下がると、

「使えぬ飛行機ならあるかもしれませんが」

と言うので、早速、技師を連れて横須賀に行ってみると、弾痕生々しい三菱九七式重爆機が一機、格納庫の奥にあった。それを借用して、名古屋の三菱で修理させた。胴体に窓を取り付け、屈まなければならない低い天井の通路の両側に座席を設置すると、やっと旅客機らしくなった。

この機は、「そよかぜ号」（J - BEOD）と命名された。ちなみにペルシア語で、〝そよかぜ〟は、「ナシーム」といい、「東方から良き報を運ぶ」という、吉祥の意味がある。

大久保武雄課長は時の首相・平沼騏一郎に呼ばれ、イラン国親善飛行団の日本政府代表に任命された。

一行は海軍から江口穂積少佐、外務省鶴岡千仭事務官、さらに、大日本航空を代表して、永淵三郎が総務部長の肩書きで同伴した。

機長に一等操縦士、一等航空士・松井勝吾（35）、一等操縦士兼二等航空士・岩切庄二郎（33）、通信士・清都誠一（31）、機関士・岡本虎男（38）、航空技術員・楠木健次郎（35）のチームが組まれた。

支那事変が苛烈になっている際なので、万一、東支那海で敵の攻撃を受けないとも限らないし、イランの慶事の四月二〇日に間に合わない場合もあるので、大久保課長はトランクに短刀一振を忍ばせて、万が一の場合には、責任を取る覚悟で乗り込んだ。

イランへ出発の当日、「そよかぜ号」に、天皇の御祝品――彫漆の文箱「石南花図彫漆（しゃくなげ）」（第二回文展特選・香川県、磯井如眞作）が積み込まれた。

平沼首相からイラン国ジャム総理大臣に、メッセージと武者人形、有田八郎外務大臣からアラン外務大臣、同省次官に、糸錦丸帯の御所模様と花丸模様帯を各一本、銀製煙草セット四点、七宝花瓶一個、板征四郎陸軍大臣からイラン陸軍首脳へ、日本刀三振り、塩野季彦逓信大臣からアラム郵政大臣代理に、メッセージと、銀製花瓶が積み込まれた。さらに、大日本航空永淵三郎総務部長は、コンスタン宮殿における御盛儀の席上で開花させようと、蕾の八重と吉野の二種類の桜を七宝の花瓶に生けて、機内に持ち込んだ。永淵らしいイキなはからいである。

コンスタン宮殿はペルシア語で、「薔薇宮」であり、バラはイランの国花でもある。

《そよかぜ号・飛行コース》

1　4月9日　東京AM7時13分→台北PM3・12分
2　4月10日　台北AM8時13分→広東AM11・35分
3　4月11日　広東AM8時10分→バンコックPM1時50分
4　4月12日　バンコックAM6時20分→カルカッタPM1時22分

5　4月13日　カルカッタＡＭ６時26分→アラハバード（給油）ＡＭ10時40分→カラチＰＭ４時40分
6　4月14日　カラチＡＭ６時55分→バスラＰＭ１時５分
7　4月15日　バスラＡＭ６時25分→テヘランＡＭ11時20分

「そよかぜ号」は、四月一五日、午前一一時二〇分、日本―イラン間、一二、〇六一キロを七日間、四七時間一二分で翔破し、テヘラン飛行場へ安着した。

飛行場には、イラン市民が日の丸を振って出迎え、イラン政府代表、同陸軍代表、各国新聞記者をはじめ、中山公使、高品駐在武官、樋口大日本航空駐在員夫妻らの在留邦人三〇余名が集合していた。タラップを降りたった一行へ、振袖姿の日本公使館二等通訳官・浅岡五郎の令嬢が花束を抱き、歩み寄った。

その時行われた空中分列式で、イランの航空大臣は皇帝に、「そよかぜ号」はアラビアの駿馬のようで、最も優秀な爆撃機であると言上したという。実は、大臣は「そよかぜ号」が旅客機でなく、重爆撃機であると、その正体を知っていたのだ。乗員一行は、テヘランの日本公使館に半月滞在した。

「そよかぜ号」のイラン安着を報じた新聞に、永淵三郎総務部長の留守宅の家族の写真と記事が載っている。

《東京朝日・昭和十四年四月十六日》

お父さん作文に何て書く　永淵氏留守宅――

安着第一報をもたらして麻布区本村町の日航総務部長永淵三郎氏の留守宅を訪へば、「マアア、マアア……」と敏子夫人、「ワーイツ、父ちゃんがたうとう着いたつて！」と長男の一郎君（一二）の傍では「ねえお母さん、そうしたら父ちゃんはいつ帰るの？」とい、お父さんの帰りを待つのは長女の芳子ちゃん（一〇）、背後から一年生の甥の昭七郎君を交へてみんな嬉しい春の晩

「新聞にお父さんの作文が出ているけど着いたら何て書くんだろうな？」

「お父さんの作文はアタシにはむづかしいけどまたお母さんが説明して下さるワ」

電話があつちこつちからか丶りベルが鳴る。夫人の感想は一言〝オホホホ――これで安心ですわ〟と包きれぬ顔であつた。

この「お父さんの作文」とは、永淵三郎が昭和一四年四月九日、羽田飛行場を飛び立ってから、イランのテヘラン飛行場に到着する迄の毎日、朝日新聞に投稿した手記である。

「そよかぜ号」が、イランから日本への帰路の途中のバンコックで、東京朝日新聞社の記者に答えている記事がある。

《東京朝日・昭和十四年五月二十日》

本社・バンコック間国際電話

凱旋の〝そよかぜ〟から第一声
往来繁き防共ルート　男爵機やロ夫人機と邂逅

（永淵氏）もしもし、朝日新聞ですか、やあ、しばらく、ついさつき着きました。いまオリエンタル・ホテルから電話をかけてゐます。

（本社）どうも、お疲れでせう。皆さん元気ですか。

（永淵氏）ありがたう。みんな元気で張り切つとる。松井（機長）なんかもう街へ買物に行つた。在留邦人諸君やシヤム（ママ）の方々が非常に歓迎して下さつて、これから早速歓迎宴にでかけます。けふ（十五日）の飛行はお天気がとても楽だつたが、一昨日のカラチ、カルカツタ間に苦労した。何しろひどい黄砂ですね。それから昨日のカルカツタからの飛行も亦大変だつた。雷雨に悩まされて……

　あんまりひどいんでアキヤブの飛行場へ不時着して、お天気の好転するのを待つた程さ。さうさうこの間日本を訪れた例のガブレンツ機ね。我々がアキヤブで休んでゐる時丁度我々の眞上を西北の方へ飛んで行つた。下から盛んにハンカチで合図したが、非常に高く飛んでゐて気づかないと思つたので直ぐ機上へ電報を打つた。向ふから間もなく「途中の天気が悪いから注意しろ」といふ返事が来た。（中略）それから昨日ラングーンへ着くと飛行場でドイツのローゼンマロヤ夫人に遭つた。日本迄飛ぶ筈だつたが印度支那の飛行許可がとれないので、止めて帰る所だと云つてゐた。


「そよかぜ号」の記事をスクープにしたのは、朝日新聞の美土路昌一であった。美土路は戦後、朝日新聞社社長、日本航空社長を務めた。

永淵三郎とガブレンツ男爵とは、この時の交信が今生の別れであった。男爵は後に輸送隊長として活躍したが、戦死したからである。

イラン親善飛行を終えた「そよかぜ号」は、ベルリンまで足を伸ばした。日本からベルリンまでの飛行は、シルクロード・ルートではないが、この飛行で、「永淵構想」が一歩完成に近づくことになった。

山本五十六中将の恩に報いるため、海軍記念日の五月二七日に帰国する予定を立ててベルリンを飛び立ったが、一日遅れて日本へ帰国した。さっそく、大久保課長と永淵常務理事が山本中将のもとにお礼に伺うと、

「よくやって下さった。かねがね金星九百馬力エンジンの耐熱テストをやりたいと思っていたところでした」

と言われた。山本五十六中将の方が、役者が一枚上手（うわて）だった。

この「そよかぜ号」は、昭和一六年（一九四一）二月五日、海軍に徴用されて、日中戦争の秘密工作に使用されたが、中国広東省・黄揚山に衝突した。

五　大日本航空「大和号」ローマへ飛ぶ

友邦国・イタリアのローマへ、大日本航空の「大和号」が、一四、一一九キロを九日間で翔破したのは、昭和一四年一二月三一日のことであった。

大日本航空欧亜課長・石川祥一を機長に、操縦士・鈴木友茂、大森正男、荻野了、上野博、機関士・岡本虎男、斉藤重正、通信士・清都誠一、恒成政雄が選抜された。ベテランの岡本機関士、清都通信士以外は中堅乗務員が選ばれたのは、ベルリンへ飛翔するという「永淵構想」の訓練を兼ねていたので、操縦士は四名と多いのだろう。

国粋大衆党総裁・笹川良一が、国粋義勇飛行隊長の肩書で、参謀・吉松正勝、同・杉浦応を伴い、黒紋付羽織、袴姿で機に乗り込んだ。

一二月二三日早朝、羽田飛行場の大日本航空羽田支所前には、三菱双発輸送機「大和号」（J－BEOC）が待機していた。

大日本航空欧亜課長・機長・石川祥一はじめ乗員九名と、笹川良一ら乗客三名が乗り込み、多数の見送りの人々の歓声に送られて、飛び立っていった。

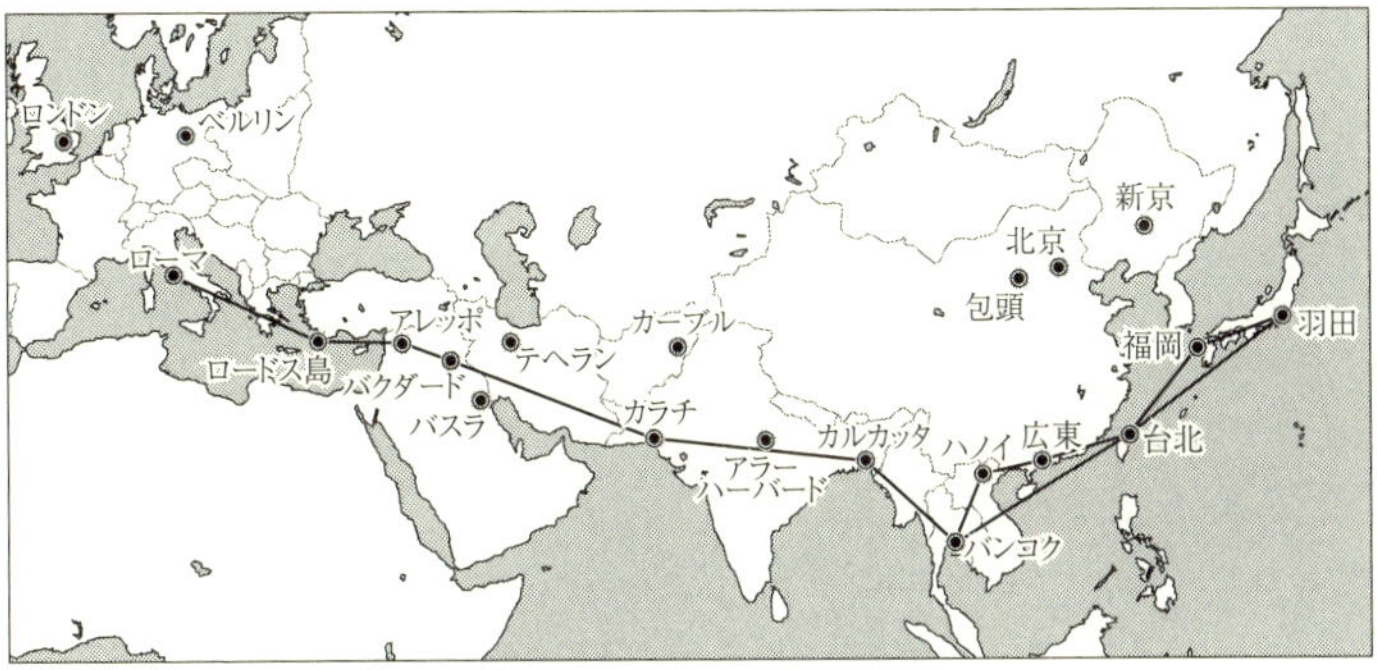

図8-4：大日本航空「大和号」イタリアのローマへ親善飛行（1939）

《ルート》

1　23日　東京→福岡→台北（二、二五〇キロ）＊整備
2　25日　台北→広東→河内（一、八八〇キロ）
3　26日　河内→ウドルン→バンコック（一、〇〇〇キロ）
4　27日　バンコック→アキャブ→カルカッタ（一、六〇〇キロ）
5　28日　カルカッタ→アラハバード→ジョイフール→カラチ
→バグダード
6　29日　バグダード→アレッポ→ロードス（一、五九〇キロ）
7　30日　ロードス→ローマ

永井逓信相、藤原航空局長官から託されたムッソリーニ首相兼航空相らへのメッセージ、大日本航空本社から各方面への空のクリスマス・プレゼントとして、羽子板セットが積み込まれた。

暮のローマは前日の雪で白化粧。北の郊外にあるリットリオ飛行場には、出迎えの群衆が「大和号」の到着を待っていた。

「大和号」の操縦士・荻野了は、次の句を読んでいる。

はじめての　ローマの宿や　除夜の鐘

五日までの間、一行は無名戦士の墓への墓参、空軍省、ファシスト党本部の訪問、国立オペラ劇場見学、日本大使館での歓迎会、三井、三菱の晩餐会、空軍省の昼餐会、アラ・リフトリア航空会社の晩餐会等の歓迎行事など、スケジュールに追われた。「大和号」は、一月一六日、ローマを出発して、往路と同じルートで飛行を続け、一月二三日、羽田飛行場へ安着した。

六　最後の東京－ベルリン連絡飛行
立川A‐26長距離二号機、インド洋上で消える

1　東京帝国大学航空研究所と「航研機」

昭和一二年、朝日新聞社航空本部の「神風」による東京－ロンドン間飛翔と、昭和一四年八月の東京日日新聞社の「ニッポン」号による世界一周飛行翔破の間の、昭和一三年五月には、東京帝国大学航空研究所（目黒区駒場）が開発した「航空研究所長距離機」（通称・航研機）は、千葉県木更津飛行場を離陸し、群馬県太田、神奈川県平塚、木更津という三角コースを三日間で二九回周航した。その距離何と一一、六五一キロを無着陸で飛び、世界新記録を樹立した。

操縦士・藤田雄蔵大尉、副操縦士・高橋福二郎准尉、関根近吉機関士のメンバーであった。だが、翌年の昭和一四年七月には、イタリアのサボイア・マルケッティSM‐82型機が、その記録を破った。

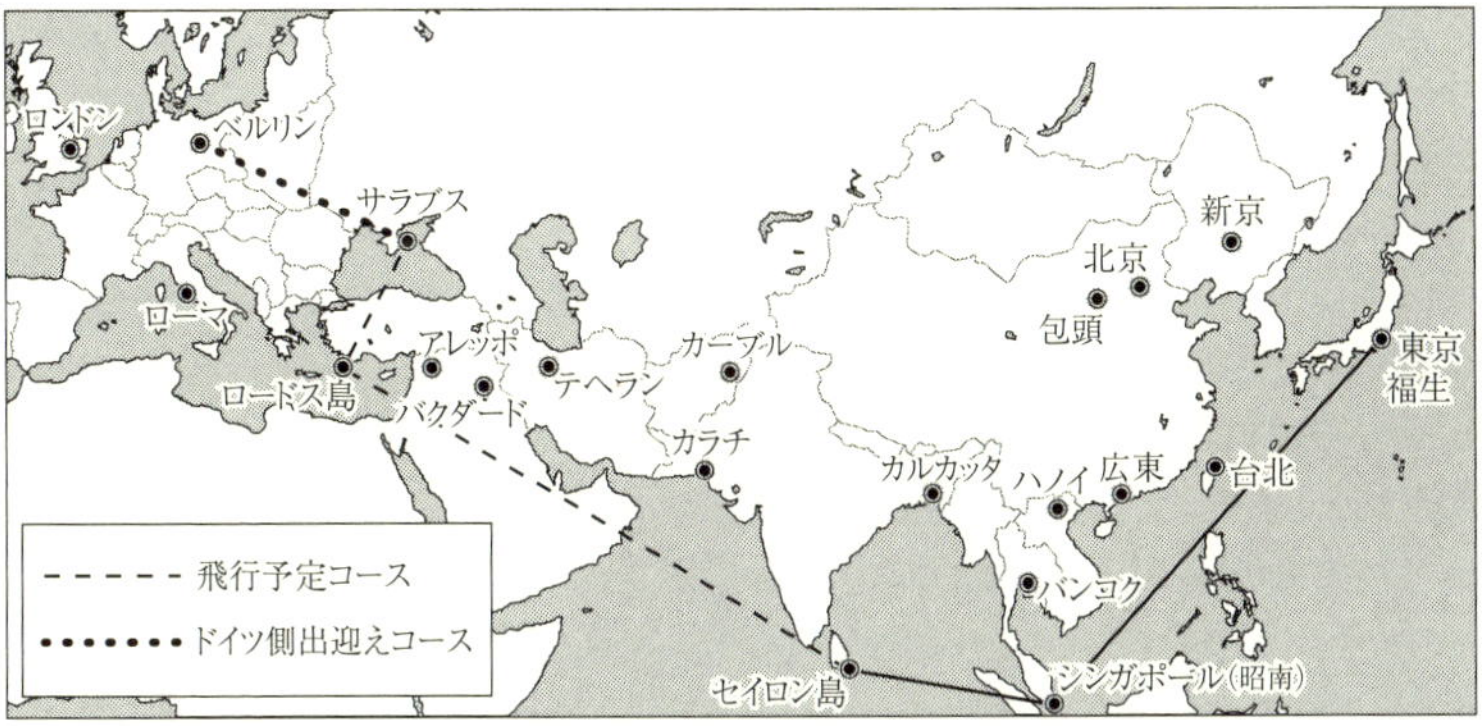

図8-5：A－26長距離二号機、ベルリンに向かう、行方不明（1937）

この長距離機は、東京帝国大学航空研究所（所長・和田小六教授）が計画したものである。

機体関係の統轄は、飛行機部主任・小川太一郎助教授が当たり、翼型は深津了蔵、谷一郎両教授、プロペラは河田三治助教授、胴体は山本峰雄助教授、脚は木村秀政助教授（戦後、東大教授、日大教授、国産のYS11の開発責任者）、広津万里嘱託が担当した。発動機関係は発動機主任・田中敬吉教授が当たった。発動機の力学は中西不二夫教授、企画全体および空冷弁は富塚清教授、冷却は西脇仁一嘱託、計器は佐々木達治郎教授、燃料関係は永井雄三郎教授、山崎毅嘱託がそれぞれの分野を担当した。まさに東京帝国大学航空研究所の総力をあげての開発計画であった。

この「航研機」を製造したのは、東京瓦斯電気工業株式会社であった。エンジンは川崎飛行機が協力した。

2　その計画

昭和一四年の秋、前年の八月、東京日日新聞社の「ニッポン」による世界一周飛行の成功に触発された朝日新聞社は、その翌年の昭和一五年が紀元二六〇〇年に当たる年であるので、記念事業として、東京―ニューヨーク間無着陸親善飛行を目的として計画されたものであった。

朝日新聞社航空機本部長・河内一彦と、次長・中野勝蔵によって立案されたその計画は、美土路昌一編集局長に提出されると、直ちに採用された。社主の村山長挙会長にも承認された。

河内本部長と中野次長は、陸軍航空本部総務部第二課の川島虎之輔航空兵大佐を訪問して、この計画を披露して協力を求めた。第二課は、航空思想の普及、新聞社航空部を含む、民間航空の育成指導等の第一線の航空の充実を主務としていた。

川島大佐が、この計画を陸軍航空本部技術研究所長・安田武雄中将に報告するとただちに承認されるが、当時、中島飛行機、三菱飛行機等の製造会社は、中国大陸での戦闘激化に伴い、飛行機の増産に励んでいたから、この計画の飛行機を新たに設計から始める開発に係わる余裕はどこにもなかった。

そこで陸軍は、東京帝国大学航空研究所に協力を求めることにした。それは前年八月に、開発を成功させた「航研機」の実績を買ったもと思われる。当然、そのための資金全額は、朝日新聞社が負担することになった。

昭和一五年二月八日、帝国ホテルで第一回合同会議が開催された。朝日側からは村山会長、美土路編集局長、河内航空本部長、中野副部長、斉藤寅郎社会部担当記者、航空部員飯沼正明、航研側からは、和田小六所長、中西不二夫、石田四郎両教授、小川太一郎、山本峰雄、谷一郎、深津良蔵、高月龍男各助教授、

陸軍からは、陸軍航空技術研究所所長安田武雄中将、航空本部総務部長鈴木率道中将、航空技術研究所第一部長岡田重一郎少将、同第一飛行機課長駒村利三航空兵大佐、航空本部総務課長川島虎之輔航空兵大佐、同総務課長緒方辰義が出席した。

駒村大佐の司会で会議は進行していった。朝日新聞社の村山会長の要望は、亜成層圏飛行が可能であること、一万五千キロ以上の航続能力があること、高度一万メートル、平均時速三五〇キロメートル、定員五名というものであった。

3 A‐26号機の開発

このA‐26号機の開発計画は、東京帝国大学航空研究所と、陸軍航空本部技術研究所との共同体制で進められていくことになり、航空研究所内に、長距離機技術諮問委員会が設立され、委員長に和田小六所長、委員に各教授、各助教授が選ばれた。実務設計担当者として、機体は木村秀政助教授、発動機は高月龍男助教授が任命された。

翼形は肩流翼、エンジンは双発で、中島飛行機製「ハ‐一〇五」が採用された。プロペラは直径三・八メートルの三枚羽、機体は航空研究所の設計図に基づいて、立川飛行機の技術課長・遠藤良吉、小口宗三郎、中川守之両技師が、機体の細部設計に携わることになった。

この飛行機は成層圏を飛行することになるので、東京慈恵会医科大学生理学教室・小山武美教授が協力することになった。

この長距離機は、Ａ‐26長距離機（キ‐77）と呼ばれていた。Ａは朝日新聞社のＡ、26は昭和一五年が皇紀二千六百年に当たるので、それを意味する。命名者は、エンジンを担当した中島飛行機の第二技術部長・加藤健次であったといわれている。

Ａ‐26長距離機を開発中の昭和一六年十二月八日に勃発した太平洋戦争によって、その計画は頓挫をきたした。が、昭和一七年の春頃から、ふたたびＡ‐26号機の開発が盛んになっていった。ついに同年一一月一八日に一号機が完成した。一一月二四日から一二月二九日までの間、立川飛行場で、テスト・パイロット・立川飛行機・釜田善次郎、朝日新聞社航空部・長友重光によって試験飛行が続行され、不備の点を改善していった。その結果、昭和一三年に開発された「航空研究所長距離機」（航研機）に比して、あらゆる点で勝れ、目標としていた一五、〇〇〇キロの航続距離は確実に出せるという見込みがつくと、二号機の製作に移ることになる。

この一号機は、後の昭和一九年七月二日から四日にかけて、朝日新聞社の小俣寿雄を機長に、操縦士・田中、機関士・島崎、森松、計測・坂本、通信士・羽広の六名で、満洲の新京—白城子—ハルビンを結ぶ三角コースを、五七時間一二分で、一六、四三五キロの周回距離の世界新記録（非公認）を樹立した。

二号機は、昭和一八年四月に完成した。

このＡ‐26号機に注目した一人に、時の首相・東条英機がいた。東条は、さっそく航空本部総務部総務課長・川島虎之輔大佐に、ドイツまでの飛行が可能であるかを問う。川島はその可能性が充分あると即答すると、直ちに、東条首相からA-26号機による訪独飛行計画の立案を命ぜられた。

そこで、川島大佐は、朝日新聞社・河内一彦航空本部長と、計画を練ることになった。

その計画の陸軍側の指揮者には、無線航法の権威・満洲白城子（はくじょうし）飛行学校教官・中村昌三航空兵中佐が当たることになり、朝日新聞社側からは、河内一彦航空本部長と、新野昌三郎航空部長が担当することになった。

ベルリンまでの飛行ルートは、最終的に二ルートに絞られた。北方ルートと南方コースであった。

北方ルートのうち、永淵三郎が描いていたシルクロード・ルートは、昭和一七年七月六日、同盟国イタリアのサボイア・マルケッティSM-82機が、東京・福生飛行場へ飛来してきたのと同一ルートである。

南方コースは距離が長いうえ、すでに、制海権、制空権を英国側に握られているので危険が増しているが、東条首相が、シルクロード・ルートはソ連領空侵犯の恐れがあることを理由に強く反対したので、南方コースを選択せざるをえなかった。

4　A-26二号機、福生（ふっさ）飛行場を飛び立つ

A-26・一号機には燃料タンク洩れ、過給機の不良、滑油クーラーの容量不足などの問題点があったが、それらを改良したA-26・二号機が選ばれた。

機長には日本初の無線操縦航法の育ての親・陸軍航空本部の中村昌三航空兵中佐・主席操縦士は朝日新聞社・長友重光、副操縦士は川崎一、塚越賢爾機関士（一九三七年、ロンドンまで飛翔した朝日新聞社の「神風号」の機関士）、永田紀芳機関士、川島一通信士、さらに陸軍の使節として、参謀本部の西義章騎兵大佐、参謀

香取孝輔航空兵中佐の二名も乗り込んだ。（西大佐は、南次郎大将の次女と結婚。片倉衷少将（昭和一八年当時）の妻は、南大将の兄の娘であるから、婚戚関係にある）

機上からの無線発信の禁止、仮に敵地に不時着した場合には、各自が所持している青酸カリを飲み自決することを命ぜられていた。

昭和一八年六月三〇日午後、A-26・二号機は、東京・福生飛行場を飛び立って、昭南（シンガポール）へ向かった。

見送る人は少なかったが、その中には航研の木村秀政助教授の姿も認められた。

A-26・二号機は、五、三三〇キロを一気に飛破して、昭南（シンガポール）のテンガ飛行場へ安着した。出迎えの一行の中には、朝日新聞社の新野昌三郎航空部長と、小俣寿雄操縦士らの姿もあった。それはA-26・二号機出発の三日前、朝日新聞社は、小俣操縦の自社機三菱・M・C20型輸送機を出発させていたからである。

当時、永淵三郎は、南方軍総司令部直轄の南方航空輸送部の司政長官として、昭南に滞在していた。A-26・二号機一行の中には、中村昌三航空兵中佐ら永淵の旧知の人々が多くいたから、出発までの一週間の間に、幾度か食事でもしたではなかろうか。

5 シンガポール（昭南）出発後、消息不明

七月六日、A-26・二号機は、テンガ飛行場からカラン飛行場に移動して、南方航空輸送部のマレー支

部（支部長・司政官森蕃樹）のもとで、機体の整備、給油を受けた。

七月七日、午前八時一〇分（現地時間）、カラン飛行場を飛び立ち、A-26・二号機は、西の空に機影を消した。

A-26・二号機は、インド洋、セイロン島附近の上空で、忽然と姿を消した。噂によると、英海軍の艦上戦闘機に撃墜されたと言われていた。

6　ドイツ側の受入れ体制

最後の訪独連絡飛行・A-26号機（陸軍77号機―秘称「セ」号機）のドイツ側での受入体制は、滞独中の大谷修少将（昭和一五年一〇月、日・独・伊三国同盟軍事委員随員を務めた。当時大佐）と、門岡幸雄航空兵中佐とが中心となって、ベルリンの日本大使館陸軍駐在武官府を本拠に着々と進められていた。当時の駐独大使は大島浩、駐在武官は小松光彦少将であった。

七月一日午前八時、大谷少将は門岡中佐と独軍バイゼル大佐等を伴い、ハインケルHe-111型軍用クーリエ機に搭乗して、ベルリン・テンペルホーフ飛行場から東南へ向けて、飛び立っていった。目的地は、黒海とアゾフ海に面するクリミア半島のサラブス飛行場である。

高度三、三〇〇メートルで三五〇キロを飛び、旧ポーランド領レンベルグ飛行場で翼を休めた。給油、中食後、機はさらに南下して、ウクライナ大草原を飛び越えて、九〇〇キロ先のザブラス飛行場に到着。当飛行場は、一年半前まではソ連軍の飛行学校があったが、現在はドイツ軍の最前線基地となっていて、訪独A-26型機の歓迎基地であり、伯林テンペルホーフ飛行場まで、同機を安全に誘導するための基地でもあった。その晩、シンフェロポール市にある、独軍南方方面軍総司令官フォン・クライスト元帥の招宴があった。

七月二日、ベルリンより独軍第一飛行軍団司令部のシュベルツ中佐以下が、ケルチュ飛行場へ到着した。小松少将と門岡中佐は、シュベルツ中佐らと共に、アゾフ海のケルチュ海峡のタマン海軍飛行基地、クリミア半島のセバストポール基地などを視察して、「セ」号機の受入体制を確認して、ザブラスへ戻った。

七月三日、昭南より「セ」号出発の報が入った。

七月四日、突然、昭南より『一週間出発延期』との電報が入った。

七月五日、大谷少将、門岡中佐は、独軍団将校らと共に、午後二時半、ザブラス飛行場を出発。クリミア半島、ウクライナ、ポーランド上空を一、二五〇キロ飛び、午後九時三〇分、ベルリンのテンペルホーフ飛行場へ戻った。

七月六日について、大谷修少将は手記に、次のように記している。(『昭和18年(一九四三)夏の長距離(A-26)・秘〔セ〕号機の壮挙」(『大戦中在独陸軍関係者の回想』伯林会))

夏ではあるが伯林はまだ寒く、『「セ」号今夜半一時昭南発』の電報あり、直に航空省と交渉。大本営の特別の斡旋によりプラーグ盲目飛行学校の飛行機を午後伯林に招致し、これにて明朝ふたたびクリミヤのザブラスに飛ぶことに午後九時過ぎに決定した。

七月七日、大谷少将、門岡中佐は、独軍ハイゼル大佐らに伴われて、ハインケルHe－111型機でふたたびクリミア半島のザブラスに向かった。

七月八日午前二時、昭南を出発してから二五時間経過しても、「セ」号からの連絡はない。次の交信予定時刻の午前五時には、五分間に亘り、幾度も幾度も交信を試みたが何の応答もない。大谷少将、門岡中佐の二人は、「セ」号の安否を気遣っていた。

午前一〇時、日本に対していままでの交信経過を報告。さらに、「セ」号の行動状況の照会をさせてから、大谷少将らはザブラスの独軍基地へ車を飛ばした。そこから全独軍の通信網を総動員して、「セ」号に打電を試みたが、まったく反応はなかった。「セ」号の通信装置の故障であればと、関係者の誰もが願っていた。日暮れが迫る午後七時半、飛行場は、夜間着陸に備えての準備が急ぎ実施された。午後八時、飛行場は夜闇に包まれた。滑走路に添って、松明（たいまつ）が置かれている。

「セ」号は、昭南を立ってから、すでに二昼夜が経過した。大谷少将と門岡中佐は、意を決して、シンフェロポールへ急行した。情報を集めた結果は、――「セ」号は行方不明で、遭難した可能性が強い――ということであった。翌朝八時、大谷少将、門岡中佐、独軍将校一行は、「セ」号を伴わずして、He－111機で失意のうちにベルリン・スターケンへ帰還した。

7　その原因

A－26・二号機墜落の原因はいろいろと噂されているが、確証はなかった。

乱気流にもまれて空中分解したというもの、緊急事態発生の発信もできないほど突発的な出来事、例えば、敵機の攻撃によるものなどである。

『深海の使者』（吉村昭著、文春文庫）によると、――

そうした中で、川島総務課長は、キ七七がインド洋上で敵戦闘機の攻撃を受けて撃墜された公算が大だと考え、航空本部長安田武雄中将に報告し、昭和二十年五月四日寺本熊市陸軍航空本部長名で搭乗者全員の戦死が確定した。その理由として、左のような書類が付された。

西大佐以下戦死認定理由書

一、生死不明トナリタル日時場所

1、日時　昭和十八年七月七日

2、場所　印度洋上

二、生死不明トナリタル前後ノ状況

某重大任務ヲ帯ビ当部所属特殊航空機（キ七七）ニ搭乗、昭和十八年七月七日八時十分昭南（「カラン」）飛行場ヲ離陸シ印度南側ヲ経テ印度西側洋上ニ向ヘリ、当日天候良好ニシテ気象上何等ノ不安ナク機関及通信機亦（また）快調ニシテ任務達成ヲ期待シアルモ　最大航続時間ヲ経過スルモ消息不明トナレリ即チ敵情等ヨリ判断シ途中敵機ノ攻撃ヲ受ケ壮烈ナル戦死ヲ遂ゲタルモノト判定ス

三、採リタル捜索手段

1、昭南（現地軍）ニ於テハ飛行機出発後受信機二機ヲ以テ機上通信ヲ連続傍受セルモ　何等通信ナク飛行機ノ安否気遣ハルルニ至ルヤ七月十日迄対空送信ヲ続行シ連絡ニ努メタルモ全ク応答ナ

ク尚特殊情報班ヲ指導シ情報蒐集ニ努メタルモ情報遂ニ入手シ得ズ

2、中央ニ於テモ各種通信機関ヲ利用シ友邦諸国在勤ノ帝国武官ニ指令シテ情報蒐集ニ努メタルモ情報遂ニ入手シ得ズ　未ダニ消息不明ナリ

四、戦死認定ノ理由

1、本飛行ノ鑰ハ企図ノ秘匿ニ在リトシ該目的達成ノ為飛行機ヨリノ送信ハ非常ノ場合ノ外極力之ヲ避クル如ク予メ関係方面ト協定シアリタリ

右協定ニ基キ万一ノ場合ニ備ヘ昭南及関係方面ニ於テ数個ノ通信機ヲ以テ傍受ニ努メタルモ遂ニ一回ノ入電無シ

是レ気象ノ障碍又ハ器材故障等ニ基キ敵地或ハ海上ニ不時着陸（水）セルガ如キ状況生起セザリシ証拠ニシテ　全ク無電発信ノ余裕無カリシヲ立証スルモノナリ

2、使用機「キ七七」ハ特殊研究機トシテ設計製作セラレタルモノニシテ　視界極メテ狭ク敵機発見上甚ダ不利ナルノミナラズ防禦能力皆無ナル器材上ノ弱点ヲ有ス

3、飛行経路ハ敵ノ勢力圏タル海上ニシテ　電波兵器ノ発達セル今日敵ニ捕捉セラルル公算極メテ大ナルニ加フルニ折悪シクモ「ボース」氏ノ渡日公表　潜水艦ニ依ル日独連絡ニ関スル英紙論評等アリテ米英側ノ警戒頓ニ厳重ナリタル上　更ニ後日ノ調査ニ依レバ七月六日以降印度洋航海中ト推定セラルル商船数一週間延約三十隻ニシテ之ガ警戒ヲモ加味シ「セイロン」島方面ニ一日平均十六機出現シ　訓練及哨戒ニ努メアリシモノノ如ク本状況ニ於テ敵ニ捕捉セラルルハ寧ロ必至トセザルルベカラズ

4、以上ノ諸点ヨリ判断スルニ本機ハ敵ノ電波兵器或ハ哨戒機ニ発見セラレ敵機ノ攻撃ヲ受クルニ至リシモ　器材ノ特性上其ノ攻撃ヲ察知シ得ズ或ハ察知セザルモ回避又ハ離脱ノ余裕ナク敵ノ一連射ヲ浴ビ　全機火達磨（ひだるま）トナリテ壮烈ナル戦死ヲ遂ゲタルモノト判断スルヲ至依テ茲（ここ）ニ戦死シタルコトヲ認定ス

8　潜水艦による訪独計画（深海ルート）

昭和一六年中には、ドイツから日本へ商船を武装した特設巡洋艦（柳船と称された）一〇隻が往復したが、そのうち三隻が拿捕、撃沈された。その柳船は昭和一八年の初めまで、就航されていた。

太平洋戦争勃発後は、船舶による物資、人的交流は極めて困難となっていった。シベリア鉄道による輸送、連絡、航空機によるそれも難しくなると、残る道は、潜水艦による深海ルートのみとなった。

日本海軍は、昭和一七年四月から一九年三月まで、五隻の潜水艦をドイツへ派遣したが、往復に成功したのは、伊号第八潜水艦だけだった。

ドイツから無償で贈与されたUボート二艦のうち、日本へ無事到着したのは一艦だけだった。

第一便として、昭和一七年四月二二日、伊号第三〇潜水艦（艦長・遠藤忍中佐）は、マレー半島ペナン港を出航し、八月六日、旧仏領ロリアン軍港に到着したが、帰路、シンガポール（昭南）出航後機雷に接触して沈没した（便乗者は空路帰国した）。

第二便として、昭和一八年六月一日、伊号第八潜水艦（艦長・内野信二中佐）が、呉軍港を出港し、八月三一日、

ドイツへ到着し、一〇月五日、ブレスト軍港を出航した。すでにイタリアは、九月八日に無条件降伏していた。日本への積込品は、ダイムラーベンツ社製の魚雷艇用発動機、電波探知機、二〇ミリ四連装機関砲等であり、便乗者はドイツ駐在大使館付海軍武官・横井忠雄中将ら日本人一〇名と、日本駐在ドイツ大使館付陸軍武官として赴任するラインホールド少佐と技師ら四名であった。一二月五日、シンガポールのセレター軍港着、十二月二十一日、呉軍港へ安着した。

第三便は、伊号第三四潜水艦（艦長・入江達中佐）が用いられて、昭和一八年九月一三日、呉軍港を出航、シンガポールへ立ち寄り、物資の積込みと、ドイツ駐在日本大使館付海軍武官・小島秀雄少将以下海軍軍人、および技師ら五名が便乗した。一一月一三日早朝、英軍の潜水艦「Taurus」による魚雷を受け、沈没した。

第四便として、伊号第二九潜水艦（艦長・木梨鷹一中佐）は、昭和一八年（一九四三）一二月一六日、シンガポールを出港していった。

翌年の三月一一日、フランスのロレアン港外へ到着し、四月一六日、ロレアン出航した。便乗者は、小野田捨次郎海軍大佐以下一八名、噴射式飛行機・橘花（きっか）の新資料の持ち帰りが主目的であった。これは、海軍航空技術廠長・和田操中将の厳命によるものであった。七月一四日、シンガポール着。七月二二日出航したが、台湾間近いバリタン海峡で、三隻の米潜水艦による魚雷攻撃によって沈没した。恩田耕輔上等兵曹一名のみが生還し、同艦の最後の情況を報告している。

最後の第五次訪独は、伊号第五二潜水艦（艦長・宇野亀雄中佐）が、ドイツへ派遣された。昭和一九年（一九四四）三月末、呉港を出航していった。物資の外に便乗者は一四名いたが、大半は対空高射砲関係の技術者が多かった。当時、日本全土で英米のB - 29機による来襲に悩んでいたからである。シンガポールを四月二三日に出航し、六月二三日、ドイツ潜水艦と会合した。そこでドイツ海軍連絡将校を乗せ、ドイツに向かっていたが、八月一日以降連絡がなく、ビスケー湾方面で沈没したものと推定された。

一方、ドイツから贈与された二艦のうち、U‐511号（呂号第五〇〇潜水艦、艦長・シュネーヴィント中尉）は、昭和一八年（一九四三）五月一〇日、旧仏領ロレアン軍港を出航した。便乗者は、ドイツ在住の野村直邦海軍中将と、杉田保軍医少佐、さらに、潜水艦を日本で量産するための五名のドイツ人技師であった。七月一五日、ペナン着、八月六日、呉軍港へ着いた。さつき一号と呼ばれた。

もう一隻のU‐1224号（呂号第五〇一潜水艦）は、伊号第八潜水艦でドイツへ運ばれた日本側回航員によって、日本へ向けて出航した。便乗者は、無線レーダーの研究をしていた海軍技師・大和忠雄、レーダーの電動機の研究者、三菱商事ドイツ出張員・中井敏雄の二人だった。仏海峡でエンジンの故障を起こし、潜水不能となり、英国機の攻撃を受けて沈没した。

軍令部の特別命令により、ドイツ駐在の海軍武官府は、ドイツ海軍の協力を得て、四隻のイタリア潜水艦を日本に派遣したが、昭和一八年（一九四三）八月三〇日にシンガポールに達したのは、佐竹金次郎技術中佐と、ドイツのテレフンケン会社の技師・ハインリッヒ・フォーデルスが便乗した「Luigi Torelli号」一隻だけだった。

爾後、深海ルートも途絶えた。

第九章　欧州から「富士山」を目指して飛来す

一　欧州からの訪日機

ルフトハンザ社・ガブレンツ男爵らの日本への飛来以前に、欧州から日本を目指して、数多くの冒険飛行があった。

大正期に九機、昭和に入って二三機が、日本に到達した。そのうちの伊機と仏機の二つの飛来を紹介しよう。

昭和五年の夏、イタリアから一機の軽飛行機が、三浦半島の追浜海軍飛行場に降り立った。

訪日のイタリア機　突如追濱に不時着す　要さい上空を構はず飛んで　各地に問題を巻起す（東京日日新聞七月二十三日、朝刊）

操縦士は、「ムッソリーニの飛行家」と勇名をはせたフランシス・ロンバルディ（33）で、機関士・ジーノ・コンパニーは、大正九年、イタリアから最初に訪日したヘラリン、マシエロ両中尉の機関士として同乗したことがあった。

ロンバルディ機は、フィアット社製の単発観光機「A・I型」（八〇馬力）、ローマからソ連を飛び、満洲に入り、京城、立川というルートであった。立川飛行場では代理大使・ワイルショット参事官、戸川航空局長ら五〇〇余名が到着を待ち望んでいたが、不時着の報を受けた。所要時間は二二二時間一〇分という新記録を樹立した。この機は後に、日本学生航空連盟に寄贈された。

その後の昭和一一年一一月一五日、フランスの飛行家・アンドレ・ジャピーは、コードロンC631シムーン単葉機*（ルノー二二〇HP）で、パリ―東京間を五八時間で飛翔する計画で、香港まで五五時間二四分という順調な記録を伸ばしてきた。（*この単葉機はBengal-GPシリーズと呼ばれ、遊覧飛行機といわれていた）

一一月一九日午前五時半、香港・啓徳飛行場を離陸した。上海を通過、長崎を通過との入電が、福士羽田飛行場長のもとにあったが、その後の連絡は途断えた。飛行場でジャピー機の到来を待ち望んでいた数百人群衆も徐々に減りはじめた。翌日になって判明したことは、機は佐賀県神崎郡脊振山に墜落し、ジャピーは大腿部骨折、頭部の打撲傷を受けたが、一命は取り止めた。

二　ガブレンツ男爵機、日本へ親善飛来

昭和一三年一一月三〇日午後一〇時一〇分、立川飛行場へドイツから親善飛行の初飛来があった。新

鋭機「コンドル機」(D・ACON)・フォッケウルフFw200が、ベルリン―東京間一万五、〇〇〇キロを、四六時間一二分五二秒で飛破したのだ。機長・第一操縦士はアルフレッド・ペンケ(三六歳、昭和一三年一二月二三日、試験飛行中墜落死した)、副操縦士・ルドルフ・モロー男爵(二八歳)、一等機関士・バウル・ディルベルグ、一等航空通信技師・ガイスラー、機関士・ゲオルゲ・コーネと、乗客フォッケウルフ会社重役・ハインリッヒ・ユンゲの六名であった。「コンドル機」は、大型二六人乗りの旅客機で、BMW132L型、八〇〇馬力四基を搭載し、最高速度四三〇キロ、巡航速度三三〇〜三四〇キロ、上昇限度八、五〇〇メートル。

一二月六日、午前五時半、夜明けも真近い立川飛行場を「コンドル機」は飛び立ち、帰還の途についたが、午後四時、マニラ近郊のカヴィデ軍港の西南端海岸三〇〇メートル沖合に不時着、乗客全員は救助されて、マニラへ送られた。機体は引揚げられ、解体されて本国へ輸送された。

翌年の五月四日、新設された羽田飛行場へ、ベルリンから、ユンカースJu - 52型・ハンス・ロエプ号(D・ANJH)が飛来してきた。今回の飛行は親善飛行の二番機で、機長・カール・アウグスト・ガブレンツ男爵、操縦士・アルフレッド・ヘルム、機関士・ウイルヘルム・ヴォルシュケ、通信士・ワルター・コーベルらの乗務員と、ドイツ国立航空工業連盟代表・カウマン博士夫妻ら乗客四名が搭乗していた。

ベルリン―東京間、一万五、〇〇〇キロを、一三日間で飛翔してきた。そのルートは、前回ガブレンツ男爵が選択したシルクロード・ルートではなく、南廻りであった。

ベルリン⇩ベオグラード⇩アテネ⇩ベイルート⇩バグダード⇩バスラ⇩ジャスク⇩カラチ⇩ジョドプール⇩アラハバード⇩カルカッタ⇩ラングーン⇩ハノイ⇩香港⇩台北⇩福岡⇩東京であった。

ガブレンツ男爵は初訪日の印象を語る。

今度の飛行は全体に天気がよかつたが、ベルリンを出発した時と支那、香港に入る時とは非常に険悪な天候であつた。けふのコースでは福岡、東京間は非常な晴天に恵まれたので、もちろん富士山もよく見えて全飛行中の最も楽しい日であつた。……（中略）……

私がいまゝで行つたいろ〳〵な飛行のうちで最も愉快だつたのはパミール翔破であの景色の美しさはいまでも忘れられないが、けふの日本の風景もそれに比すべき印象を受けた。

なほ今度の飛行にはカウマン夫人を婦人客として乗せて来たが夜は十分に寝たし一同疲れた様子もない。これで定期飛行の可能性は十分あると思ふ。（五月五日、大阪朝日新聞）

東京での歓迎宴は、大日本航空と飛行協会の民間側が、主となって実施した。

東京で七日間休養に努め、一二日早朝六時四九分、藤原保明航空局長官、オット・ドイツ大使、斎藤武夫大日本航空社長、在京独逸人多数が、ガブレンツ男爵機を羽田で見送った。上野博志操縦士、高木、斉藤両機関士、恒成通信士、大日本航空・石川祥三、伊藤良平両社員同乗の先導機・ハインケルHe－116型「東郷号」が、まず新京を目指して飛び立っていった。

午前八時五〇分、能登半島上空を通過。濃霧と小雨に包まれた日本海上を抜けて、さらに朝鮮の清津（テョンジン）まで、雲上飛行をせざるを得なかった。突然、新京飛行場に無電が入り、「ガブレンツ男爵機は、給油するために清津に不時着す」との連絡があった。歓迎のため新京飛行場に参集していた人々に一瞬、憂いの色が漂った。やがて、「午後一時一〇分離陸、国都に向けて飛翔中」との無電が入ったので、一同胸をなでおろした。「二時二〇分、吉林上空通過、高度一、六〇〇メートル」の入電報告があった。

午後三時一五分、東方上空に小さな黒点が認められた。ガブレンツ男爵機到来を知らせるサイレンが鳴り響き、歓迎の演奏も高まった。間もなく、エンジンの爆音が新京飛行場を包んだ。出迎えのユンカース八六型機を先頭に、ハインケルHe116「東郷号」に護られるように、男爵機が勇姿を現わした。ガブレンツ男爵機は、一旋回して西南方面から着陸姿勢を取り、滑るように新京飛行場に着陸し、翼を休めた。それは午後三時二八分のことであった。東京—新京間一、五二〇キロを飛翔し安着した。楽隊の演奏は一段と力がこもっていった。ガブレンツ男爵機の機頭に、ルフトハンザ社の社旗が掲げられた。

ガブレンツ機長を先頭に、ヘルム操縦士、ヴォルシュケ機関士、コーベル通信士らの乗務員、その後に、独逸航空工業連盟代表・カウマン博士、同アペル技師、フォッケ・ウントコッポ会社の代表・フォック、同社員・高木不二郎、駐日独逸大使館武官・テーターマドルフ歩兵大尉が次々とタラップを降り立つと、待ち構えている「満洲日々新聞」写真班と、「満映」の撮影技師のレンズが、一行を追った。

ガブレンツ男爵ら乗務員は、ルフトハンザ社の黒の制服、制帽に身を改めている。彼ら四人は、満・日・独の国旗の掲げられた壇上に案内された。ナチス式敬礼をして、歓迎の群衆に答えると、さらに歓喜と興奮の渦に会場は包まれた。

ワグナー独逸公使が、まず男爵と握手を交わし、次いで児玉満洲航空社長、大橋忠一満洲飛行協会会長らが紹介された。

児玉社長が遠路の飛行の労をねぎらうと、ガブレンツ男爵は、「私はルフトハンザ社および乗務員の名において、この盛大な歓迎に深く感謝致します」と、謝辞を述べた。これに次いで、格納庫前に張られた天幕(テント)の中で、簡単な祝賀会が開催され、一同ビールで乾杯した。

男爵一行は、自動車に分乗して、新京神社、忠魂塔に参拝後、関東軍司令部に司令官を表敬訪問した。

さらに交通部、外務局を訪れた。その後、満鉄新京駅前に在るヤマトホテルに入り、夜宴まで一休憩をとった。ホテルで記者達を前に、ガブレンツ男爵は語った。

今度の飛行プランを立てた時から楽しみにしていた、満洲の土を踏むことが出来て何より嬉しい。今日の飛行は概ね好天に恵まれ日本アルプスの上を飛んだ時はパミール飛行を思い出して非常に愉快であつた。(中略)

東京―新京両国都を結ぶこのコースは将来大いに利用されるであらうが、近き将来に於て更に一歩を進めて満洲国と独逸の間に定期航空が開かれるやう待望するものである。東京、新京、伯林、羅馬を貫く所謂防共枢軸の上から見てもこのことは一日も早く実現すべきであらう。

同夜七時より、ヤマトホテルの大食堂で、満洲航空、満洲飛行機製造、満洲飛行協会共同主催の大歓迎晩餐会が催された。

翌一三日、ガブレンツ男爵一行は、自動車で帝宮に案内され記帳を行い、次に国務院に張景恵国務総理大臣を表敬訪問後、市公署を訪れた。正午、李交通部大臣、蔡外務局長主催の午餐会が、中銀クラブで開催された。午後二時三二分、上野博志操縦士の操縦するハインケルHe-116型「東郷号」、中畑憲夫操縦士の操縦するユンカース二二〇型機に前後を護られた男爵機は、一路奉天を目指して滑走路を離れていった。

奉天では、満洲航空が一行の歓迎を一手に引き受けた。飛行場正面の滑走路の左側には、日の丸、五色(満洲国旗)、ハーゲンクロイツの大旗が薫風に翻っている。正午頃より、満洲航空社員はじめ、動員された日・満小、中学校、女学校の生徒、ヒットラーユンゲルト(ナチス・ドイツの青年団。一九二六年、ファッシズム体制への順応・奉仕を目的として、一四～一八歳の男子を対象に創立された）。在留独逸（ドイツ）民団その他諸団体が、満洲航空差し廻しのバスに乗って集まってきた。北陸飛行場開設以来最も賑わった。すでに管制塔に設けられた放送班によって、刻々とガブレンツ男爵機の飛行状況が放送されている。時々、ドイツ語でのアナウンスもされた。

到着を知らせるサイレンが鳴り始めた。出迎えの人々が北の空を眺めると、薄曇りの空に三つの黒点が現われて、徐々に大きくなってきた。小旗を打ち振る人々の歓声が機影が大きくなるにつれて増した。ユンカース二二〇型機に続き男爵機が、さらに「東郷号」が北陸飛行場の上空に姿を見せ、男爵機は一旋回ののち、鮮やかな着陸を決めた。ハインケル機、ユンカース機も続いて安着した。

ガブレンツ男爵一行は、顔に笑みを浮かべて機を降り立った。待ち受けていた児玉常雄満洲航空社長、金奉天省長、土肥省次長、鄭奉天市長、ドイツ副領事と次々に固い握手を交わした。王満洲航空副社長令嬢・王玉英、鄭市長令嬢・鄭麗都、在奉ドイツ人代表・エーデルカルデワイツェル嬢から、それぞれに満洲に咲く花々の花束が贈呈された。

北陸飛行場の待合室のある建物の二階にある貴賓室で小休憩した一行は、その後、武宮豊治満洲航空常務の案内で、奉天神社、忠魂塔を参拝後、ベランダに日満独の国旗が掲揚された、満洲航空本社を表敬訪問した。

玄関先の車寄せには、整列した幹部はじめ社員の敬礼を受けつつ、社長室に案内され、児玉社長、武宮常務ら幹部と四〇分に渡り歓談した。この時、奉天来訪の記念として、児玉社長からガブレンツ男爵に、約千二百年前の遼三彩龍頭水瓶が、ヘルム操縦士に乾隆粉彩透刻五爪龍花瓶が、ヴォルシュケ機関士、コーベル通信士には、〝乾隆粉彩透刻花鳥絵天地自在天廻瓶〟が贈呈された。四人は貴重な骨董品に大喜びだった。午後五時二〇分、満洲航空社員の見送りの列を後に、宿舎・ヤマトホテルに入った。

同夜七時半より、料亭「湖月」で満洲航空主催の盛大な歓迎宴が開催された。来賓として春日憲兵隊長、金奉天省長、鄭奉天市長、荒蒔義勝満洲飛行機理事長、竹原同和自動車理事長らが出席した。主催者側からは、児玉社長、王副社長、武宮常務、総務部長、航空処長、補給処長が出席した。

「湖月」の大広間では、床の間を背にして、主賓・ガブレンツ男爵一行が胡座（あぐら）をかいて座った。児玉社長の祝辞に対して、男爵の謝辞があった。男爵一行は日本料理に舌鼓を打ち、「元禄花見踊り」、「愛国行進曲」、「父よあなたは強かった」などの舞踊に興味深く見入っていた。

翌一四日九時二三分、ガブレンツ男爵機は奉天北陵飛行場を飛び立った。ハインケル・He１１６型「東郷号」の誘導によって、京城を経由して、ふたたび日本海を越え、午後二時五八分、福岡・雁ノ巣飛行場に安着した。福岡ではカフマン、ゾルゲ両博士が機を降り、アペル技師だけが残った。台北を経由して、南支那海を越えて、香港に到着した。

ガブレンツ男爵は一行と別れ、パン・アメリカン航空の飛行艇「チャイナ・クッパー号」（マーチンM１３０型）太平洋線の乗客として、香港からマニラ、サイパン、グアム、ウェーク島、ホノルルを経由して、サンフランシスコに着いた。その後、男爵は南米を廻って、ドイツへ帰国した。

ガブレンツ男爵の盟友・大日本航空常務理事・永淵三郎は、日本でも、満洲でも男爵と会っていない。永淵はその時、〝天皇の贈り物〟を積んで、イラン国皇太子結婚式に出席のために、「そよかぜ号」に乗っていたからであった。

ガブレンツ男爵機の報が永淵にもたらされ、新聞記者の取材に応じて、次のように語った。

ガブレンツ男（爵）は民間航空では世界的な人で、一昨年秋、ルフトハンザ　ユンカース五二型でパミール越えを行つた時には団長として参加、新疆省で一時行方不明を伝へられたが、その際ドイツ政府は支那政府に対して捜査方を厳重に交渉し、国際問題にまでなった程で、ドイツとしてはかけ替へのない人です。四四、五歳、健康な純粋のドイツ人と云ふ感じだが、又実に若々しい快活な人で、一昨年私がドイツに行つた時も気軽に自分でハンドルを取つて私を乗せて飛んで呉れました。（国民新聞・二月一四日）

この日本と満洲訪問の使用機は、計画の段階では最新新鋭機ユンカース90型機を予定していたが、実際にはパミール越えと同じ、ユンカースJu‐52型機が使用された。

さらに、昭和一四年八月一六日、羽田飛行場に、ユンカースJu‐52型〝プラネトル機〟の飛来があった。これはルフトハンザ社のベルリン－バンコック間の定期便が開設されて、その一番機が日本まで足を伸ばしたものであった。機長・プラネトル、副操縦士・リッサウ、機関士・バーベンハーゲンのほか、無線技師一名が乗り込んでいた。

「コンドル」機、「ガブレンツ男爵」機に次いで、三度目の日・独親善飛行であった。

三　最後の訪日飛行
——イタリア空軍機・サボイア・マルケッティＳＭ‐75型機、シルクロード・ルートを飛破して福生へ

昭和一七年七月一日午前六時五〇分、イタリア空軍のアウリッチ中佐を機長として、操縦士二名、機関士一名、通信士一名になる、サボイア・マルケッティＳＭ‐75型機が、ドイツ占領下のクリミア半島の飛行場を、東洋へ翼を向けて飛び立っていった。

昭和一五年九月二七日、日独伊軍事同盟が調印された。これによって、東洋と西洋の三国が友邦国となり、軍事同盟が緊密となっていく。

欧亜連絡飛行に関しては、昭和一二年四月六日、朝日新聞社の「神風号」が立川飛行場からロンドンを訪問した。

翌年の昭和一三年一一月三〇日には、ドイツのルフトハンザ社のＦｗコンドル輸送機が、ベルリンより南回りで、立川飛行場に到着。

昭和一四年四月には、大日本航空の「そよかぜ号」が、イランへ親善飛行した。

同年五月、ベルリン・テンペルホーフから羽田飛行場へ、ユンカースJu‐52型機の飛来があった。これ

は、永淵三郎の盟友・ルフトハンザ社重役・ガブレンツ男爵を機長として、乗員四名からなるものであった。ガブレンツ男爵は、その二年前に、パミール経由の中央ルートを目指したが、西安まで達したものの、日支関係が悪化しつつあったので、その先への飛行を断念して帰国した。その再挑戦で、今回は南コースを選択した。

その三か月後、毎日新聞社の三菱双発輸送機「ニッポン」が、太平洋、大西洋を横断飛行をして、ローマまで飛び、世界一周が実現した。

さらに同年一二月末、大日本航空の「大和号」が、ローマへ親善訪問飛行をした。

これらの「ニッポン」、「大和号」によるローマへの飛来に対して、イタリア軍首脳は、イタリア陸軍駐在武官・清水盛明少将を通じ、日本訪問飛行の計画が提示された。使用機は、当時、世界で最長距離飛行(一二、九三五キロ)の記録を持つ、サボイア・マルケッティSM-75型を使用するというものであった。

飛行コースは、昭和一二年八月、ルフトハンザ社のD・ANOY機と、D・AMIP機と同一の中央ルート、すなわち、パミール越えルートを選択した。

イタリア駐在武官・清水少将を介しての、日本側と打ち合わせのルート、すなわちペルシア湾から、インド洋を横断する南回りのルートは飛ばず、直線で飛行し、(黒海)→グルジア→(カスピ海)→カザフスタン→トルクメニスタンを通過して、アフガニスタンのカーブルに到着した。

七月二日午前四時二〇分、サボイア・マルケッティSM-82型機の改良機、SM-75型機は、カーブル飛行場を飛び立った。隘路・ワハーン回廊を神経を磨り減らして飛び抜けた。さらに不毛なゴビを飛行し続けていた。

満洲航空社員の時、アラシャンの定遠営に飛行場を造りに行き、さらにドイツから、ハインケルHe-116型「乃木号」、「東郷号」を日本に空輸した時の通信士で、大日本航空では、イランを親善飛行した「そよかぜ号」の通信士・清都誠一は、北海道に出張中であったが、航空本部からの電報で呼び出しを受けて、鉄路と航路とで一〇〇時間をかけて北京へ、さらに満洲航空のスーパー機が包頭へ向かった。

カーブルを出発したイタリア機の包頭到着予定時刻は夜半を過ぎるので、清都は包頭飛行場に、「地一号方向探知機」の設置と運用指導にあたり、サボイア・マルケッティSM-75型機に無線誘導を行い、無事着陸することができた。この「地一号方向探知機」は、安立電気が開発したもので、昭和一九年九月には、陸軍大臣・杉山元大将から「陸軍技術有功章」の賞状を受領している。

参謀本部は、元国際連盟陸軍代表随員を勤めた西原一策中将を急遽包頭に派遣して、イタリア機の一行を出迎えた。

翌日の晩、イタリア機乗務員一行のため、包頭飯店で歓迎の宴が開催された。副領事、蒙古聯合自治政府伊克昭盟公署の日本人参与官、満鉄公署、満洲航空包頭出張所員、包頭神社宮司、郵便局長ら包頭在住の有力者が出席した。料亭「湖月」、「満月」、「清川」、「筑紫」の芸奴連、包頭に三軒あるカフェーの女給らが、一行の接待に努めた。アウリッチ中佐ら乗務員一行は、初めて味わう和食と日本酒に興味を示し、艶やかな和服姿の日本女性に眼を細めた。

一行は包頭飯店で身心を休めたのち、七月三日の早朝、イタリア空軍機は、包頭飛行場の短い滑走路をやっと離陸して、機首を東へは向けた。やがて、エンジンの爆音と機影が消えた。

機は内蒙古を飛び、長城を越え、張家口、北京の上空を飛行し、渤海湾、朝鮮半島、日本海を抜けた。やがて、霊峰富士が、茜色の夕日に染まった空を背景に現われた。

日本から近藤兼利歩兵中佐等が来包して日本へ誘導した。

夕刻近く、イタリア機は包頭から無着陸で、東京郊外の福生（ふっさ）飛行場に安着した。そこには出迎えの人数も少なく、包頭飛行場到着時の状況とはいちじるしく異なるので、アウリッチ中佐ら搭乗員は、怪訝な面持ちだった。新聞記者もカメラマンもいない閑散とした滑走路に、一行は降り立った。

飛行場近くの宿泊施設に軟禁状態に置かれた乗務員達は、はるばるヨーロッパから極東・日本まで飛翔してきたから、当然、大歓迎されると思っていたが、このような処遇をされたことに不満を抱いた。これは、参謀本部の再三の飛行コース変更の要請にもかかわらず、イタリア空軍機は、最短距離を飛行するコースを取ったためにソ連領上空を通過した。そのため、首相兼陸相・東条英機大将、参謀本部首脳は、それが判明した場合、日・ソ関係が悪化することを恐れた。そこで、乗務員を軟禁状態に置き、飛行機を飛行場の隅の格納庫に隠し、報道管制を敷き、さらに、飛行場の職員らに緘口令を敷いた。

その間、参謀本部では、喧喧囂囂（けんけんごうごう）の議論が続けられた。日独伊三国間の関係をより密接にする必要があるので、イタリア機が祖国へ戻る便に、日本陸軍の使節を乗せてはどうかという提案があった。それが参謀本部第一部長・田中新一中将から、参謀総長・杉山元大将に提出された。

翌日の七月七日、同部第七課（作戦）高級課員・辻政信歩兵中佐が、第十五課（戦争指導）課長・甲谷悦雄歩兵中佐に、熱心にその役を希望した。甲谷課長から田中部長へ、田中部長から杉山参謀長へ、さらに東条首相へ献言すると、東条首相は、ソ連領上空を飛行しないという条件を付けて許可を与えた。

田中部長は、福生飛行場近くに軟禁状態に置かれているイタリア機の機長・アウリッチ中佐に、第一回特使派遣のために、使節の同乗を依頼したが、彼は長距離飛行ゆえ、これ以上は重量オーバーになるという理由で拒絶した。日本側のイタリア機乗務員に対する冷淡な供応が、このような結果を招いたのであろうか。

日本への飛来約二週間後の七月一六日早朝、アウリッチ中佐一行は、無口で不機嫌そうな顔をして、サボイア・マルケッティSM‐75型機に乗り込んでいった。イタリア機は、往路と同じコースを辿り、包頭へ向かった。

包頭飛行場でのイタリア機への対応は、往路の際とは手のひらを返したように、冷たいものだった。整備を受け、燃料を満載し、翌朝、少数の人々に見送られて、あわただしくイタリア向けて出発した。

同機はクリミア半島のドイツ占領基地に到達した。翌日、六時間後に、ローマのキドニア飛行場に安着した。ムッソリーニ首相、イラリア空軍首脳、日本大使、陸・海軍駐在武官らが出迎えた。

イタリア機の無事ローマ帰着を知った参謀本部は、陸軍駐在武官・清水盛明少将に、イタリア側へ伊機の日本飛来の公表を禁止するように訓令した。にもかかわらず、数日後の新聞に、『日本への親善訪問飛行に成功！』の記事が、大々的に報道された。コースは具体的に紹介されていないものの、ローマ—東京間の長距離飛行の成功を報じて、乗務員の苦労を誉め称え、イタリア機の高性能を誇った。清水駐在武官は、イタリア政府に厳重な抗議を申し入れたが、イタリア側は、新聞記者の特種(スクープ)だと躱(かわ)した。

この「欧亜連絡飛行」の成功に自信を深めたイタリア側は、月一回の定期飛行計画案を、清水少将を介して、日本側に打信してきた。それは、八月八日付、参謀本部宛の伊電第七五号が打信されて、イタリア側の日・伊連絡飛行に関する要望が、参謀本部にもたらされた。

一、飛行コースは、黒海、カスピ海、甘粛省、ゴビを通過し、包頭着とす。

二、但し、包頭飛行場は滑走路の長さが十分でなく、その上、海抜一、一〇〇メートルの高地に設けられているため、全備重量二一トンのＳＭ‐75型機の離陸は、すこぶる困難であった。イタリア側としては、平坦地で、しかも滑走の長い飛行場を希望している。

参謀本部は、ソ連上空通過のコースを変更するように幾度もイタリア側に要望したが、その返答はなかった。イタリア側の「欧亜連絡飛行計画」は、その後、徐々に冷めていった。

それに反して、日本側は、日独伊三国間で、緊密な会談を開催する要望があり、陸軍側と、海軍側双方とに、特使派遣の計画があった。軍部側からは、首相兼陸相・東条英機大将、杉山元（はじめ）参謀総長、嶋田繁太郎海相、永野修身軍令部長らの訪独、訪伊案が提出されたが、これらはすべて却下された。

第一〇章　空の架け橋つながらず

一　南方航空輸送部（南航）

昭和一五年（一九四〇）の初旬、南方戦線も、シンガポール進攻の第二五軍のマレー作戦も、順調に推移していった。

南方総軍にとって、海で隔てられている隷下部隊を掌握し、統率する必要があった。そこで、関東軍と満洲航空、支那派遣軍と中華航空のように、密接な関係のある民間航空会社設立の必要性を考えていた。

昭和一六年（一九四一）七月、日本軍の南部仏印進駐に対応するかのように、米国は、在米日本資産の凍結と、石油の対日全面輸出禁止を実施すると、英国、蘭印もまたこれに倣った。いわゆるA・B・Cの対日包囲陣が完成することになった。

同年一〇月、陸軍から大日本航空に対して、輸送飛行隊を編成するようにとの命令が下った。これによって、一〇月一五日、特設第十三輸送飛行隊（第九三〇八部隊――隊長・森蕃樹大日本航空欧亜部長・陸軍航空兵中佐）

のもとに、第一中隊、第二中隊の編成が完了した。

一方、中華航空にも、特設第十五輸送飛行隊――（隊長・成富汎愛陸軍野砲兵中佐）が編成された。

同年一二月八日、太平洋戦争が勃発した。

昭和一七年（一九四二）一月、サイゴンの南方軍総司令部で、大日本航空・永淵三郎常務理事を交えて、民間航空会社を結集、統合して、輸送航空隊編成の検討がなされた。その結果、南方航空輸送部（略称・南航）の設立が決定し、本部が昭南（シンガポール）に置かれた。

その編成計画は、航空機四五〇機、定員三、五〇〇名、南方軍支配下にある混成旅団規模とされたが、機材、資材、さらに人員不足のために、ついにその数が充足されることはなかった。

編成要項の概略は、すでに南方に派遣されていた大日本航空の特設第十三輸送隊、中華航空の特設第十五輸送隊、満洲航空の航測撮影隊の三部隊の人員、機材、それに三航空会社の南方駐在員を中心に、不足分は内地からの徴募した徴用員を充当した。

初代司令官に河原利明陸軍少将が、初代司政長官には大日本航空（株）・永淵三郎常務理事が、刺任一等・中将待遇で任命された。

支部はマレーシア、印度支那（インドシナ）、タイ、ビルマ、フィリッピン、ボルネオ、ニューギニアに置かれ、高等官三等扱いの司政官を置いた。長い間、永淵の部下であった森蕃樹もその一人であった。

永淵司政長官の副官は、大学時代に実習で満洲航空を訪れ、永淵に「航空輸送事業自営論」で食い付いてきた小林恒夫が任命された。

永淵司政長官は、同郷の友人・市村清（リコーの前身、理研光学工業の創立者）から贈られた銘刀を腰に帯えて送別会に臨んだ時、小林副官は、永淵より長い刀を差し、短い長靴姿で様になっていない仮装の中尉殿の姿を、別宴で流行歌手の赤坂小梅に笑われたという。永淵は、小林恒夫との関係を、「芭蕉と曽良との関係のようだった」と記している。

福岡県の雁ノ巣飛行場に集結した最初の三機のうち、二機のタンクから油が漏れている状態で、行く末が案じられた。

河原少将搭乗の一番機は、東支那海の海南島附近で墜落した。（昭和一七年（一九四二）一〇月一四日、河原は中将に昇進した）

永淵司政長官と小林副官は、改造ロックヒード型機で昭南へ赴任した。

1　定期航空輸送

南方軍の占領した全地域にわたり運航され、最盛期には、東西六、〇〇〇キロ、南北四、〇〇〇キロ、総延長二八、〇〇〇キロを超えた。

昭和一九年（一九四四）の秋には、人員、機材の損失、損耗が激しくなってきたので、段階的に定期航路を縮小、統合せざるをえなくなり、残った四二機と乗員等を、マニラ郊外のクラーク・フィールド基地に集結させた。その情報を掴（つか）んだ米軍は基地に大爆撃を加えた。それによって四一機が被害を受けたが、昭南修理工場、比島（フィリッピン）分工場の要員も総動員して、被災機を修理し、終戦に至るまで、飛行可能地を飛び続けた。

2　作戦航空輸送

南航は、定期航空輸送以外に、軍令により、適宜、前線への輸送が続けられた。そのうち最大の作戦は、戦局が一段と厳しさを増した昭和一九年秋、総司令部をマニラからサイゴンに移動した。南支那海には連合国側の潜水艦が出没し始めたので、海上移動には危険が生じた。そこで、南航にその命令が下された。南航は乏しい機材をやりくりして、二〇余機をマニラに集結し、三昼夜にわたり、決死飛行を決行した。

3　航空写真測量

南航写真部は、南航が設立される以前に、シンガポールにあった満洲航空航測撮影隊の機材、人員を基本として組織されて、終戦に至るまで、黙々と地図の製作に励んだ。

4　乗員の養成

南航の乗務員訓練部が、ジャワ島のバタビヤに設置され、最盛期には、二五〇余名の訓練生が在籍していた。

5　整備補修業務

当初、南航は各地の陸軍野戦航空廠に委託していたが、昭和一八年の初め、昭南に修理工場を開設した。後に、マニラ分工場を開設。

6 年少隊員の養成

少年整備工を中心に、徴用年少者を含めて三〇〇名近くの規模で、教育訓練機関「南航塾」が、昭南に開設された。

昭和二〇年八月一五日、終戦の大詔が発せられた。南方軍は隷下全軍に対して、連合軍に降伏すべき旨を示達した。これによって、南方航空輸送部は消滅した。

昭南(シンガポール)の南方航空輸送部本部・永淵三郎司政長官の〝ある日の姿〟を、戦後、三井物産の社長、会長を勤められた新関八州太郎は、三井物産の社内誌『MBK Life』第六号、第七号に、「新関会長回想録」で書いている。

> 当時、シンガポールに航空関係の本部があつたが、永淵さんという昔の大日本航空の重役をした人が航空関係の司政長官という名目で本部長であつた。私は、その人を前から知つていた関係で、その人に招ばれたことがあるが、昔英国人が住んでいたという宏壮たる家に入つていて、浅草にあつた天菊(ママ)という店のおやじさんを呼び、江戸前の天ぷらをご馳走して貰つた。(第6号)

そのころ突然、東京から、「南方駐在も長くなつたから帰朝しろ」という電信がきた。それが十八年の暮であります。（中略）その時に、（中略）永淵司政長官がジヤワへやつてきた。その人にでも頼まなければ、日本へ帰るのにちよつと飛行機はとれそうもない。軍人だけで一ぱいでなかなか乗れない。そこへ永淵さんがあらわれたので、一つ、この人にうまく頼もうと思つて、一席、永淵さんを社宅に招待した。

前に天菊（ママ）の天ぷらをご馳走になつたことを覚えていたので、加部嬢にいい含めて、女将気取りで一つ天ぷら屋みたいなものをやろうではないかと、社宅の部屋へ鍋を持ち込み、いろいろなものを寄せ集めてカウンターを作り、本日の献立は海老、いかとか、いろんな魚の名前を掲げて天ぷら屋の気分を作り、そこで永淵さんに一席ご馳走したところ、女将は美人だし、天ぷらはうまいし、永淵さんもいい気持ちになり、踊り出すような騒ぎで非常にご満足であつた。そのお陰で僕はジヤカルタから東京まで飛行機で帰つてこられた訳です（第7号）。（引用者注＝天菊ではなく稲ぎくである）

二　諏訪航空株式会社

昭和一九年初春、南方航空輸送部司政長官・永淵三郎は、後任の森蕃樹司政官と交代して日本へ帰国した。その年の四月一〇日、片倉工業（片倉製糸が、昭和一八年一一月一日に改称）が、諏訪航空㈱（資本金一、〇〇〇万円、社長・片倉兼太郎）を設立すると、永淵は、片倉工業へ副社長として招聘され、諏訪航空を担当した。

この年に、永淵は刺任一等に任じられた。

すでに、前年の昭和一八年八月から九月にかけて、片倉製糸は、大宮試験工場を大宮航機製作所、多摩工場を多摩航機製作所、鳥栖工場を鳥栖航機製作所と改称し、大宮航機製作所は、立川飛行機㈱の協力工場として、飛行機の機体および部品の製作を開始していた。鳥栖航機製作所は、三菱重工名古屋航機製作所の協力工場として、飛行機の油槽および同部品の製作をした。

その頃には、既存の航空機製造会社だけでは航空機の生産能力に限界が生じていたのか。片倉工業のような一般産業も、軍需産業に組み込まれていった。

昭和一九年八月には、多摩航機製作所は、陸軍航空本部の監督工場となった。

第一一章　北支高原に咲き乱れる罌粟(けし)の花

一　興亜院と阿片

1　興亜院

昭和一三年（一九三八）一一月一八日の閣議決定、さらに枢密院の同意を得て、一二月一六日、対中国侵略戦争遂行のための最高機関として、興亜院が設立された。そこでは外交関係を除くすべての行政を管掌していた。総理大臣が総裁を務め、支那派遣軍が重要な役割を負うことになった。短期間しか存在しなかったにもかかわらず、多数の人員を配して、多方面にわたって展開された。

本院は東京に置かれ、各連絡部が中国各地に置かれた（長官は陸、海軍の将官）。華北連絡部（北京）、蒙疆連絡部（張家口）、華中連絡部（上海）、厦門(アモイ)連絡部（厦門）、華北連絡部青島(チンタオ)出張所（青島）。昭和一五年の職員は七九四名。

興亜院本院は、総裁、副総裁（外相、蔵相、陸相、海相）、総務長官、総務官房、その下に経済部、政務部、文化部が置かれていた。各官庁から優秀な若手の官僚が集められた。戦後日本政界で活躍した大平正芳、野田卯一、安孫子藤吉、伊藤正義、愛知揆一らがいた。

昭和一七年（一九四二）一一月一日、大東亜省が設立すると、興亜院、対満事務局、拓務省は吸収された。これによって、満洲国、中国内占領地、東南アジア占領地、介入地を所管する強大で大規模の官庁が新設された。

2　興亜院と阿片

阿片は原名をopium（薄黒き液汁）という。古代より医効を認められて、葡萄酒に阿片を混ぜて催眠薬として使用されていた。さらに、ペルシア、ギリシアでは興奮剤として用いられた。

後年、阿片使用の風習は、アラビア人の交易と共に、インドその他の地域に伝播していった。上古より一六世紀末に至るまで、東洋貿易は、アラビア人に独占されていた。その阿片吸食の風習も、その貿易関係諸国に浸透していった。イスラーム教は飲酒を厳禁しているので、阿片の使用はそれに代わって、欧亜諸国まで拡まっていった。

満洲航空の子会社として天津に設立された北支航空処は、日支合弁の新会社として、天津市長・張自忠を社長に、児玉常雄を副社長として、恵通航空股份有限公司として生まれかわった。北京、張家口、綏遠、太原、済南、青島に支店を置き、大連定期便を開設して日本と連絡した。

その恵通航空公司は、社長・張自忠の反乱によって解散され、新たに日本資本により、昭和一三年（一九三八）一二月一七日、中華航空㈱（総裁・児玉常雄）が誕生した。これは日中事変の勃発で、輸送力の強化を迫られたからであった。

その中華航空に対して、興亜院から命ぜられた〝特殊輸送任務〟は、張家口から上海までの阿片の空輸であった。

恵通航空公司と中華航空の機関士であった能戸一男は、自著『北京の鳩』（自刊）で詳しく記している。それによると、阿片輸送は、終戦に至るまでの五年間続けられた。使用機はロッキード、DC・3、MC・97重（三菱MC・20旅客機＝陸軍97式重爆撃機）。能戸はロッキード2001号機に搭乗していた。午前八時、北京を立つと、張家口には一時間ほどで着く。待ち構えていたトラックが機に横付けされ、素早くロープで十文字に結ばれた麻袋三〇個ほどが、貨物室や客席に積み込まれた。一袋は三〇キロであるから、一回の運搬量は九〇〇キロに及んだ。九時半、張家口を離陸し、済南で給油して、上海に到着すると、装甲自動車へ憲兵の厳重な監視下で積み込まれた。

阿片は中国各地で栽培していたが、特に内蒙古、熱河省、山西省が盛んであった。その阿片の運搬には、陸路よりも空路の方が短時間で多量に、しかも安全に運べるからである。

昭和一五年頃の阿片の相場は、張家口の積出し価格は一キロ一万二、〇〇〇円、上海ではその四〜五倍となる。能戸の試算によると、昭和一五年一〇月から一八年一一月までの間（能戸が従事していた期間）に運んだ量は九三トンに及ぶという。このうちの若干が大連に輸送されて、ドイツの潜水艦に積み込まれている。当時、日満独の貿易は、バーター制によった。

二　関東軍と阿片

関東軍も、阿片を満蒙工作の重要な資金源としていた。それを証明する資料の一部として、満洲航空・河井田義匡奉天管区長（当時）の『満洲航空史話』「河井田日誌抄」がある。

九月二十六日（昭和十一年）

創立紀念日祭典を挙ぐ。

式場にて田中隆吉参謀より「用談あり徳化に来られたし」との電報を受く。よって式後モス機（引用者注：英国製デハビランド・プリモス小型連絡機）を操縦し出発、承徳着。給油の上徳化に向う。途中日没になるので張北に着陸、一泊の上二十七日の徳化に至り会議す。其の用件左の項目である。

1. 綏遠工作の構想説明と共に、私が隊長として出動の了解を求められる。

2. 北京に至り河田氏（冀東防共自治政府顧問）、青海の蒙古代表、回々代表に会見し会談する事。

3. 阿片輸送の件、目的は冀東政府の財源に充つ、一は蔣政権打倒の一助とす。

以上につきて説明あり、辞して商都上空一巡、飛行場を概見し承徳に至り泊す。

三　昭和通商株式会社と佐島敬愛

1　昭和通商株式会社

昭和通商は、昭和一四年四月一日、四谷の宝亭で設立総会が開催された。発起人は陸軍省軍務局長・武藤章歩兵大佐、軍事課長・岩畔豪雄歩兵大佐、三井物産常務・石田礼助、大倉商事、三菱商事から各一名、堀三也元大佐、さらに佐島敬愛であった。三井、三菱、大倉の三大財閥が五百万円ずつ出資して、資本金千五百万円で、四月一二日創立した。本社を日本橋小倉ビルに置き、専務取締役に堀三也、常務兼部長永井八郎（三井物産機械部長代理）、部長に田中勘二（三菱商事上海支店長）、宮田準一（大倉商事海軍担当部長）、それに佐島敬愛が任命された。本社機構として、総務部、業務部、機械部、調査部があった。

太平洋戦争が勃発後には閉鎖されるが、北、中南米には、ニューヨーク支店、リマ（ペルー）支店、ラバス（ボリビア）出張所、メキシコ駐在員事務所が置かれ、欧州にはベルリン支店、ローマ支店があった。

中国大陸には、北京、上海、漢口、広東、香港支店があり、満洲には最初、大連に出張所が設けられていたが、後に新京支店、奉天出張所が置かれた。

南方方面には、バンコック、シンガポール、ラングーン、ハノイ、パタン、マニラ各支店があり、その下に出張所、駐在所が置かれたが、昭和一八年五月、南方代表部（在シンガポール）に統轄された。

昭和通商の定款によると――

第二条、当会社ハ左ノ業務ヲ営ムヲ以テ目的トス。

一、機械及属品類ノ輸出。

二、機械器具及原料、材料ノ輸入。

三、前二号ニ附帯スル業務。

この定款を見ても、後半に昭和通商の主要取扱品の一つとなる「阿片」は見当たらないが、「昭和通商株式会社指導要綱要旨」要領一業務範囲3には、〝特殊原料材料及機械類の輸出入〟とある。その特殊原料材料に、阿片も入るのであろうか。

この昭和通商を語る前に、「布引丸事件」と、「泰平組合」を紹介しなければならないだろう。

明治三二年（一八九九）七月二一日、上海近くで暴風雨により「布引丸」が沈没し、日本人志士ら一八名が犠牲となった。この時代背景に、フィリッピン独立戦争の余波があった。日清戦争の日本の勝利は、アジア周辺の国々に夢と希望を与えた。フィリッピンは長らくスペインの植民地であった。

明治三一年（一八九八）二月一五日、スペイン領・キューバのハバナに寄港していた米軍艦・メイン号が爆発、沈没したことが起因となり、〝米西戦争〟が始まった。香港へ亡命していたフィリッピン独立派が帰国して、スペインと戦った。アメリカからの援助もあり、スペインは降伏したが、フィリッピンは独立できず、アメリカが新たな支配者となった。

その後、独立軍と米軍との戦争が始まり、独立軍は日本に援助を求めた。孫文と繋がりのある大陸浪人・

宮崎寅蔵（滔天）、平山周、さらにフィリッピン工作員・マリアノ・ポンセとの関係が構築された。ポンセは犬養毅に近づき、中村弥六を紹介された。中村は同郷の福島安正歩兵大佐を通じて桂太郎陸相に接近し、桂は協力する約束をするが、参謀本部川上操六参謀長は、日本国が直接関与することを危惧していた。そこで中村の依頼を受けた大倉商会の大倉米吉から、六月二〇日、桂首相に対して、不必要な兵器（モーゼル銃と五百万発の弾薬）の払下げの許可申請が提出されたが、払下げられたのは、弾薬だけだった。中村は「布引丸」というボロ船を三井物産から五万円で購入した。

革命軍に日本人が関与していることを知った駐日パック公使は、日本国政府に対して注意を喚起した。さらに「布引丸」が沈没したことを知った米国は、再度日本政府に対し抗議し、調査を望んだ。西郷従道内相は、関係者に厳重な注意を与え、明治三三年（一九〇〇）二月六日、「布引丸一件の報告書」が青木周蔵外相に提出され、一件落着した。

日露戦争後の明治末期、日進月歩する兵器産業界では、陸軍から旧式武器の払下げを受け、後進国へ輸出する会社が必要となり、三井、大倉の両財閥に出資を仰ぎ「泰平組合」が設立されたが、のちに昭和通商へ吸収されていった。

昭和通商の取扱品は、北支、中支、南支方面では、中古兵器類を北支臨時政府、蒙古連合自治政府、汪兆銘の国民政府の軍隊ならびに各警備隊等へ納入した。他方、中国からは、銅幣、タングステン、モリブデン等の非鉄金属、桐油、菜種油、棉実油、胡麻油、落花生油、牛脂、豚脂等の動物性油脂、豚毛、岩塩等の集買を行い、それらを日本へ送った。

南方方面へは、中古兵器をタイ国軍、インド支那等へ販売し、錫の開発および精錬、銅、タングステン、ニッケル等非鉄金属の収集、軍需物資の生産確保、物資調達および泰緬鉄道建設に必要な物質の収集、納入等を行った。

満洲方面へは、中古兵器類を満洲国軍に納入し、関東軍へは必要物資を納めた。さらに、南方貿易のために塗料、硫安、大豆等を輸出した。

朝鮮、台湾へは、各方面軍の必要軍事物資を供給した。

枢軸国のドイツ、イタリアには、それぞれの軍事協定に基づき、必要物資が輸出された。

昭和通商が取り扱った「阿片」は、関東軍、支那派遣軍、さらに日本国にとって、「高貴薬」と称せられ、物資調達、宣撫工作に用いられた。さらに、友邦国・ドイツからの要請で、医療用鎮痛のためのモルヒネの原料となる「阿片」を輸出した。

2　佐島敬愛

佐島敬愛が、父・啓介の山形中学の後輩、関東軍参謀長・小磯国昭中将の紹介状を持って渡満したのは昭和八年一月であった。奉天の満洲航空本社では、麦田平雄常務が待っていた。無論、即時採用された。新京の関東軍司令部・小磯参謀長のもとへ採用の報告とお礼に伺うと、ちょうど参謀長室にいた若い参謀を紹介された。岩畔豪雄（いわくろひでお）歩兵少佐（当時）との邂逅であった。

二月中旬、麦田常務に随行して、ハルビンへ出張した。やがてそのガソリン交渉を永淵運航部長が担当することになり、五月に交渉が成立する。本社へ帰任するや、営業課長に任命された（29歳）。一時帰国し、昭和九年一一月二〇日、結婚したての新妻を伴って日本海を渡った。

昭和一〇年四月中旬、単身で北京駐在員を命ぜられた。満洲航空が北支方面への空路開拓、拡張を目的として、対軍部折衝に努めた。その後、満洲航空奉天駐在事務所（所長・岡部猛）の次長として赴任した。

昭和一〇年九月、佐島は家事の都合で満洲航空を退社して、日本へ帰国した。

昭和一二年二月、ドイツから帰国した永淵運航部長が上京した折、呼び出しを受け、前年暮に締結した「日満独航空協定」の遠大な計画を語られた佐島は血が踊った。さらに、永淵から新たな航空会社「国際航空」の創設計画を知らされた。

永淵部長の語る事業計画は次の四点であった。

1 国際航空事業を担当する日本国籍会社新設
2 航空機乗務員の訓練養成、器械設備の準備
3 予定航空路の通過諸国への政治的工作、とくに対アフガニスタン工作
4 昭和一五年（一九四〇）に開催予定の〝東京オリンピック〟の聖火輸送を担当できるように、企業努力を結集する。

当時の国際情勢上、北回りのシベリア経由、あるいは南回りのインド経由は、実現不可能と思われていた。そこで、中央ルート（シルクロード・コース）以外は考えられなかった。

昭和一二年五月、国際航空が設立された。事務所が東京麹町区内幸町（現・千代田区内幸町）の大阪ビル三階に置かれた。登記上の名称とは別に、「満洲航空特航部」の看板も掲げられた。それは対外的にその名称を使用した方が、有利だったからである。

国際航空㈱の社長に児玉常雄が、常務に永淵三郎が就任した。佐島敬愛は国際課長を拝命したが、特航部では永淵が部長、佐島は次長だった。佐島の担当は中央官庁との接渉、対ドイツとアフガニスタン工作、両国への駐在員の派遣の準備、さらに夜間飛行の計器飛行訓練のため、二組の乗務員チームをドイツへ送り出す手配で多忙であった。さらに、国際航空と日本航空輸送との合併計画を永淵は目論んでいたから、その下準備もあった。

アフガニスタン工作の一助として、同国との友好親善を計るために、昭和一一年二月六日、アフガニスタンから六名の留学生を迎えた。これはベルリンで、ルフトハンザ社と航空協定の交渉をしていた、満洲航空・永淵三郎運航部長からの指示によるものであった。留学生は一年間、日本語の勉強を続けた。佐島敬愛国際課長は、文部省・有光次郎学芸課長、外務省欧亜一課、二課、さらに岩畔豪雄歩兵中佐に紹介された文部省に顔の利く企画院の久保宗二中佐らの尽力によって、昭和一二年の春に、留学生たちは、各大学、各学校に入学することができた。

その六名は、現大蔵大臣の子・アブドウッラー・ジャン・ヤフタリー（東京帝国大学経済学部、引き続き大学院で研究）、ゴラム・ナクシュバンド（東京帝国大学農学部、引き続き大学院で研究）、アブドウル・ハキム（東京帝国大学文学部教育科、引き続き大学院で研究）、アブドウッラー・ラヒーミ（浦和高等学校理科甲類から、京都帝国大学工学部採鉱冶金科）、ヌール・アフマド・サベリ（東京工業大学紡績科から、東京美術学校彫刻科に転校。卒業作品「銅土耳古風紋様フルーツ皿」が、第五回文部省美術展覧会の第四部（工芸）に入選した）、ムハンマド・ハッサン・カリミ（桐生高等工業学校から、東京工業大学紡績科）である。

昭和一三年一月の冬休みに、佐島敬愛国際課長は、アフガニスタン留学生を伴って、赤倉スキー場で合宿を行った。親友・今西錦司の弟子、京都帝国大学山岳部の山男・加藤泰安も参加した。暑い国の留学生たちには、雪の冬山は初体験で、一生忘れられない思い出になったに違いない。これが縁で加藤はこの年の春に大学を卒業すると、満洲航空特航部に入社した。

昭和一四年八月二六日から九月三日まで、留学生六名は北海道視察旅行をした。日本製鉄輪西製鉄所、室蘭港石炭積込高架桟橋、王子製紙苫小牧工業所、北海道炭鉱汽船夕張炭鉱、帝国製麻札幌製品工場、北海道帝国大学理学部低温実験室、大日本麦酒工場、農林省月寒種羊場、北海道庁真駒内（まこまない）種羊場、小樽の北海道製缶倉庫を見学した。

彼らに同行して世話をしたのは、大日本航空総務部調査課の立見尚秀であった。立見は満洲航空時代、ベルリン支店で、森蕃樹支店長のもとで満洲航空とルフトハンザ社とが描いた「欧亜連絡定期航空計画」の準備に励んでいたが、イラクから赴任してきた平野稔と交代して帰国した。

六名のアフガニスタン留学生達は、昭和一八年一〇月から一二月にかけて、二段階に分けて帰国した。当時、太平洋戦争が激化しているので、海路を避けて満洲へ渡り、満洲里からシベリア横断鉄道を利用して帰国していった。ちなみに、彼らの査証の身分は、駐日アフガニスタン国公使館員と称した。

佐島敬愛国際課長は、昭和一三年末に新たに誕生した大日本航空では企画部国際課長に任命された。翌年一月、シンガポール、バンコックに出張の時、父・啓介の訃報が入り、会社は帰国のために特別機を出してくれた。それはつい最近ドイツから到着したハインケルHe－116型機二機のうちの一機「乃木号」（中尾純利操縦士、岡本虎男機関士、佐藤貞信通信士）で、二月二日、バンコックへ到着した。会社のデモンストレーションの意味もあったが、日本人会の歓迎宴が二日間続いた。

二月四日、ドンムアン飛行場を飛び立ち、台北で給油、九時間ほどで立川飛行場へ到着した。父の葬儀は聖公会神田教会で行われ、軍装姿の小磯国昭大将らの参列があった。

佐島の中央官庁では、外務省欧亜局欧亜一課・加瀬俊一課長、鶴岡千仭、欧亜二課・山路課長、与謝野秀、古内広雄、さらに逓信省航空局の人々との人間関係が、その後の佐島に影響を与え、助けとなった。「永淵構想」のほぼ先が見えてきたので、人生の次の目標に向かって、佐島は退社する決意を固めた。

3　昭和通商時代

佐島敬愛の大日本航空から昭和通商への移籍話は、陸軍省軍務局軍事課長・岩畔豪雄歩兵大佐から、永淵常務へ話が通っていた。前年の昭和一三年一二月一日、国際航空は、日本航空輸送との合併によって、大日本航空として一段と巨大化した。永淵が描いた「欧亜連絡航空計画」は一歩前進した。佐島は満洲航空では営業課長、特航部では企画部長、国際航空では国際課長を勤め、この計画の実務責任者としてのお膳立てはほぼ完了していた。常に〝ロマン〟を追い求めている佐島にとって、大日本航空はもとより、航空業界に残る理由はなかった。

佐島敬愛は昭和通商に入社すると、調査部長に任命された。専務の堀三也は、山形県生まれ、『三太郎の日記』の著者で哲学者・阿部次郎の実弟で、陸士二十三期、陸大三十三期。フランスへ二年間、駐在武官補佐官を勤めた。陸軍砲兵大佐の時、燃料局企画課長を務めた。佐島は昭和通商が敗戦で消滅するまで共に仕事をしたが、堀とはずっと肌が合わなかった、と記している。

昭和通商調査部第一課課長・竹内俊吉は、戦後、衆議院議員、青森県知事を務め、温厚な人柄であった。課員には、学識経験者、文化人が多かった。第二課長は大岸頼好。彼の周囲には、旧軍人、右翼の人々が集まった。大岸は、血盟団と五・一五事件後の青年将校運動の皇道派の一人。陸士三十五期その他、五嶋徳二郎嘱託のグループがあり、特殊活動のほとんどを引き受けていた。後に南方で、「五嶋機関」として活躍した。彼の部下には陸軍中野学校出身者が多くを占めていた。資材部附の肩書きで、宮崎義一元歩兵中佐がいた。彼は、アフガニスタン日本公使館付駐在武官の時、海外退却命令を受けた宮崎少佐である。


佐島調査部長の初仕事は、中近東、バルカン半島を含む欧州への単独視察旅行であった。その目的は、中古兵器売り込み打診調査であった。昭和一四年（一九三九）九月下旬、神戸港から白山丸で、シンガポールへ向かった。ペナン、コロンボ、アデン、ポートサイド、カイロに達し、イスタンブールへ向かった。当地の大使館は陸軍駐在武官は立石法了歩兵大佐、前任者は、NHKの磯村尚徳の父・磯村武亮砲兵大佐であった。

佐島は駐在武官室を本拠に、三菱商事の駐在員の側面援助を受けて、トルコ陸軍との交渉を開始した。当時、ケマル・パシャによる近代化推進方針によって、感触は極めて良好だった。当局が親日的であったのも、一八九〇（明治二三）年九月一六日夜半、トルコ海軍の軍艦・エルトウールル号が親善訪問の際、和歌山県熊野灘沖で遭難した。その時、住民達が懸命に救助したことを、トルコでは周知されていたからであろう。無論、日露戦争での日本の勝利もあったに違いない。

佐島部長はさらにバルカン三国を訪れ、昭和一五年（一九四〇）二月上旬、イラクのバグダードに到着し、三井物産・浜崎駐在員の援助を受けた。

二月下旬、イランのテヘランに着くと、大日本航空になっても引き続き駐在している樋口正治夫妻に世話になった。その滞在中、大日本航空の「そよかぜ号」のイラン親善飛来があった。これによって日本の航空技術が評価され、英、独の売り込み中であったにもかかわらず、イランから飛行機工場建設の話が持ち上がり、三菱商事が窓口となり、三菱飛行機から二名の技術者が派遣された。

当時、テヘランでは、三菱商事と三共製薬とが共同で、薬用モルヒネの原料の買い付けをしていた。一方、日本陸軍は、昭和一三年（一九三八）春から、一五年（一九四〇）末までの間、三井物産を通じて約三〇〇トンの阿片を輸入し、その利益は八千万円以上に及び、軍は機密費として謀略などに使用したという。

帰路はシベリア鉄道を利用した。ベルリンで三か月待機してやっと乗車許可証が下りた。ベルリン滞在中、「日独伊三国同盟」の調印があった。当時の駐独大使館は、来栖三郎大使以下、加瀬俊一公使、牛場信彦書記官、古内広雄書記官、法眼晋作書記官補、青山書記生ら優秀なスタッフで固められていた。古内書記官は、佐島が大日本航空の国際課長を拝命していた頃、外務省欧亜二課に在籍していて、〝永淵構想〟の実務担当者であった。（当時の大使館は陸軍駐在武官は岡本清福少将）

一〇月中旬、古内書記官の骨折りで、やっと帰国手続きが終わり、切符を入手できてベルリンを立った。車中で生涯の友となる岡正雄と出合った。モスクワ駅頭では、「日独伊三国同盟」調印を終えた松岡洋右全権大使が、スターリン首相の出迎えを受け、意気揚揚としている姿を目撃した。佐島と岡のコンパートメントの隣室には、東郷茂徳駐ソ大使の家族が乗車していて、モスクワ駅では、モロトフ外相以下多数の見送りがあった。

単調で変化に乏しい車中では、佐島と岡は〝民族談義〟に明け暮れた。それが後に「日本民族学協会」へと結実することになる。約一〇日の旅程で満洲里へ到着した。そこからは満鉄に乗り換えて新京へ向かった。新京で岡正雄と別れ、さらに佐島は南下。新京から釜山までのコンパートメントでは、帰国する前仏大使・沢田廉三と同室であった。釜山から下関へ鉄路で東京着。

帰国後、多忙なあい間を縫って、「日本民族学協会」の設立に走り廻った。昭和通商の陰の実力者・岩畔豪雄歩兵大佐を訪れた。佐島が協会の構想を示すと関心を示し、渋沢栄一の嫡孫で、日銀副総裁・渋沢敬三を紹介してくれた。昭和一七年八月二一日、財団法人「日本民族学協会」が設立された（会長・渋沢敬三、理事長・岡正雄、常務理事・佐島敬愛）。基金二〇万円全額は、昭和通商から出された。

帰国して暫くすると、佐島調査部長は、堀専務から中国出張を命じられた。佐島にはもう一つやり残した事項があった。満航時代、アフガニスタン留学生の面倒を見ていた「青年文化協会」の活動が停滞しているので、これも岩畔に助力依頼した。

昭和一五年一一月初旬、佐島は南京支店長として赴任する山内正夫らを伴って、東京から鉄路で福岡へ、板付から上海へ飛んだ。佐島は上海を拠点に、在中国の出先機関の指揮を取った。中国における佐島の主要任務は、陸軍の余剰中古兵器確保のため、現地軍部首脳と密接かつ良好な関係を保つことであった。

日中戦争が泥沼化するに従って、昭和通商の主業務である余剰兵器を第三国へ売却するという仕事は開店休業状態になり、中国物産、物資の調達、運搬という商業活動に変わっていった。

平和論者の岩畔英豪歩兵大佐は、日米関係調整の最終交渉団の野村吉三郎大使随行員の一員として臨んだ。交渉は決裂、一二月八日、ついに太平洋戦争が勃発した。開戦と同時に、岩畔大佐は陸軍省を去り、インド独立軍を組織工作する「岩畔機関」の機関長として、東南アジア方面へ左遷された。が、戦争末期には、軍務局長（少将）として返り咲く。

開戦と同時に、上海にいた佐島は至急帰国せよとの連絡があり、帰ると「南方赴任」の辞令が待っていた。

翌年一月早々、佐島調査部長は、羽田飛行場から広東経由でサイゴンへ飛んだ。サイゴンの南方派遣総司令部で、佐藤広雄参謀に会い、出張任務の打ち合わせをしてバンコックへ飛んだ。そこには三井物産時代の上司・新関八洲太郎が、バンコック支店長として赴任していたから、新関の社宅に数日間世話になり、南方情報の収集に務めた。そこから昭和通商の南方拠点となる予定のシンガポールに入った。日本軍のマレー半島南下作戦が終了したばかりであったので、街には戦渦の余燼がくすぶっていた。

昭和一八年九月、佐島は日本へ帰国した。その秋、三高時代からの親友・今西錦司の弟子筋に当たる川喜田二郎、伴豊、藤田和夫の三名を伴って上京してきたのは、京都帝国大学・小牧実範教授（文化人類学）だった。三名は昭和通商に入社したが、全員召集されて、伴は南方で戦死した。

今西は昭和一九年二月頃、張家口に設立された大東亜省所管の「西北研究所」の所長となった。次長・石田英一郎、加藤泰安（満洲航空時代、永淵三郎、佐島敬愛の部下）、伊藤金一らは、昭和通商嘱託という肩書で、現地へ赴任した。

その頃、佐島は再度、南方出張を命ぜられた。昭和通商の拠点をシンガポールからマニラへ移転した。（新支店長・山内正夫）。九月、昭和通商で役員改選が行われ、堀専務が社長に、佐島は取締役企画部長に昇進した。

昭和二〇年五月中旬、佐島企画部長は最後の中国出張を命ぜられた。敗戦の色濃くなったその頃、中国に集積されていた物品を内地へジャンク輸送することを陸軍から命ぜられ、その総指揮を取ることが佐島の任務だった。その春に佐島の秘書となった千田図南男を伴って、空路で東京を立ち、福岡を経由、上海へ。ジャンク輸送計画の物資集積拠点地・上海、南京、天津、北京、新京の各都市を巡回し、段取りを終え、七月下旬、入手困難となっていた飛行機のチケットを取り、命がけで帰国した。

昭和通商は、七年余の活動をもって、日本国の敗戦に至って、八月二〇日に解散した。

4 戦後

昭和通商が解散した後、その年の早秋、佐島は、丸ビルにタイプライター一台を持ち込んで、佐島事務所を開設した。進駐軍相手の通訳、斡旋業務、翻訳で糊口を凌いだ。

昭和二一年の秋からは、国鉄の外郭団体・鉄道弘済会の顧問に迎えられた。（会長・十河信二）

昭和二三年春、信濃毎日新聞社の嘱託。昭和二五年、小坂順造が日本発送電の最後の総裁に就任すると、佐島は嘱託に、（財）電力経済研究所が発足すると理事に就任。同年秋、「日米産業調査会」（会長・渋沢敬三）の副会長として、渋沢に伴って氷川丸で渡米した。

昭和二九年三月、「日本生産性協議会」の事務局長、翌年三月に、同協議会の理事に就任した。

その後、ＩＣＣ（国際商業会議）の日本国内委員会（会長・渋沢敬三、副会長・加納久朗）の事務総長、信越化学取締役、信越ポリマー社長、東京国際貿易センター取締役を務めた。

第一二章　空の巨人・永淵三郎

一　生いたち

永淵三郎は明治二一年（一八八八）六月一五日、佐賀市水ケ江（みずがえ）町で、父・永淵小七郎明奥、母・みつの長男として生を受けた。永淵家は佐賀藩士で、明奥は七人兄弟の末弟だった。長男が家督を継ぎ、兄らはそれぞれ養子に出た。ところがその後長男が亡くなったので、小七郎明奥が、第十代の家督を継ぐことになった。明奥は海軍軍人で、明治一〇年（一八七七）の西南戦争の時には海軍少尉で、上官は副島種臣。

明治三五年（一九〇二）、三郎は佐賀中学に入学。受験生五二七名、合格者二一七名のうち四番で合格し、丁組の級長に任命された。佐賀中学在学中、三郎は父・明奥に、毎月一便の手紙で、学校の出来事を知らせるように命じられていた。ある手紙の中に、遠足のために運動靴が必要なので、通常の仕送りに一円追加して欲しいと無心している。

明治四〇年（一九〇七）、佐賀中学を卒業して、父にあこがれて直ちに海軍兵学校に入学し、江田島へ向かった。暫くして、佐賀中学四年生の時の学校紛争のストライキの首謀者の一人との報告書が、入学後、学校へ送られてきた。これによって、永淵は退学処分を受けることになる。

失意のうちに上京。渋谷松涛町にあった佐賀藩の下屋敷跡に作られた佐賀県出身者のための学生寮（松涛学舎）で、一年間勉学に励み、翌年、一年遅れて陸軍士官学校に入学（陸士二十三期）。同期には幼年兵学校から進学してきた橋本欣五郎がいて、二人は仲が良かった。

永淵はナポレオンを尊敬していたから、砲兵科を選ぶことになる。ちなみにナポレオンは砲兵将校だった。陸士卒業後の大正五年（一九一六）、二六歳・中尉の時、操縦将校を志願し、所沢の陸軍航空第一大隊で飛行操縦術修得を命ぜられ、一番の成績で入学した（第六期）。同期には、満洲航空から南方航空輸送部まで常に行動を共にした森蕃樹と、〝ノモンハンの荒鷲〟と呼ばれた飛行第十一戦隊隊長・野口雄次郎航空兵大佐がいた。

当時の操縦将校は、胸に大きな天保銭に似たバッジ（飛行機操縦修得徽章）を付けて所沢の町を闊歩し、女性にもてたという。陸軍大学校卒業者に与えられたバッジは天保銭と呼ばれ、それ以外の者は無天といわれていて、将来の出世にも影響を与えた。所沢では「ところてん」と呼ばれていた。将校用は銀製、下士官用は銅製であった。

所沢の陸軍第一大隊での飛行操縦術修得のための教育期間は一年間、使用訓練機は、モ式四年型機（フランスから輸入したモーリス・ファルマン式一九一四年型複葉機を改造。発動機は、ルノー・七〇馬力を搭載、複葉機）。

卒業後、永淵は新しくできた所沢飛行学校の教官に就き、その後、航空本部に移った。検査官の時、群馬県太田の中島飛行機の中島知久平と知り合い、ウマが合ったのか、長い付き合いが始まった。

大正八年（一九一九）一月から、フランスから来日した「フォール航空教育団」の助教を務めた。

翌年、永淵は、東京の航空本部の主任検査官に任命されるが、その二年前から起こった「シベリア出兵宣言」にもとづき、大正一一年（一九二二）、永淵も徴兵された。

操縦将校のうち永淵だけが独身だったので、前線基地から奥地の偵察飛行一三回のうち、永淵は一一回の飛行を命ぜられたという。最後の飛行の時、敵地に不時着。村長を人質にとって頑張った。翌日、救出され、帰還して隊長の工兵大佐のもとへ報告に行くと、隊長は参謀と将棋を指していた。永淵が、「報告します」と言うと、隊長は棋盤から眼を離さず「ちょっと待て！」と答えた。九死に一生を得た永淵は、その将棋盤を蹴っ飛ばした。当時、陸軍には長州閥の外、兵科閥があり、航空方面での主流は工兵科だった。それらの不満が爆発して、大正一一年（一九二二）に日本へ帰国後、陸軍航空兵大尉で退役してしまう。

その年の一二月に航空局ができると、事務官に任命される。永淵は操縦委託生を一期から手掛けた。委託生の制服も、児玉常雄と二人で決めた。それは、陸軍幼年学校と、高千穂商業の制服とをチャンポンにしたという。

昭和五年（一九三〇）、永淵は航空局を退職。日本楽器製造㈱（現・ヤマハ）の浜松本社工場副長兼技術部長として招聘された。日本楽器は、ピアノ等の木工技術があるので、飛行機のプロペラを製造していた。外国から見本を買って、全部国産化した。

永淵は浜松時代に、私立・浜松中央飛行学校校長を務めたが、その規模、生徒数などの記録は残っていない。

二　満洲航空社員から見た永淵三郎の横顔

永淵三郎の満洲航空時代を知る比企久男と、平野稔を見つけることができた。二人とも今では鬼籍に入られている。

比企翁は、昭和一一年（一九三六）四月、満洲・公主嶺飛行第十二連隊から満洲航空へ入社し、アラシャンの定遠営で、飛行場建設隊の器材係として従事し、終戦まで、大連管区の機関士であり、『大空のシルクロード』（芙蓉書房）を上梓している。

比企久男（聞き書き）

——永淵さんとは、お会いしたことはありませんでした。雲の上の存在でしたから……

永淵の三羽烏の一人で、満洲航空から南方航空輸送部まで行動を共にした平野稔には、筆者は三、四回お会いしている。

平野翁は八〇歳後半にもかかわらず、麹町のお住まいから神保町の拙店へ足を運んで下さったが、杖もつかず、背筋をまっすぐに伸ばし、かくしゃくとされている。その時でも週に二回ほど、日比谷の東京会館のバーに通い、スコッチのグラスを嗜んでいらした。そこは、岩崎家の当主も常連だったそうだ。

平野翁と最初にお会いした時、

「ボク、山崎豊子の『沈まぬ太陽』に登場しているよ」

と言われたので、さっそく文庫本を購入して読んだ。

平野翁は、国民航空中近東支配人、イラン支店サムライ支店長・島津として登場し、樋口夫妻と〝中東の辛苦の旅〟も数行で紹介されている。

平野稔（聞き書き）
——永淵家は九州鍋島藩（ママ）の格式高い家で、奥さんは支藩・蓮池藩（はすのいけ）（五万二千六百石）のお姫様だ。
永淵さんは所沢飛行学校（ママ）を卒業。陸軍大尉で退役した。従って、航空局などに先輩、後輩が多くいたから、仕事がしやすかったのだろう。
静かで、おだやかな性質で、大声を出さない。座談の名人だが、演説をしたことは知らない。机に向かって、一気に書類を書いていた。

平野翁を探し出すことによって、永淵の長男・一郎氏に繋がった。平野翁の案内で、世田谷区の永淵邸を二度訪れることができた。爾後、一郎氏とは三度お会いしている。一郎氏からは多くの資料の提供を受けた。

その中に、「日本航空新聞」四六四号から四六八号の切り抜きがあった。

永淵三羽烏の一人・伊藤良平筆『航空つづれ草』・「先覚者・永淵三郎」より、以下に抜粋した。――

永淵さんは稀にみる創造者であった。常に新しい技術に挑戦し、新しい航空政策の推進につとめた。先人未踏の分野に挑戦し、既に存在する航空事業を育成し発展をさせる仕事は他人に譲り、日々次の時代に備える構想にとり組んだ。「永淵は三日坊主だ」と悪評せられたのもこの性格による。

昭和初期の航空技術は文字通り日進月歩で、「仕事とは創造である。芸術家の作曲・創作と俺の仕事とは全く同じだ」これが常に言う言葉であった。

大日航（引用者注・大日本航空）の常務時代でも出社も退社も一切時間にしばられない文字通り神出鬼没であった。永淵さんがほんとに仕事を真剣にやっている時間は、会社以外の場所であったと思う。人と会うのはお茶屋の小部屋が多かった。会議は女を部屋に入れない。秘密裡に事を運び、公表した時アット世界や社内を驚かすことに無類の喜びを感じるようで、茶目っ気も多かった。

「恋をしていないと小説は書けない」という人がいるが、永淵さんも新しい大計画に熱中している時はその度毎に新しい女性がその影にいたようである。公私の区別は極めて厳格で、会社の勘定で茶屋酒を飲むような社用族でなく、そんな奴をひどく軽蔑した。一日の仕事が終れば、お茶屋で芸者衆と馬鹿騒ぎする永淵さんは、やはり明治型の豪傑だったのだろう。

約四〇年間の日本の民間航空界に大きな足跡を残した。その功績が必ずしも正しく評価されていたとは言い切れない。一部の航空関係者の強い反対をうけ、批判を招いたし、誤解もされた。永淵さんにすれば、「燕雀、何ぞ知らん、鴻鵠の志」の気概であり、当時としては大局に立った施策であったとし、「わからん奴はわからなくてもよい」と思っていたようである。その生涯を航空の発展にかけた数少ない功労者である。一昨年航空神社にまつられたのもその故であろう。不世出の先覚者と言うにピッタリのイメージである。

さらに、『満洲航空史話』の頁をめくっていくと、永淵の思い出を記した文章があるので幾つかを紹介する。

松本利安――昭和八年一月、日本から六人乗りのスーパー機で日本海を越え、日本航空輸送㈱から奉天の満洲航空に転職した。

一番初めの第一航空寮は、ソビエー〔ママ〕ト領事館が引揚げた後を使用していた。従って私に割り当てた寝室なども飾りの付いたまことに豪華なものであった。寮長は永淵三郎さんで粋人であった。夜になると春日通りに出掛けられ、カフェーで一遊びした後、翠山とかいう料亭にもお供した。酔われると、「おい、お前達、よくロシア語を勉強して置けよ。満航は必ずモスコー経由でベルリンへ行く。モスコーの支店長くらいにはしてやるからな」と言われ、「それなら夜学へ行くから授業料を下さい」といって、高島さんと二人で十円づつ貰ったことがあった。高島さんは真面目にロシア婦人の許に通って勉強したが、私は一、二度通ったきりで、後は石光さんとブロードウェイとか明星とかダンスホールに通った。

満洲航空東京支店の初代支店長は安邊浩が務め、その後は生方四郎、佐川績と続き、第四代支店長は原田三郎であった。

原田三郎――

私は運航課長を命ぜられて東京支店から赴任して行った時、永淵運航部長はドイツに出張中であった。かねてから同郷の先輩として、航空の草創期から軍民両面で機略縦横の活躍は聞き及んでいたが、果せる哉、ドイツから帰任された永淵運航部長は万事この調子で――ヒントを与えて結論に向わせる――ポンポンと出てくる企画を指示される。時には奇想天外ともいえるようなこともある。二度と聞きかえすことができない場合もある。根っから軍隊育ちで会社勤めの如何なるかを全く知らなかった私は、ほんとにあわてざるを得なかった。曰く蒙古問題、曰く特航部、曰く無線航空施設などに、新しい問題のさながら旋風の如き感があった。

当時、満洲航空の副社長、社長を勤めた児玉常雄の長男・久雄は、小学校の上級生であったが、永淵の印象を記している。

児玉久雄「子供の眼に映った永淵三郎」

……闊達な永淵様……

三　永淵三郎のライバルと優れた部下達

1　永淵三郎と安邊浩

終生、永淵三郎と良きライバルであった安邊浩とは、ほぼ同時期に、航空界を共に歩んできた。

永淵と安邊は、陸軍士官学校二十三期の同期である。陸士卒業後、安邊は大正三年、陸軍航空第一大隊で航空機操縦術を習得する（第四期）。同期に満洲航空の総務部長、常務を勤めた武宮豊治がいた。永淵も同コースを進むが、安邊に二年遅れた（第六期）。永淵の同期に森蕃樹がいた。卒業後、二人は陸軍で航空将校として活躍する。

安邊は大正一四年（一九二五）、朝日新聞社が主催した訪欧飛行にブローグ単発機「初風号」で成功し、脚光を浴びた。一方永淵は、大正八年（一九一九）一月、陸軍が招いたフォール大佐以下六三名の飛行教育官団の一人として勤めることになる。

航空局が陸軍省から逓信省に移管した時、共に航空官となり、軍用飛行機から民間航空の指導育成に尽くし、二人は航空兵大尉で退役した。

永淵と安邊は、昭和七年（一九三二）満洲航空（株）の創立に参加した。その後、安邊は満洲航空取締役・兼東京支店長、昭和一三年（一九三八）に新しく設立された中華航空（株）の総裁となった。一方、永淵は満洲航空・航空工廠長、運航部長、特航部長、さらに国際航空（株）常務、大日本航空（株）常務をつとめる。太平洋戦争勃発後は、南方航空輸送部（南航）の司政長官（中将待遇）のコースを辿った。

二人の性格は、正に陰と陽のように対象的なものであったといわれている。安邊は峻厳そのもので、実践的な人物。一方、永淵は豪快で、稀にみる創造的で、常に新しい技術に挑戦する人物であった。

2　永淵三郎の優れた部下達

〝永淵構想〟――欧亜連絡航空計画――を熱く語る永淵のもとに、「水滸伝」の梁山泊のように、キラ星の如き豪傑が集まってきた。

森蕃樹

まず、森蕃樹は、永淵の部下というよりも一身同体の関係というもので、部下でない別格の存在であった。森は陸軍士官学校では永淵の五年後輩だが、所沢の陸軍第一大隊で、二人は一緒に飛行機の操縦術を習得した。（第六期）

加藤泰安

加藤が京都帝国大学山岳部・興安嶺遠征隊長だった時、遭難した隊を救出したのが、満洲航空　であった（当時、永淵運航部長はベルリン出張中）。それが縁となって満洲航空へ入社することになる。

ガブレンツ男爵著『Uber Pamir』を、大日本航空欧亜部の加藤泰安が翻訳して、『ドイツ・ルフトハンザ パミール翔破』書名で、永淵三郎訳として出版された。

平野　稔

〝永淵三羽烏〟と称せられていたのが、平野稔、伊藤良平、小林恒夫の三人である。

平野は、昭和一一年（一九三六）九州帝国大学を卒業後、海を渡り満洲航空に入社した。当時、東京へ就職するのと、満洲へ就職するのとは距離的にはそれほど変わらなかった。入社すると永淵三郎運航部長のもとに配属され、昭和一二年春、特航部が新設されると、社員・樋口正治夫妻と、一年にわたる中東の航空路開拓の辛苦な旅を続けた。

戦後、平野は日本航空に入社した。ニューヨーク、米州地区支配人付け、福岡支店長、本社・初代勤労部長（二代目・松尾静磨社長から）、中近東支配人（テヘラン・ベイルート日本人会会長）、昭和四五年から平成三年までは、空港施設㈱羽田副社長、成田社長、監査役を務めた。

書き始めてからすでに二〇年ほどの歳月が経過している。出発時点では、『ドイツ・ルフトハンザ　パミール翔破』（カール・アウグスト・ガブレンツ男爵著／永淵三郎訳／自刊）と、『大空のシルクロード』（比企久男著、芙蓉書房）の資料しか手に入らなかった。

比企久男翁に連絡が取れて、国分寺のお宅を二度お伺いした。聞き書きをし、さらに『満洲航空史話』正・続巻の存在を知った。

二〇〇〇年一一月、比企翁からお借りした満洲航空元社員およびその遺族が加入している「満航会」の名簿の内、関係のありそうな方々五〇数名を当てずっぽうに選び、手紙を出した。その内容は、永淵三郎、井原半三、横山信二及び「永淵構想」を承知しているかということであった。その結果は、宛先に該当者なしと戻ってきたのが十数通あったが、本人あるいは遺族の方々からも十数通の返事が届いた。その中に平野稔からのものがあり、それが永淵三郎の長男・一郎に繋がった。

その後、神保町の拙店に三、四度訪ねてくれた平野翁は、白髪、痩身で背の高い、八〇代後半の紳士で、あるが、福岡県博多出身で、黒田武士を彷彿とさせる。

平野翁から数々の聞き書きをした。

○永淵三郎のこと、

○中東の辛苦な旅のこと

○ベルリン支店でのこと、

○南方航空輸送部のこと、等々であった。

筆者は、この「永淵構想」を長く調べ、書き続けてきたが、平野翁は「早く本を出してくれよ、俺、死んでしまうよ」と言われた。

平成一六年暮、平野夫人から喪中のハガキを頂戴した。平野稔は、三月八日、九一歳で逝去されていたことを知った。

伊藤良平

伊藤は、佐島敬愛と同様に、米国の大学で学んだ。専攻は「航空輸送の経営論」。

昭和一四年（一九三九）一一月、大日本航空がタイ国親善飛行した時、永淵に随行したのが伊藤国際課員であった。戦後は日本国内航空㈱副社長。

小林恒夫

小林は、国際航空が大日本航空輸送との合併時、実務担当の中心人物であった。その後、南方航空輸送部では、永淵三郎司政長官の副官を勤めた。戦後は国際航測㈱専務取締役、航空施設㈱副社長。

四　永淵三郎の航空観

永淵は、航空局を退社した後の昭和二年（一九二七）、三九歳の時、一か月に亘り満洲を単独旅行をする。まず、奉天の北方軍閥・張作霖のもとを訪ねた。そこで永淵は、自分を航空顧問にしろと盛んに売り込んだ。当時、張は自分の飛行場と飛行機（ポテー機五台と旧式戦闘機数機）を所有しており、航空に対して非常に興味を持っていた。しかし、張作霖には、永淵の申し出を受け入れられなかった。

満洲からの帰路、釜関航路の船中で出会った満鉄の山本条太郎社長（それまでほとんどが総裁だったが、第十代の時は社長、後の政友会の総裁）に、満洲における航空の必要性を熱っぽく説いた。

「満洲は広大な面積を有しております。鉄路だけではカバー出来まい。万一、鉄路が破壊されれば、血液が止まった状態になってしまう。満鉄も航空部門にも進出せねばならないでしょう」

山本社長は永淵の考えに共感を示すが、発展最中（さなか）の満鉄の事業計画を遂行するだけで手一杯だったので、耳を傾けるだけであった。

その後、永淵は、板垣征四郎関東軍参謀副長（当時・少将）と、土肥原賢二奉天特務機関長（当時・少将）との鼎談の折に、対支航空に関しての意見を具申した。

「支那には独支合弁の欧亜航空公司が先住している以上、独乙(ドイツ)の了解を得ることが先決である。ことに独側の在支権益擁護のため我方の協力を要望する現在、正に日独提携を企画すべき絶好の機会ではあるまいか」

さらに永淵は、満洲からベルリンまでの、満洲航空とルフトハンザ社との、共同運航の定期飛行を熱っぽく語った。

板垣将軍と土肥原将軍の二人は、〝永淵構想〟に非常に興味を示した。

当時、日本は欧米への定期航空路を持たず、日本で一番近い所では、シンガポールから英国のインペリアル・エアウェイズと、オランダのKLMが南回りでヨーロッパ便を、香港からパン・アメリカン航空が、米国に就航していた。

その夜、板垣が口述、土肥原が筆記の長文の電報が、参謀本部に打電された。その瞬間、永淵のベルリン行きが決定することになる。さらに、永淵の人生のレールが敷かれ、それに乗って一歩一歩と前進していくことになる。その時、永淵は、満洲航空の運航部長の地位にいた。

三人の鼎談の日時ははっきりしないが、板垣が関東軍参謀副長に就任したのは、昭和九年（一九三四）一二月であり、永淵がベルリンへ向かうのは昭和一〇年（一九三五）一一月下旬であったから、昭和九年の暮から昭和一〇年の早い時期であったと思われる。

永淵三郎が常々公言していた航空輸送についての基本的な考えは、次のようなものである。

「かつて、ローマ帝国は陸路を征することによって、世界を征した。大英帝国は海を征することによって、世界を征した。これからは、空を征することに航空が必要である。従って、日本の民間航空業界の充実が必要である」

昭和一八年一二月号『航空文化』（文藝春秋社）に、陸軍司政長官・永淵三郎は、「建設・作戦両面の航空輸送」という題目で、〝大東亜航空圏〟という考えを記している。

「現在我が勢力下にある東亜の地形は瓢型をなしており、上方の小円内に日本と満洲と北支を包有し、下方の大円内には仏印、泰、ビルマ及び南方諸島を全部抱きかかえている。即ち東亜共栄圏は、太平洋と中華大陸とに東西から圧縮されて瓢形を呈しているのである。

ここにおいて大東亜航空圏の航空路の構成は、東京を上方円、昭南（シンガポール）を下方円の中心として編成し、この二つの中心点を連絡する強靱な紐帯を必要とする。

この南北両円の航空路を構成するためには、編成器具や人員などをそれ〴〵別個な独立的なものにしておく必要があるが、しかしこれは作戦上の必要に応じて大機動力を有することを絶対条件とする。而してこの一元的運用こそ現下の最も大きな問題だと思う。瓢箪から駒が出るというが、瓢形の大東亜航空共栄圏からは果してどんな駒が飛び出すだろうか？　恐らく航空輸送の全勢力を一元的なものとし、大東亜戦完遂のために建設、作戦の両面を有する新しき航空輸送の様式に創作されるのではあるまいか」

翌年、永淵は作家・菊池寛と対談した。菊池は文藝春秋の社長であり、文春の本社は満洲航空東京支店と、かつての特航部が入っていた麹町区内幸町の大阪ビルにあった。

『航空朝日』の菊池寛との対談（6号、昭和一九年）
──「航空輸送と決戦力」

『航空朝日』6号（昭和一九年）で、永淵は作家・菊池寛と対談をしている。永淵の肩書は、前陸軍司政　長官となっている。

菊池　これからの空の国境というものは、どういふような状況が考へられますか。

永淵　われわれ専門の立場では、共栄圏を航空共栄圏と云いたいですね。時速三百キロの飛行機が一日二十時間飛ぶとすると、六千キロつまり一日行程六千キロの航空共栄圏を一日行程とするならば、東京・昭南五千四キロを半径として圓を描くと大體（だいたい）昭南からジャワ、スマトラ、スンダ列島まで入って、あれから西に行けば印度からアフガニスタンを横切って、ウラル山脈の麓まで行くんです。東すれば、あれから豪州の北を掠めて真珠湾に行く。それからアラスカの国境になる。

（中略）

米国大陸とこちらのユーラシア大陸との中心部の連関、もっと奇想天外の成層圏なり亜成層圏飛行をやって簡単に繋げる方法を企図する時代が必ず来ることを予言します。それから従来のコース、これらは完全に勘定の中に入れておるんだろうと思います。── 東京 ── 紐育（ニューヨーク）あたり一日行程で飛ぶ日が必ず来るですよ。これは殆ど間違いないと思います。

この対談で、「戦後と航空政策」についても語り合っている。菊池寛にしても、永淵にしても終戦の一年前に、公然と戦後と日本の敗戦を公言しているが、これが当時の検閲にひっかからなかったのは不思議である。

永淵は、このように遠大な構想を考えていた。南方航空輸送部・司政長官として、民間航空機による航空輸送を、俯瞰的に瞭めていたことは驚きに価する。

日中戦争、太平洋戦争が激化する中で、永淵は昭和一八年帰国した。後任の南航の司政長官は、満洲航空からの部下・森審樹であった。

五　永淵三郎の功績

大正、昭和期の四〇年間、日本の民間航空業界に偉大な足跡を残した永淵三郎の功績は、今日ではほとんど一般には知られていない。

それを列記すると、以下の通りである。

一、満洲航空㈱の創立当初から参加した。総務部次長兼運行課長、奉天航空工廠長、運航部長、特航部長を歴任し、常に会社の中枢に位置を占めてきた。
二、満洲航空とルフトハンザ社との間に、『欧亜連絡定期航空協定に関する協定』、恵通航空公司とルフトハンザ社の間に、『東亜ニ於ケル航空提携ニ関スル協定』を締結した。
三、社員・樋口正治夫妻と平野稔を中近東へ航空路の開拓の為に派遣した。その一助として、アフガニスタン留学生六名を受け入れた。
四、永淵が滞独に、ハインケルHe－一一六型機を二機発注した。特航部から八名がドイツへ派遣されて訓練を受け、その二機・「東郷号」、「乃木号」を日本へ空輸した。
五、特航部を基盤として、新しい航空会社・国際航空株式会社を創立した。盲目飛行（無線航法）を導入し、実用化した。
六、国際航空株式会社と、日本航空輸送株式会社との対等合併を推し進めて、大日本航空株式会社を誕生させた。
七、大日本航空によってシャム国（タイ国）親善飛行、タイ国親善飛行、イラン国親善飛行、イタリア国親善飛行などを実施して、一歩一歩と欧州への空路を進めていった。
八、太平洋戦争時、南方総軍のもとに創立された南方航空輸送部（南航）の初代司政長官（中将待遇）として、物資、兵員を南方総軍の広大な占領地に空輸するという任務を遂行した。
九、終戦後、青少年少女に対して、航空に関する啓蒙活動を行った。

六　戦後の永淵三郎

永淵三郎は、昭和二〇年八月一五日、昭和天皇の戦終の大勅を聴いて、終戦後の民間航空に関する「上申書」を一週間で脱稿し、八月二三日付で公爵・近衛文麿に提出している。

その内容は、国の空の主権護持および将来の空の維持、並びに将来の航空勢力培養を企画し、時局対策のため、早急に方針を確立しなければならない。――といった骨子で、その具体策として――

一、民間航空局を設置す。

二、その組織。

三、大日本航空株式会社に対する処置。

(1)同社の役員、社員は陸海軍退役後〇(ママ)年以内は採用せず。

(2)国際飛行場附属のホテル並びに遊覧バス等を経営して現在の半官的対度(ママ)を一掃す。

(3)もしも空輸送停止或いは制限を加えられた場合は、米国器材の採用或いはその期間は、米国人乗務員及び技術者の採用をも辞せざるものとす。

(4)最少限の修理工場の残置をして、尚不可なる場合は米国工場を移入するも可なり。

(5)大日航会社は大日本航空会社法により、外資の投入を全く禁止しているが、復活の為已むを得ざる場合は、この制限も除去しなければならないだろう。
四、帝国飛行機会に対する処置。
陸海軍人、軍国的色彩の旧官吏を役員、職員より一掃する。
若き宮様を総裁に仰ぎ奉り許可された場合は、「グライダー」、模型飛行機等、学徒に対し航空思想の普及と技術培養に努め、特に「スポーツ」として重点を指向し、役員、職員も示処の方針に順応せしむ。
出来れば各府県に一ケ処グライダー工場を設置し、工業学校付属工場として培養す。

敗戦で全国民が茫然となり、虚ろになっている時ですら、永淵は終戦後の民間航空業界の将来について、真剣に考えていたとは、驚愕するばかりである。

終戦後、永淵三郎は「公職追放」の処分を受けた。また、柳田誠二郎初代日本航空社長（元日銀副総裁）は、極端に永淵を嫌った。永淵の「ナ」でも言おうものなら、その日の一日中、機嫌が悪かったという。永淵と陸軍士官学校、所沢での飛行学校、逓信省の航空官、満洲航空で同期だった安邊浩は、柳田のヒ・キ・で日航の嘱託の椅子を与えられた。

かつて部下・伊藤良平と平野稔は、日本航空の社員となっていた。二人は二代目社長・松尾静磨のもとへ日参して、永淵の就職を願い続けていた。毎週、永淵から二人に電話が掛かり、「まだか？」との督促があった。やっと、日航系列の整備会社の嘱託の椅子が用意された。松尾社長も逓信省の航空官を務めたこともあり、親子ほど歳は違うが、永淵は大先輩であり、しかも郷里は同じ佐賀だった。

終生、航空輸送に夢を賭けた民間航空界の巨星は、昭和四一年（一九六六）一月二二日、七八歳でこの世を去った。告別式は青山斎場で行われた。

＊＊＊

《永淵三郎　告別式案内状》

頑固一徹、葉隠精神を貫いたおやじも病いには勝てず一月二十二日朝、ついにあの世に旅立ちました。大空への夢絶ち難く、いまごろはきっとアンリ・ファルマン機にでも乗って、秩父連峰の残雪を眺めていることでしょう。暮の二十八日、脳血栓の発作でたおれてからあるいは一時持ち直すのではないかと思ったのですが、それも近親者の欲目だったのかもしれません。薄れゆく意識のもとで『お前らいまさら何をうろたえとる』と叱責するような眼差しで見すえられたこともあります。天なり命なり。もうすこし生かしておきたかった。というのは近親の愚痴で、おやじにすれば、〝死生一如〟の心境だったにちがいありません。

ともあれ皆様にはあれこれずいぶん御世話をかけました。御世話のかけついでに何卒万障御繰り合せの上、葬儀、告別式に御参列下され、故人、永淵三郎に香華をたむけて頂きたいと存じます。

記

一、葬儀　一月三十一日　午後一時―二時

一、告別式　同　午後二時―三時

一、場所　青山葬儀所（都電青山南町一丁目・地下鉄青山一丁目下車）

昭和四十一年一月二十二日

嗣子　永淵一郎

妻　永淵とし

女　西村芳子

男　永田昭七郎

＊＊＊

東京都千代田区内幸町の航空会館の屋上にある「航空神社」に、永淵三郎は、昭和四十八年度の『合祀物故功労者』として、航空庁長官・日本航空の社長・会長を務めた松尾静磨と、全日本空輸の社長・会長を務めた美土路昌一、他二名と共に祀られた。

なお、永淵と終生良きライバルであった安邊浩、永淵の部下であり、南方航空輸送部の司政長官を継いだ森蕃樹も、昭和五五年に、「航空神社」に合祀された。

余滴

一　日本航空機（ＪＡＬ）による欧州線開設
――鶴はフランクフルトへ飛翔した

永淵三郎とガブレンツ男爵とが描いた「空のシルクロード定期航空計画」は、不幸な日中戦争、第二次世界大戦、太平洋戦争の勃発、さらに日、独の敗戦によって夢破れたが、一九六〇年四月一日、日本航空はエール・フランスとの共同運航により、北回りヨーロッパ便（東京⇩アンカレッジ⇩ハンブルグ⇩パリ）が週二便就航した。その時、日航は自社機を持っていなかったから、エール・フランスのボーイング７０７ジェット機が使用された。

日航は早くから、世界一周線の開設を企業目標としていた。日航の欧州線開設計画に対して、エール・フランス、ルフトハンザ、スカンジナビア航空、ＫＬＭなどが提携の打診をしてきた。日航としては、「日本の地理的条件、日航自体の企業としての自主性」を十分配慮して、あくまで欧州線に限定した比較的ゆるやかな業務提携を実施するのが、基本的構想であった。

エール・フランスを選んだ理由は、同社を中心とするエアー・ユニオン・グループが、他の欧州系統のグループよりも強力であり、日欧間の旅客実情（一九五九年度には、日本人42％、フランス人10％、ドイツ人８％）によってであった。日航はこのエアー・ユニオン自体と直接提携するのではなく、北回り欧州線の実績を持つエール・フランスと提携した。それも欧州線に限った。この使用機には、ＪＡＬマークも表示され、日航スチュワデスも乗務して、機内サービスに務めた。

翌年の六月六日、日航は独自で、ＤＣ－８による週二便の北回り欧州線を開設した。コースは東京⇩アンカレッジ⇩コペンハーゲン⇩ロンドン⇩パリ。一万三、〇〇〇キロを一九時間（寄港時間を含む）で結ぶ、欧州への架け橋が完成した。この時から、女子乗務員の職名も「スチュワデス」から、「ホステス」へと改称された。

すでに四月一日には、日航はエール・フランスとの共同運航として、南回り欧州線を開設していた。使用機はボーイング７０７、週四便であった。日航は五月一一日付で、カイロ、カラチ、カルカッタに支店、ベイルート、ニューデリー、ボンベイに営業所を設置して、共同運航の責務を果たし、自主運航に備えていた。

一九六〇年から六一年にかけて、英国、ドイツ（西独）、パキスタン、イタリア、アラブ連合、クウェートなどの諸国との間に航空協定が結ばれ、南廻り欧州線のために、中近東支配人が置かれた。ちなみに、二代目中近東支配人を務めたのは、樋口正治夫妻と中近東航空路開拓の辛苦な旅を体験した平野稔であった。

日本航空は一九六一年七月、シンガポール⇩ジャカルタ線を開設し、さらに、第一次、第二次南廻り欧州線調査飛行を経て、同年一〇月四日、南回りの自主定期運航に踏み切ることになる。東京⇩香港⇩バンコック⇩カルカッタ⇩カラチ⇩クウェート⇩カイロ⇩ローマ⇩フランクフルト⇩ロンドンというルートであった。週二便、片道三一時間（飛行時間二一時間）、コンベア880中型ジェット機を使用。

一方、ルフトハンザ社においても、日独定期便の計画がなされ、一九六一年一月二四日、フランクフルト⇩ローマ⇩カイロ⇩ダーラン⇩カラチ⇩カルカッタ⇩バンコック⇩香港を経由して、DC・707型機は東京へ飛翔した。

戦前に、永淵三郎とガブレンツ男爵とが描いた「欧亜連絡航空計画」の夢は、ルートこそ異なっているが、これで結実したと言ってもよいのではないだろうか。

二　横田碌郎の墓参とアルバム出現

1　墓参

平成一三年一〇月九日、かねてより願っていた、阿拉善（アラシャン）特務機関長・横田碌郎の墓参をしてきた。横田の親友・矢野光二の記述によると、その墓は埼玉県比企郡小川町の長福寺にあるとのことである。

天平時代または奈良時代から、武蔵の国の特産品は手漉和紙であり、現在でも小川町周辺および東秩父村では、楮（こうぞ）の樹皮を原料とする「細川紙」等が漉かれている。これは一九七八年には、国の重要無形文化財に指定された。さらに、二〇一四年一一月二六日には、ユネスコ（国連教育科学文化機関）の「和紙・技術」の無形文化遺産に登録されたのは、石州半紙（島根県）、本美濃紙（岐阜県）、それに細川紙である。

小川町役場に立ち寄り、寺の所在地を調べた。長福寺はそこから車で十数分ほどの、飯田集落の奥まった処にひっそりと建つ天台宗の古刹で、武蔵の国・十三仏霊場の一つでもある。言い伝えによると、創建は養老元年（七一七）であるが、爾後、三度の火災に遭った。現在の建物は、弘化三年（一八四六）に再建された。

突然の訪問に長福寺の大黒さん（奥さん）は、

「住職（五十四世・岩本教明師）は忙しい人で、今日は不在です。私は子どもの頃からお会いしていましたが、住職は直接横田さんと、お会いしたことはありません」

と語り、私を横田碌郎の墓に案内した。

墓地は裏山の山裾の東側へと拡がっているが、横田の墓は、本堂の直ぐ脇にあった。白御影石製の背の高い立派なものである。

大雄院至道西進居士

淑徳院安養貞鏡大姉

これが横田夫妻の戒名である。墓石の裏面には、次の字句が彫られている。

明治二六年六月三日、長野県飯山市に生る

大正五年陸軍士官学校卒業　大正一三年病気退職　満蒙学院修業　関東軍嘱託
阿拉善特務機関長　大東亜戦に従軍志願
濠北軍勤務　終戦帰国
信念――パミールへの進出――東亜永遠の平和
昭和五〇年九月　　　　矢野光二誌
大雄院　昭和三十四年十二月廿六日没

墓前には一輪の桃色の大輪の蓮の花が供えられていた。

子供のいない横田夫妻には、墓参に訪れる人も稀なはずである。墓の背には真新しい板塔婆（広辞苑―供養追善のため墓に立てる、上部を塔形にした細長い板。梵字、経文、戒名などを記したもの）が、一枚建てられていた。親族か、知人、あるいは戦友の誰かが供養したのだろうと、その名を見ると岩本教明とあった。それはなんと、長福寺の住職ではないか。それに、蓮の花を横田の墓に供えたのは、長福寺の大黒さんだったのだ。横田碌郎が逝去したのは昭和三四年であったから、すでに五〇年以上の歳月が経過していて、奥さんも亡くなっている。従って、ほとんど無縁仏のようなものであろう。長福寺の住職と、大黒さんのお人柄が偲ばれる。

その後、長福寺を二度訪れた。五十四世・岩本教明師は亡くなり、五十五世・岩本教裕師が就任していた。教明師とは結局お会いすることはなかった。

横田碌郎と長福寺との関係をお聞きすると、教裕師は次のようなことを語られた。

昭和一桁の頃、教裕師の祖父・教眞師は、三鷹市井の頭の大盛寺で住職代理をしていた時、横田と妻・ヤスは寺の隣りに住んでいた。横田は毎日、散歩で井の頭公園を訪れるのが常であった。公園のベンチに座り、池を眺めていた横田を、教眞師は「人品卑しからぬ人」と感じて、横田に声を掛けた。その後、同い年であった二人は親友となった。戦後、かつての内蒙古での活躍ぶりを聞き及んで、感銘を受けたという。五十四世・教明師は婿養子（福井県・杉若家出身）である。教明師は横田碌郎とは面識はないが、先代住職から横田さんは立派な方だから、ずっと供養を絶やささないようにと、申し渡されたという。

横田碌郎の人となりについては、長福寺に記録として残っている。

◎謹厳実直の人。
◎どちらかというと、あまりしゃべるタイプではなかった。
◎人には涙を見せなかったが、芯はとても優しい人であった。
◎人間として立派な人であった。
◎立派な体格で、どっしりした感じの人であった。尊敬に値する人であった。
◎筆が立つ人であった。
◎軍隊にいる時、上官に対して、正しいと思うことは断食してでも貫き通した。
◎昭和一〇年以降、中国大陸で活躍。
◎蒙古の徳王に謁見して、民族共和の精神を説いていた。

◎外地にあっては、西へ西へと進もうという気持ちが強かった。（このことから戒名の西進居士がつけられた）。

「もし死んだ時は、俺の骨を一歩でもいいから西の方へ埋めてほしい」と言っていた。

慈しみの心が深い人であったため、部下からとても慕われていた。

井の頭時代の教眞師に般若心経を教わり、部下が死ぬと拝んであげたため、喜ばれたという。

戦争中、横田碌郎の妻・ヤスは、東京淀橋百人町で、愛犬と共に留守宅を守っていた。

戦後、栄養失調になって、相模原の陸軍病院に帰還してきた。親友の教眞師が、小川町からお見舞に行った。その後、長福寺にも数回宿泊した。

戦後には、会社に就職したが、あまりに堅すぎて人付きあいがうまくいかなかったようだ。さらに、教眞師の親友の三井の社長付運転手をしていた近藤の紹介で、進駐軍にも勤めたが、「敵国に勤めるようで……」ということで、すぐやめてしまった。

阿佐ケ谷か高円寺、三崎町、杉並の成宗（なりむね）にも住んでいた。成宗では中国語を教えていた。

現住職教裕師が幼い頃、横田の妻・ヤスから鉱石ラジオを貰ったことを覚えている。

横田の妻・ヤスは、昭和六一年四月一四日、亡くなった。（行年八七歳）

2 「横田アルバム」出現

平成一三年一一月六日、新しい資料を拝借するために、横浜片倉の社団法人・日本モンゴル協会の春日行雄会長宅をお訪ねした。春日先生とは前年の秋に初めてお会いしてから数度、資料の提供、内蒙古についてのご教示を賜っている。

春日会長は、近くの地下鉄の駅まで出迎えに来てくださっていた。駅で会うなり、

「杉山さん、今日、不思議なことがありました。……（一息ついて）……あなたが来る一時間前、書棚を整理していると、棚の奥に置かれた横田碌郎さんのアルバムが見つかりました。あれほど探しても見つからなかったのに……私は霊魂の存在を信じます」

が、私の挨拶への返事であった。

私は、しばらく間を置いて言った。

「横田さんの墓参をしたから、その思いが通じたのでしょうか」

それは前月の九日、埼玉県小川町の長福寺に在る横田碌郎の墓参をしてきたからであった。

春日行雄会長宅で、そのアルバム帖を手に取った。

表紙も、中の台紙も黄ばみ、B5判二二枚。各頁二枚の写真が貼られ、余白には万年筆で俳句、短歌、詩歌、コメントが記入されている。

比企久男翁から借用した、白黒コピーの「横田アルバム」は、写真も文字も不鮮明だが、この実物のア

ルバムから、種々の事実が判明した。

横田碌郎の死後、ヤス夫人から親友の矢野光二に託されたこのアルバムは、さらに、五千冊所蔵の『春日文庫』に移っている。

【横田アルバムの目次】

一、十歩一哨、秋風胡笳
二、賀蘭颪、据物切の兜
三、弓矢の誉餞
四、ヘデインの書を想ふ
五、四つ相撲、案山子（かかし）
六、倒木、丘上の想一
七、丘山の想二、丘上の想三
八、鳩笛一、鳩笛二
九、鳩笛三、鳩笛四
十、楡の古木一、楡の古木二
十一、馬上の目鼻立一、二
十二、包の春夏、包の秋冬
十三、西進の礎石、日の丸来る
十四、達王信を忽にせず
十五、西新疆
十六、渕黙、山懐
一七、阿拉善小唄
一八、天地の囁、獣骨の音
一九、魔の砂原
二〇、憧も詩も五畜、時を食む
二一、紅柳、包陰の涼味
二二、宵待草

二三、再会、悲願
二四、悩殺、けし畑一
二五、柳絮、けし畑二
二六、馬占山逃る、老孤の企
二七、キャラバンの長蛇、痩駱駝一
二八、痩駱駝二、炎上する百霊廟一
二九、炎上する百霊廟二、渡り鳥
三〇、雲を掴めり
三一、梵塔、阿拉善の月
三二、並み立つ面々、偵察行
北馬に行動の歓あり南船に坐視の悩ありき

三　蘭州に散った一二名の英霊への鎮魂行と、アラシャン・定遠営、包頭（パオトウ）探訪

1　蘭州での慰霊

平成一四年六月二四日、北京経由でその日の夜、甘粛省の省都・蘭州へ一人で入った。蘭州飛行場は、市街地から西北八〇キロ離れた処にある。リムジン・バスに揺られて一時間後、東西に細長く黄河河畔に拡がる蘭州市街地に入っていった。河畔のプロムナードには並木が続き、十数メートルおきに緑色の照明灯でライト・アップして街路樹を照らしている。午後八時を過ぎているが散策している

人々で賑わっている。

蘭州市は、人口二〇〇万を越す大工業都市として活気を呈していた。旧蘭州城の城壁はすべて取り壊され、その辺りには二〇数階建の高層ビルが乱立しているが、市街地を二つに分けて流れる河巾の広い黄河に、戦前、ドイツ人によって架けられた鉄製の〝中山橋〟は現在もそのままの姿である。

一九八六年五月、私は、西域ツアーに参加した時に宿泊した「金城賓館」の建物は、二四階建に建て替えられていて、ホテルの名称も「錦江大酒店」と変わっている。

一〇二〇号室へ案内された。荷物を整理していると、突然、「バッ！」と音がして、室内の照明すべてと、テレビが消えた。

一階に降りて、フロントで、片語の北京語と拙い英語、さらにジェスチャーを交えてその状況を説明しても、服務員は、照明器具の玉の一つが切れた位にしか考えていないようだ。やっとドアー・ボーイと、中年の電気係の女性が、重い腰を上げて一〇階に上ってくれた。二人は部屋の電気がまったくつかない事実を知って驚いていた。二人は廊下の端にある設備室に籠り長時間修理をしている。やがて部屋は明るくなった。

夕食を取っていないので、ホテルを出て、ホテルの真向かいの料理店に入った。広い店内には九時を過ぎているので、二組の客しかいない。私のテーブルに付いた小柄な一七、八歳の小姐(おねえさん)のサービスには驚かされた。ビールをコップに注ぐ時には、左手を腰に当てて、体を傾けてゆっくり注ぐ。このように、個人経営の店のサービスは大変良い。かつて北京飯店の食堂で受けたサービスと同じであった。

蘭州、銀川、包頭にはムスリムの回族が多いために、牛肉料理店が多い。特に蘭州、銀川には〝肥牛〟

という文字と、草原で放牧されている肥った牛の看板絵が、やたらと眼に入る。日本では、BSE（狂牛病）を恐れて極力食べないようにしていたが、中国では発症していないので、医者に叱られるのを忘れ、牛肉ばかり食べた。その牛は自然環境に育ち、肥えているので肉の味は良い。しかも安い。しゃぶしゃぶの肉は、三人前ほどの量が大皿に盛ってあって、それで四五〇円ほどである。

そのサービス係の小姐に、「安定門」と「行宮（あんぐう）」を訊ねると、若い仲間数人を呼んできた。そのうちの一人が、蘭州の観光地図を持っている。確かに「安定門」はその地図にある。しかし、「行宮」は見当たらず、そのような建物は現存しないという。

ホテルに戻り、部屋に入って十分ほどすると、また、「ボッ！」と音がして、一時間前と同様に、室内のすべての電気が消えた。江崎オチナ機関長、横山ガソリン輸送隊長ら一二名の霊が、喜んで合図を送ってくれているのか。このままでは眠ることができないので、一一階の部屋に換えてもらい、冷蔵庫の缶ビールを取り出して、一二英霊達と乾盃した。

翌朝、タクシーを停め、「安定門」へ向かった。市街地を南に向かい、山寄りの丁字路の交叉点の信号に「安定門」の表示があった。

タクシーを降りて周辺を探し廻った。山際には蘭州と包頭とを結ぶ「蘭包線」の鉄路が敷かれ、その上方には中層の住宅が建ち並んでいる。すでに「行宮」は取り壊されているようで、発見することはできなかった。この辺りが、江崎機関長ら一二名が処刑された場所であろう。そっと手を合わせ、頭（こうべ）を深く垂れた。

そこからタクシーで、黄河河畔の「中山鉄橋」に向かった。この橋はドイツによって建設された鉄橋で、昭和一八年発行の蘭州の地図にも記載されている。

江崎機関長らが処刑された後、首を晒されたのは「通済門」と、「中山鉄橋」の間であったと言われている。「中山鉄橋」を渡ると、正面には白頭山公園があるので、橋の周辺は中国人観光客で賑わっている。人目を避けるため、黄河河畔へ降りた。

「中山鉄橋」の手前に、適当なコンクリート造りの台が見つかった。日本から持参してきた米、味噌、醤油、梅干、海苔、日本酒、缶ビール、煙草を大きめのハンカチを拡げ、その上に並べた。前夜、ホテルで日本から持って来たハガキ二枚ほどの大きさの桜材の版木に、一二名の肩書と氏名を書いた。その木片を中心に置き、線香に火を付けて手を合わせた。河畔を散策している若いカップルが、何事かと、怪訝そうな様子で、こちらを眺めていた。

さて次に、この小さな慰霊板をどのように処置したらよいかを考えた。ここに置いても人目につくし、河畔に埋めるよりも黄河に流した方が適切であろうと、咄嗟に判断した。

河畔には、デッキを飲食店にしている小型船が、岸に繋がっていた。さらにその船から、黄河遊覧のモーター・ボートが発着していた。

その時、乗客の白い帽子を被った回族の一家が、救命胴衣を着用して、正に出発しようとしていた。私は若い店員に十元札を与え、このハンカチに包んだ木片を黄河の中ほどで流してほしいと依頼した。彼はモーター・ボートの運転手に大声で声を掛けたが、エンジン音で聞こえないのか、その時、デッキを離れていった。そこで彼は突然、木片を黄河に向けて投げた。幸いそれは早い流れに乗り、東へ消えていった。黄河の流れは、どくどくと川面が躍動するようであった。

一二烈士よ、心安らかに眠れ！

と、心の中で呟き、黄河の流れに手を合わせた。

〔黄河に流した慰霊木碑〕桜材

オチナ機関長　江崎郁郎　之霊　機関長補佐　大西俊三　之霊

庶務係　加藤　某　之霊　無線通信士　小野寺某　之霊

運転手　浅野　某　之霊　運転手　某　之霊

山本調査隊残留者　松本平八郎之霊

満洲航空社員　井之原邦　之霊　同　社員　柴田　剛　之霊

ガソリン輸送隊長　横山信治　之霊　同　隊員　若山　敏　之霊

同　隊員　高森安彦　之霊

以上、一二名の英霊安らかに眠れ

平成十四年六月二十五日　日本国　東京都　杉山徳太郎

蘭州で、一二英霊への慰霊をしたのは、平成一四年六月であった。その後、資料を読み返していると、一二名のうち不詳だった運転手・某の氏名が判明した。

『満洲航空史話』（続）「砂漠に消えた人々」（比企久男）に、「調査員・橋本某」とある。橋本は、調査隊員であり、運転手でもあったのであろう。なぜなら、オチナ機関には二台のトラックがあったからである。

2　アラシャンの定遠営行

六月二七日、午後三時一〇分、蘭州飛行場から銀川へ飛んだ。飛行時間は四〇分である。

銀川は寧夏回族自治区の区都であり、かつての西夏王国の都・興慶府はここにあった。

唐代に、チベット、青海省に雑居していたチベット系のタングート族は、チベット族が盛んになると、その一部は甘粛省からオルドス南部へ移住するようになる。太祖・李継遷の子・徳明は、宋より大夏国王に任ぜられた。

一〇三二年、徳明の子・李元昊(げんこう)の代になると、自ら大夏皇帝と称し、西夏国を建国した。その版図は夏州、霊州、涼州（武威）、甘州（張液）、粛州（酒泉）、沙州（敦煌）の河西回廊の主要オアシスと、さらにオチナまでの広大な地域であった。

一〇三六年、李元昊は貴族の野利仁栄が創案した「西夏文字」を公用文字に選定した。

一九五年間、栄華を誇った西夏王国は、一二二七年、元朝のチンギス汗の大軍によって亡んだ。同時にタングート族はすべて抹殺された。

銀川市の人口は六七万人だが、蘭州のような喧騒さはなく、人々はのんびりと日常生活を送っているように窺えた。

翌朝、日本で手配していた通訳の鄧(とう)さんと車が、宿泊している虹橋大酒店へ迎えに来た。彼は立派な日本語を話す。一六年前、アンモニア工場で働いていた三三歳の時、ラジオの日本語講座を聞いて学び、ガイドの資格を取得したという苦労人である。現在、銀川国際旅行社の常務であり、日本部部長でもある。

車は細長い銀川の街を抜け、阿拉善左旗へ向かう。距離は一二〇キロある。現在、定遠営は、阿拉善左旗と名称が変わっていた。

前方に東西に連なる茶色い山肌の賀蘭山山脈は、全長二五〇キロメートル、一番高い処は富士山と同じであるが、アラシャン左旗と銀川とが海抜一、一五〇〜一、二〇〇メートルあるので、それほど高い山とは思えなかった。賀蘭山山脈は内蒙古高原と、中原を区別する長い塀のように横たわっている。

賀蘭山に近づくと、鄧通訳は突然言った。

「杉山さん、ここは土地が安いから、ゴルフ場を造ると儲かりますよ」

突然の突っ拍子もない話に、一瞬、頭が混乱した。

「鄧さん、私はゴルフをやりません。第一、日本ではバブル崩壊後、ゴルフ場はいくつも潰れています。会員権を購入した人は、値下がりで苦しんでいますよ」

「冗談々々。造っても誰も来ませんからね」

と、涼しい顔をして答えた。

賀蘭山の一番低い峠(ダバ)を越える。道路に添って川があるが、いまは涸れている。遠くから茶色に望まれた賀蘭山の真中辺りは、緑のベルベットのように丈の短い草で被われている。今年は雨が多いからだと、鄧通訳は説明する。

その峠(ダバ)を越えると、突然、前方に地平線まで拡がる、まばゆいばかりの蒙古高原が、眼下に出現した。左側遥か先方には、テングリ沙漠が白く輝いている。ここは昔、塩湖があったといわれている。

運転手の隣りに座る鄧通訳に、定遠営城を訊ねると、彼はアラシャン左旗に数回来たことがあるが、知らないと言う。そこで手帳に「定遠営王府」と書くと、判ったようだ。すでに定遠営城は無いが、王府は残っているのだろう。

ゴビ灘（タン）をひたすら走る。道路の両側には人家はもとより、包（ゲル）もまったく見えない。途中に十数頭の駱駝が、道路添いで草を食べていた。駱駝が大好きな私は、車を停車させた。駱駝に近づくと驚いたのか、悠然とゴビに向かって、ゆっくりと離れていった。

人家と店舗が、ぽつぽつと道添いに表われてきた。ようやくアラシャン左旗に入ったと、鄧通訳は言う。思っていた以上に大きな街並だ。

町の中心・王府に到着した。

板垣征四郎参謀長一行が、定遠営へ飛来してきた時、アラシャン機関長・横田碌郎によって、ささやかな歓迎の「月見の宴」が〝祥泰隆〟の屋上で開催されたその時撮影された写真がある。参謀肩章を付けた板垣征四郎中将と、武藤章大佐が、王府の正面の門の甍を背景に写っている。いま見る建物は、正にそれと同一である。

そこには城壁はどこにも残っていない。すべて破壊されて、道路が拡がっている。文化革命時、王府はかなり壊されたが、その後修復されて、現在、王府はラマ廟として、王府の右側の一層の建物群は阿拉善博物館として残っている。

先ず博物館に入る。入口でチケットを販売している中年の女性に、満洲航空の飛行場のこと、達王のことを訊ねたが、知らないと答えた。しばらくして、彼女は、それに関したことが記載されているのではないかと、三冊の薄い小冊子を差し出した。

これは京都府立大学・若松寛教授の論文『額済納旗の最後』で、参考文献としている「阿拉善盟文史」ではないか。かつて家の近くの中国書の専門書店に注文したが手に入らなかった。思い掛けずに探していた本に邂逅したので、第四輯と第六輯を購入した。

彼女に〝祥泰隆（シャンタイロン）〟を訊ねたが、やはり知らないと言い、館長が知っているのではないかと答えた。館長は外出中で、午後に戻るようだ。

見学者は皆無で、静寂な博物館は、見るべき物はなかったが、唯一の収穫は、「定遠営城」の模型が置かれていたことだ。実際の規模がかなり省略されているものの、王府を中心に二重の城壁と城門、望楼、城外の商家の建物など、当時の状況がおぼろげに窺えた。

王府の建物を覗くと、薄暗い内部はラマ廟となっていて、数人の蒙古族が参拝していた。外観は往時のままのようだ。

館長を待つために、王府の前の通りを左に曲がったところに在る食堂に入った。そこで飲んだ「金川保健啤酒」を、鄧通訳は不味いという。馬歩芳、馬鴻逵等の馬氏軍閥の故郷・臨夏市産である。

私は旅行先の地ビールを飲むのが大好きである。北京ではかつてあった「五星（ウーシン）啤酒」は姿を消し、現在は「燕京啤酒」に替わった。蘭州では「蘭州啤酒」、銀川では「西夏啤酒」、包頭では北京の「燕京啤酒」の傘下に入った「雪鹿啤酒」などを美味しく飲んだ。しかし、どこのホテルの部屋の冷蔵庫にも、「青島（チンタオ）啤酒」の缶が鎮座しているが、日本でも飲めるから、それはパスした。

その食堂で、〝祥泰隆〟のあった場所を聞くと、若い数人の店員が知っていた。彼らは地元で育った者であろう。その食堂の向かい側の、水の枯れた小川の橋を渡った、右側の三階建のビルがその跡であると言う。一階は店舗、二階、三階は住宅となっている。

「横田アルバム」にある機関員・永坂一男が背広姿で自転車を引いている写真は、その先のロータリーで写されたと思われる。現在、そこには阿拉善左旗唯一の信号が設置され、一人のサングラスを掛けた警察官が台の上に乗り、たまに通る車とオートバイの交通整理をしていた。

〝祥泰隆〟から王府の現在の入口の門までの距離を歩測してみた。〝祥泰隆〟から丁字路までは四九歩、道路を渡るのに二五歩、右折してさらに王府までは一三〇歩、合計二〇四歩だから、一二〇～一三〇メートルほどであることが判明した。

王府の前の砂を拾い集め、袋に詰めた。定遠営で器材係だった、元満洲航空社員・比企久男翁への良い土産となるだろう。現在、比企翁は八九歳でお元気だが、この少量の砂に六五年前の思い出の何を思い浮かべるだろうか。

現在のラマ廟が、横田機関長が毎日達王に御機嫌伺いに訪れた王府である。第一次ガソリン輸送井原隊が四六日かけて運び、比企久男がラマ廟に隠匿した九、〇〇〇リットルのガソリンの、その後の消息は明らかでない。それを隠匿したラマ廟も今はない。

その後、再度博物館を訪れたが、館長は戻っていなかった。

3　包頭行

六月二八日、銀川から包頭まで、鉄路で移動した。第一次ガソリン輸送井原隊と、第二次ガソリン輸送横山隊が、包頭を経由して定遠営とオチナへとこの道を辿ったので、その風景を見たいのと、彼らの苦労を偲びたいというのが、今回の旅行目的の一つでもあった。

午後三時四分発の銀川から北京行の特快に乗車した。特快といっても、時速六、七〇キロほどのゆったりした走行である。軟臥車はコンパートメントになっていて、一室に上下二列の寝台が設けられ、定員四名である。

右の車窓には賀蘭山がとぎれなく続く。日も地平線に沈みつつあり、夕日が内蒙古高原を赤く染めている。やがて、車窓からの風景は闇に沈んだ。

包頭は新中国になってから、鉄鋼の工業都市（コンビナート）として発展を続けている。新しい青山地区と昆都侖地区は、草原に忽然と作られた町である。宿泊した青山地区の天外天大酒店は、一二階建のカード・システムを採用した、包頭唯一の三星クラスの高層ホテルである。

翌日、日本語のガイドと車を依頼した。ガイドの李君は二九歳。三年間、新宿の日本語学校で学んだ。奥さんと池袋のトイレ共同の木賃アパートで、アルバイトを幾つも兼け持ちして頑張ったそうだ。

東河地区は包頭城があった処で、一九三七年頃、満洲航空とルフトハンザ社系の欧亜航空公司の包頭出張所は、その城内の真ん中辺り、包頭飯店に置かれていた。

私は、平成九年六月、一人で北京から特快で一一時間余をかけて、包頭東駅まで乗車したことがある。その時二泊した東河飯店が包頭賓館ではないかと、目星を付けていた。

果たせるかな、やはり東河賓館がそれであった。現在はホテルは廃業しているので、許可を受けて建物内に入った。この建物は、一九五〇年代（中国とソ連との蜜月時代）に、ソ連の技術指導団が包頭にもやって来ることになり、その宿泊施設として建設された。当初は二階建てであったが、その後、三階建てに改築されて、東河賓館となった次第である。

私が以前に宿泊した時は、部屋が二部屋続き、やけに広いし天井も高いが、浴室のシャワーの出も悪く、しかも管から温水が漏れるような状態ではあったが、二日間、ここで我慢した。

やっと、満洲航空の前戦基地・包頭出張所に辿りつくことができた。

包頭の町を初めて訪れた五年前には、南門があった処から北へ伸びる富三元巷通りを進み、前大街を右に折れる辺りから、東河に架かる橋の手前までには、古い蒙古の町並みが残っていたが、今ではそれらを取り壊し、道巾も拡がり、中層ビルの建設ラッシュである。さらに、包頭から銀川までの高速道路が建設中である。あと数年もすると、戦前からの包頭の古い建物はすべて無くなるであろう。

包頭の清代末からの名勝地「転龍蔵」は、東河の橋を渡った左側にある。崖に取り付けられた、青銅製の三個の蛇口からは、湧き水が今でも流れ落ちている。ここは満洲航空社員らの憩いの場所であったであろう。

町で、珍しい古い緞通（だんつう）に出合った。七〇センチ×一四〇センチ程の寸法で、濃淡の藍色と、生成りの白い羊毛で織られ、その文様は山水画の上部の空に、一機の飛行機が飛んでいる。値段を聞くと、留守番の老婆は、息子の店主と携帯電話で連絡をとって、日本円で十万円と吹っ掛けてきた。しかも一銭も負けないと言い張る。「こんな飛行機が織られたキタナイ絨毯を買う観光客などいませんよ!」とガイドに言わせて、店を出た。間違いなく、満航のスーパー機で、六五年ほど前の包頭緞通であろう。喉から手が出るほど欲しかったが、諦めざるをえなかった。

今回の旅行には現金とトラベラーズ・チェックを持って行った。旅行のスケジュールが過密なので、トラベラーズ・チェックには手を付けず、現金から使っていた。包頭で気付いたら、日本円で一万円と数百元しか残っていなかった。二日間の宿泊代と、半日分のガイド代、車のチャーター代に足りそうにない。そこで、市の中心にある中国銀行に駆け付けた。銀行は開いているものの、当日は土曜日なので、トラベラーズ・チェックは交換できないという。帰国が二日遅れると観念して、溜め息をついた。ガイドの李君は、旅行社の女社長・艾丹女史と携帯電話で連絡を取っていたが、直接社長と話して欲しいと、携帯を渡された。

「どうぞ安心して、ご旅行をお続け下さい」

と、流暢な日本語で申し出てくれた。

内蒙古で、しかも初めての個人客に、五〇〇元(当時のレートで約七、〇〇〇円)を貸してくれた。

太っ腹の、北海道大学へ留学したことのある、艾丹社長　謝々!

四　平成二〇年一一月、奉天・北陵飛行場探索行

奉天・東塔飛行場の地図は『満洲航空史話』に詳しく紹介されているし、『大奉天市事情總覧』の巻末に、奉天市の地図が掲載されている。奉天市の東、東塔の隣地に満洲航空・航空工廠と、道路を接した南に飛行場が認められる。

ところが、昭和一三年一一月三日に移転した北陵飛行場の地図を長い間探していたが、どうしても見つからなかった。『満洲航空史話』・「在満時代の思い出――岩武重信」に、北陵飛行場の概略図が載っているが、具体的に奉天市のどの位置に在ったかは判断できないが、北陵の近辺には間違いないと考えていた。

平成二〇年一一月末、私は初めて旧満洲を訪れた。

本書を書き始めてから、すでに一五年以上の歳月がまたたく間に過ぎ去った。平成一九年二月と、平成二〇年一月とに入院し、さらに同年六月と一〇月に眼の手術を受けて、長期入院することになった。今までに一度の入院も、手術も受けたことのないこの健康な体を両親が与えてくれたことに感謝していたが、これに依り、将来の人生設計、計画を真剣に考えなければならない時期に至ったことを悟った。

以前に、新京（現・長春）、ハルビン、満洲里まで足を伸ばす個人旅行の計画を立てていたが、今回、奉天（現・瀋陽）、大連、旅順の四日間のツアーに参加したのは、二五日間入院し、退院した一〇日後のことであった。

全日空機（NH・九〇三便）で、成田から大連の周水子国際空港へ飛んだ。大連市近郊のこの飛行場は、満洲航空当時と同一場所である。

機を降り立って、空港で深呼吸をした。いまの日本では嗅ぐことができないなつかしい臭い——終戦後まもなくの頃、街に漂っていた石炭の臭いを嗅ぎ、旧満洲の大地を両足でしっかり踏みしめて、その地を確認した。

もう一つの目的——奉天・北陵飛行場の位置の確認——は、いとも簡単に達成した。

ツアーに参加したから、バスに乗せられて各観光地を廻った。瀋陽では、瀋陽故宮と北陵公園に案内された。

旧奉天城を取り囲んでいた城壁はほぼ取り壊されていて、清朝初代の世祖・順治帝が築いた故宮は、現在、瀋陽の中心地の繁華街に取り囲まれている。

世界遺産に指定されている北陵公園は、市の北に位置し、広大な森に抱かれた一番奥に、第二代皇帝、聖祖・康熙帝（ホンタイジ）の墓がある。

北陵公園見学後、駐車場の売店でふと求めた『瀋陽市地図』をバスの中で拡げると、北陵公園に接する北側に、広大な空地がある。どうやらそこが、北陵飛行場だったのではないかと考えると、心は踊った。中国人ガイドに訊ねると、やはりそこは飛行場で、現在、軍が使用しているという。やっと北陵飛行場の位置が特定できたようだ。

帰国後、その地図を詳細に眺めた。北陵の上のピンク色で塗られた広大な地域は、ほとんど建物らしいものは見られないものの、右側には、沈阳（瀋陽）航空航天大学、沈（瀋）飛賓館などの文字がある。しかも前述の満洲航空社員だった岩武重信の北陵飛行場の概略図とほぼ同一である。間違いなくここが北陵飛行場だったのだ。

北陵飛行場がその当時の地図に記載されなかった理由は、関東軍にとって軍事基地であるので、極秘機密事項であったからであろう。

「旧満洲」を訪れたことによって、長らくの疑問が氷解することができたのと、まさに「画龍点睛」ができたことだった。

終章（エピローグ）

この「欧亜連絡航空計画」は、概略では一部の方々には知られていた。それは内蒙古、北支、満洲などを専門とする方々、航空交通史研究の方々である。しかしながら、一般にはほとんど知られていない。

満洲航空の永淵三郎と、ルフトハンザ社のカール・アウグスト・ガブレンツ男爵とが描いた遠大で、ロマン溢れるシルクロード経由のこの計画は、昭和一一年一一月に、内蒙古・アラシャンの定遠営で、飛行場を造っていた横田機関と、満洲航空の横山社員ら一二名が、二度にわたる脱出飛行、その八か月後に勃発した盧溝橋事件から始まった不幸な日中戦争前後、内蒙古のオチナで、同様に飛行場を建設していた江崎機関、満洲航空の大西俊三社員ら、さらに第二次ガソリン輸送横山隊全員が逮捕されて、甘粛省蘭州に連行され、その後、一二名全員が虐殺された。この時点で、シルクロード・ルートを断念せざるをえなかった。

さらに、インド洋上ルートと、ソ連シベリア・ルートを探っていくが、陸軍が昭南（シンガポール）に南方総軍を置き、永淵三郎が南航（南方航空輸送部）の司政長官として赴任した頃には、日本の戦況も悪化し始めてきて、その夢は完全に断たれた。

その後に計画されたA‐26型二号機による訪独計画と、海軍の潜水艦による訪独計画も不成功に終わった。

ルフトハンザ社のガブレンツ男爵も、航空輸送隊に参加し、戦死したといわれている。

パン・アメリカンのトリップ社長も、中将待遇で航空輸送隊を編成し、太平洋戦争に参戦した。

戦後、永淵三郎は、『満洲航空史話』と、『民間航空史話』に、同一内容の「空のシルク・ルート　日独航空路計画」を掲載しているが、そこには、この永淵構想が簡単にまとめられている。

永淵は、最終行を次のように締め括っている。

「ガブレンツ君よ、私と二人の協同だった『空のシルク・ルート』は、マルコポーロの十三世紀のまま今もそのまま残っている」と。

《完》

あとがき

本書が解明を試みているのは、主に昭和六（一九三一）年から昭和二二（一九四七）年まで、第二次大戦の前夜から終結までのことである。まだ七、八〇年前のことであるにもかかわらず、永淵三郎とガブレンツ男爵とが描いた遠大な〝空のシルクロード〟――「欧亜連絡航空計画」は、ほとんど知られていない。このままでは歴史の闇に埋もれてしまう。何としても後世に伝えなければならないという使命感を持って調査し、書き続けてきた。気がついたら、既に二〇年以上の歳月が経過していた。

私は、一九八六年四月、初めての海外旅行・「シルクロード・12日間の旅」のツアーに参加した。かの地は、学生時代から憧憬を抱いていた〝西域〟である。新疆ウイグル自治区・ウルムチ、トルファン、甘粛省・敦煌、安西、酒泉、嘉峪関、蘭州であった。その旅で、特に新疆ウイグル自治区の現地の人々の生き様（ざま）に感動を受けた。――物は貧しくとも毎日を生き生きと生活しているのが窺えた。老いも若きもその眼は輝いていた。その姿を見て、人生観が変わった。その時には、日本にもバブルが始まっていた。

その翌年から、一人ないし数人で、新疆ウイグル自治区に入りだして、一一回に及んだ。ホータン絨毯の二三〇〇年前からの産地・ホータン、シルクロードの交易の重要地点・カシュガル、パミール高原、中・パ国境のクンジュラフ峠を訪れた。今思い出すと、正に冒険旅行だった。それは若かったから出来たのであろう。それに、中国緞通の古くからの産地――甘粛省・蘭州寧夏回族自治区・銀川、内蒙古自治区・包頭などを訪れた。

本書は、多くの方々のご協力がなければ、完成することはなかったであろう。資料を提供された方々、それぞれ専門分野のアドヴァイスをして下さった方々、永淵三郎の長男・一郎氏、さらに、「永淵構想」に直接係わった比企久男氏、平野稔氏などの数多くの方々のご協力、ご指導を賜った。特に二人の方を掲げたい。スヴェン・ヘディン博士の世界的研究家・金子民雄氏と、(社)日本モンゴル協会・春日行雄会長である。

ホータン・オアシスで、一九〇九年から一九三八年に八八歳で亡くなるまで、絨毯工場と絹工場を経営していたアルメニア人、カレキン・モルドヴァックについて調べていたが、金子氏はカレキンが登場する『ドイツ・ルフトハンザ パミール翔破』(カール・アウグスト・フォン・ガブレンツ著・永淵三郎訳/自刊)を紹介して下さった。本書には、ガブレンツ男爵機が、西安からの帰路ホータン近郊に不時着し、男爵ら三名はホータンで四週間軟禁された。最初に通訳に任じられたのはカレキン・モルドヴァックであった。この面白い物語を知り、爾後、調べ続けて今日に至った。

さらに金子氏は、カレキン・モルドヴァックの写真が掲載されている『カラヴァン』(ニルス・アンボルト著、水野亮訳/東京堂、一九四二)の原書に、カレキンの写真が載っていると知らせていただいた。早速、国立国会図書館で、同書から写真を複写した。

春日会長は、戦前、内蒙古に設立された善隣協会の「興亜義塾」の第一期生で、満洲医学校を出た後、モンゴルに抑留された。帰国後、前掲の協会の二代目会長に就任された。日本では、最もモンゴルに造詣の深い方である。春日会長から、関東軍の機密資料、内蒙古に関する多くの資料、保管されている「横田碌郎アルバム」を拝見し、今では入手困難な特務機関員の著書（自刊）、および京都府立大学・若松寛名誉教授の論文『オチナ機関の最後』のコピーを頂戴した。

あるノンフィクション作家は、「ノンフィクションを書くのは楽しい。しかし、辛苦を伴う」、「ノンフィクションは、目と耳と足で書け」と記されている。目で資料を読み、耳で関係者から聞き取り、足で現地を歩け、ということであると理解しているが、正に、本書は結果的にその手法で書いたことになった。

聞き書きをさせていただいた多くに方々は、出版を待たずにして鬼籍に入られてしまった。それも九〇歳前後のご長命であったが、ある意味ではギリギリの時期であったであろう。もっと多くの事項をお聞きしておけばと、今になると残念に思っている。

拙稿を世に出して下さった論創社・森下紀夫社長、編集部長・松永裕衣子さん、嘱託・山縣淳男氏に対して、衷心より感謝申し上げます。

二〇一五・一一・一五

杉山　徳太郎

《主要協力者へのお礼》

本書の執筆に当たり、多くの方々からご支援、ご協力を頂きました。ここに、主な方々のお名前を印して、感謝の気持ちを表明いたします。

（五〇音順です）

赤木　毅　作家（本名・大木　毅）
岩本　教裕　長福寺第五十五世住職
江川　淑夫　元・ミネベア常務、元・コニカ常務
春日　行雄　社団法人日本モンゴル協会会長
金子　民雄　歴史家
小島　英俊　旅行史、交通史研究家
児玉香菜子　千葉大学准教授
古曳　正夫　ハルブーザ会主宰
澤井　充生　首都大学東京助教
椎木　晃　満洲航空椎木甚一機関士子息
重松　伸司　追手門学院大学オーストリア・アジア研究所所長
田辺　義明　社会学者
永淵　一郎　永淵三郎長男、元毎日新聞記者
二宮洋太郎　パミール中央アジア研究会現名誉会長
平位　剛　医師、広島大学医学部山岳会、パミール遠征隊長
比企　久男　元・満洲航空機関士
平野　稔　元・航空施設㈱社長、会長
堀　直　甲南大学名誉教授
松田徳太郎　建築家。パミール中央アジア研究会員
宮澤　正幸　拓殖大学客員教授
岩波書店

【巻末資料】

《1》日満独航空協定関係

1　覚書

独逸ルフト・ハンザ株式会社は既に以前より中央亜細亜を経由する東亜との連絡飛行協定に関し在上海欧亜航空公司と連絡し在りたる処今回満洲航空株式会社及び恵通航空公司代表者永淵氏の提議に基き同氏と独逸ルフト・ハンザ株式会社理事との間に意見ありたる結果左の点に関し意見の一致を見たり

一、作成せられたる協定案は二種にして左の如し

(イ)欧亜連絡定期航空協定に関する満洲航空株式会社及び独逸ルフト・ハンザ株式会社間の協定

(ロ)東亜に於ける航空提携に関する恵通航空公司及び独逸ルフト・ハンザ株式会社間の協定

右両協定は付録(1)及び(2)として本覚書に添えあり

二、第一項の協定案は同協定案に規定せらある如く関係国政府の許可ありたる場合調印せらるるものとす

一九三六年一二月一八日　ベルリンに於て

満洲航空株式会社及び恵通航空公司

永淵　三郎　　署名

独逸ルフト・ハンザ株式会社

ウロンスキー　　署名

ガブレンツ　　署名

2　欧亜連絡定期航空協定に関する協定（全文）

満洲航空会社（以下満航ト称ス）及独逸ルフト・ハンザ株式会社（以下ルフト・ハンザト称ス）間ニ日満及独逸政府ノ許可ヲ留保シ左ノ秘密協定ヲ締結ス

第一条、両締結者ハ本協定ヲ第三者ニ対シ厳ニ秘密ヲ保持スルノ義務ヲ有ス

其ノ秘密保持ニ関シ各締約者ハ完全ナル保証ヲ為シ且ツ完全ナル責任ヲ負フモノトス

第二条、本協定ノ目的ハ伯林―ロードス―バグダット―カヴール―安西―新京―東京ノ線ニ予定セラレタル航空路ニ依リ東京―伯林間ノ共同定期航空ヲ設定スルニアリ

第三条、第二条記載ノ航空路設定ニ関スル第三国トノ交渉ハ各締約会社独立シテコレヲ実施スルモ両会社ハ成シ得ル限リ相互ニ援助スルモノトス

第四条、満航及「ルフト・ハンザ」ハ満航ガ所在官憲ト連絡ノ上地上設備並航空路保安ノ準備ヲナス「アフガニスタン」―「トルキスタン」国境以東ノ航空路ニ対シ責任ヲトルト同時ニ「ルフトハンザ」ハ右国境以西ノ航空路ニ対シ同様ノ責任ヲトルコトニ意見一致ス

第五条、準備工作ノ為メ満航及「ルフト・ハンザ」ハ一九三六年度及一九三七年ニ於テ夫々第四条ニ指定セル区域ニ付地上設備ニ対スル凡ユル研究及準備ヲ遂行シ其ノ際当該政府官憲及航空関係所ト必要ナル連絡ヲトルベシ　試験飛行ノタメ左ノ通リ協定ス

(イ)「ルフト・ハンザ」ハ既ニ一九三六年度ニ於テ「カヴール」及東部「トルキスタン」国境ニ到ル探険飛行ニ成功シ一九三六年六月「パミール」高原付近ノ「アンヂュマン」峠付近ニ於ケル気象観測ヲ実施セリ尚「ルフトハンザ」ハ其ノ観測ヲ継続実施ス

(ロ)満航トシテハ第四条ト同様ノ前提ノ下ニ東部「トルキスタン」―「アフガニスタン」国境迄ノ状態ヲ探査スベシ

(ハ)前記試験飛行ノ外、満航及「ルフト・ハンザ」ハ第二条記載ノ航空路ニ於テ一回若クハ数回ノ試験飛行ヲ実施ス

(ニ)第二条記載ノ航空路ノ飛行ニ対シ満航及「ルフト・ハンザ」ハ差シ当リ適当ナル独逸製新型飛行機ノ使用ヲ企図シ尚場合ニ依リテハ将来日本及満洲国産飛行機ノ使用ヲ企図スルコトアルベシ

(ホ)満航ハ試験飛行ニ関シテモ亦、要スレバ開始以前適当ナル時期ニ於テ欧亜航空公司ト連絡スベシ

第六条、第二条記載ノ航空ハ為シ得ル限リ一九三八年

初ノ三ケ月ニ於テ状況コレヲ許セバ定期航空ヲ開設ス
両締結会社ノ一方ガ右期限迄ニ技術的及交通政策的準備工作ヲ完了シ居ラザルコトアルモ尚他ノ締結会社ハ第二条記載ノ航空路ヲ開設スルノ権利ヲ有ス。然レドモ此ノ場合後者ハ前者ガ成ル可ク速ニ本航空路ノ飛行ヲ為シ得ル為メコレニ強力ナル援助ヲ与フルノ義務ヲ有ス
第二条記載ノ航空路ニ於ケル飛行回数ハ各締約国各コレヲ決定ス
定期航空実施ニ関シ本協定ニ於テ問題トナルベキ具体的事項ハ其ノ開始ニ当リ両会社コレガ交渉ヲナスモノトス
第七条、満航及「ルフト・ハンザ」ハ第二条記載ノ航空路ガ其ノ主区域上ニ在ル国ノ一般航空会社ニ限リ其ノ希望ニ応ジコレニ当該国ト各自国トノ間ニ第二条記載ノ航空路若クハ部分的航空路ノ飛行ヲ許可スルコトヲ得
「ルフト・ハンザ」ハ満航ノ外ノ日本ノ一般会社若クハ恵通航空公司ガ第二条記載ノ航空路上ニ於ケル定期航空ニ参加ヲ希望スル場合コレニ何等ノ異議ヲ有セズ但シ同会社ハ本協定ニ於テ満航トノ間ニ締結セラレタルト同様ノ条件ニ従フモノトス
同ジク満航、日本ノ一航空会社若クハ恵通航空公司ハ欧亜航空公司ガ右ト同様ノ条件ニ於テ本定期航空ニ参加スル場合コレニ何等ノ異議ヲ有セズ但シ此ノ場合ノ航空路ハ上海―蘭州―安西―カヴール―バクダット―ロードス―ベルリン往復ノ線トス
第八条、本協定ハ日本文及独文ヲ以テ正文トス
満洲航空株式会社代表　　永淵三郎　　署名
独逸ルフト・ハンザ株式会社
ウロンスキー　署名
カブレンツ代理　署名
ウインター・フエルト
署名

3　大島大使館附武官文書（全文）

宛航空次官　航空兵大将ミルヒ

4　航空次官ミルヒ大将文書（全文）

航空交通日独協同に就いて数次の会議に関連し余は貴官に本紙を添へ独逸ルフト・ハンザ株式会社及び満洲航空株式会社に於ける協定書を送付す

該協定書に添へある両会社間の協定は余の意見に依れば貴官及び余の間に時々行いたる会談に於て期待せる協同に完全に一致し在り余は我航空省に関する限り此等協約に同意なることを宣言するに何等の懸念を有せず　日独両政府間に於ける正式の協定は我陸軍省は今日尚最後的締結を為すこと能はず何となれば余は尚参加すべき独逸政府機関（その内に外務省在り）に我々の協同企図を詳細に知らしめるを要するを以てなり　余はこれに依りて原則的困難を生ずることなく本件を近く決定的に処理し得べき情況に到ることを予期す　尚余は貴官の安全なる御旅行並に貴政府に於て良好なる成果を得られんことを祈る　余は近く伯林に於て貴官を迎え得ることを欣ぶ

茲に深厚なる敬意を表す

航空兵大将　ミルヒ　署名

5　満洲航空株式会社に依る独逸航空器材購入に関する覚書

満洲航空株式会社は満独間に現存する貿易協定の範囲内に於て邦貨壱百万円に相当する独逸航空器材を購入する用意あることを声明す

満洲航空株式会社代表　永淵三郎　署名

本覚書は民間航空局長　フイシユに交付す

《2》閣議稟議書関係

1　日満連絡航空路ニ関スル件

現下ノ国際情勢並列ノ東亜ニ対スル航空進出ノ現況ニ鑑ミルモ速ニ我航空勢力ノ対外発展ヲ企画スルハ国家百年ノ大計上焦眉ノ急務ナリト信ズ就中亜欧連絡航空関係ニ於テハ南方航空路タル印度経由線ハ既ニ英、仏、蘭ノ三国ニ依リテ実施セラレ北方航空路タル西比利亜経由線ハ蘇聯邦ノ介在ニ依リテ阻マレ新航空路トシテハ僅ニ蒙古新疆ヲ横断スル中央経由線ヲ残存スルノミナル処偶々客臘満洲航空株式会社取締役永淵三郎ト独乙「ルフトハンザ」会社々長「ウロンスキー」トノ間ニ本経由線ニ依ル相互乗入ニ付日満独政府ノ許可ヲ条件トシテ完全ナル諒解ノ成立ヲ見タルハ帝国ノ対欧進出上絶好ノ機会ナルヲ以テ此ノ際左記ニ依リ成ル可ク速ニ本件航空路ノ設定ヲ期スルコトニ致シ度

一、航空路線ハ東京ヲ起点伯林ヲ終点トシ新京―安西―「カーブル」―「バクタット」及「ロードス」ヲ経由地トスルコト

二、本航空ハ定期航空トスルコト

三、本航空ニ当ラシムルタメ日本法令ニ依リ新会社ヲ設立セシムルコト

四、右新会社ニ対シ準備並経営上必要ナル経費ノ一部ニ対シ相当ノ補助金ヲ支給スルコト

右閣議ヲ請フ

昭和十二年三月十九日

逓信大臣伯爵　児玉秀雄
陸軍大臣　杉山　元
外務大臣　佐藤尚武

内閣総理大臣　林　銑十郎殿

2　日独航空連絡に関する書類送付の件（公文）

昭和十五年五月九日

陸軍省軍務局長　武藤　章

関東軍参謀長　飯村　穣殿

日独航空連絡に関し陸軍としては別紙の如方針を決定せり通報す

【別紙】

日独航空連絡に関する件

大臣決裁　昭一五、三、一四

日独間航空連絡に関し陸軍としては左記方針を以て之が実現方を促進することを致度

左　記

一、航空連絡の方法

1、満「ソ」独間の協定加入国輸送機の全コース自由乗入（相互同等条件）とす

〔注〕新京、東京間は日満機により連絡す

2、右案成立困難の場合には差当り左案に係るも差支なし

イ、満、ソ、独間協定として満「ソ」間は新京イルクーツク間相互乗入とす

ロ、右案に於て連絡方法を満「ソ」間は国境附近相互一部乗入又は国境乗継とす

ハ、協定を日満「ソ」独間に締結し入国輸送機全コース自由乗入とす

（但差当り「ソ」聯機の乗入は新京迄に止むる如くす）

二、経路

　東京—新京—知多—莫斯科（モスクワ）—伯林（ベルリン）

次官宛

発行者独逸大使館武官

五、六日西比利亜経由日本独逸定期連絡に関し五月二日山下中将列席の上独逸航空省と第一回の正式交渉を実施したる其結果は独逸側本主旨に同意なるも航路を東京伯林間としたが日満独間の協定とするにあらずば同意せず、依而以後引続き独逸方針に基き交渉継続すべきに付承知あり度

　尚協定の方式は南方コースの場合と同様、大日本航空、満洲航空及ルフトハンザ間に締結する如く協定したるを以て会社間の細目協定並に調印の為両者の代表者を至急特派され度

「右外務省及海軍省とも連絡諒解済のことと信ずるも念のため」（以上は電文訳）

　次いで次の連絡あり

欧亜航空連絡に関する件

　昭一五、六、一一　関東軍参謀長　飯村　穣

総務長官星野直樹殿

首題の件シベリア経由欧亜航空連絡に関し別紙写の通り陸軍省より通謀ありたるに付之が実施方に付至急配慮相成度

【別紙】

　欧亜航空連絡実施の件

　昭一五、五、二八日

陸軍省軍務局長　武藤　章

関東軍参謀長　飯村　穣殿

欧亜航空連絡実現に関しては現下の情勢に鑑み昭和十五年三月十四日決定に係はる日独航空連絡事項に基き差当り先づ満洲国をして之が交渉を開始せしむる事に決定し外務、逓信とは諒解済、其他関係方面とは逐次諒解取付中なるに付可然取計はれ度

右の様な政府及び軍の意図に基き会社として左の案を作り提出した

3　対独蘇航空連絡交渉要領案

一五、六、一八

一、航空連絡の方法

1、満蘇独間の協定とし、協定加入国輸送機の全コースの自由乗入（相互同等条約）とする。航空路は、東京―新京―知多―莫斯科―伯林とす

但し新京、東京間は日満機により連絡す

2、右案成立困難の場合は最後の譲歩点として次案によるる

満蘇独間は新京、イルクーツク間、独蘇間は伯林、莫斯科間相互乗入としイルクーツク、莫斯科間は蘇聯機を以て連絡するものとす

二、交渉の要領

1、先づ満航が主体となり伯林に於ける日本駐在武官及日本国並に満洲国外交機関の援助を得て内部交渉を開始す

交渉の相手方はルフトハンザ社とす

（注）本件は従来満航として独逸航空連盟代表カウマン其他駐日独逸武官等を通じル社との協定を進めつつあるものにしてル社側は極力蘇聯側を説得することに努力中なるも未だ満航対ル社の立場に於て正式交渉に入りたるものに非ず

然るに今日に於ては本件は陸軍大臣の既に決裁を経、外務、逓信両省の諒解をも得るに至るものなれば今後はル社と満航と正式折衝を開始すべき段階に達したるものなり

本件は日本よりも寧ろ独逸側が今次欧州大戦の結果東洋連絡の為の生命線として実施の必要に迫られてありて独逸側には異論なきものと思料す

猶昭和十一年末ル社満航間に締結せられたる中央コースに依る欧亜連絡協定の交渉体験に鑑み本件に関する協定も之と同様の交渉の方法に依るを適当と信ず殊に前協定の効力残存せるを以てル社を相手に交渉を開始するを有利とす

2、対蘇交渉は独逸側のみの工作に依存することなく我方としても独逸と協力折衝に当るを要す之が為には第一項のル社との交渉の結果を勘案し其の方策に決すべきものなるも何れにしても独逸側の諒解の下に処理するものとす

満航を主体とするか或は政府当局より折衝を為すかを決せざる可からざるも蘇聯には満洲及外交機関なきを以て満航を主体とし日本駐在武官、日本外交機関援助の下に先づ蘇聯の航空当時者と内交渉を開始するを適当と思惟す

3、第一、第二項の内交渉の結果協定成立の曙光を認めたる暁は日本駐在武官並に日満外交機関指導の下に連絡航空機定を締結するものとす

三、交渉員の派遣

可及的速に満航交渉員を先づ伯林に派遣し従来の交渉経過を聴取すると共に爾後の情勢を打診し内交渉に当らしむ

四、交渉統轄機関

交渉統轄機関は関東軍とし満航交渉員は同軍の指導訓令を仰ぐと共に同軍に対し交渉経過を報告するものとす

五、使用器材及実施要領

器材は各国共国産機を使用するを原則とし其の実施要項は　に満航より軍に上申せし「満独定期航空計画案」に依るものとす

六、実施時期

実施の時期は昭和十六年四月以降と予定す

附　記

一、以上の復案を先づ関東軍に提示し其内諾を得ること

二、然る上は関東軍主催の下に総務庁、交通部、外務局各当事者会合本件を附議す

同会合には満航関係者を列席せしむ

《3》その他の文書

『満航欧亜航空連絡を先導す』

河井田　義匡

先に中央亜細亜経由欧亜連絡を企図し、ル社と満航は折衝し、政府は認めたが、時局上意の如くならず現実に即した交渉に入り、欧亜連絡航空（国際航空）の煮詰まりかけたのは、この年である。満航は文面のごとく、陰の主役を勤めた公文がある。歩かなかった子供だから顧みてやろう。

公　文

欧亜連絡には満航の活躍は目ざましい。始めは中央亜細亜通過を企画した。満航は中国以東の準備をなす約束をした。茲で定遠営(ていえんえい)（アラシャン）が浮びいづる。中国西北には行きにくい。定遠営には特務機関もある事だし此処を拠点にすればよい。以西の研究をなし前進すればよいと云ふのである。比企氏等はその第一線となり横山氏一行のガソリン輸送も目的は茲にあったのである。

附記するがイタリアの飛行機は昭和十五年に此の経路をとり包頭(バオトウ)に着陸し日本に飛来している。蓋し之は空前の飛行完成の快挙であった。日本からは近藤兼利中佐等来包し、日本に誘導している。(『満洲航空史話』より)

【主要参考文献】

全体にわたるもの――

『満洲航空史話』満洲航空史話編纂委員会編、一九七二（昭和四七）年刊。

『満航』、満洲航空社内報、一九三四～。

『日本民間航空史話』、（財）日本航空協会編、一九六六（昭四一）年。

『航空輸送の歩み』大日本航空社史刊行会、一九七五（昭和五〇）年。

『陸軍航空史』黎明期～昭和一二年、秋山紋次郎・三田村啓、原書房、一九八一年。

序章・第Ⅰ章に関するもの――

『D・ANOY パミールを征服す―独逸の冒険的探索飛行』ガブレンツ著、永淵三郎訳、一九三八年自刊。

『満洲国見聞記・リットン調査団同行』ハインリッヒ・シュネ著、金森誠也訳、講談社学芸文庫。

『シベリア鉄道九四〇〇キロ』宮脇俊三、角川文庫、一九九〇年刊。

『日本航空輸送機篇（Ⅰ）Japanese Airliners 1929-1945』上甲昇著、私家版、一九九二年。

『日本航空機総集』第一巻（三菱編）、出版協同社刊、一九五八年。

『日本航空機総集』第二巻（中島編）、出版協同社刊、一九五八年。

『欧亜航空公司と航空郵便』阿部達也／（財）日本郵趣協会、一九九九（平成一一）年刊。

『亡国の本質・日本はなぜ敗戦必至の戦争に突入したか』赤城毅／PHP研究所、二〇一〇（平成二〇）年。

『日中戦争はドイツが仕組んだ』阿羅健一／小学館刊、二〇〇八（平成二〇）年。

『満洲鉄道　まぼろし旅行』案内人・川村湊／ネコス、文藝春秋社刊

『極秘　魔窟・大観園の解剖』満洲国警務総局保安局、原書房刊、一九八二年刊。

『図説・満洲都市物語』「ハルビン・大連・瀋陽・長春」西沢泰彦／ふくろうの本、河出書房新社、二〇〇六年刊。

第Ⅱ章に関するもの――

『大唐西域記』玄装著、水谷真成訳、平凡社刊。

『維吾爾絨毯文様考―西域の華』杉山徳太郎著、源流社刊、一九九一年。

「幻のカレキン・モルドヴァック氏を追って」杉山徳太郎、月刊『ハルブーザ』三三二号掲載。

「馬虎山と東干共和国」杉山徳太郎、月刊『ハルブーザ』三三一号掲載。

『戦乱の西域を行く』（スヴェン・ヘディン探検記7）宮原朗訳、白水社刊。

『ヘディン伝』金子民雄、新人物往来社刊。

『ヘディン交遊録』金子民雄、中公文庫、二〇〇二（平成一四）年。

『禁断のアフガニースタン・パミール紀行―ワハーン回廊の山・湖・人―』平井剛／ナカニシヤ出版、二〇〇三（平成一五）年。

第Ⅲ章に関するもの――

『支那辺境物語』「ソ連の赤色伸びる蒙古へ」横田碌郎、読売新聞社刊、一九四〇（昭和一五）年。

『大空のシルクロード―ゴビ砂漠に消えた青春」比企久男、芙蓉書房刊、一九七〇（昭和四五）年。

『板垣征四郎伝』板垣征四郎刊行会編、芙蓉書房刊、一九七二（昭和四七）年。

『内蒙古における独立運動』内田勇四郎、私家版、一九八四（昭和五九）年。

『横田碌郎アルバム』春日モンゴル文庫保管。

極秘「関参謀第九号　参拾五部ノ内第C号」（昭和一一年一月）関東軍参謀部

封蒙（西北）施策要項

第Ⅳ章に関するもの――

「関東軍特務機関　シルクロードに消ゆ―大陸政策に青春を賭けた慟哭の記録」荻原正三著、リブリオ刊、一九七六（昭和五一）年。

「寒上行」范長江、大公館、一九三七年。訳書＝「蘭州、西安、寧夏」池田孝訳、朝日新聞社刊。

『オチナ機関の最後』若松寛著、京都府立大学・平成七年度～九年度科学研究費補助金（基盤研究Ⓑ研究成果報告書。

李翰園「破獲額済納旗日本特務機関的経過」（『阿拉善盟史志資料選編 第四輯』阿拉善盟地方志編纂委員 弁公室編、一九八八（昭和六三）年。

『徳王自伝』ドムチョクドンロブ著、森久男訳、岩波書店刊。一九九四（平成六）年。


第Ⅴ章に関するもの──

『続現代史資料12・阿片問題』みすず書房
「関東軍の内蒙工作」稲葉正夫（『国防』18～20号）
『内蒙三国志』松井忠雄著、原書房刊、一九六六（昭和四一）年。
『日本陸軍と内蒙工作─関東軍はなぜ独走したか』森久男著、講談社刊、二〇〇九（平成二一）年。

第Ⅵ章に関するもの──


『回回民族の諸問題』田中吉信著、アジア経済研究所刊。

『中国の少数民族』村松一弥著、毎日新聞社刊。

『日本イスラーム史』小村不二男著、日本イスラム友好聯盟刊、一九八八（平成六三）年。


第11章に関するもの──


『ロマンを追って八十年─佐島敬愛の人生』河野勲／自刊、一九八三（昭和五八）年刊。

『興亜院と戦時中国調査』本庄比佐子・内山雅生・久保亨編、岩波書店、二〇〇二（平成一四）年。

『阿片と大砲─陸軍昭和通商の七年』山本常雄著、PMC出版、一九八五（昭和六〇）年。

『日本・アフガニスタン関係全史』前田耕作監修・関根正夫編、明石書店刊、二〇〇六（平成一八）年。

『日本潜水艦物語』福井静夫著作集 軍艦七十五回想、第九巻（光人社、一九九四（平成六）年。

満洲航空関連年表

出来事	日本／世界
米軍、ルソン島へ上陸（1/5） B29による東京夜間大空襲（3/10） 沖縄地上部隊全滅（6/21）	
広島に原爆投下（8/6） ソ連、日本に宣戦布告、満洲に侵攻（8/8） 長崎に原爆投下（8/9）	終戦。天皇、ポツダム宣言受諾（8/15）
	東久邇内閣成立（8/17）
満航社員家族等避難開始（8/12）	
終戦により会社機能停止、事実上解散（8/15） **満洲皇帝溥儀退位、満洲国消滅（8/18）**	
溥儀一行、通化（満洲国の首都）より2機のスーパー機で奉天に逃れ、日本に亡命する前にソ連空軍に逮捕される。（8/19）	マッカーサー元帥、厚木飛行場に到着（8/30）
ソ連軍、奉天航空工廠管区、乗員訓練所の資材施設等を北方へ持ち去る（8/25）	
中華民国航空公司（民間航空局）奉天へ進駐、満航所有の財産一切の接収を始める（9月以降）	
1946（昭和21）年5月から――	
	「東京裁判」開始（5/3）
「東京裁判」正しくは「極東国際軍事裁判」は、1946（昭和21）年5月3日に始まり、1948（昭和23）年11月12日まで約2年半かかって、判決となった。	「東京裁判」判決（11/12）

出来事	日本／世界
ジャワ、スマトラ、ボルネオ作戦に参加（8/8）	
大本営がガタルカナル島撤退開始（12/31）	
1943（昭18）年：ドイツ軍、日本軍の敗走始まる	1943(昭和18)年、朝日新聞社「A-26二号機」（航研機）、福生出発（6/30）。中継基地の昭南（シンガポール）を出発後インド洋上で消息不明（7/7）となる。
連合軍、ラバウル大空襲（1/16）	
スターリングラードのドイツ軍降伏（2/2）	
日本軍、ガタルカナル島の撤退開始（2/7）	
第一航空写真撮影隊（9316部隊）基地シンガポールに向け奉天出発（隊長・柴田秀雄）（3/8）	
第一、第二輸送隊引き続きシンガポールを基地として軍の作戦、連絡、人員輸送に協力（7月）	
第一航空写真撮影隊ラバウルを基地として、南方各地の写真撮影に従事（11/11）	
ラバウル大航空戦(12/7)	
1944（昭19）年：サイパン島日本軍玉砕、東京空襲始まる	
大本営インパール作戦許可（1/7）	
第一輸送隊ダバオに転進、チモール作戦に参加（2/21）	
第二輸送隊マニラに転進、フィリピン作戦に参加（5/21）	
米軍、サイパン島上陸（6/16）	
サイパン島の日本軍玉砕（7/4）	
	伊、連合国軍に降伏（9/8）
米機動部隊艦隊マニラ周辺大空襲、第一、第二輸送隊使用機被害甚大（9/21～22）	東條陸相、参謀総長兼任（2/21）
米海軍機動部隊、日本近海に接近	
第二次・第一、第二輸送隊マニラに集結、威部隊傘下へ（9/27）	
米軍、沖縄攻撃（10/10）	
第一、第二輸送隊に帰還命令、マニラより満洲へ向かう（10/20）	
米軍、レイテ島上陸（10/20）	
南方総軍司令部、サイゴンへ移駐（11/17）	
B29の東京初空襲（11/24）	
1945（昭20）年：	
3月10日：東京大空襲	
6月21日：沖縄日本軍全滅	
8月　6日：広島に原爆投下さる	鈴木貫太郎内閣成立（4/7）
8月　9日：長崎に原爆投下さる	ドイツ、無条件降伏（5/7）

満洲航空関連年表

出来事	日本／世界
1940（昭 15）年：王兆銘政権が南京へ遷都 王兆銘政権、南京へ遷都（3/29） 満洲皇帝溥儀再来日（6/26） 紀元二千六百年記念（11/9 ～ 14）行事で日本国内沸き返る 大日本航空、三菱式 MC20 型 11 人乗り旅客機「白根号」羽田－米子－新京へ 3 時間 30 分で連絡（3/17）	
1941（昭 16）年：満洲航空、新京―東京間直通定期航空開始 新京－東京間定期航空開始で日満支が初めて定期航路でつながった（4/1）。 満洲航空、MC20 型機、新京－東京定期就航中、日本海海上で行方不明（6/21） 戦況逼迫のため、第一、第二輸送隊（南方輸送隊編成のため動員となり、第一輸送隊長・美濃勇一、第二輸送隊長・畑島定を拝命）（10/1）	
1941（昭 16）年 12 月 8 日、第二次大戦はじまる 日本の連合艦隊、ハワイ真珠湾を奇襲（12/8） 第一、第二輸送隊マレー作戦に参加（12/8） マレー沖海戦（12/10） 香港陥落（12/25）	
1942（昭 17）年：南方航空輸送部設立を決定 サイゴン（現ホーチミン市 ）の南方総軍司令部で永淵三郎大日本航空常務を交えて南方航空輸送部設立を決定（1 月某日） 日本軍、蘭印に侵攻（1/10） シンガポール陥落（2/15） 第一、第二輸送隊、ドムアン飛行場（タイ）を基地としてビルマ作戦に参加（3/10） ラングーン（現ヤンゴン）占領（3/10） 米機、日本本土初空襲（4/18） 第 1 便イ号第 30 潜水艦、帰路シンガポールで沈没（4/22） 第一、第二輸送隊ラングーンに集結（6 月） ミッドウェー海戦で惨敗（6/4） 伊サボイア・マルケッテイ SM-75 型機、クリミア半島の飛行場を出発し、カーブル到着（7/1） SM-75 型機、カーブルから包頭着（7/2） SM-75 型機福生着（7/3） SM 機、帰国の途へ（7/16） 米軍、ガタルカナル島へ上陸（8/7） 第一、第二輸送隊センバワン飛行場（シンガポール）に集結、	満洲航空に在籍のまま軍の作戦の一翼を担って戦闘行動に参加。

出来事	日本／世界
1938（昭13）年：ハインケル「乃木号」、「東郷号」ベルリン発（4/23）——	る軍事衝突。
「乃木号」「東郷号」羽田着（4/29）	イタリア、日独防共協定に参加（11/6）
航空研究所長距離機（航研機〔A-26型一号機、朝日新聞社〕）新京－ハルビン－白城子コースで非公認世界周遊長距離飛行の新記録を樹立（5/13～15）。機は木更津海軍飛行場を離陸後、銚子～太田～平塚～木更津のコースを29周し、62時間22分49秒後に着陸。11,651,011kmの周回航続距離と10,000km平均速度186,192km /hのFAI公認世界記録を樹立した。	
航研機、周遊長距離飛行新記録を樹立（5/13～15）。	日本航空輸送㈱、東京—北京線、福岡—南京線、定期航空開始（10/5）
満洲航空奉天工廠、満洲重工㈱に譲渡（満洲飛行機）（6/18）	
平野稔バクダッドからベルリンへ赴任（7月）	
	立川飛行場へ独「コンコルド機」到着。
立川飛行場へ「コンドル機」到着（11/30）	
国際航空㈱、日本航空輸送㈱と合併、大日本航空㈱として発足へ（12/1）	
中国特殊法人・中華航空㈱設立、恵通航空公司発展的解消（12/17）	
1939（昭14）年：ユンカースJU-52旅客機、新線に就航（1/1）——	陸軍、今後の支那事変処理は興亜院中心に進めて貰いたい旨要望（1/10）
大日本航空「乃木号」立川を発ちシャム国へ向かう（1/5）	
奉天—北京間定期航空開始（4/1）	日本政府、国民精神総動員方針を提起（2/9）
「そよかぜ号」羽田を発ちイランへ向かう（4/9）	
昭和通商㈱設立（4/12）	
ユンカースJu52型ハンス・ロエプ号(D・ANJH）羽田飛行場へ飛来（5/4）	
「ハンス・ロエプ号」(D・ANJH）新京、奉天訪問（5/13）	
第2次ノモンハン事変（6/19）	
毎日新聞社「ニッポン」号による世界一周飛行（8/26）	ソ連・外蒙古軍、ノモンハンで総攻撃、日本軍敗退（8/10）。
従来の大日本航空㈱は大日本航空㈱法により解消、新たに大日本航空㈱設立（資本金1億円）（8/31）	平沼内閣辞任（8/28）
蒙古連合自治政府成立（9/1）	安部信行内閣成立（8/30）
朝鮮経由、新京－東京乗り入れ開始（10/1）	大本営、関東軍にノモンハン作戦中止を指示（9/3）。
「大和号」による日・タイ航空条約の調印と親善飛行（11/30）	
「大和号」、イタリア親善飛行で羽田出発（12/23）	
中華航空㈱「特別法人」発足（総裁・児玉常雄）(12/27)	

満洲航空関連年表

出来事	日本／世界
井原隊、定遠営へ到着（11/3）	
恵通航空股份有限公司設立（天津）（11/7）	イタリア、日独防共協定に参加（11/6）
オチナ機関焼失（11/8）	
綏遠事変（11/8）	
関麟徴師長・第25師が定遠営へ進軍の報（11/12）	
ガソリン隠匿作戦（11/12）	
綏遠事変参加のため社員部隊編成（11/14）	
第1次アラシャン・定遠営脱出飛行（11/20）	
関麟徴第25師、定遠営進駐（11/21）	
第2次アラシャン・定遠営脱出飛行（11/24）	
ベルリン、ノーレンドルフでの円卓会議（11/25）	日独防共協定締結（11/25）
西安事件（12/12）	
日満独航空協定締結（12/19）	ワシントン海軍軍縮条約失効（12/31）
永淵、大島浩駐在武官と帰国の途につく（12/末）	
1937〈昭12〉年：永淵三郎、満洲へ帰還（1/16）——	
永淵、東京へ出張（1/24）	
「国光号」奉天を出発、オチナに向かう（2/末）	
第2次ガソリン輸送横山隊、張家口出発、安西へ向かう（4月）	
国際航空㈱設立（5/20）	日満独航空協定に関する閣議稟議書提出（3/19）
新京から京城経由東京行き定期航空便開設（日本航空輸送㈱）（6/1）	朝日新聞社「神風号」、ロンドン訪問に立川飛行場を出発（4/6）
カンチャーズ島事件（6/5）	
永淵三郎他17名、満洲航空休職（6/23）	
「暁号」東塔飛行場を出発、オチナに向かう（6/25）	第1次近衛内閣成立（6/6）
永淵三郎、大谷光瑞を訪ねる（初夏）	
李翰園一行オチナ着（7/7）	
樋口正治夫妻、平野稔、中近東航空路開拓のために出発（7/12）	カンチャーズ事件とは、アムール川の中州をめぐる日ソの国境小紛争
通称〝永淵班〟は特航部と称する（7/15）	
特航部8名、ハインケル116型機引き取りのための渡独（8月上旬）	
第二次上海事変（8/13）	盧溝橋をめぐる日中両軍衝突（7/7）
ガブレンツ男爵機「D・ANOY」ベルリン発（8/14）	
オチナ機関員、第2次ガソリン輸送横山隊隊員ら12名、蘭州で処刑される（9月中旬）	
日本軍、南京占領（12/13）	
	第2次上海事変：日中の拡大す

出来事	日本／世界
日本軍、長城線突破、華北へ進出（4/10）	日本、国際連盟を脱退（2/24）
満航社報「満航」創刊号発行（5/15）	
航空工廠で初の満航製スーパー・ユニバーサル型２機完成（M－118, M－119）（10/2）	
新造機２機の命名式・進行式（東塔飛行場、小磯参謀長等参列）（10/5）	
満航の写真班、燃料班発足（11/）	
1934（昭９）年：満洲国樹立、溥儀皇帝即位（3/1）	
特命全権大使・菱刈隆就任（1/06）	
ガブレンツ男爵一行、ベルリンよりJU－52納入のため上海着（9/6）	岡田啓介内閣成立（7/8）
1935（昭10〉年：日満航空相互乗入協定成立（満洲航空、日本航空輸送）（4/1）――	
満洲国皇帝溥儀来日（4/6）	
石本寅三大佐、田中久中佐、永淵運航部長が西ソニトに徳王訪問（6月）	
梅津美治郎・何応欽協定（6/10）	
土肥原賢二・秦徳純協定（6/27）	
徳王に「満航式一型機」を贈呈（百霊廊にて）（7/8）	
板倉機八勇士の忠魂碑、展子山駅前に落成（7/28）	
永淵三郎、シベリア鉄道でベルリンに向かう（12/9）	
永淵部長、ベルリン着（12/20）	
内蒙古徳王、独立宣言（12/22）	
1936（昭11）年：永淵らルフトハンザ社と航空交渉開始（1月上旬）――	ロンドン軍縮会議の日本代表、脱退を通告（1/15）
永淵、請訓のため一時帰国（6月～9月）	
徳王満洲訪問、永淵と会う（6月）	二・二六事件クーデタ発生（2/26） 高橋是清（蔵相）暗殺 岡田啓介（首相）暗殺 斉藤實（内大臣）暗殺 鈴木貫太郎（侍従長）重傷
東辺道匪討伐のため美濃部隊出動、金日成白頭山に拠る（7月）	
横田碌郎特務機関長一行、アラシャンの定遠宮へ向かう（7/8）	
横山信治一行定遠営へ向かう（8月上旬）	
板垣参謀長一行、アラシャンの定遠営へ飛ぶ（8/24）	
板垣らオチナへ訪問飛行（8/25）	
第１次ガソリン輸送井原隊張家口を出発（9/18）	
蒙古聯盟自治政府樹立（10/27）	

満洲航空関連年表

出来事	日本／世界
1931（昭06）：満洲事変勃発――	第2次若槻内閣（31年4/14～32年12/13）
日本軍、奉天郊外の柳條湖満鉄線路を爆破、これを中国軍の仕業として総攻撃、満洲事変勃発（9/18）	
日本軍、奉天城内東塔飛行場を占領。関東軍司令部（本庄司令官）旅順より奉天に進駐（9/19）	
日本航空輸送㈱、大連支所長（麦田平雄）が関東軍命により飛行機および人員を奉天に派遣、軍作戦に協力（9/20）	
日本軍、吉林占領（9/21）	
日本航空輸送、各支所より人員、器財等を奉天に派遣、応援開始（10月以降）	
日本軍、中国遼寧省錦州爆撃（10/8）	
日本軍、チチハル占領（11/19）	
日本航空輸送、東京－ハルビン間を調査飛行（12/16）	犬養内閣成立（31年12/13～32年5/26）
1932（昭07）：日本軍錦州占領（1/3）	
第1次上海事変（1/18）始まる――	
日本軍、ハルビン占領（2/5）	
金日成、奉天東塔飛行場急襲（2/11）	
満洲国誕生（3/1）溥儀、満洲国執政に就任（3/9）	
満洲国国務院、国都を長春とする旨公布（3/10）	
国都を新京と命名、国旗を五色旗と決定（3/14）	
＊軍命により臨時軍用定期航空路設立、奉天に関東軍軍用定期本部、日本航空輸送㈱代表部及奉天支所を設置（4/12）	
＊リットン調査団一行の5名を奉天から満洲里へ空輸（6/25）	**五・一五事件発生** **首相・犬養毅暗殺**（5/15） **→斉藤實内閣成立**
＊北満にて馬占山、蘇炳文らの反乱、討伐作戦に参加。奉天を基地として人員、物資空輸。	
航空会社設立に関する協定に日満両国調印（本庄繁関東軍司令官・鄭孝胥満洲国国務総理〔初代総理〕）（8/7）	
関東軍司令官、関東州長官、特命全権大使に武藤信義就任（8/8）	
日本政府、満洲国を承認（9/15）	
満洲航空㈱（満洲国特殊法人）創設（9/26）	
チチハル－満洲里間の軍用第1便板倉機遭難（9/27）	
満航東京支店開設（支店長安邊浩）（11/3）	
日本軍、ハイラル入城（12/5）	日本、ワシントン条約廃棄を通告（12/29）
1933（昭8）年：日本軍、熱河省へ進攻（2/22）――	〔世界〕ワシントン条約失効（12/31）
＊熱河作戦開始、満航社員からなる空中輸送隊編成（隊長・関東軍航空課長・鳥田隆一中佐）（2/22）	

【ら行～わ行】

【索引凡例】

1. 原則として、フルネームが判明している人物を掲載し、名字しか分からない人物の一部は省略しました。
1. 肩書きは、当時のものです。
1.. 地名、事項のうち、重要と思われるものに限り、索引語として掲載しました。

【や行】

【ま行】

【は行】

【な行】

【さ行】

【か行】

さくいん

【あ行】

杉山徳太郎（すぎやま・とくたろう）

1941（昭和16）年、東京都千代田区生まれ。立教大学法学部卒業。京都に本社のある㈱川島織物に3年間勤務後、1912年創業の家業の室内装飾業を継ぎ、㈱スガハラの三代目。

1986（昭和61）年より中国を訪れ、新疆ウィグル自治区11回を含め、18回調査旅行を実施した。

主な著書：

『維吾爾（ウイグル）絨毯文様考』（源流社刊、1991）

『ホータン手織絨毯選集』（国書刊行会刊、2008〔平成20〕、日本図書館協会選定図書）。

主な論文：

「絨毯漫遊記」（日本手織絨毯研究会〔現在解散〕の季刊会報に24回連載。

「Carpets of the Big Horse Revisited」（ロンドンで発行の絨毯専門誌『HALI』vol.136の〈FORUM〉欄に投稿。

『中央ユーラシアを知る事典』（平凡社刊、2005年）の中の「絨毯」の項目を執筆。

主な研究発表・講演：

「ホータン絨毯の変遷について―清朝第六代乾隆帝から新中国成立まで―」（奈良女子大学院生による自主公開ゼミで）

満洲航空—空のシルクロードの夢を追った永淵三郎

2016年3月1日　初版第1刷印刷
2016年3月10日　初版第1刷発行

著　者　杉山徳太郎
発行者　森下　紀夫
発行所　論　創　社
東京都千代田区神田神保町2-23　北井ビル
tel. 03(3264)5254　fax. 03(3264)5232
http://www.ronso.co.jp/
振替口座 00160-1-155266
印刷･製本　中央精版印刷
装　幀　野村　浩

ISBN978-4-8460-1432-2　C0021　